prometeo
libros

prometeo
libros

GUILLERMO FACIO HEBEQUER
ENTRE EL CAMPO ARTÍSTICO Y LA CULTURA DE IZQUIERDAS

Magalí Andrea Devés

Guillermo Facio Hebequer
Entre el campo artístico y la cultura de izquierdas

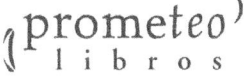

Devés, Magalí Andrea
　Guillermo Facio Hebequer : entre el campo artístico y la cultura de izquierdas / Magalí Andrea Devés. - 1a ed. - Ciudad Autónoma de Buenos Aires : Prometeo Libros, 2020.
　306 p. ; 24 x 17 cm.

1. Historia Argentina. 2. Arte Argentino. 3. Historia del Arte. I. Título.
CDD 709.82

Colección Historia Argentina
Director: Raúl O. Fradkin

Corrección: Mercedes Mignorance
Diagramación: Eleonora Silva

Imagen de tapa: *La internacional*, de Facio Hebequer

© De esta edición, Prometeo Libros, 2020
Pringles 521 (C1183AEI), Buenos Aires, Argentina
Tel: (54-11) 4862-6794 / Fax: (54-11) 4864-3297
editorial@treintadiez.com
www.prometeoeditorial.com

Hecho el depósito que marca la Ley 11.723.
Prohibida su reproducción total o parcial.
Derechos reservados.

Contenido

Prólogo, *por Andrés Bisso* 11

Introducción 17

I. Avatares de un artista polifacético..27
    La opción por el arrabal en los tiempos de la bohemia 29
    Del Grupo de Los Cinco a la revisión de los Artistas del Pueblo 49
    Nuevas amistades y nuevos proyectos 64
    De "artista del pueblo" a "artista proletario" 70

II. Escritos de un polemista..81
    Combate con la crítica y disputas en el campo cultural porteño 83
    Polémicas sobre la figura del artista y el "arte proletario" 101
    ¿Cómo alcanzar la utopía revolucionaria? 114

III. Un hombre de teatro 135
    La efímera experiencia del Teatro Libre y su deriva en el Teatro
    Experimental de Arte 137
    El Teatro del Pueblo: apuesta y ruptura..160
    Teatro Proletario: un sueño inconcluso 171

IV. Hacia una gráfica revolucionaria..191
    De marginales y obreros combativos 193
    Una interpretación gráfica del *Manifiesto Comunista*:
    la serie *Tu historia, compañero* 220
    Los himnos proletarios: un proyecto trunco....................................244

V. (Pos) Facio 253
    Los homenajes institucionales 255
    Ejercicios recordatorios en las revistas culturales de izquierda 267

Palabras finales 277

Bibliografía 283

Agradecimientos 301

A mi papá, Aníbal Devés

Prólogo

En el presente libro, Magalí Devés, su autora, recorre pormenorizadamente los derroteros de un artista cuya trayectoria y obra gráfica han sido –tanto por la historiografía como por la memoria militante– *encuadradas* (permítaseme el juego de palabras) en el campo de la izquierda revolucionaria y del antifascismo. Las razones que explican la eficacia de dicha operación son claramente atendibles y la dinámica que la hizo verosímil podría justificarse a la luz de varias cuestiones y sucesos que se exponen en este trabajo.

En vida, en efecto, la obra de Facio Hebequer fue valorada, como lo recuerda Magalí, por su capacidad de "renovar y revolucionar nuestro ambiente".[1] El mismo protagonista, en la autobiografía que escribió en los años treinta, se encargaría de ratificar –en una estrategia cuyos hilos invisibles también son identificados a lo largo de este libro– los alcances de su transformación en "luchador", luego de una bohemia artística no del todo procesada. Esa especie de "epifanía" se habría producido ante la revelación de que "Algo había de superior a la 'plástica' y al 'arte', y ese algo era la criatura humana. Nada nos apartó ya del camino".[2]

De cualquier manera, la instalación de Facio Hebequer como "artista comprometido" no era singular, sino que se extendía a otros plásticos e intelectuales de la época, a los que parecía unir un élan común que combinaba tanto aspectos ideológicos como actitudinales y que, de algún modo, los hermanaba. En las palabras de Castelnuovo recogidas en este trabajo, ese vínculo se expresaría de este modo: "en el fondo, las personas no se unen entre sí por

---

[1] Magalí Devés, *Guillermo Facio Hebequer. Entre el campo artístico y la cultura de izquierdas*, Buenos Aires, Prometeo, 2019, p. 224.

[2] Ibídem, p. 45.

casualidad. Se unen respondiendo a determinadas leyes como se unen los elementos dispersos de una misma corriente magnética".[3]

Así, Magalí, recuperando ese horizonte amplio de interacciones, logra demostrarnos que esa transversalidad y los dilemas que ella presenta pueden rastrearse en los años veinte y treinta, y le devuelven a la *izquierda* una imagen mucho más sustanciosa y enriquecedora, a partir de la lente puesta sobre Facio Hebequer, que "funciona" de manera eficacísima para ese propósito, sin que sea necesario forzar la interpretación sobre su tarea y su militancia. Sobre todo, porque a través de ese recorrido por la heterogénea multitud de fuentes y referencias que se nos presenta, se restituye la importancia de esa dinámica de transformaciones al interior de una experiencia de vida, desencializando así los posicionamientos de la izquierda como dos o tres fortificaciones partidarias (la anarquista, la socialista, la comunista) y expandiéndolos en un registro mucho más variable, entrelazado y rico de la experiencia de eso que es, en entreguerras, "transitar por la izquierda".

Esa percepción grupal que define tan interesantemente Castelnuovo, casi como una *noblesse d'esprit*, cuando piensa en esa especie de "sociabilidad con sentido político", resulta muy útil para entender esa necesidad (y, a la vez, dificultad) que tenían los actores aquí indagados de "articular diversas variables como la amistad, la ideología y la misión artística".[4] Magalí, así, nos restituye la incertidumbre previa que los diversos actores debieron transitar antes de verse *finalmente* ubicados en los diversos casilleros que les reservó la crítica, la historiografía o la memoria cultural.

Para reflexionar en torno a dichas temporalidades en el régimen de sentidos que se construyen, se condensan y se cierran para luego volver a abrirse, en relación con la caracterización de los actores históricos, se nos ocurre proponer una figura que hubiera podido fácilmente encontrarse con la de Facio Hebequer en esa corriente *magnética*. Es la de George Grosz, el dibujante alemán, prototípico *entartete Künstler* que supo dar Weimar. De su obra ("eminentemente crítica") se decía –en la revista *Nervio*, que publicó los grabados de ambos artistas de manera profusa– que era "una sátira de la vida burguesa [...] una sátira que tiende a la abolición del mundo burgués".[5]

---

[3] Ibídem, p. 64.

[4] Loc. cit.

[5] Hugo Treni, "Un artista de la lucha", *Nervio*, año 1, n° 11, marzo de 1932, p. 9.

Sin embargo, a diferencia de la autobiografía de Facio Hebequer, inscripta de manera triunfal en la corriente "revolucionaria" y en el marco de la estrategia de la Internacional Comunista, algunos recuerdos de George Grosz realizados en un exilio escéptico y neoyorquino de la inmediata posguerra dan cuenta de una autopercepción muy distinta de las posibles derivas de la experiencia en un "artista revolucionario", al asumir su autor, en los Estados Unidos, una postura –según él mismo certifica– de "admiración pragmática por la normalidad, [...] respeto por el cheque semanal importante [y] admiración por los grandes ilustradores americanos que ganaban tanto dinero".[6]

Yendo más allá, a estas memorias de Grosz, inicialmente escritas en 1946, se les agregará posteriormente un capítulo producido directamente bajo las rispideces de la Guerra Fría cristalizada, en el que el artista recordaría su viaje a la Unión Soviética. Rememoradas tres décadas después de haber sido dichas en Moscú, Grosz no dudaría en considerar que ciertas "bellas frases y grandilocuentes palabras sobre la dignidad y la libertad humana" que él había expresado en ese momento "adquirían un tono siniestro para mis propios oídos. No obstante las pronunciaba como si pronunciara palabras mágicas, como fórmulas de una oración destinadas a devolverle al que reza la confianza que se le está escapando de las manos".[7]

Escribiendo eso para uno de los organismos de lucha cultural antisoviéticos del momento, como la revista *Der Monat*, Grosz se ubicaba claramente en un lugar (el de *traidor* o *desencantado*, según se lo mirara) diametralmente opuesto al que se había cristalizado para la figura de Facio Hebequer. Según los biógrafos de Grosz, explicar esa *transformación* del dibujante alemán ha significado un verdadero intríngulis para los historiadores culturales,[8] sobre todo, pensamos, si se insiste en dar como inmodificables ciertas cómodas coordenadas de literalidad –previamente establecidas– entre arte y política.

Es decir, ¿sus propias memorias *destierran* a Grosz para siempre del campo del "arte proletario y revolucionario" en el que se lo ubicaba en los años veinte y en donde Facio Hebequer *terminó colocándose* luego de múltiples peripecias?

---

[6] George Grosz, *Un sí menor y un no mayor* (A small Yes and a big No), Salamanca, Capitán Swing, 2011, p. 309.

[7] Ibídem, pp. 226-227.

[8] La voz usada en inglés es "conundrum". Norman, Will, "The yankee from Berlin. George Grosz", *Transatlantic Aliens: Modernism, Exile, and Culture in Midcentury America*, John Hopkins University Press, Baltimore, 2016, p. 50.

Afortunadamente, la autora de este libro se rehúsa a esos encuadramientos sumarios sobre lo artístico y lo político, y recupera los posicionamientos dinámicos de los actores históricos, a los que indaga más que como espacios sumarios de definición (según una práctica más parecida al juez de línea que detecta o no el *offside* del delantero), como momentos perecederos de conjugación de diversos impulsos e intereses del artista en respuesta a los desafíos coyunturales y específicos de la realidad que lo interpela.

En efecto, al indagar en torno de la cuestión del "arte proletario", la distancia establecida entre el *triunfal* Facio Hebequer y el *desencantado* Grosz, que una "foto" descontextualizada de sus memorias pareciera coronar, aparece mucho menos categórica al analizar los problemas (con diversos grados de énfasis) que ellos mismos presentaban en relación al "arte proletario", en una práctica en la que se le otorgaba a lo individual un condimento innegable. Así, podemos ir del "para ser artista [...] se necesita hoy, se ha necesitado siempre, un poco de talento innato, que es un regalo de las musas y no consecuencia de un ambiente social ni de una energía popular incorrupta", de Grosz,[9] al "en arte la regla, no es la regla, sino la excepción. Y la excepción, es la excepción y no la regla. Un artista original puede servir de ejemplo, nunca de modelo. Por eso se ha dicho que todos los cezannistas son falsos, menos Cézanne", de Facio Hebequer.[10]

Esta última aseveración, que se hermana en cierto sentido con la que Sartre propondrá décadas después sobre Valéry,[11] nos confirma la idea de lo poco que sabemos (o de lo excesivamente cargados que podemos marchar) cuando se intenta adjetivar una biografía bajo algún "descriptor" unívoco.

Como nos demuestra magistralmente este estudio, Facio Hebequer actuó y fue visto de muy múltiples maneras que no podrían ser "normalizadas" bajo una única canonización restaurada periódicamente desde su muerte (ella misma, objeto de disputa de sentidos entre sus *viejos amigos* y las diversas dirigencias partidarias).

---

[9] Grosz, óp. cit., p. 241.

[10] Citado en Magalí Devés, óp. cit., p. 81.

[11] En la frase: "Valéry es un intelectual pequeño-burgués, no cabe la menor duda. Pero todo intelectual pequeño-burgués no es Valéry [...] Al calificar a Valéry de pequeño-burgués y a su obra de idealista, en uno y otra sólo encontrará lo que ha puesto. A causa de esta carencia, acaba por desembarazarse de lo particular, definiéndolo como un simple efecto del azar". Sartre, Jean Paul, *Crítica de la razón dialéctica*, Buenos Aires, Losada, 1963, p. 57.

Un "alma de modistilla", un "pintor gorkiano", un "sectario", un "artista del pueblo"… Todas estas definiciones le cupieron a Facio Hebequer en diversos momentos de su vida y a partir de la mirada de diferentes personas. En vez de iluminar y recortarse sobre una sola de ellas, Magalí Devés ha sabido inteligentemente –a través de un arduo y notable trabajo de recuperación de fuentes y de agudeza analítica– restituir las condiciones y tensiones del ámbito cultural y político de izquierda donde al artista le fue dado producir, para explicarlas en su contexto, pero sobre todo –y es aquí donde el libro excede en mucho las fronteras limitantes de la biografía tradicional– para situar en perspectiva las complejidades y recovecos del campo artístico en relación con la práctica política en la Buenos Aires de entreguerras.

Andrés Bisso
La Plata, 16 de agosto de 2018

Introducción*

> *Hay alguna gente que sabe que Facio es un gran aguafuertista, el resto de la humanidad lo ignora. Algún día se le levantará una estatua. Esas cosas ocurren mucho, afortunadamente en nuestro país. Pero primero uno tiene que "estirar" las cuatro.*
> Roberto Arlt[1]

En 1931, entre la infinidad de aguafuertes porteñas que escribía para el diario *El Mundo*, Roberto Arlt dedicó una de ellas al artista rioplatense Guillermo Facio Hebequer. En uno de sus pasajes, citado como epígrafe, el escritor hacía notar su disgusto ante el escaso o nulo reconocimiento del que este "gran aguafuertista" gozaba en nuestro país, al especular que "en París, en Berlín, en Leningrado, en Nueva York, este hombre sería rico y famoso", para luego concluir, con su particular sarcasmo, que algún día alcanzaría el merecido reconocimiento aunque, primero, debería "'estirar' las cuatro".[2] No hubo que esperar muchos años para comprobar si Facio Hebequer había alcanzado o no ese lugar reclamado por Arlt, pues falleció en la mañana del 28 de abril de 1935, a los cuarenta y seis años de edad. Si bien aquella escultura *post mortem* imaginada con ironía por el escritor nunca fue modelada, su muerte prematura causó un gran impacto en el campo cultural de Buenos Aires, especialmente en el universo de las izquierdas al que pertenecía este artista.[3]

---

* Nota sobre esta edición: se ha conservado la ortografía y puntuación originales en las citas textuales.

[1] "Los atorrantes de Facio Hebequer", *El Mundo*, 1 de julio de 1931, p. 6.

[2] Loc. cit.

[3] Recién en el año 2008, una plazoleta ubicada cerca del Riachuelo, en la intersección de las avenidas Amancio Alcorta y Sáenz, fue denominada "Guillermo Facio Hebequer". Cf. Ley n°

La noticia circuló de inmediato en la prensa de gran tirada, pero sobre todo en una trama de revistas culturales de izquierda que lamentaron su pérdida, al tiempo que proclamaron la necesidad y el deber de continuar con su legado en el marco de la consolidación de un movimiento antifascista local. Asimismo, en el transcurso del primer año de su muerte, se realizaron una serie de homenajes institucionales, entre los que se destacaron tanto el homenaje "oficial" llevado a cabo en el Honorable Concejo Deliberante de la Ciudad de Buenos Aires como el "homenaje popular" celebrado en la Unión Tranviarios.

En la mayoría de aquellos ejercicios recordatorios dedicados a su memoria, Facio Hebequer fue reivindicado por su compromiso con la sociedad y erigido como modelo de artista militante. A partir del uso de diferentes adjetivos, era situado como el iniciador y propulsor del "arte social" en Argentina, un "artista revolucionario" e, inclusive, como sostuvo el periodista Emilio Novas, como el "primer plástico proletario, en la medida en que pueda aplicarse esta clasificación en nuestro medio".[4] Por ello, Novas exigía a quienes habían trabajado con él, el deber de "agitar" su recuerdo y tomar "lo que de ejemplar tiene, para aplicarlo a este tiempo inquietante que vivimos".[5]

Pero, ¿cuál había sido la singularidad de este artista para que sus contemporáneos se vieran interpelados a mantener viva su memoria como un estandarte para enfrentar aquellos tiempos polarizados por el par opuesto "fascismo-antifascismo"? ¿Cuáles habían sido sus méritos y trayectoria para que ocupase ese lugar preferencial en la cultura de las izquierdas a mediados de los años treinta? ¿Qué sentidos y prácticas rodeaban los términos artista "social", "proletario" y "revolucionario" en la Buenos Aires de entreguerras? ¿Qué funciones debía cumplir un artista "comprometido"? Su exaltación como modelo a seguir y los usos de las mencionadas categorías en torno a su figura constituyen dos ejes que generaron algunos de los interrogantes que impulsaron este libro, dedicado a estudiar exhaustivamente el itinerario del polifacético Guillermo Facio Hebequer, el cual se presenta, a su vez, como una puerta de entrada privilegiada para analizar diferentes momentos de los

---

2745, publicada en el Boletín Oficial de la Ciudad Autónoma de Buenos Aires, 12 de junio de 2008.

[4] Emilio Novas, "Notas para el primer Aniversario de la Muerte de Guillermo Facio Hebequer", *Claridad. Revista de Arte, Crítica y Letras. Tribuna del pensamiento izquierdista*, año XV, n° 300, abril de 1936, s/p.

[5] Loc. cit.

cruces y articulaciones entre arte y política en el período que va desde las primeras repercusiones de la Revolución Rusa hasta la configuración de una cultura antifascista en Argentina.

Estimulado por la utopía revolucionaria, desde sus años de formación artística Facio eligió la técnica del grabado, según sus palabras, como "una salida hacia la libertad".[6] Sin embargo, esta faceta como grabador, la más conocida hasta el momento, se complementó con otras labores que dieron luz a ese "dinamismo multiforme" exaltado también por Novas. Además de su reconocida obra gráfica, Facio Hebequer desplegó su pluma para intervenir y polemizar en los debates estético-políticos que jalonaron los años veinte y treinta, y participó de diferentes experiencias teatrales: Teatro Libre (1927), Teatro Experimental de Arte (1928), Teatro del Pueblo (1931-1932) y Teatro Proletario (1932-1935). También recorrió las calles en busca de sus modelos, expuso sus obras en salones de arte consagratorios y en las puertas de las fábricas, dictó conferencias en sindicatos, centros culturales, clubes, plazas públicas y, en el marco de los debates sobre los límites y las posibilidades de llevar a cabo una "plástica para las masas", confeccionó una serie de vitrales en dos de las sedes obreras más relevantes del país: la Unión Ferroviaria y la Unión Tranviarios.

Concretamente, se sostiene aquí que el seguimiento del itinerario de este artista en sus específicas redes intelectuales posibilita reflexionar no solo sobre sus producciones creativas, sino también sobre las lecturas y apropiaciones de algunos debates estético-ideológicos provenientes de otras latitudes, especialmente de las ciudades a las que hacía alusión Arlt (París, Berlín y Leningrado), en un contexto de intensa internacionalización de las referencias políticas y culturales de la izquierda local. Se parte de la idea de que las diversas intervenciones de Facio Hebequer, ligadas a una exploración constante para encontrar un punto de intersección entre el arte y la política, revelan el desarrollo de un perfil intelectual polifacético que lo posicionó gradualmente en un lugar destacado de la cultura de la izquierda local. No exenta de oscilaciones, esa búsqueda ilumina a su vez las tensiones e incomodidades de un artista que se desplazó entre el campo artístico y el campo político sin hallar una clausura definitiva a sus interrogantes.

---

[6] "Incitación al grabado", *Actualidad artístico-económica-social. Publicación Ilustrada*, año II, n° 3, agosto de 1933, p. 33.

En ese marco, hacia 1928, cuando Facio puso en marcha una serie de graduales reformulaciones en sus discursos visuales y textuales como consecuencia de una radicalización ideológica, comenzaron a convivir diferentes concepciones acerca del arte que dejan ver, por un lado, la coexistencia entre los vínculos de los tiempos de la bohemia y una nueva red de intelectuales ligados a una sensibilidad comunista y, por el otro, la singularidad de una trayectoria compleja y enriquecedora que plantea el problema sobre la especificidad del autor y la autonomía del arte en el período de entreguerras. Esa radicalización estético-ideológica –manifestada mediante la adopción de nuevos temas y modos de representación ligados a la clase obrera– se comprende a partir de los entrecruzamientos (e influencias) entre la subjetividad del artista y los diferentes contextos políticos culturales. Esos cruces dieron como resultado una obra al "servicio de la revolución", cercana a una sensibilidad comunista pero disonante con la añorada por la dirigencia partidaria; una disonancia que podría condensarse en una sentencia del propio Facio Hebequer –"Todos los cezannistas son falsos, menos Cézanne"–[7] que perduraría, no sin tensiones, en los convulsionados años treinta y hasta el último día de su vida.

Desde las herramientas que ofrece la historia cultural, la historia de los intelectuales y la renovación de los estudios biográficos, este libro apuesta a la potencialidad que brinda el itinerario de Facio Hebequer para indagar el pasado y reflexionar sobre diversos problemas de la sociedad y la cultura, sin eludir las principales preocupaciones que surgieron respecto de este enfoque. Como señaló Jacques Revel, el problema no es oponer "los grandes a los pequeños" o "un arriba a un abajo", sino conseguir agudizar las escalas de observación para transitar diferentes niveles de análisis por sobre la representatividad de un caso, con el objetivo de comprender los diferentes

---

[7] Guillermo Facio Hebequer, "Consideraciones acerca de la pintura llamada de vanguardia", *Izquierda. Suplemento semanal de El Telégrafo* (en adelante, *Izquierda E. T.*), 17 de septiembre de 1928, p. 6. La frase citada podría ser leída siguiendo las reflexiones de Jean-Paul Sartre en su *Crítica de la razón dialéctica*: "Valéry es un intelectual pequeño-burgués, no cabe la menor duda. Pero todo intelectual pequeño-burgués no es Valéry", pues, como destaca Ricardo Pasolini, "la construcción de la identidad política puede ser pensada como un espacio en tensión entre los intentos partidarios de dotar a la identidad de unos límites precisos (una genealogía, una visión de los amigos y de los enemigos políticos, un horizonte de expectativas ideológicas y políticas, unas prácticas propias, etc.) y la apropiación, recreación o impugnación de tales intentos por parte de los destinatarios". Cf. *La utopía de Prometeo. Juan Antonio Salceda del antifascismo al comunismo*, Tandil, Universidad Nacional del Centro de la Provincia de Buenos Aires, 2006, pp. 162 y 178.

comportamientos, las dimensiones individuales y colectivas, las tensiones entre el sujeto y el contexto, y los cruces entre trayectoria y obra, entre otros tópicos que no obedecen a un estricto seguimiento lineal, coherente y homogéneo de la figura abordada.[8] De este modo, las variaciones en la escala de observación permiten recuperar la riqueza de un trayecto como el de Facio Hebequer, prácticamente desconocido más allá de las fronteras de la historiografía del arte, que revela los límites del análisis totalizador, la existencia de racionalidades alternativas, los condicionamientos que imponen los contextos y cómo los individuos se aprovechan de esos resquicios para generar combinaciones originales e irreproducibles.

Como ya ha sido señalado en otros estudios,[9] el impacto ideológico y político de la revolución en Rusia generó un nuevo compromiso en la intelectualidad porteña y novedosos discursos y prácticas vinculadas con la causa revolucionaria, cuyas huellas permanecen impresas en diversas publicaciones culturales. Ese paisaje político-cultural se ha complejizado recientemente con la investigación de Roberto Pittaluga sobre las lecturas que la izquierda local hizo de dicho proceso revolucionario, las cuales evidenciaron un desequilibrio en el universo discursivo de la izquierda.[10] En ese marco de "querellas políticas-conceptuales", interpretar las políticas culturales surgidas de la revolución de los soviets, entre diversos temas, fue nodal para quienes soñaban con la construcción de una nueva cultura de este otro lado del Atlántico. Y, en consecuencia, las experiencias culturales y el lugar novedoso de un arte vinculado a temas revolucionarios se constituyeron como "un elemento activo de la propia revolución, una potencia de cambio" que tuvo sus efectos de lectura en Argentina.[11]

---

[8] "Microanálisis y construcción de lo social", en Jacques Revel (dir.), *Juegos de escalas. Experiencias de microanálisis*, Buenos Aires, UNSAM, 2015 [1996], p. 24.

[9] Beatriz Sarlo, *Una modernidad periférica. Buenos Aires 1920-1930*, Buenos Aires, Nueva Visión, 2007 [1988].

[10] Como observa el autor, ese desequilibrio "aflora en los deslizamientos de sentido de aquellas palabras propias del léxico de la izquierda en el momento en el que es tocado por la revolución, exponiendo en una larvada guerra por sus significaciones ese campo polar (que la izquierda es) y la inestabilidad semántica –y por ello política– que lo anima". Roberto Pittaluga, *Soviets en Buenos Aires. La izquierda de la Argentina ante la revolución en Rusia*, Buenos Aires, Prometeo, 2015, p. 21.

[11] Ibídem, p. 310.

Ciertamente, esas lecturas atravesaron la vida y la obra de muchos artistas que emprendieron modificaciones en sus producciones creativas y nuevas prácticas vinculadas con la causa revolucionaria. Uno de ellos fue, sin duda, Facio Hebequer, quien se lanzó hacia un camino dedicado a la exploración que tenía como finalidad conmover y transformar la sociedad a partir de esa combinación problemática entre el arte y la política. Por ello, cabe destacar que el estudio de sus múltiples facetas como artista, su singularidad y lo que aporta su itinerario permite a la vez ampliar el campo de conocimiento en torno a las obras de otros artistas, escritores o grupos específicos (artísticos, literarios y teatrales) y ofrecer nuevas miradas críticas acerca de los problemas y polémicas que signaron las discusiones de las izquierdas del campo cultural en el período analizado. En ese sentido, este libro aborda diversos temas como el papel del artista, la oposición entre "arte puro" y "arte social", las posibilidades y los límites para desarrollar un "arte proletario" en el ámbito local, los vínculos entre vanguardia y revolución, o entre realismo y experimentación formal, y las tensiones entre los artistas y escritores ligados a la órbita cultural del Partido Comunista Argentino (PCA), entre otros.

Asimismo, el acercamiento a este artista abre una gran cantidad de cuestiones que pretenden contribuir también al conocimiento de la cultura de izquierdas de la Buenos Aires de esos años. En primer lugar, la elección de esta figura posibilita conocer un rasgo constitutivo de esa cultura, como su componente transnacional, pues diversos aspectos de la producción de Facio Hebequer se iluminan y comprenden más acabadamente a la luz de un diálogo con autores, libros, artistas y experiencias similares provenientes de Europa y reelaboradas en el medio local. En segundo lugar, el seguimiento de sus pasos da cuenta de la riqueza y la ductilidad de esa cultura de las izquierdas que trasciende ampliamente a las instituciones y proyecciones de la política partidaria en la arena cultural, ya que, en su condición de artista de izquierda —que abarcó desde ciertos rasgos libertarios, como la exaltación de la libertad individual y artística, hasta una cercanía final con la órbita comunista–, Facio Hebequer atravesó diferentes ámbitos y escenarios de dicho universo, en este sentido amplio y no acotado a los lineamientos "oficiales" de los partidos y agrupaciones. Por ello, este caso permite reflexionar también sobre los grados e intensidades que adquirió el compromiso de los intelectuales con el mundo comunista. Si bien muchos escritores y artistas se vieron identificados con esa política y la apoyaron mediante una afiliación concreta al partido o como "compañeros de ruta", existieron diversas formas de criticar las decisiones de la estructura partidaria. Por ejemplo, más allá de su indudable sensibilidad comunista en los años treinta, lejos de supeditarse a las propuestas alentadas por el partido, Facio desarrolló una capacidad creativa alternativa que posibilita advertir los límites y alcances de los proyectos político-culturales de los partidos de izquierda. De este modo, el corte transversal sobre la izquierda de Buenos Aires a partir de este itinerario promete el ingreso a una zona rica en matices que complejiza los bordes del denominado arte "social" o "proletario", dado que Facio Hebequer se situó en una frontera de exploraciones difíciles de encasillar.

El propósito de tomar como eje la trayectoria de este artista busca, entonces, poner en juego una lectura compleja que considera simultáneamente diferentes variables de análisis, atendiendo a la manera en que sus múltiples intervenciones e ideas aportan a determinadas problemáticas y urgencias de su tiempo, como así también contribuyen a reflexionar sobre sus posicionamientos en relación con ciertos discursos, instituciones, familias políticas y una generación de artistas, escritores e intelectuales que compartieron itinerarios e inquietudes en el período abordado. Así pues, se cruzan, se encuentran y desencuentran nombres como los de Facio Hebequer, Benito Quinquela Martín, Elías Castelnuovo, Abraham Vigo, Álvaro Yunque, Adolfo Bellocq, Roberto Arlt, Agustín Riganelli, Raúl González Tuñón y Leónidas Barletta, entre tantos otros que pueden ser descubiertos por medio de la trama de un conjunto de revistas culturales de izquierda.[12] Dicho de otro modo, antes que un estudio biográfico en el que el individuo aparece como el arquetipo de una época, se indagan las relaciones de Facio Hebequer con sus pares y su sociedad, para revelar el conjunto de problemas que conformaban la cultura porteña de los años veinte y treinta del siglo pasado.

---

[12] Según la definición de Christophe Prochasson –retomada por Carlos Altamirano–, las revistas culturales, entendidas como microsociedades, "no son sino excepcionalmente simples recopiladoras de artículos; son lugares de vida. Las amistades que se tejen, las solidaridades que se refuerzan, las exclusiones que allí se manifiestan, los odios que se anudan son elementos igualmente útiles para la comprensión del funcionamiento de una sociedad intelectual y para el análisis de la circulación de las ideas, de los modos de recepción, para decirlo de otra manera". En este sentido, añade Altamirano, a través de estas "pueden seguirse las batallas de los intelectuales (libradas por lo general dentro de la propia comunidad intelectual) y hacer el mapa de la sensibilidad intelectual en un momento dado". Carlos Altamirano, *Intelectuales. Notas de investigación*, Bogotá, Norma, 2006, p. 126.

El libro está organizado en cinco capítulos que abordan diversos ejes temáticos que, en gran medida, se corresponden con las diferentes facetas de su trayectoria, aunque, como ya se señaló, no se reducen a ello. El primer capítulo tiene por objetivo presentar al artista en diferentes contextos, colectivos intelectuales y en un conjunto de publicaciones en las que se insertó, al tiempo que se introduce su "dinamismo multiforme": artista visual, polemista y hombre de teatro. En esta primera composición de su itinerario se podrán observar los desplazamientos de Facio en distintos espacios político-culturales de la izquierda y círculos oficiales. Asimismo, se revisa críticamente la experiencia del Grupo de los Cinco, conformado por José Arato, Adolfo Bellocq, Facio Hebequer, Agustín Riganelli y Abraham Vigo, devenido luego en los "Artistas del Pueblo".

Luego de anclar el devenir de Facio en diferentes contextos y en la trama material de sus redes intelectuales, el capítulo segundo se concentra en el análisis de ciertos discursos que circularon en las décadas de 1920 y 1930 a partir de su faceta como polemista. Durante esos años, el artista hizo de sus escritos un modo privilegiado de intervención en el debate público sobre la articulación entre el arte, la sociedad y la política a través de las revistas *Claridad, Izquierda, Metrópolis, Actualidad* y el periódico socialista *La Vanguardia*. Los textos allí publicados revelan, por un lado, una importante dimensión de su actuación y de sus posicionamientos que se superpone y complementa con su labor como artista visual y hombre de teatro y, por el otro, refuerza las tensiones entre sus textos y las prácticas culturales que se analizan a lo largo del libro.

El tercer capítulo se centra en la participación de Facio Hebequer en el mundo del teatro independiente, en el marco de esas exploraciones por alcanzar un público amplio, inculcar un espíritu crítico al pueblo y fomentar así la emancipación social. Su presencia en el teatro permite complejizar sus vínculos entre arte y política. Específicamente, el análisis de esta arista como hombre de teatro pone en contradicción algunas de las concepciones registradas en sus escritos –como, por ejemplo, la aceptación del término "vanguardia"–, iluminando, desde otro ángulo, los debates, las convergencias y divergencias entre los diferentes proyectos transitados. Cabe señalar aquí que abordar este aspecto de la trayectoria de Facio constituye un desafío, pues la escasez de fuentes primarias ligadas a las mencionadas experiencias teatrales –a excepción de la más conocida, el Teatro del Pueblo– dificulta la tarea de su recuperación, motivo por el cual, tal vez, no haya sido transitado por la historiografía. De aquí, uno de los objetivos más relevantes del capítulo es recuperar, al menos parcialmente, parte de la historia de esas otras experiencias, además de situar a Facio Hebequer dentro de una trama de problemas, nombres y relaciones ligadas al mundo del teatro porteño de los años veinte y treinta.

En el capítulo cuarto se aborda la obra gráfica de Facio Hebequer a partir del diálogo con otros artistas, escritores y proyectos culturales que influyeron en su itinerario y en su obra, como, por ejemplo, Käthe Kollwitz, Frans Masereel o los escritores Elías Castelnuovo y Roberto Arlt. También se retoma el uso del término "artista proletario" en relación con su obra visual, y se demuestra que aquel lugar otorgado a Facio como ejemplo de militancia político-cultural se explica como la consecuencia de un devenir caracterizado por una gradual radicalización estética e ideológica que redundó, a su vez, en novedosas producciones que tenían por finalidad fomentar la utopía revolucionaria.

El capítulo quinto analiza el peso simbólico que adquiere Facio Hebequer como referente de la militancia cultural y como un agente aglutinador para activar la movilización social en el contexto de la configuración de un antifascismo local. Las lecturas sobre su vida y su obra permiten observar un desplazamiento desde el homenaje póstumo y celebratorio hacia otros usos políticos que tienen por objeto congregar a los intelectuales y artistas a organizarse en frentes populares y en agrupaciones políticas y culturales de carácter antifascista, cuya constitución estuvo catalizada por los acontecimientos de la política local, pero que también, en gran medida, reivindicaron como propios los combates del antifascismo europeo, conformando una trama de manifestaciones y agrupaciones entre las cuales se destaca la Agrupación de Intelectuales, Artistas, Periodistas y Escritores (AIAPE).

I
Avatares de un artista polifacético

> *Este "hombre revolucionario" tenía el alma ingenua y sentimental de una modistilla. Por lo demás, si es cierto que esa cálida simpatía humana por los desheredados impregna su obra desde los primeros tiempos, sólo en estos últimos tres o cuatro años esa simpatía se hizo militante. Facio fue hacia el pueblo, no para exacerbar odios ni despertar envidias. Llevábalo el propósito de sembrar cultura [...] Confiaba mucho más que en los aforismos económicos y en los postulados políticos, en la lección de la obra de arte. No llevó a los centros proletarios gritos de odio y de venganza: llevó estampas [...] En realidad en los últimos tiempos, creo que esa postura puramente artística, se trocó en una actividad francamente sectaria, sino revolucionaria. Pero estábamos nosotros, sus amigos, harto alejados de él (o viceversa), para formarnos una opinión exacta.*
> Abel Cháneton[1]

Las palabras de Abel Cháneton, escritas en ocasión del fallecimiento de Facio Hebequer, guardan un gran atractivo por su carácter testimonial pero también por la alusión a una serie de tópicos que formaron parte de los principales debates político-culturales de las décadas de 1920 y 1930. "Arte por el arte", "arte para el pueblo", "arte militante" o "revolucionario" son algunos de esos temas que, entretejidos en una trama compleja, pueden comenzar a desentrañarse a partir de aquellas anotaciones provenientes de la pluma de

---

[1] Manuscrito del día 28 y 29 de abril de 1935, Fondo Guillermo Facio Hebequer, perteneciente al Archivo de Arte Argentino y Latinoamericano del Museo de Artes Plásticas Eduardo Sívori (en adelante, FGFH).

Cháneton. Elaborado entre el 28 y el 29 de abril de 1935, este testimonio condensa algunos sucesos ocurridos entre la muerte y el entierro del artista, superpuestos con una serie de recuerdos y una caracterización entre romántica y heroica de su vida y obra.

Como parte de esa configuración, además de insistir en la infinita bondad y sensibilidad que definían a Facio, Cháneton precisaba que solo en los últimos años de su vida el artista se había hecho militante y, por ello, aclaraba: "nada había más distante del alma de un sectario del odio y de la envidia, que el alma buena de Guillermo Facio". Ambas apreciaciones, que revelan una cierta incomodidad por parte del autor, se presentan como indicios para explorar tanto las modulaciones en el itinerario del artista como las articulaciones y tensiones entre el arte y la política en la Buenos Aires de entreguerras. En este sentido, en el fragmento citado como epígrafe se advierten las oscilaciones de Cháneton, quien se debate entre el deseo de demostrar que, por sobre su militancia cultural, Facio había mantenido una autonomía del arte frente a los postulados políticos (y un posible sectarismo) y la imposibilidad de definir la actividad del artista en su postrimería.[2] Esas tensiones hacían que Cháneton evitara clasificarlo como "sectario" y optara, en cambio, por el término "revolucionario". De esta manera, las valoraciones de Cháneton simbolizan algunas de las inflexiones de una época en la cual dichas controversias estaban a la orden del día.

Ahora bien, ¿quién era el autor de este escrito? Abel Cháneton (1888-1943) fue un abogado e historiador argentino, graduado y docente de la Universidad de Buenos Aires, quien, además, realizó una extensa labor en el área de la historia del Derecho; fundó varias asociaciones profesionales, como la Sociedad de Historia Argentina y la Sociedad de Bibliófilos Argentinos; integró el Instituto de Investigaciones Históricas de la Facultad de Filosofía y Letras cuando era dirigido por Emilio Ravignani; y fundó el *Anuario de Historia Argentina*.[3] Hasta aquí, su presencia en el velorio de Facio Hebequer

---

[2] En relación con ello, es interesante mencionar también que el manuscrito contiene en su materialidad ciertas marcas de tipo formal, como diversas tachaduras, que traslucen no solo una escritura apresurada, sino también el dolor de un amigo del "viejo" círculo que intentaba componer una caracterización del artista a pesar de la distancia mantenida con este y sus diferencias con respecto a las concepciones del arte en los últimos años de su vida.

[3] Los escasos estudios dedicados a su figura han puesto el énfasis en esta dimensión académica y profesional de su trayectoria, así como también en su participación en el círculo de la

podría parecer, en principio, curiosa. Sin embargo, existen algunas pistas que permiten situar a Cháneton como uno de los tantos integrantes de la red de amistades que acompañó al pintor en los tiempos de la bohemia. Por un lado, es posible señalar su evidente cercanía con Adolfo Bellocq y Agustín Riganelli, ya que, como relata Cháneton en el texto citado, ellos tres fueron los primeros en presentarse en el domicilio de Facio Hebequer luego de su fallecimiento. Según su testimonio, él llegó a la casa del artista apenas dos horas después del deceso, junto con Riganelli, mientras que Bellocq "andaba buscando a otros dos o tres amigos íntimos" para informarles lo sucedido.[4] Por otro lado, pocos años después de su muerte, Cháneton sería recordado por otro miembro de ese círculo de amistades, Enrique Santos Discépolo, quien en 1948 mencionaría, entre los contertulios que se reunían en el *Cafetín de Buenos Aires*, al "flaco Abel".[5] Por último, Cháneton compartió su labor como historiador con José Torre Revello, investigador del Instituto de Investigaciones Históricas y gran amigo de Facio Hebequer.

Seguir las huellas de este manuscrito permitirá trazar una composición de la trayectoria de Facio y, al mismo tiempo, mediante el abordaje del artista en sus específicas redes intelectuales, revisar críticamente algunas experiencias, como, por ejemplo, la de los Artistas del Pueblo.

La opción por el arrabal en los tiempos de la bohemia

Guillermo Juan Facio Hebequer nació en Montevideo, República Oriental del Uruguay, el 8 de febrero de 1889.[6] No hay constancia alguna de cuándo

---

masonería argentina. Cf. AA.VV., *Abel Cháneton: estudios sobre su vida y su obra*, Buenos Aires, Sociedad de Historia Argentina, 1944, y Domingo Buonocore, *Abel Cháneton, escritor, jurista y bibliófilo*, Buenos Aires, El Aljibe, 1984.

[4] Asimismo, la relación entre Cháneton y Bellocq también quedaría de manifiesto en un objeto personal, el exlibris del abogado, que fue diseñado por este artista. Cf. Colección de Exlibris de la Biblioteca Nacional Mariano Moreno, Sala del Tesoro.

[5] "Me diste en oro un puñado de amigos / que son los mismos que alientan mis horas / José, el de la quimera / Marcial, que aún cree y espera / el flaco Abel, que se nos fue, pero aún me guía".

[6] Hasta el momento, en la mayoría de los trabajos sobre el artista se había consignado como fecha de nacimiento el día 8 de noviembre. Este equívoco probablemente se deba a que, en su acta de nacimiento, el mes de febrero figura en números romanos. Cf. Registro Civil de Montevideo, Uruguay, sección 3, folio 40, p. 21.

y por qué su familia decidió trasladarse a Buenos Aires, en donde Guillermo se formó como artista. Al parecer, su familia gozaba de una buena posición social;[7] sin embargo, no se conoce ningún otro dato biográfico de los primeros años de su vida más que los que otorgan la partida de nacimiento y el propio relato del artista, en el que su entorno familiar no es mencionado. A partir del hallazgo de la partida de nacimiento se sabe que el padre de Facio Hebequer, Eduardo Facio, era de nacionalidad inglesa y comerciante de profesión y su madre, Julia Hebequer, uruguaya. Sus abuelos paternos eran de nacionalidad italiana y un dato interesante es el referido al abuelo materno: Don Juan Hebequer, de nacionalidad española y viudo, residía en Buenos Aires, lo que podría explicar el traslado de la familia a esta ciudad. El artista tuvo dos hermanos, Julia y el escritor Eduardo Facio Hebequer (1876-1929), quien trabajó como periodista en *La Prensa* y *La Nación*, aunque su mayor éxito lo obtuvo como dramaturgo en el teatro nacional y en la poesía gauchesca; ambos ámbitos (la prensa y el teatro comercial) fueron, como se verá, un blanco recurrente de los ataques lanzados por Guillermo Facio Hebequer en sus diferentes facetas. Por último, la noticia sobre el fallecimiento de su madre brinda otras marcas sobre el origen social del artista, pues en la sección Sociales del diario conservador *La Mañana* se anunció con profundo pesar, en el círculo de sus numerosas relaciones, la pérdida de esa "conocida dama" que sería despedida en el cementerio de La Recoleta.[8]

En un breve texto autobiográfico (*ca.* 1934) preparado para ser incorporado en los catálogos de sus exposiciones, Facio cuenta, en un tono entre romántico y heroico, cómo fueron los orígenes de su "vocación definida desde la niñez":

> [Los] primeros trabajos, me conquistaron la simpatía del barrio: los 'Boicot a Pepino' y las 'rayuelas', ornados con motivos decorativos, dibujados en las paredes de los corralones o en plena calle, supusieron éxitos significativos. Esta carrera ascendente, prosiguió luego en el colegio de frailes en que me zambulleron para corregir mi rebeldía.[9]

---

[7] Véase Alberto H. Collazo, *Facio Hebequer*, Buenos Aires, CEAL, Colección Pintores Argentinos del Siglo XX. Serie complementaria: Grabadores Argentinos del siglo XX/4, n° 84, 1982, p. 1.

[8] Sin firma, "Julia Hebequer de Facio", *La Mañana*, n° 1668, 6 de septiembre de 1915, p. 9, y Vicente Osvaldo Cutolo, *Nuevo diccionario biográfico argentino: 1750-1930*, vol. III, Buenos Aires, Elche, 1968, p. 11.

[9] "Autobiografía", *Catálogo de la Exposición Retrospectiva 1914-1935*, Honorable Concejo

Además de la simpatía del vecindario por aquella competencia artística, había ya en esos comienzos un vínculo entre un arte irreverente y un intercambio que, si bien no era estrictamente económico (pues no había dinero en juego), remitiría a las formas más antiguas del trueque: en la escuela de frailes, cuenta Facio Hebequer, vendía la caricatura del padre superior a cambio de seis buñuelos, el postre que se ofrecía una sola vez por semana y que, por lo tanto, despertaba gran codicia entre los internos.

La construcción de sí mismo como poseedor de un talento nato, al que se sumaba una actitud intrépida, se realiza, en el relato, de un modo pintoresco que parece resistir o, mejor dicho, desafiar el motivo por el cual había sido enviado a dicha escuela, el de corregir su rebeldía y sus malos comportamientos. Pero también la referencia a su asistencia a un colegio de frailes podría suponer un indicio de buena posición social, puesto que solventar una educación en este tipo de instituciones requería de un importante esfuerzo económico.

En su autobiografía, ese par de recuerdos remotos, en los que se asume como potencial artista y poseedor de un espíritu rebelde desde su niñez, dan paso, sin mediación alguna, al relato de los años próximos al Centenario, cuando ya con veinte años de edad realiza sus primeras incursiones en el universo artístico de Buenos Aires. Distanciado definitivamente de su pasado en Uruguay, su narración se traslada a un nuevo escenario, los bajos fondos de la gran urbe porteña. Sin saberse cómo ni cuándo llegó allí, la historia de Facio Hebequer podría representar el itinerario característico de esos miles de inmigrantes que arribaron a las orillas del Río de la Plata con el objetivo de escapar de la pobreza, dado que enfatizaba: "habíamos vivido en el puerto, en íntima vinculación con los obreros que lo poblaban. Habitábamos en los mismos casuchones sucios e inhospitalarios y comíamos en los mismos fisgones inmundos".[10]

Sin embargo, como se desprende de los diferentes testimonios y del análisis de su derrotero, esta imagen sobre las miserables condiciones de vida de sus primeros años en Buenos Aires parece responder más a sus avatares en el mundo de la bohemia y, sobre todo, a una estrategia de reposicionamiento personal y radicalización ideológica transitada en los años treinta que a una

---

Deliberante de la Ciudad de Buenos Aires, Buenos Aires, 1935 (FGFH).
[10] Loc. cit.

situación habitacional real. Acorde al momento en el que escribe estas líneas, cercano a la órbita cultural comunista en los inicios de la década de 1930, podría inferirse que su relato se corresponde con la necesidad de construir una historia mítica que, tal vez, explique en parte la omisión de su pasado familiar. Si la táctica impulsada por la Internacional Comunista en el "tercer período", más conocida como la orientación de "clase contra clase", estaba impregnada de un profundo obrerismo, a partir de los escasos datos de su entorno familiar que se lograron recabar podría interpretarse que Facio evitó recordar o deliberadamente rechazó su origen social acomodado o de clase media para poder insertarse en un medio político-cultural, en el cual, ante la menor disidencia partidaria, la acusación del origen pequeñoburgués profesada a los intelectuales y artistas era habitual.

Esta estrategia, dictaminada en el VI Congreso Mundial de la Internacional Comunista en julio-agosto de 1928 bajo el predominio del sector liderado por Iósif Stalin, implicaba la radicalización de las masas a partir de la adopción de una política ultrasectaria en contra de todas las fracciones de la burguesía, incluidos los partidos socialistas, que a partir de ese momento pasaron a ser considerados como "socialfascistas". Y si bien el movimiento marxista internacional fue apadrinado en sus orígenes por intelectuales, desde el triunfo del estalinismo a fines de la década del veinte, los intelectuales se convirtieron en "los sospechosos y apenas tolerados seguidores del comunismo internacional".[11]

Situándose ya en los albores del Centenario, Facio relata cómo se fortaleció su vocación entrelazando dos recuerdos que vinculan el mundo artístico con el mundo del trabajo:

> [...] "descubrí" el Salón Costa y el Witcomb. La impresión producida por las pinturas que en ellos se exhibían fue desoladora. Me parecía que nunca podría llegar a hacer algo parecido. Abandoné totalmente mis lápices. Viví así, acobardado, dos, tres, cuatro años, hasta que un gran dolor y una circunstancia propicia me condujeron al arte. Fue allá por el año 1912 o 1913. En una conferencia obrera en Barrancas, conocí a dos muchachos pintores: se llaman

---

[11] David Caute, *El comunismo y los intelectuales franceses (1914-1966)*, Barcelona, Oikos-tau, 1968, p. 23. Para un análisis de la adopción de esta estrategia en el ámbito local, en noviembre de 1928, véase Víctor Augusto Piemonte, "La política cultural del Partido Comunista de la Argentina durante el tercer período y el problema de su autonomía respecto del Partido Comunista de la Unión Soviética", *Revista Izquierdas. Una mirada histórica desde América Latina*, n° 15, 2013, pp. 1-33.

Del Villar y Torre. Me llevaron a "su pieza" y los vi pintar. Quedé deslumbrado, pero el temor había sido aventado.[12]

Así, por medio de la conjunción de un par de acontecimientos, que también evocan la imagen romántica del artista que sufre hasta revelar una inexorable vocación, fija los inicios de su carrera entre las galerías de arte de la calle Florida y una conferencia obrera en el barrio de Barracas: dos espacios que se encuentran y parecen marcar una historia de vida que, en efecto, se desplazó entre las fronteras del campo artístico y la cultura de las izquierdas.

Por esos años, instala junto a Gonzalo Del Villar y José Torre Revello un atelier en la Ribera de La Boca, en el que daría sus primeros pasos. Eran los tiempos en los que se configuraba un campo artístico nacional apoyado por el Estado y una élite intelectual que, en consonancia con los imperativos del "progreso", proponía "educar y civilizar" a la joven nación argentina mediante distintas manifestaciones, entre ellas, las "bellas artes". En 1896, había sido creado el Museo Nacional de Bellas Artes a partir de la iniciativa de "los primeros modernos" –Eduardo Schiaffino, Ernesto de la Cárcova, Reinaldo Giudici, Ángel Della Valle y Eduardo Sívori–, quienes instrumentaron una serie de mecanismos –como la creación de un sistema de enseñanza y de becas de estudios para viajar a Europa, la realización de concursos y otorgamiento de premios, y la crítica de arte en la prensa como medio de educación y legitimación de diversas actividades– con el objetivo de promover la formación de una sociedad de artistas locales.[13] Posteriormente, en 1911, fue creado el Salón Nacional de Bellas Artes, espacio oficial y símbolo de la consagración artística en el ámbito local.

A pesar de esta coincidencia con el momento formativo del campo artístico nacional, Facio Hebequer casi no recurriría a este último medio para insertarse en los círculos del arte local, aunque no por ello prescindió de otras

---

[12] "Autobiografía", óp. cit. La galería Witcomb fue la primera galería de arte que funcionó en Buenos Aires y la más prestigiosa en aquellos años. Por su parte, el Salón Costa, ubicado en sus orígenes en Florida 126 y luego a la altura de 660, era el establecimiento comercial de Francisco Costa utilizado también como centro de exposiciones. Cf. Francisco A. Palomar, *Primeros salones de arte en Buenos Aires. Reseña histórica de algunas exposiciones desde 1829*, Buenos Aires, Municipalidad de la Ciudad de Buenos Aires, 1972, pp. 101-104, y Marcelo E. Pacheco (dir.), *Memorias de una Galería de Arte. Archivo Witcomb 1896-1971*, Buenos Aires, Fondo Nacional de las Artes, 2000.

[13] Laura Malosetti Costa, *Los primeros modernos. Arte y sociedad en Buenos Aires a fines del siglo XIX*, Buenos Aires, Fondo de Cultura Económica, 2001.

estrategias de legitimación y reconocimiento, las que gradualmente posibilitaron que ocupara un lugar destacado como uno de los exponentes del llamado arte social. En una sola ocasión el artista se presentó al Salón Nacional: fue en el año 1913, con el óleo *Tristeza*. En unas memorias que Facio escribió en los años veinte, detalla que el envío de su obra formó parte de un juego con sus compañeros Del Villar y Torre Revello, y con otros artistas como Raúl Sívori, Guido Acchiardi y Arturo Shaw, quienes se habían propuesto concursar entre sí para luego elegir y enviar al Salón las que, a su juicio, eran las mejores obras.[14] Como resultado de esa competencia interna fueron seleccionadas las obras de Torre Revello, Sívori y Facio Hebequer, aunque la de este último fue la única aceptada por la Comisión Nacional de Bellas Artes, constituida ese año por Félix Pardo de Tavera, Cupertino del Campo, Pío Collivadino, Alejandro Christophersen y José León Pagano.[15]

Más allá del relato de este episodio, teñido de un tono humorístico dado por la recreación de las burlas que se hacían entre los "rechazados" y los "ganadores" del "Cráter" (como se llamaban ellos mismos), lo interesante es advertir cómo Facio Hebequer desestimaba la entidad de aquel espacio consagratorio en comparación con el lugar otorgado a la dinámica de aprendizaje que regía entre estos jóvenes en un clima de entusiasmo y bromas cotidianas. De este modo, Facio concluía: "Debo aclarar que no se le daba –ni en aquella época– ninguna importancia al Salón, pero el pretexto era ideal para hacerlos rabiar a los otros y fue bien aprovechado".[16] En efecto, uno de los aspectos más atractivos de esta narración de los años veinte es la apertura que ofrece hacia los tiempos de la bohemia.

La palabra "bohemia" se instala en el Río de La Plata para caracterizar los hábitos y comportamientos de un sector del campo literario, artístico e intelectual de la primera década del siglo XX. Definía una forma singular de sociabilidad y una imagen del escritor y del artista que hacía de su vida un hecho artístico, en oposición al mundo burgués; no obstante, como señalaba Henry Murger en el final de *Scènes de la vie de Bohème*, "esta posición no

---

[14] Facio Hebequer, *Memorias*, mimeo, FGFH, *ca.* 1921, pp. 16-17. Entre noviembre de 1976 y marzo de 1977, con el título "Memorias de Facio Hebequer", la revista de arte *Pluma y Pincel. Para la difusión del arte y la cultura latinoamericanos* publicó algunos fragmentos de estas memorias en ocho entregas.

[15] Catálogo de expositores, 1913, Archivo de Documentos, *Palais de Glace*.

[16] Facio Hebequer, *Memorias*, óp. cit., p. 16.

excluye el legítimo deseo de triunfar en la carrera artística (y pocas cosas hay más características del espíritu burgués que hacer carrera y triunfar)".[17] A partir de esos rasgos y de las ambigüedades del término, es posible situar a Facio Hebequer en ese universo de la bohemia en el cual escritores, poetas, periodistas, artistas plásticos y músicos delinearon, en conjunto, una comunidad identificada con ciertas características y conductas. La juventud, la rebeldía, las bromas, la irreverencia, las alternancias de domicilio, la opción por la pobreza en oposición a las costumbres burguesas y en favor de una vida dedicada a la creación artística eran factores identitarios y aglutinantes que, además, cristalizaban en el lugar físico por excelencia para la conformación del espíritu de camaradería: el atelier (imágenes 1, 2 y 3).

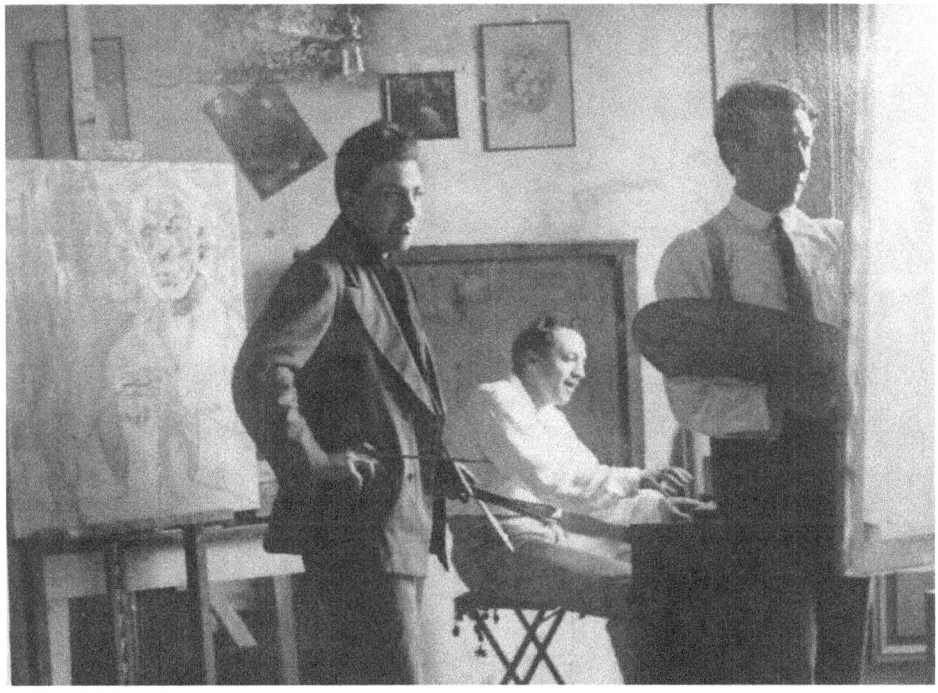

1. Guillermo Facio Hebequer, Paniza y José Torre Revello. Sin datos. FGFH.

---

[17] Pablo Ansolabehere, "La vida bohemia en Buenos Aires (1880-1920): lugares, itinerarios y personajes", en Paula Bruno (dir.), *Sociabilidades y vida cultural. Buenos Aires, 1860-1930*, Bernal, UNQUI, 2014, p. 158.

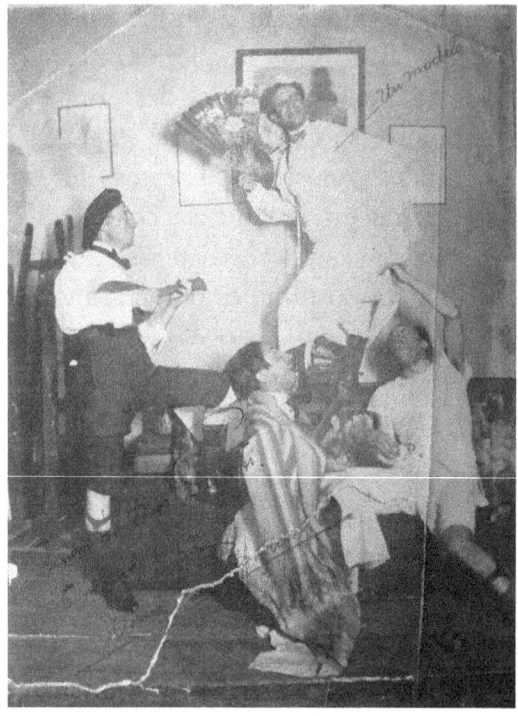

2. Guillermo Facio Hebequer, Paniza, José Torre Revello y modelo. Sin datos. FGFH.

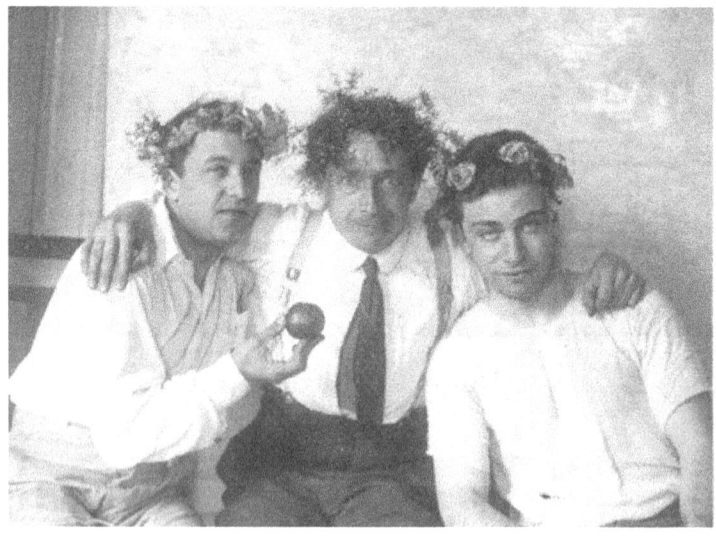

3. Guillermo Facio Hebequer, José Torre Revello y Paniza. Fototeca Fundación Espigas.

Como se desprende del análisis de los testimonios de la época, Facio Hebequer era considerado por gran parte de sus contemporáneos "la piedra angular de la dulce bohemia boquense",[18] apreciación que lo posicionaba como un mediador entre distintos artistas de la zona. Pero también queda manifiesta la recurrencia de dos tópicos: el de la ya mencionada bohemia y el de la identidad barrial. Este último formaba parte de una trama más amplia en la cual la relación entre modos de vida, cartografías barriales y la vida cultural de Buenos Aires en las décadas de 1910 y 1920 dieron lugar al surgimiento de diversos grupos y emprendimientos culturales, entre los que puede mencionarse a "los pintores de la Boca", el grupo de "Boedo" y el de "Florida".

El peso de los barrios y otros vínculos artísticos e ideológicos era tal que el grupo de Boedo, a propósito de la polémica con el grupo de Florida, aclaraba que sus diferencias implicaban mucho más que eso: "No es una cuestión de barrio como pretenden algunos, sino una cuestión de sensibilidad y pensamiento [...] Ellos van por la derecha y nosotros por la izquierda. Ellos están con Mussolini y nosotros con Lenin".[19] Estos núcleos ostentaban marcas de pertenencia que vinculaban o alejaban a distintos artistas y escritores de acuerdo con las diferentes concepciones del arte y la literatura que sostenían, sin por ello constituir necesariamente bloques homogéneos y estáticos.[20]

Ligados a ese mundo barrial, los primeros pasos de Facio en el taller de la calle Pedro de Mendoza y Patricios lo llevaron a relacionarse con otros artistas de la zona, como Adolfo Montero, Santiago Stagnaro, Benito Quinquela Martín, Juan de Dios Filiberto, Santiago Palazzo, José Arato, Agustín Riganelli, Arturo Shaw, Adolfo Bellocq, César Pugliese, Adolfo Ollavaca, Armando y Enrique Santos Discépolo, entre otros, todos ellos vecinos del barrio de La

---

[18] Ernesto Mario Barreda, "Los siete amigos. Apuntes de la vida artística", *La Nación*, 1 de enero de 1928 (FGFH).

[19] Sin firma, "Dos palabras más", *Los Pensadores*, año IV, n° 114, septiembre de 1925, p. 1. Dicha frase revela, además, la estrategia de polarización ideológica que pretendía construir el grupo de Boedo, a pesar de los matices que ya han sido demostrados en varias investigaciones. A modo de ejemplo, véase Claudia Gilman, "Florida y Boedo: hostilidades y acuerdos", en Graciela Montaldo (comp.), *Yrigoyen entre Borges y Arlt (1916-1930). Literatura argentina siglo XX*, vol. II, Buenos Aires, Paradiso-Fundación Crónica General, 2006, pp. 44-62 y Carlos García y Martín Greco, *La ardiente aventura: cartas y documentos inéditos de Évar Méndez, director del periódico* Martín Fierro, Madrid, Albert Editor, 2017, pp. 64-71.

[20] Miguel Ángel Muñoz, *Los Artistas del Pueblo. 1920-1930*, Buenos Aires, Fundación OSDE, 2008, p. 6.

Boca. Además, el anexo sur de la Sociedad de Estímulo de Bellas Artes, ubicado en la calle Tacuarí al 300, y los talleres de Pío Collivadino, de la calle Pedro de Mendoza, fueron espacios en los que Facio Hebequer tomó clases. Sin duda, constituyeron ámbitos cardinales en su trayectoria, pues fue allí donde adquirió un mayor dominio del dibujo y del grabado.[21] En ese sentido, Miguel Ángel Muñoz ha señalado el papel fundamental que tuvieron las clases de Pío Collivadino para la mayoría de los "Artistas del Pueblo" con respecto a la iniciación en la técnica del grabado y la predilección por las temáticas urbanas, luego adoptadas por el grupo; no obstante, ese magisterio no sería abiertamente reconocido por todos, dado el discurso antiacademicista asumido por algunos de sus integrantes, que evitaban recordar a su maestro, director de la Academia Nacional de Bellas Artes desde 1904.[22]

Por esos años, entonces, Facio Hebequer trabó lazos de amistad con aquellos artistas y participó de algunos proyectos conjuntos. En efecto, tanto en sus memorias como en las de Adolfo Bellocq puede rastrearse la constitución de esos vínculos y actividades colectivas como la organización del Salón de Obras Recusadas del Salón Nacional en octubre de 1914, que es abordada por ambos artistas, aunque sus percepciones son bastante diferentes.[23] En sus memorias escritas en 1921, Facio apenas realiza una mención del evento, en el que intervino de una manera circunstancial, dado que no se encontraba entre los organizadores y tampoco había sido rechazado del Salón oficial:

---

[21] Facio Hebequer, *Memorias*, óp. cit., p. 16, y Adolfo Bellocq, "Las memorias", en Francisco Corti, *Vida y obra de Adolfo Bellocq*, Buenos Aires, Tiempo de Cultura, 1977 [1961], p. 128.

[22] Miguel Ángel Muñoz, óp. cit., p. 10.

[23] El Salón de los Recusados se llevó a cabo entre el 6 y el 20 de octubre de 1914 en la Cooperativa Artística, ubicada en la calle Corrientes 655. La Cooperativa Artística había sido un establecimiento comercial dedicado a la venta de artículos de dibujo, marcos y productos afines, hasta trasladarse al domicilio de Corrientes, el cual tenía, al lado de su salón de ventas, una sala dedicada a realizar exposiciones de arte, sobre todo de aquellos artistas que generalmente no eran conocidos. Esto no era casual, pues este espacio estaba dirigido por el socialista Alejandro Castiñeiras (1891-1937), autor de diversas obras, colaborador de *Nosotros*, *La Vanguardia* y *Revista Socialista*, y diputado socialista desde 1932 hasta su fallecimiento. Véase Palomar, óp. cit., p. 120. La Comisión del Salón de los Recusados estuvo constituida por Alberto J. Sturla, como presidente, Alejandro Massalin, como tesorero, y Francisco Benesch, Ángel Isoleri, Juan B. Cantarell Dart, Carlos Rodríguez, Juan D. Brignardello, Antonio Peretti, José Arato, Santiago Palazzo, Abraham Vigo, Pedro de la Fuente, Gino Rabuzzoni, Pedro Stillo, como vocales. Cf. *Abraham Regino Vigo: 1893-1957*, tomo I, s/d. Carpeta de recortes hemerográficos y catálogos, compilada por su hijo Ariel Vigo (CeDInCI).

> Ese año creo que los muchachos Arato, Vigo, Riganelli y otros, organizaron el Salón de los rechazados; como yo no había mandado al salón no tuve el honor de figurar entre los rechazados —ya había comprendido que casi siempre es un honor ser rechazado de los Salones Oficiales— a Torre le empujé bastante para que mandara y figuró entre ellos; también había unos cuadros del maestro Ollavaca y hermanos, una cabeza yacente de Newbery, una "Negrológica" y otras, que me habían invitado a ver y no pude lograrlo por falta de tiempo.[24]

En cambio, en sus memorias escritas en la década de 1960, en las que se advierten claras reminiscencias a la dialéctica institución-antiinstitución ya instaurada por el *Salon des Refusées* de París en el año 1863, Adolfo Bellocq construye un relato épico del Salón de los Recusados, situándolo como el inicio de una lucha en contra de los mecanismos oficiales de consagración y, por ello, como "una prueba de fuego para los señores de la Comisión Nacional de Bellas Artes. Ellos, que eran el 'oficialismo', se sostenían en las escuelas del arte español o italiano y no aceptaban otra manifestación de arte que encarase distintamente de esas escuelas".[25]

Este recuerdo de Bellocq se distanciaba del trazado por su compañero en los años veinte, aunque no demasiado del punto de vista que Facio Hebequer había adoptado en una entrevista que le publicara el diario *Crítica*, en 1935. Allí, situaba al Salón de los Rechazados como una gesta heroica y un "hecho revolucionario" impulsado por un grupo —"conocido ya por 'los artistas del pueblo'" y llamados "despectivamente la Escuela de Barracas"— que, "forjados en una vida de lucha en los talleres y en el campo obrero" se propuso demostrar "la injusticia de los jurados".[26] En oposición a la sucinta mención que hacía en sus memorias, en este caso Facio aclaraba que "interminable sería contar el vía crucis soportado", pues "Todo el mundo se burlaba. Se nos negaban

---

[24] Facio Hebequer, *Memorias*, óp. cit., p. 17.

[25] Bellocq, "Las memorias", óp. cit., p. 131. El surgimiento del Salón de los Recusados debe comprenderse en el marco del peso que detentaba una institución como el Salón Nacional, el cual "se presenta como un fuerte regulador de la producción artística que marcó, en sus diferentes etapas, las tendencias deseables, conducentes a delimitar un arte oficial —y correlativamente las exclusiones— contribuyendo a generar espacios paralelos, alternativos, que dinamizaron el campo artístico". Marta Penhos y Diana B. Wechsler, "Introducción", en *Tras los pasos de la norma. Salones Nacionales de Bellas Artes (1911-1989)*, Buenos Aires, Ediciones del Jilguero, 1999, p. 7.

[26] "Salón de Rechazados de 1914", *Crítica*, 8 de noviembre de 1935. Entrevista a Guillermo Facio Hebequer publicada *post mortem* (FGFH).

los salones. Se nos miraba como bichos raros. El 'viejo' Costa, propietario del Salón que llevaba su nombre, nos daba paternales consejos para disuadirnos de la idea…".[27] Sin dudas, esta narración mitificada y más arborescente, con las referencias al grupo de Barracas y a los Artistas del Pueblo, que ha sido reproducida sin una revisión crítica hasta la actualidad, se asemeja al tono y planteo de su propia semblanza autobiográfica elaborada también en los años treinta como una clara estrategia de reposicionamiento e intervención en el campo artístico local.

Escindido de los circuitos y de los medios de consagración del arte oficial, en este nuevo relato del artista, el contra-salón devenía en un acontecimiento clave en la emergencia de una nueva concepción de "arte social" y adquiría un doble significado: por un lado, se constituía como una experiencia que había logrado una renovación temática dado el "carácter popular" de las obras rechazadas en el Salón Nacional de Bellas Artes, una novedad que solo podía lograrse a través de la organización colectiva; por el otro, significaba el surgimiento de nuevos proyectos, como la creación de la Sociedad Nacional de Artistas Pintores y Escultores en 1917 y, al año siguiente, la organización del Salón de los Independientes en el Salón Costa, bajo el eslogan "sin jurado y sin premios".

De esta manera, la realización del Salón de los Recusados emergía para Facio Hebequer, en la década de 1930, como un claro gesto político que posicionaba a un grupo de artistas en la izquierda del campo cultural. Sin embargo, cabe señalar que tanto esta segunda valoración de Facio Hebequer como la de Bellocq contrastan con la crítica del periódico *La Vanguardia*, efectuada en el mismo momento de la exposición. Una vez inaugurada, el diario socialista reprodujo el manifiesto de los Recusados y dedicó un espacio importante a la opinión que le merecían las producciones expuestas. Si bien el manifiesto de los artistas sostenía: "Concurrimos con nuestros esfuerzos particulares, a llenar un vacío que existe en nuestro naciente arte social", para el anónimo escritor de *La Vanguardia*, ese vacío no podía ser en absoluto ocupado por las obras exhibidas en la muestra, a las que caracterizaba como de "una infantilidad risible".[28] No obstante, en la siguiente nota, y como consecuencia

---

[27] Loc. cit.

[28] Sin firma, "Notas de arte. Salón de los recusados", *La Vanguardia*, n° 2634, 7 de octubre de 1914, p. 2. Otro artículo que presenta similitudes con el citado es el de José Gabriel publicado

de la repercusión negativa que la exposición había tenido entre la prensa no partidaria, aclararía que:

> […] la pobreza de la primera tentativa, debida exclusivamente a la cobardía de los recusados (de 750 obras no admitidas en el salón nacional, se exponen sólo 68 en el de la Cooperativa Artística), no autoriza en manera alguna a la condenación de un sano propósito que es una práctica constante en los países de cultura artística superior a la del nuestro […] es la puerta abierta a todos los esfuerzos y es la consagración a la libertad de todas las escuelas y tendencias que, malas o buenas, tienen el derecho de manifestarse.[29]

La escasa cantidad de cuadros expuestos sería señalada también por Facio Hebequer en la entrevista que, como se mencionó, brindaría al diario de Botana en los años treinta. Allí argumentaba que la exigüidad se debía al temor que había suscitado un acontecimiento de semejante rebeldía que "¡tanto pesaba!" en el ambiente, una acotación que se distanciaba notoriamente de la imagen del Salón que había introducido en sus memorias, en que le restaba importancia. Estas divergencias que asoman en los diferentes relatos revelan la tendencia a una valoración retrospectiva de un evento que, no obstante su escasa trascendencia artística, fue significativo en el ámbito local al inaugurar una serie de contra-salones como, por ejemplo, el Salón de los Independientes de 1918 o, posteriormente, el Primer Salón de la Agrupación de Intelectuales, Artistas, Periodistas y Escritores (AIAPE) realizado en 1935, en el cual algunas de las obras presentadas también habían sido rechazadas por el jurado del Salón Nacional.

Una situación similar ocurrió, en 1917, con la creación de la Sociedad Nacional de Artistas, Pintores y Escultores, también evaluada *a posteriori* por Facio Hebequer (en la entrevista de *Crítica*) como parte del mismo proceso de protesta en contra de los mecanismos de consagración impulsados desde la academia. Esta iniciativa, que había nacido del escultor vinculado al anarquismo Santiago Stagnaro con el objetivo de resistir a la Comisión Nacional de

---

para la revista *Nosotros*. Allí definía a esta apuesta artística como un espectáculo "ruborizante", pues las obras "no sólo no son nada como realidad (esto fuera lo de menos), sino que nada significan tampoco como revelación". "El Salón de los Recusados", *Nosotros*, tomo XVI, n° 66, octubre de 1914, pp. 92-94.

[29] Sin firma, "Bellas Artes. El Salón de los Recusados", *La Vanguardia*, n° 2636, 9 de octubre de 1914, p. 1. Algunas de las críticas de la prensa de gran tirada –*La Prensa, La Nación* y *Crítica*– son reproducidas parcialmente por Palomar, óp. cit., pp. 121-122.

Artes e imponer nuevas reglas en el medio artístico local, no fue acompañada con gran entusiasmo en sus comienzos por Facio, quien contaba en sus memorias: "yo al principio no quería saber nada; era poco amigo de esas cosas".[30] No obstante, no debe interpretarse esta afirmación como un acto de indiferencia frente a la democratización de las instituciones del campo artístico local que proponía su compañero, pues hay que considerar que, para Facio Hebequer, la mejor opción para no legitimar un espacio de consagración como el Salón Nacional era evitar el envío de obras; una toma de posición que, en efecto, sostuvo a lo largo de su vida luego de su único envío de 1913.

Del mismo modo, una vez tomada la decisión de participar en la Sociedad, Facio manifestaba que esta debía haber poseído un verdadero carácter revolucionario, y es en correspondencia con este juicio de valor que explicaba su fracaso: "se trató de hacer una sociedad… algo tibia… y nos jodimos; debíamos haber hecho un sindicato; debíamos haberle dado un carácter más rebelde".[31] También asumía que el ocaso de este emprendimiento se había debido al fallecimiento en 1918 de Stagnaro, presidente de la Sociedad y portador de la experiencia necesaria para llevar a cabo una serie de acciones concretas, ya que, por aquellos años, trabajaba como calderero y era el secretario general de su principal sindicato, la Sociedad de Caldereros.[32] A pesar del carácter efímero de la experiencia, que se prolongó durante algunas reuniones en la casa de Facio Hebequer, esta constituyó el ámbito aglutinador para la organización de la futura muestra del Salón de los Independientes y el antecedente para la constitución de futuras asociaciones, como, por ejemplo, la creación del Sindicato de Artistas Plásticos en 1933.

En los meses siguientes, en agosto de 1918, se llevó a cabo en el Salón Costa la única actividad organizada por la Sociedad de Pintores y Escultores: el Salón de los Independientes, en donde se expusieron las obras de Stagnaro, Facio Hebequer, Vigo, Quinquela Martín, José y Octavio Fioravanti, Riganelli, Arato, Montero y Bellocq, entre otros. La revista *Augusta* definió a este salón como un "organismo artístico de segunda categoría en el que figuran algunos

---

[30] *Memorias*, óp. cit., p. 20.

[31] Ibídem, p. 21.

[32] Juan M. Guastavino, *Santiago Stagnaro hombre*, Buenos Aires, Ediciones López Negri, 1952, p. 23. Los estatutos de la Sociedad de Artistas, Pintores y Escultores, redactados por Stagnaro y aprobados el 8 de septiembre de 1917 en asamblea general, pueden consultarse en pp. 89-92.

elementos de cierta significación (muy pocos)",³³ a la vez que el diario *La Prensa* hacía dos observaciones relacionadas: la primera planteaba la inexistencia de cualquier tipo de tinte revolucionario en las obras, y la segunda marcaba la presencia de autores que en reiteradas oportunidades habían formado parte del Salón Nacional, además de haber recibido alguno de sus premios.³⁴ Esto sucedía, por ejemplo, con las obras *Del Arrabal* y *Sol*, de José Arato; *La Recova*, de Vigo y *La salida del viático*, de Bellocq, que habían sido expuestas en las salas del VIII Salón Nacional en 1918.

A propósito de la heterogeneidad que reinaba en el Salón de los Independientes, Manuel Rojas Silveyra mostraba, en las páginas de *Augusta*, la convivencia de obras que se ajustaban a los "preceptos más generales del gusto medio" con otras de un "rojo seductor individualismo anarquizante".³⁵ Inclusive, en el artículo ya mencionado de *La Prensa* se señalaba que, dada la excelente calidad de alguna de las obras exhibidas, "parece que, al contrario de lo que anuncian sus iniciadores, hubiera actuado un jurado de selección muy severo".³⁶

Más allá de lo cuestionable (o no) de esta apreciación –pues los atributos y la calidad de las obras podrían estar determinados por un proceso de evaluación alternativo, como el que se llevaría a cabo en el seno de la AIAPE, en 1935–, lo cierto es que tanto el Salón de los Independientes como la Sociedad de Pintores y Escultores, creada el año anterior, no causaron los efectos esperados, si es que el objetivo era perturbar y modificar el ambiente de un campo artístico en consolidación. En este sentido, la evaluación realizada por el responsable de la sección de arte de la revista *Nosotros*, Carlos Muzzio Sáenz Peña, compartía algunos rasgos de las críticas anteriores:

---

³³ Sin firma, *Augusta. Revista de Arte*, vol. I, n° 3, agosto de 1918, p. 155. Esta revista fue publicada por el pintor y propietario de la galería de arte "Van Riel", el italiano Franz Van Riel, y el crítico de arte Manuel Rojas Silveyra. Según Francisco Palomar, esta publicación de referencia artística proponía continuar a *Pallas*, editada por Atilio Chiappori cuatro años antes, cuyo modelo era *The Studio* de Londres. Óp. cit., p. 128.

³⁴ Referencia citada por Palomar, óp. cit., pp. 103-104.

³⁵ Manuel Rojas Silveyra, "El VIII Salón Nacional. Pintura, Escultura, Arquitectura y Artes Decorativas. Reseña general", *Augusta*, vol. I, n° 4, septiembre de 1918, pp. 161-162. Las obras mencionadas son analizadas y reproducidas en el mismo artículo, pp. 176-178.

³⁶ Palomar, óp. cit., p. 104.

Este salón de Independientes, no sólo no llena necesidad alguna entre nosotros, sino que tampoco tiene razón de ser en nuestro ambiente. Agrupaciones semejantes existen y prosperan en algunas capitales de Europa, en Múnich y París, entre otras, y los constituyen artistas que por cultivar alguna tendencia exótica o avanzada, hallan cerradas las puertas de los salones de arte auspiciados por académicos o patrocinados por el gobierno. Son realmente "independientes" en el sentido más amplio de la palabra, en lo que al arte se refiere. Su independencia reside en separarse, de una manera u otra, de los cánones que hasta nuestros días han regido las manifestaciones plásticas del arte, y en los cuales, generalmente, se basan los jurados encargados de dictaminar sobre la admisión de las obras o de otorgar las recompensas a que éstas se hayan hecho acreedoras […] Se trata, simple y llanamente, de cuadros que, sin tener nada de despreciables, tampoco poseen mérito ni originalidad bastantes para constituir, por sí, irreprochables obras de arte, o que signifiquen manifestación alguna de una nueva escuela o tendencia. Antes al contrario, algunos de los lienzos que ocupan pretenciosos lugares en los muros del salón Costa, donde se realiza esta exposición, halagaría al gusto aburguesado de cualquier "pompier".[37]

Esta dura caracterización del crítico de *Nosotros*, que insistía en el escaso carácter disruptivo que desde el punto de vista estético constituía el Salón de los Independientes en una *modernidad periférica*, se reforzaba con una referencia final a *l'art pompier*, término peyorativo utilizado con frecuencia para denostar la tradición del academicismo francés de la segunda mitad del siglo XIX, y con el que emparentaba a las obras pretendidamente provocadoras del mencionado Salón, las que, a su juicio, no escapaban al "gusto aburguesado" de la crítica y los *marchands*. Todas estas observaciones, sumadas a las reflexiones apuntadas por Facio en sus memorias, evidencian que los participantes no lograron diferenciarse de los salones oficiales, motivo que, tal vez, explique por qué fue abandonada la idea de proseguir con otras acciones similares.

Para ese entonces, Facio Hebequer ya estaba instalado en su atelier de la calle La Rioja 1627 (luego se mudaría a La Rioja 1861), a unas pocas cuadras de la metalúrgica Vasena, escenario principal del conflicto obrero conocido como

---

[37] Carlos Muzzio Sáenz Peña, "Crónica de arte. Salón de los Independientes", *Nosotros*, n° 112, agosto de 1918, pp. 577-578. Inclusive, el autor de la nota destaca que uno de los expositores, Gastón Jarry, además de ser un buen artista figuraba entre los jurados del próximo Salón Nacional. Las obras de Arato y Vigo son ponderadas por su originalidad, mientras que a Facio Hebequer no se lo menciona. Tampoco alude al grupo "de los cinco" o a "los Artistas del Pueblo" que, como se verá, la historiografía considera ya constituido por esta fecha.

la Semana Trágica de 1919. Parque Patricios, el barrio en que se ubicaban tanto el atelier como la fábrica, formaba parte del enclave manufacturero que se extendía desde Barracas hasta Avellaneda, ya en el conurbano bonaerense.[38] Al enfatizar sobre sus vivencias compartidas con los trabajadores, primero en el barrio de La Boca y luego en Parque Patricios, el artista rememoraba:

> Allí, entre los obreros, sentí por primera vez la vergüenza de no ser más que un "intelectual". Fue durante la huelga de los caldereros. Nos propusieron una diligencia que, por miedo, nos resistimos a realizar. Y uno de ellos lo dijo claramente: no hay que contar con "estos intelectuales" para ciertas cosas... Si los intelectuales fueran realmente luchadores, estaríamos mucho más cerca de la Revolución de lo que estamos... Pero la influencia de esa vida ha perdurado en nuestro arte. Allí comprendimos y pudimos razonar sobre la senda a que ya nos había llevado nuestro instinto. Allí vimos claro lo absurdo de las masturbaciones psíquicas del arte... Frente a ese mundo doloroso del trabajo y la miseria social, se hizo luz en nosotros: el artista, sensibilidad privilegiada, no tenía derecho a cerrar sus ojos ante aquella realidad terrible que vivíamos, para posarlos en los rasos aterciopelados, en las manos exangües de niñas cloróticas o en el juego de volúmenes de las "naturalezas muertas". Algo había de superior a la "plástica" y al "arte", y ese algo era la criatura humana. Nada nos apartó ya del camino.[39]

Sin embargo, ese acontecimiento "esclarecedor" en la vida del artista parece ajustarse más que nada a una nueva sensibilidad comunista que coincide con el momento en el que escribió su texto autobiográfico (los años treinta). En efecto, dicha autocrítica no es coincidente con el sinfín de anécdotas que sus amigos hacían circular para describir la casa de Facio como una "academia viva" y por demás divertida, más acorde al espíritu bohemio que atraviesa muchos de los recuerdos que a una vida aunada a la lucha obrera y a la adhesión del anarquismo y el sindicalismo revolucionario, en un sentido estrictamente

---

[38] En los años veinte y treinta predominó una identidad de clase cristalizada en un enclave industrial que concentraba el grueso de la clase obrera porteña. Las industrias se extendían desde el Riachuelo hacia los barrios de Nueva Pompeya, Parque Patricios y La Boca, y del otro lado, hacia las zonas del partido de Avellaneda. A esta zona industrial deben sumarse otros barrios como Balvanera, San Cristóbal, San Nicolás, Montserrat, Constitución, Boedo, Almagro, Villa Crespo, Paternal y Villa Urquiza, en donde también hubo una importante presencia obrera. Cf. Hernán Camarero, "Consideraciones sobre la historia social de la Argentina urbana en las décadas de 1920 y 1930: clase obrera y sectores populares", *Nuevo Topo. Revista de historia y pensamiento crítico*, nº 4, septiembre-octubre de 2007, pp. 41-42.

[39] "Autobiografía", óp. cit.

doctrinario.⁴⁰ En una entrevista realizada por el diario *Crítica*, Juan de Dios Filiberto contaba que la casa de La Rioja era amplia y funcionaba como un laboratorio de ideas y un centro de reuniones, a la que diferentes artistas habían convertido en su estudio:

> Aquel fue nuestro refugio y el escenario de las reuniones más extraordinarias y bulliciosas que se pueda imaginar. Se pintaba y dibujaba aprovechando la pose de una misma modelo; se hacían conciertos íntimos; se bailaba y se cantaba; se discutían teorías artísticas, literarias y sociales y todo con una vehemencia y un tono que en diversas oportunidades alarmaron al barrio, pero que nunca lograron empañar nuestra camaradería.⁴¹

Esta imagen de una bohemia porteña se reproduce en varios testimonios y fotografías de los participantes de aquellas reuniones, en los cuales los pinceles, el armonio de Filiberto, las charlas y otros eventos más mundanos constituían el centro de la escena más que los conflictos sociales y las huelgas del período evocados por nuestro artista (imágenes 4 y 5).⁴² A su vez, estos relatos brindan una serie de indicios que permiten desmitificar el origen humilde y obrero que en varias oportunidades Facio Hebequer pretende construir para

---

⁴⁰ Cf. Miguel Ángel Muñoz, "Los Artistas del Pueblo: Anarquismo y sindicalismo revolucionario en las artes plásticas", *Causas y Azares*, n° 5, otoño de 1997, pp. 116-130.

⁴¹ Sin firma, "Agasajarán a Filiberto", *Crítica*, n° 7577, 17 de mayo de 1935, p. 15.

⁴² El archivo del Museo Benito Quinquela Martín guarda una fotografía que coincide con una de las tantas anécdotas narradas por Facio Hebequer en sus memorias: "la coronación de Ollavaca", relatada y fijada (véase imagen 5) de la siguiente manera: "De las fiestas que hacíamos por entonces en el taller, merece citarse muy especialmente una, en la cual coronamos al maestro, y en la que conocí a Chinchella; fue en verdad un bochinche estupendo. Al maestro le habíamos preparado un trono en lo alto de las tarimas, todo perfectamente cubierto con unos paños, que ocultaban un tacho de baño llenito de agua [...] comenzó la fiesta con una conferencia de Ollavaca [...] y dijo tan grandes y fenomenales macanas, que estábamos enfermos de reírnos... lo cierto fue que llenos de entusiasmos, pusímosle sobre la frente la corona, y alzándolo en peso decidimos sentarlo en el trono, rindiéndole así un pleno homenaje... y al trono fue, y cuando sobre él fue a sentarse, cedió estrepitosamente la armazón, y la parte de sentarse del Maestro, se hundió suavemente en el agua del tacho... Se levantó impertérrito, y desde lo alto de la tarima, con el trasero mojado, terminó su arenga, diciéndonos, gracias muchachos! Aquí me veo coronado como el Tetarca, y lo que tengo de batirles, es que sigan todos fuertes en la lucha, y cuando estén preparados, yo vengo a ponerme al frente y vamos todos juntos allí de la camada de la Comisión Nacional, y meta biaba [...] Es de imaginarse la gritería que se armó con este final, y en verdad que no hubo uno que no sintiera en aquel momento verdadero deseo de encontrarse con la susodicha camada...". Cf. Facio Hebequer, *Memorias*, óp. cit., pp. 10-11.

sí mismo.⁴³ Al recordar "un episodio que da cabal idea de aquel desbarajuste romántico y juvenil", Filiberto particulariza la situación económica del artista con respecto a sus compañeros: era "el único de la 'barra' que tenía dinero, gracias a su puesto en lo de Bullrich", idea reforzada por Riganelli, quien lo definía como "el capitalista del grupo".⁴⁴ Ambos relatos evidencian que, al no depender de las ventas de sus obras para su manutención, Facio podía prescindir de aquellos mecanismos y circuitos de legitimación ya mencionados.

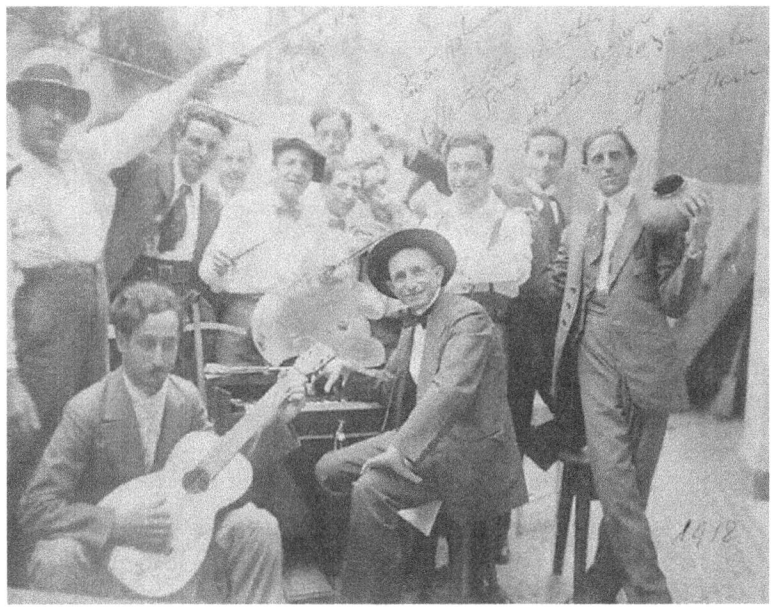

4. Guillermo Facio Hebequer, Adolfo Montero, Juan de Dios Filiberto, Benito Quinquela Martín, Adolfo Ollavaca, entre otros. Archivo Museo Quinquela Martín.

---

⁴³ Cf. Guillermo Facio Hebequer, "La exposición de José Arato", *Claridad*, año I, n°1, Buenos Aires, julio de 1926, s/p.

⁴⁴ "Agasajarán a Filiberto", óp. cit. La casa Bullrich era una de las casas de remate más tradicionales de Buenos Aires, la cual comenzó su negocio con remates de hacienda y propiedades, pero luego incluyó también obras de arte y mobiliario. Riganelli narraba: "Recuerdo que teníamos al barrio alborotado, pendiente de nuestras alegrías y expansiones, de los 'muchachos', como nos decían cariñosamente. Se nos ocurrían tantas cosas que el vecindario estaba siempre esperando algo nuevo. Un seis de enero, Quinquela Martín disfrazado de Rey Mago repartió a todos los chicos del barrio, los juguetes comprados por Facio Hebequer, que era el capitalista del grupo, pues cobraba un sueldo mensual de la casa Bullrich, en donde era tenido por un empleado modelo. Los demás, en esa época comíamos de milagro". Riganelli, "En el Atelier suburbano de Facio Hebequer", óp. cit.

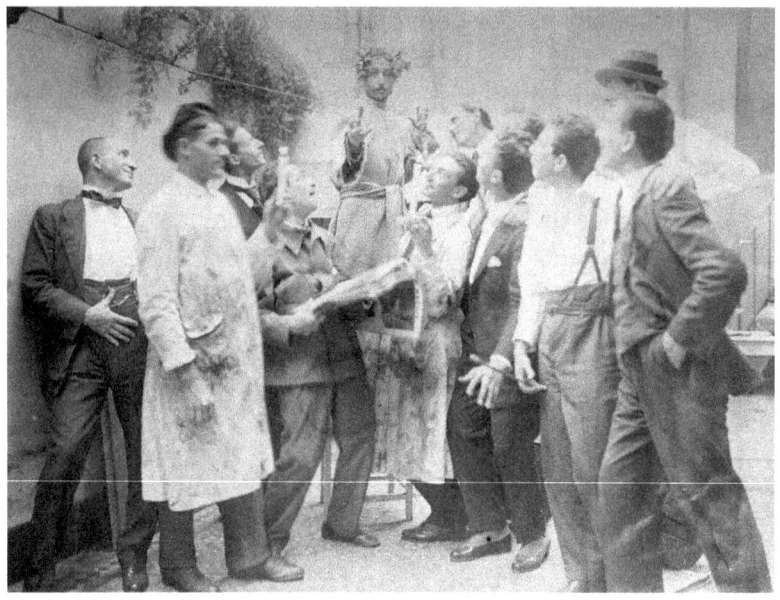
5. Coronación del maestro Ollavaca. Archivo Museo Quinquela Martín.

Su estabilidad económica, que lo distanciaba de un origen obrero, no fue lo único que Facio quiso soslayar, pues, según un comentario incisivo de Leónidas Barletta, "Era fino y culto y tenía el pudor de su educación, de su sensibilidad depurada y de su gusto y lo disimulaba con cierto aspecto negligente y permanente mofa de los modos cultivados".[45] Ese pudor intenta ser revertido en su relato autobiográfico, donde afirma que "ya no era yo un 'intelectual'. Era un luchador". Esta resolución permite trazar un puente entre los tiempos de la bohemia, en los que el "antiintelectualismo" también era una de sus peculiaridades, y los cambios en su itinerario, que lo vincularían, luego, con los círculos político-culturales del PCA, en donde tanto la bohemia como el origen pequeñoburgués de los artistas e intelectuales eran desdeñados por los dirigentes del partido. De este modo, ese profundo "antiintelectualismo" revela más que nada una inflexión en la vida del artista que se corresponde con una modificación de sus posicionamientos, lo que explicaría en parte la construcción que hace de sí mismo en el momento de escribir su breve esbozo autobiográfico.

---

[45] José Ariel López [seudónimo de Leónidas Barletta], "Facio Hebequer", Propósitos, año I, quinta época, n° 51, 10 de septiembre de 1964, p. 4.

Del Grupo de Los Cinco a la revisión de los Artistas del Pueblo

La aparición pública del Grupo de los Cinco en las páginas de *La Montaña*, junto con la realización de los Recusados de 1914 y los otros eventos ya mencionados, marcaría el origen y la posterior consolidación de una agrupación artística que, poco más tarde, pasaría a ser conocida como los Artistas del Pueblo. En las últimas décadas, algunos estudios han insistido en la actuación sistemática de Facio Hebequer, José Arato, Adolfo Bellocq, Agustín Riganelli y Abraham Vigo, quienes habrían compartido un trayecto común entre los años 1914/1917 y 1935.[46] Sin embargo, al recorrer las páginas de *La Montaña* en búsqueda de "los cinco", lo cierto es que solo fueron publicados tres textos: una carta "anónima" y otras dos notas firmadas, que diluyen el peso de su presencia en dicho periódico.[47]

---

[46] Si bien aclara que el parámetro temporal no es rígido, Miguel Ángel Muñoz señala que el momento en que los Artistas del Pueblo actuaron como grupo surge a mediados de la década de 1910 y tiene su plenitud en los años 20 y principios de los 30. Lo mismo ocurre con la investigación de Marcelo Pacheco y los diferentes artículos que se han basado en ambos trabajos. Asimismo, Patrick Frank toma como recorte cronológico para su libro el período 1917-1935, aduciendo que la disgregación del grupo se debió al fallecimiento de Facio Hebequer. De esta manera, casi todos los autores remiten a la trayectoria de este artista, trasladada a la del resto del grupo. A su vez, es posible inferir que la reproducción que ha realizado la historiografía con respecto a la presencia y exaltación de "los cinco" devenidos en "los Artistas del Pueblo" esté vinculada a tres cuestiones. En primer lugar, a la sobrevaloración de las intervenciones de "los cinco" en *La Montaña* sin haber visitado las páginas de este diario para explorar cuál fue la magnitud de su presencia y el contenido de aquellos discursos; en segundo lugar, con la conformidad de los datos aportados por las memorias de Adolfo Bellocq y su construcción mítica del accionar de estos artistas como grupo consolidado; y, en tercer lugar, con la extrapolación de las intervenciones escritas de Facio Hebequer como fundamento para establecer un recorrido común de los cinco artistas; operación que omite, al mismo tiempo, la complejidad del itinerario de este artista, que incluye otros tránsitos y otras experiencias culturales grupales como las apuestas teatrales, de mayor perdurabilidad en el marco de su trayecto pero casi desconocidas hasta el momento. Por otra parte, cabe señalar que las memorias de Bellocq contienen varios errores de datación y referencias que han sido reiteradas. Por último, en oposición a las memorias de Bellocq, Facio Hebequer, con la excepción de una alusión a "los Artistas del Pueblo" en una reseña de 1928 y en la entrevista ya citada del diario *Crítica*, no realiza ninguna mención al Grupo de los Cinco ni a los Artistas del Pueblo en sus memorias. Cf. Muñoz, *Los Artistas del Pueblo. 1920-1930*, óp. cit., p. 5; Marcelo Pacheco, *Adolfo Bellocq (1889-1972): obra grabada*, tesis de licenciatura, Facultad de Filosofía y Letras, Universidad de Buenos Aires, 1986, p. 5 y Patrick Frank, *Los Artistas del Pueblo. Prints and Workers' Culture in Buenos Aires, 1917-1935*, Albuquerque, University of New Mexico Press, 2006, pp. 10 y 30.

[47] El vespertino *La Montaña*, fundado el 26 de febrero de 1919 y dirigido por Antonio García Pintos, estaba vinculado al gobernador de Mendoza, José Néstor Lencinas, y por entonces

Ahora bien, ¿cuál fue la prédica de estos artistas que buscaban emerger y posicionarse en el campo artístico nacional? En la primera de estas notas firmadas, lanzan su presentación oficial con la siguiente aclaración: "No somos 'críticos'; así, pues, no haremos 'crítica'. Daremos nuestras impresiones sobre lo que se vaya exponiendo [...] Aquí somos en este momento los cinco amigos que componemos nuestro grupo –que de ahora en adelante llamaremos El grupo de los cinco".[48] Esta explicación se complementa, a su vez, con la realizada en la misiva sin firma, la que originalmente se habría enviado a la revista madrileña *España,* dirigida por Luis Araquistáin. Allí se explicita: "No firmamos porque ustedes no nos conocen y nada le dirán nuestros nombres; pero como no queremos ocultarnos, pueden dirigirse a nosotros a la siguiente dirección: G. F. H., Rioja 1627, Buenos Aires".[49] El anonimato quedaría parcialmente revelado al ser reproducida la carta en las páginas del diario local, con la siguiente presentación: "Un conocido diletante ha dirigido al director de 'España' la carta que a continuación publicamos, cuyo móvil se explica en el contenido de la misma". Sin dudas, la sigla G. F. H. refería a Guillermo Facio Hebequer, morador de aquel domicilio que, como se ha visto, funcionaba como un espacio de sociabilidad y creación.

En cuanto al contenido de la misiva, su objetivo era el de denunciar la mediocridad de las obras recibidas desde Madrid para ser exhibidas en los salones anuales porteños dedicados a los pintores españoles contemporáneos por dos motivos relacionados: uno, vinculado a la calidad de las obras al concluir que "no hay pintura ni nada que se le parezca" y, el otro, ligado al carácter comercial de lo expuesto. Ambos argumentos estaban asociados, a su vez, con la genuina causa que incitaba el envío de la carta: la subestimación cultural que, a juicio de los autores, guiaba a ciertos sectores del arte español que desconocían el grado de "progreso" y desarrollo de las artes del medio local y

---

contaba con un tiraje diario de unos 20 000 ejemplares. Es posible conjeturar que el nexo entre el diario y estos artistas haya sido el poeta Juan Pedro Calou, vinculado al grupo de Boedo y, según Elías Castelnuovo, director de la sección de arte de dicha publicación. Cf. Luis Maisonnave, "El periodismo en la República Argentina", en *Anuario industrial de la nación argentina*, Buenos Aires, Benet editor, 1920, p. 12, y Elías Castelnuovo, *Memorias*, Buenos Aires, Ediciones Culturales Argentinas, 1974, p. 110.

[48] "De 'El Grupo de los Cinco'. Charlas sobre artes. El público, la crítica, los artistas, el comprador", *La Montaña*, año I, n° 203, 24 de septiembre de 1919, p. 5.

[49] G. F. H., "Bellas Artes. Una interesante carta sobre cuestiones artísticas", *La Montaña*, año I, n° 157, 9 de agosto de 1919, p. 5.

que habilitaba el envío de obras de baja calidad con el único fin de embaucar y lucrar del otro lado del Atlántico. Aunque no lo habrían logrado con "los cinco" que, por el contrario, se arrogaron la tarea de desenmascarar la falta de honestidad artística y, podría agregarse, moral.

La segunda nota partía de la petición que el grupo hiciera al director de *La Montaña* para intervenir en las páginas del periódico, con el pretexto de dar sus impresiones sobre artes plásticas, las que, como sostenían, "no dudamos levantarán polvareda, pues nuestros artistas están acostumbrados a una crítica almibarada, adulona, fabricada en familia".[50] En esta ocasión, "los cinco" reiteran su anonimato, pero ahora con otro argumento motivado por el "horror" que les genera la popularidad; un gesto que podría interpretarse como una forma de distanciarse de las vanidades personales (y todo lo que ello podría engendrar), en correspondencia con una cierta sensibilidad libertaria que irrumpe en las opiniones del grupo referidas al público "respetable", la crítica profesional, los artistas y el comprador, quienes, desde su punto de vista, conformarían las "calamidades del arte".[51] En síntesis, en esta nota se ocupaban de un público selecto que formaba parte del ambiente del arte, al cual criticaban, no sin ironía, por la falta de preparación a la hora de emitir un juicio de valor sobre cualquier obra plástica.

En el último brulote firmado por "los cinco", el blanco del ataque es la crítica profesional, "mal puramente moderno" que se crea "con el esfuerzo de los otros".[52] Cabe señalar aquí que, hasta la década del veinte, la figura del crítico profesionalizado se encontraba en el camino hacia su consolidación; no obstante, su rol ya era central al momento de condicionar la formación del gusto medio, el consumo, la distribución de las obras y los conceptos sobre arte, al mismo tiempo que contribuía en la producción de los modelos sociales del arte, del artista, del público e inclusive del propio crítico.[53] Todos estos elementos, que emergían en el artículo de "los cinco" con una mordacidad extrema, revelan no solo la impugnación e indignación hacia el crítico de arte,

---

[50] "De 'El Grupo de los Cinco'. Charlas sobre artes. El público, la crítica, los artistas, el comprador", óp. cit., p. 5.

[51] Loc. cit.

[52] "De 'El Grupo de los Cinco'. Charlas sobre artes. Calamidades artísticas. La 'crítica profesional'", *La Montaña*, n° 214, 5 de octubre de 1919, p. 5.

[53] Cf. Diana Wechsler, *Papeles en conflicto. Arte y crítica entre la vanguardia y la tradición*, Buenos Aires, Facultad de Filosofía y Letras, Universidad de Buenos Aires, 2003, p. 12.

sino también el uso de esta figura para denunciar una labor ligada a otros intereses, alejados de cualquier expresión artística.[54] De este modo, con el adjetivo "profesional", "los cinco" se referían al crítico que cobra un salario por escribir en la prensa acerca de las diferentes exposiciones que se llevan a cabo en la escena local sin el conocimiento y compromiso suficiente, pero, sobre todo, sin moral alguna:

> Las necesidades del diario moderno, han hecho de lo artístico una información de orden general, hay que escribir sobre todo lo que se exhiba, bueno o malo, y hay que escribir con toda la diplomacia o la maldad que las influencias y los intereses creados –que del director abajo encadenan a las redacciones de los diarios grandes especialmente– requieren! ¡Y esto hay que gritárselo muy fuerte a nuestro público! Esto hay que repetírselo hasta la saciedad! Así como hay que decirle también, que lo que sobre arte aparece en un diario o en otro, es solo la opinión de un hombre sobre la obra de otro, y que aquel no tiene ningún título para pontificar sobre ésta, y que si la obra es discutible, igualmente es discutible la crítica de la obra, para no ver así, como vemos actualmente, que el supremo argumento de nuestra gran masa de público, cuando de artes se trata, es exclamar: "¡Lo dijo 'La Nación'!" "¡Lo dijo 'La Prensa'!" Y bien, qué.[55]

Como se observa en el extracto, el grupo trascendía el combate sobre la figura del crítico de arte y lo expandía hacia la prensa moderna y comercial que, como consecuencia de las necesidades lucrativas y de la búsqueda por atraer a un público masivo, había convertido a las columnas dedicadas al arte en una mera información contrapuesta a un genuino interés por el arte y la cultura.[56] En realidad, más allá de la firma colectiva de "los cinco", las características de

---

[54] "Los cinco" señalan que existen dos tipo de críticos de arte: "Uno, el Narciso, que profita de cuanta Exposición de Pintura o Escultura se realiza, para condimentar esas sendas elucubraciones literarias tan llenas de vaciedades como faltas de sentido, y en las que brillan denodadas, dos o tres frases de taller aprendidas esforzadamente... fineza de color! ¡Modelado brioso! ¡Pincelada fácil!.... El 'otro' es más íntimo aún... es el medrador... el que medra en el público y en el artista, en el favor que unos y otros le dispensan, el que subyuga a aquellos con el aire doctoral que adopta, y a éstos con la protección que les promete... Este bicho raro, es de lo más petulante que pueda pedirse!". Unas líneas más abajo sostienen: "Él hace la crónica ditirámbica, él es el que dice que 'el pincel corrió fluido, ágil y galano, saltando de aquí para allá en un desprendimiento generoso de la luz difusa... (Sic)' y nuestros pobres burgueses abren tamaña boca de admiración al leer cosas tan raras, y nuestro crítico se pavonea entre ellos como un gallo en medio de sus gallinas...". "De 'El Grupo de los Cinco'. Charlas sobre artes. Calamidades artísticas...", óp. cit., p. 5.

[55] Loc. cit.

[56] Sobre la modernización de la prensa véase Sylvia Saítta, "El periodismo popular en los años

esta crítica, especialmente el léxico utilizado y sus tópicos, eran propios de la pluma de Facio Hebequer, pues, como se verá, luego serían retomados como parte de una estrategia cardinal en sus polémicas reseñas, publicadas con asiduidad a finales de los años veinte.

Es posible, además, inferir que el objetivo de revelar los "verdaderos" motivos que se esconden detrás de la actividad del crítico profesional se funda en un intento de "los cinco" por alertar y concientizar a ese otro potencial público masivo, diferente del "público respetado" al que aludían y condenaban en la nota anterior. De esta manera, ambos artículos se complementaban con probabilidades de seguir explayándose, en tanto el título de la primera publicación anunciaba de manera tácita su propósito: publicar una seguidilla de notas dedicadas, sucesivamente, al público, la crítica, los artistas y el comprador, aunque ello no pudo concretarse.

Por otra parte, en esa intervención pública en contra de los críticos se esbozan algunos postulados que podrían interpretarse también como una declaración en oposición de la Academia,[57] visto que "los cinco" afirmaban:

> Y nunca como ahora tan difícil la tarea de juzgar, como ahora, en que no hay escuelas, en que un inmenso soplo vivificador enriquece al arte, y en que éste, desde la estepa al trópico, pone lo mejor de sí mismo al servicio de la causa de los desheredados. Nunca tan difícil y equívoca la crítica como en el momento actual en que los viejos ídolos del mundo se derrumban, y en que los hombres tienen que definirse en forma terminante. ¡Con la revolución, o contra la revolución![58]

No obstante el antiacademicismo y el interés de "los cinco" por ocupar ese espacio "vacío" en el campo artístico, carente de escuelas, sobresale el pronunciamiento a favor de "los desheredados", lo que podría leerse como resultado de las resonancias del proceso que se había iniciado "desde la estepa". Y qué otra cosa puede ser la "estepa" más que una clara referencia a la Rusia de los Soviets, que desde octubre de 1917 había generado diversos posicionamientos a nivel local, profundizados a raíz de la Semana Trágica de 1919, que

---

veinte", en Ricardo Falcón (dir.), *Nueva Historia Argentina. Democracia, conflicto social y renovación de ideas*, tomo VI, Buenos Aires, Sudamericana, 2000, pp. 436-471.

[57] Véase Muñoz, *Los Artistas del Pueblo*, óp. cit., p. 18. Este es el único escrito de "los cinco" al que se había hecho referencia hasta el momento.

[58] "De 'El Grupo de los Cinco'. Charlas sobre artes. Calamidades artísticas…", óp. cit., p. 5.

coincide con el año en el que "los cinco" escribían estas líneas. Como lo ha destacado Roberto Pittaluga:

> [...] la 'ruptura histórica' que significaba la revolución en Rusia era no sólo un corte, un desgarramiento respecto de un tiempo por eso mismo pasado, el cual —se pronosticaba— sería dejado atrás, sino que era también el advenimiento de un *tiempo nuevo* porque se vislumbraba como el momento de expectativas de transformación social, política y cultural.[59]

Y, decididamente, para "los cinco" había que estar "¡Con la revolución, o contra la revolución!". Aun sin mayores declaraciones y especificaciones, asomaba ya en este escrito aquella potencialidad vislumbrada en el arte a partir de la Revolución de Octubre, la cual conmocionó, con mayor énfasis, en la producción creativa de Facio Hebequer y Abraham Vigo, quienes transitaron una radicalización estético-ideológica y emprendieron una vía exploratoria en otras artes y nuevas prácticas, aunando su trayecto hasta 1935. Sin embargo, no sucedió lo mismo con otros miembros del grupo. Los caminos de "los cinco" se volvieron, de a poco, divergentes. Adolfo Bellocq, luego de la publicación de *Historia de Arrabal*, resolvió viajar a Europa en 1922. Esta decisión marca una línea divisoria en su carrera, ya que a su regreso entabló una relación con Fernando Fader que influyó en su desplazamiento temático, cuyo resultado se vio próximo a un nacionalismo arraigado en el criollismo y los valores rurales, más cercanos al pintoresquismo que a los grabados centrados en expresar la denuncia social. Por su parte, Riganelli tomó distancia de estas propuestas y optó por los circuitos oficiales de premios y exhibiciones. En el caso de José Arato, la muerte lo sorprendió en 1929.[60]

Retomando los escritos de "los cinco", lo cierto es que ese intento de posicionarse en el campo cultural a través de las páginas del diario *La Montaña* fue un experimento fallido. La participación del grupo en esta publicación tuvo un fin abrupto, que quizá pueda relacionarse con la respuesta que les diera Miss Emdel, el seudónimo utilizado por el o la responsable de las críticas de arte en el vespertino: "No es posible que sean sólo cinco los despechados; deben ser mucho más". Luego añade: "Es muy numerosa la cifra de los que no llegan, por falta de dedicación, de aptitud natural o de ambas cosas a la vez; y

---

[59] *Soviets en Buenos Aires. La izquierda de la Argentina ante la revolución en Rusia*, Buenos Aires, Prometeo, 2015, p. 121. El destacado es del original.
[60] Véase Frank, óp. cit., pp. 53-57.

esos 'que no llegan' se colocan en la posición cómoda de culpar a los agentes exteriores de sus fracasos; pero nunca a sí mismos".[61] De esta manera comenzaba la impugnación, para luego extenderse sobre la psicología del fracaso a través de una serie de ejemplos dedicados a la "Patota Pentágona". Poco interesada por reflexionar sobre los eslabones que estructuraban y consolidaban el campo artístico nacional, Miss Emdel se preocupó más por lanzar nuevos epítetos y clausurar el intercambio con el grupo, lo que, en efecto, sucedió. Nunca más escribieron en forma conjunta.

Miss Emdel no quiso atender a las palabras de "los cinco" cuando, sin enunciarlo, daban a entender que el público no era un todo homogéneo; había públicos y el condenado por ellos era uno solo, el que, al igual que el crítico profesional, nada tenía que ver con el "amor a nuestro arte".[62] Menos aún quiso percibir Emdel la inquietud, el esfuerzo y el padecimiento transitado por un grupo de artistas que todavía no se había expuesto ante esos diversos públicos (aunque no faltaba mucho para que lo hicieran), cuando expresaban:

> Y es así que, en tanto que a nosotros los problemas técnicos nos torturan y nos quitan el sueño, tú, respetable público, roncas tranquilamente, o bailas en los cabarets, sin sospechar ni remotamente el esfuerzo que comporta dar un paso adelante en el terreno oficioso, o adueñarse de una cualidad técnica que falta, y no puedes imaginarte cuánto dolor, cuánta tortura, cuanto esfuerzo, cuanta honradez hay en muchas de esas obras de que tú te ríes después torpemente… porque tu criterio no va más allá de los bodrios insípidos que has visto en las tapas de "El Hogar", en los almanaques o en las oleografías de bazar… Y como tú no la conoces, respetable público, tú no la conoces… […] ¡Vamos, vamos, respetable público: hay que aprender, hay que estudiar y hay mucho que meditar antes de emitir un juicio sobre la obra de los demás…![63]

Una vez más, advierten con respecto al afán lucrativo y el consumo de los periódicos masivos (en este caso, la revista *El Hogar*), aunque lo importante aquí es destacar que, mientras escribían esas líneas, Arato, Riganelli, Vigo y Facio trabajaban con intensidad, según el testimonio de este último, en la preparación de una nueva exposición que, a diferencia de las precedentes,

---

[61] Miss Emdel, "Crítica de arte. Sobre lo de 'El Grupo de los Cinco'", *La Montaña*, n° 215, 6 de octubre de 1919, p. 5.

[62] "De 'El Grupo de los Cinco'. Charlas sobre artes. Calamidades artísticas…", óp. cit., p. 5.

[63] "De 'El Grupo de los Cinco'. Charlas sobre artes. El público, la crítica…", óp. cit., p. 5.

exhibiría un amplio conjunto de sus obras.[64] En efecto, un año más tarde algunos diarios anunciaban una muestra a realizarse en el Salón Costa.[65]

En sus memorias, Facio deja constancia de este suceso en un tono más intimista, propio del género; allí, además, no solo volvía a reaparecer esta idea del dolor como padecimiento y del trabajo como basamento de sus producciones artísticas, sino también la representación de esta exposición como la apertura hacia una nueva etapa. Así lo relata:

> Llegó por fin el día de marchar con todas las cosas a lo de Costa. Vigo había contratado un carro; y cargó primero todos sus cuadros; después llegase a lo de Riganelli, y cargaron las esculturas, siguiendo para lo de Arato, y viniendo después a casa; era un día gris, triste, y parecía que iba a llover; tapamos todo con gran prolijidad por miedo a la lluvia, y una vez todo en el carro, éste se puso en marcha; desde el balcón lo veía alejarse, y aquello en verdad me ponía triste; todas esas cosas nuestras, hechas con tanto esfuerzo, amasadas con tanto dolor, iban a ser expuestas al público; a la crítica, a los alacranes, que seguramente no comprenderían ni harían nada por comprender lo que aquello significaba…[66]

Además de la melancolía que se percibe, lo que parece primar en el relato es el temor de quedar expuesto ante los diversos públicos que proyectarían la fortuna crítica de su obra, al tiempo que esa expectativa individual se fusionaba con otra aspiración colectiva: la de presentar un arte con una "tendencia sociológica definida" en contra de una "sociedad frívola y egoísta". En este sentido, el artista afirmaba un año después sobre la exposición: "Sí, era triste, como es triste la vida, como nos la han hecho triste… y el arrabal, el pueblo,

---

[64] En sus memorias, Facio Hebequer detalla la dedicación que hicieron los cuatro artistas para la muestra que abarcó desde charlas, la ejecución de los cuadros, la confección de los marcos para las pinturas y aguafuertes, el diseño de la invitación sobre una aguafuerte (conservada en el FGFH), hasta la preparación de la sala con un brindis incluido. Cf. *Memorias*, óp. cit., pp. 46-48.

[65] En términos generales, los expositores de esta muestra eran presentados como jóvenes autodidactas que privilegiaban para sus obras asuntos vinculados al arrabal. Cf. Sin firma, "En el Salón Costa", *La Nación*, n° 17617, 16 de octubre de 1920, p. 4; Sin firma, "Notas de arte. Próxima exposición de artistas argentinos", *La Razón*, n° 4364, 12 de octubre de 1920, p. 3 y Sin firma, "Una exposición de pintura. Arato, Facio, Riganelli y Vigo", *La Montaña*, n° 583, 13 de octubre de 1920, p. 1.

[66] Facio Hebequer, *Memorias*, óp. cit., p. 47.

la gente de abajo, los pobres, los parias, los eternamente explotados, estaban allí con todos los dolores, con todas sus miserias…".[67]

El intento de delimitar el arte expuesto como una tendencia sociológica definida sugiere la huella del autor francés Jean Marie Guyau y su circulación en Buenos Aires. Al parecer, su libro *El arte desde el punto de vista sociológico* tuvo una gran influencia en la obra de Bellocq gracias al préstamo que le hiciera Facio Hebequer de la edición madrileña de 1902, adquirida por este en el año 1913.[68] Además de esta vía, el ingreso de Guyau en Buenos Aires estuvo mediado por varias de las revistas culturales cercanas a Facio Hebequer y su entorno. Así, el autor francés fue exaltado en el primer editorial de la revista *Germinal* como el referente que escribió en contra del "utilitarismo estrecho" que, ahora, debía ser desterrado por las nuevas generaciones; y dado que Riganelli participó en esta publicación, podría haberlo hecho circular entre sus compañeros en aquellas tertulias de intercambio de risas, debates y ensayos artísticos.[69] También, algunas de sus principales concepciones sobre el arte fueron retomadas por León Tolstói en su libro ¿Qué es el arte?, que sería publicado en la revista *Los Pensadores*, de la cual formó parte, años más tarde, Facio Hebequer.[70]

Entonces, si el deseo de Arato, Facio, Riganelli y Vigo era mostrar una nueva tendencia artística con un sentido sociológico que tensionara los cánones predominantes del campo artístico nacional, ¿qué recepción tuvo la exposición en el Salón Costa? A pesar de los anuncios que desde la prensa de gran tirada se hizo de su inauguración, lo cierto es que el evento no obtuvo la cobertura esperada; solo se hallaron dos reseñas. La revista *Augusta* dedicó una extensa nota a Riganelli, en la que se destacaba el valor artístico de sus esculturas, y en contraposición hizo apenas una mínima mención del resto

---

[67] Ibídem, p. 49.

[68] Véase Pacheco, *Adolfo Bellocq*, óp. cit., p. 73.

[69] La Redacción, "Al lector", *Germinal. Revista de ciencia y de arte*, año I, n° 1, 1 de septiembre de 1916, p. 1. La publicación libertaria *Germinal*, dirigida por Isaac Kornblitt, salió a la calle con tres números entre septiembre y octubre de 1916. Entre los colaboradores figuran Agustín Riganelli, José Ingenieros, Ezequiel Martínez Estrada, Friedrich Nietzsche, Miguel de Marcos, Carlos N. Vergara, J. Samet, J. López de Gomara, Delmira Agustini, Vicente Boce, Andrés Legón y Luís Bonafoux.

[70] León Tolstói, "¿Qué es el arte?", tomo I, *Los Pensadores*, año I, n° 38, 26 de diciembre de 1922 y "¿Qué es el arte?", tomo II, *Los Pensadores*, año I, n° 39, 27 de diciembre de 1922.

de sus compañeros, de quienes únicamente se señalaba su falta de madurez con respecto a la técnica de aguafuerte.[71] Y lo que es más significativo, se desestimaba una identidad o propuesta grupal, aunque el simple repaso por los títulos que daba a conocer el autor del artículo evidenciaba cierto interés común por representar temas vinculados a los padecimientos del hombre y, en el caso de Vigo, también se incorporaba el tópico de las rebeliones por medio de obras como *La conferencia* y *La manifestación*.

En cambio, *La Vanguardia* enfatizó la independencia de estos artistas respecto del circuito oficial, sus orígenes proletarios y el dolor transitado desde su niñez como los factores que determinaban esos "vivos documentos humanos", ejemplo del "heroísmo" de sus creadores.[72] A diferencia de la cobertura que había dedicado el diario socialista al Salón de los Independientes, en esta oportunidad, la nota a cargo de uno de los fundadores del periódico, Esteban Dagnino, acentuaba la temática social en un conjunto importante de obras que podían ser comprendidas a partir de la fusión entre los cuatro artistas y la clase trabajadora, público privilegiado al que se dirigía *La Vanguardia* y, por supuesto, también Facio Hebequer, como lo sugiere el episodio que elige narrar para clausurar sus memorias:

> Una tarde, en la esquina del Costa, me detuvo un muchacho; veíase que era un obrero endomingado; un conocido le dijo, éste es Facio, y entonces el muchacho aquel; me ofreció la mano, y mirándome con una de esas miradas francas, leales, abiertas, me dijo: vea, yo quería conocerlo como también a los compañeros, para darles las gracias, porque yo me doy cuenta de eso que ustedes han hecho; veo bien la importancia sabe, y por eso quería darle las gracias…![73]

Sin más palabras y reflexiones, así finalizan las memorias del artista, con un pasaje que deja atrás las veladas de esparcimiento para resaltar el profundo interés que le suscitaba la clase obrera trabajadora y que radicalizaría

---

[71] Pedro V. Blake, "La obra de Agustín Riganelli" y Sin firma, "Exposición colectiva", *Augusta*, vol. V, n° 29, octubre de 1920, pp. 181-192.

[72] Esteban Dagnino, "Arte del pueblo para el pueblo: exposición de cuatro artistas argentinos", *La Vanguardia*. [FGFH].

[73] Facio Hebequer, *Memorias*, óp. cit., p. 50. Ese interés hacia los trabajadores también es subrayado por Cháneton en el manuscrito ya citado: "Recuerdo aún su alborozo con que hablaba, en la época de sus primeras exposiciones en los círculos obreros, de la comprensión de ese público. Había sin duda, mucho de ilusión en ello. Bastaba que uno o dos, entre la masa, se interesara preguntándole, a veces las cosas más extraordinarias, para que él se sintiera satisfecho". Abel Cháneton, manuscrito, óp. cit. [FGFH].

sus posicionamientos situándolo entre el campo artístico y la cultura de las izquierdas.

Es precisamente en ese momento, con la realización del Salón Costa y la citada reseña de *La Vanguardia*, cuando se ha sostenido que "los cinco" recibieron el nombre de "los Artistas del Pueblo".[74] Ahora bien, aunque las obras presentadas para esta muestra revelan afinidades temáticas compartidas entre los cuatro expositores –como los bajos fondos, el arrabal porteño y sus habitantes– y, ligado a ello, la posibilidad de dar a luz una nueva escuela promotora del arte "social", en vista del recorrido realizado por algunas de las acciones en las que participaron estos artistas podría resultar excesiva la sobredimensión en cuanto al carácter de grupo orgánico que se les ha pretendido dar a "los cinco" devenidos en "los Artistas del Pueblo". Portadores de una clara sensibilidad de izquierda ligada a los tiempos de la bohemia libertaria, la actuación de Facio, Arato, Bellocq, Riganelli y Vigo se basó, sobre todo, en denunciar a ciertos actores de un campo artístico en consolidación que, desde su perspectiva, promovían un negocio en detrimento de la calidad artística, aunque no por ello rechazaron con la misma intensidad a las instituciones de la órbita estatal. Basta con recordar que ya en 1921 Riganelli había obtenido el segundo Premio en el Salón Nacional y al año siguiente conseguiría el primer Premio; dos distinciones que marcarían, por un lado, el inicio de una carrera promisoria para Riganelli en los circuitos oficiales y la posibilidad de realizar sucesivos viajes a Europa y, por el otro, la pluralidad de las elecciones de estos cinco artistas que, si bien se encontraron en ciertos espacios, no supone un trayecto lineal y compacto de "los Artistas del Pueblo", una denominación más retórica que identitaria.

A menudo, y con cierta ligereza, se ha encasillado a los "Artistas del Pueblo" como anarquistas y sindicalistas revolucionarios desde el punto de vista ideológico-partidario. Sin embargo, esto no implicaba necesariamente una adhesión de los artistas al anarquismo doctrinario, sino más bien una sensibilidad de izquierda, vislumbrada tanto en actitudes bohemias, contrarias a la moral burguesa, como en ciertas producciones artísticas que transmitían una clara

---

[74] Frank, óp. cit., p. 30. El autor afirma que, dado el título del artículo de Dagnino, se comenzó a llamar a los cinco artistas con el nombre de "los Artistas del Pueblo". Sin embargo, además de no aludir al hecho de que solo cuatro de los cinco artistas participaron en la exposición, Frank tampoco muestra la circulación de esta denominación más allá de las páginas de *La Vanguardia*.

simpatía por el "pueblo".[75] Con mayor exactitud, en la década de 1910 y en los primeros años de la década siguiente, la elección de muchos artistas de llevar a cabo una actividad creativa en comunidad como eje de sus vidas, en contra de las costumbres burguesas y a favor de los trabajadores, excede a "los cinco" y revela un momento clave en la formación de un grupo más amplio y diverso de artistas, escritores y músicos.[76]

Siguiendo los pasos de Facio, luego de la exposición del Salón Costa de 1920, su nombre reaparece entre los participantes de una nueva muestra "a beneficio de los hambrientos de Rusia", llevada a cabo desde el 16 de enero al 4 de febrero de 1922 en la sala Cooperativa Artística. Como consecuencia de la Primera Guerra Mundial y de la guerra civil, ocurrida entre 1919 y 1921, la población de Rusia atravesaba una profunda crisis de hambre que ocupaba los titulares de una gran cantidad de periódicos de distintas ideologías. La cobertura que se otorgó a esta situación crítica fue amplia gracias a la traducción de textos y a la reproducción de fotografías provenientes de Europa, las que fueron utilizadas como testimonio y medio para provocar una toma de conciencia frente al sufrimiento de Rusia. En efecto, diversas publicaciones parecían estar unidas por el mismo objetivo, sintetizado en una columna de *La Montaña*: "ya no se trataba de discutir principios doctrinarios, ni de ajustar opinión respecto al régimen de gobierno que se ha otorgado el gran país eslavo, sino de interpretar la angustia de una parte de la humanidad ayudándola con toda celeridad y eficiencia".[77]

A esta consigna parecía responder un amplio espectro de la opinión pública, ya que, de acuerdo con el pedagogo anarquista Julio Barcos (quien años

---

[75] Sobre las relaciones entre anarquismo y bohemia, véase Pablo Ansolabehere, *Literatura y anarquismo en Argentina (1879-1919)*, Rosario, Beatriz Viterbo Editora, 2011, pp. 139-184.

[76] Podría pensarse que la insistencia en reiterar su carácter como grupo, "los Artistas del Pueblo", responde sobre todo a un gesto de intervención en un campo historiográfico que había omitido, durante muchas décadas, la presencia de estos artistas "sociales" opacados entre el "arte nacional" y de "vanguardia". En este sentido, es importante destacar la relevancia y operatividad que tuvo dicha denominación si es utilizada como categoría de análisis o en términos pedagógicos. Por ejemplo, la realización de una de las primeras exposiciones dedicadas a estos cinco artistas, a fines de la década de 1980, permitió revalorizar y recuperar algunas de sus obras así como también un lugar en la historia del arte. Cf. Miguel Ángel Muñoz y Diana Wechsler, *Los Artistas del Pueblo*, Buenos Aires, SAAP, 1989.

[77] Sin firma, "La tragedia del hambre en Rusia", *La Montaña*, n° 1039, 16 de enero de 1922, p. 2.

más tarde confluiría con Facio, Castelnuovo, Vigo y otros en la fundación de la revista *Izquierda*), aquellos que hubieran leído los telegramas de la prensa habrían visto que no hay un solo país "de los llamados civilizados y cultos" en donde los representantes del arte y de la intelectualidad no hayan tenido "un noble y bello gesto de solidaridad con el abnegado pueblo ruso […] de solidaridad humana con el prójimo y de comunión espiritual con los ideales redentores de libertad y justicia que alienta aquel pueblo de mártires y de héroes, postrado materialmente después de parir la Revolución más gigante de la Historia".[78] Sin embargo, este autor también enfatizaba que muchos de estos actos, entre ellos la exposición artística mencionada, eran interpretados por los diarios burgueses como un "vulgar y farisaico" acto de caridad y no de solidaridad en beneficio de los hambrientos de Rusia, una apreciación que bien podría referir al anuncio del diario *La Nación*, cuyo titular –"Iniciativa a favor de los menesterosos de Rusia. Exposición de obras donadas al efecto por artistas argentinos y extranjeros"– condensaba tales características.[79]

Si bien se ha señalado que este evento había sido programado por el PCA como una manera para atraer a diversos artistas a la causa revolucionaria en respuesta a los dictámenes de la Internacional Comunista, por esos años la política cultural del partido en la órbita local no gozaba de un desarrollo sistemático como el que tendría décadas después. En ocasiones fueron las causas humanitarias las que sirvieron de nexo entre los intelectuales y el comunismo.[80] Tras la ruptura con el Partido Socialista, el Partido Socialista Internacional, devenido en el PCA en 1921, conservó, en sus primeros años, una independencia de pensamiento respecto de la Internacional Comunista, que no presentaba demasiadas diferencias con su precursor, el Partido Socialista Argentino (PSA).[81]

---

[78] Julio R. Barcos, "Los artistas argentinos y la Revolución Rusa", *La Montaña*, n° 1058, 4 de febrero de 1922, p. 1.

[79] Sin firma, *La Nación*, 16 de enero de 1922, n° 18072, p. 5. Véase también: Sin firma, "En beneficio a los necesitados rusos", *La Prensa*, 16 de enero de 1922, n° 18973, p. 4; Sin firma, "En favor de los hambrientos de Rusia", *La Razón*, 16 de enero de 1922, n° 4756, p. 4; Sin firma, "Pro-hambrientos de Rusia", *La Montaña*, n° 1039, 16 de enero de 1922, p. 1.

[80] Véase Adriana Petra, *Intelectuales y cultura comunista. Itinerarios, problemas y debates en la Argentina de posguerra*, Buenos Aires, Fondo de Cultura Económica, 2017, p. 46.

[81] Víctor Augusto Piemonte, *Alcances y significaciones de la incidencia soviética en las prácticas políticas del Partido Comunista de la Argentina (1919-1943)*, tesis de doctorado, Facultad de Filosofía y Letras, Universidad de Buenos Aires, 2013, pp. 39 y 137.

A su vez, el anuncio sobre la exposición en los diferentes diarios dejaba constancia de que esta actividad había sido organizada por el grupo *Acción de Arte*. Esta agrupación artística, que tuvo vida entre los años 1920 y 1922, editó una revista mensual homónima que reunió los nombres de Alfredo Chiabra Acosta (más conocido como Atalaya), Carlos Giambiagi, Luis Falcini, Juan Carlos Paz, Armando Cascella, Antonio Sibellino, Nicolás Lamanna, Domingo Viau, Álvaro Yunque, Pablo Rojas Paz y Pílades Orestes de Zeo. Con una explícita simpatía hacia el anarquismo, los integrantes de *Acción de Arte* llevaron a cabo una serie de actividades culturales y, en efecto, entre los expositores del evento por los hambrientos de Rusia figuraron muchos de sus miembros.[82] La comisión organizadora, constituida por Emilia Bertolé, Agustín Riganelli y José Fioravanti, impulsó, además de la muestra, la selección de unas veinte obras con el objetivo de realizar un sorteo y enviar lo recaudado a la tierra de los soviets.

Por el contrario, en *La Internacional*, órgano oficial del PCA, la exposición fue considerada un "gesto simpático" y su cobertura estuvo ceñida a un recuadro y a una breve columna publicada unos días después, en donde se reproducían las palabras del "camarada" Simón Scheimberg, quien inauguró la exposición aclarando que "Aún cuando sus organizadores son francamente simpatizantes a la gran revolución rusa, han querido de propósito colocarse en este caso por encima de todo pleito político para que su ayuda al pueblo ruso fuese más eficaz y numerosa".[83] El autor de esta nota también señalaba que, en el cierre del acto, el crítico de arte de *La Nación,* Julio Navarro Monzó, "exhortó al público, en nombre de un cristianismo bien entendido, a prestar

---

[82] Véase Patricia Artundo, "La *Campana de Palo* (1926-1927): una acción en tres tiempos", en Artundo (dir.), *Arte en revistas. Publicaciones culturales en la Argentina. 1900-1950*, Rosario, Beatriz Viterbo Editora, 2008, pp. 94-98.

[83] Sin firma, "Ayudando a la Rusia soviética", *La Internacional,* n° 272, 16 de enero de 1922, p. 5. *La Internacional* se constituyó como el primer periódico comunista publicado entre 1917 y 1936. Surgió como vocero del ala izquierda, revolucionaria e internacionalista del Partido Socialista, con el nombre de *La Internacional. Periódico Socialista quincenal,* el 5 de agosto de 1917. Cuando se produce una fractura dentro del partido, en enero de 1918, la fracción izquierdista pasa a denominarse Partido Socialista Internacional y *La Internacional* reaparece con nueva numeración, el 23 de enero de 1918, y con el subtítulo Órgano del Partido Socialista Internacional. Una vez creada la Internacional Comunista (1920), este partido se erige como Partido Comunista, y su órgano pasa a titularse *La Internacional. Órgano del Partido Comunista* (Sección Argentina de la III Internacional).

ayuda al pueblo ruso que lucha en el mundo por imponer un sentimiento nuevo de justicia".[84]

Es así como, además de las distintas procedencias de los oradores, entre los expositores aparecen nombres de lo más variados, tanto por las diferencias estéticas como por los espacios ocupados en el campo artístico. La lista se compone de artistas que van desde los más autodidactas, como Facio Hebequer, Ollavaca, Vigo, Arato, Bellocq y Riganelli, hasta los consagrados, como Emilio Centurión, Jorge Bermúdez, Alfredo Rossi, Jorge Soto Acebal, Fortunato Lacámera, Alfredo Bigatti y Nicolás Lamanna, entre otros. En este sentido, en muchos casos, esta actividad tuvo una impronta moral antes que política.[85] Aunque, para un militante como Barcos, si bien esta jornada ecléctica no pretendía posicionarse abiertamente como una nueva manifestación cultural, representaba no solo un acto de la solidaridad contrario a cualquier limosna, sino también la expresión de algunos jóvenes artistas que apoyaban y admiraban a la "Rusia Comunista que tiene actualmente en jaque a la hedionda y nefasta civilización del burgués". En consecuencia, finalizaba la nota con un interrogante: "¿Qué mejores aliados que el Arte y la Revolución? Bien pueden ir ambos tomados del brazo en glorioso consorcio a través de la historia de la civilización, puesto que ambos son las avanzadas del presente que van a golpear las puertas del futuro".[86]

De esta manera, el reconocido pedagogo anarquista vislumbraba la posibilidad de crear una nueva cultura encarnada en las jóvenes generaciones que comenzaban a involucrarse por medio de este tipo de acciones. Uno de esos jóvenes bien podría ser Facio Hebequer, que participó con la obra *Maternidad* y que constituye uno de los tantos ejemplos de cómo la Revolución Rusa y sus efectos comenzaron a ser recepcionados de diferentes modos en el ambiente artístico-intelectual y, gradualmente, en su propia producción artística.

---

[84] Sin firma, "Exposición artística a beneficio de los hambrientos de Rusia", *La Internacional*, n° 276, 22 de enero de 1922, p. 6.

[85] Daniela Lucena, *Contaminación artística. Vanguardia concreta, comunismo y peronismo en los años 40*, Buenos Aires, Biblos, 2015, p. 78. Cabe señalar que en los diferentes anuncios y coberturas nunca se refirió a la presencia de "los Artistas del Pueblo", sino a la participación individual de cada uno de ellos como cualquier otro participante del evento.

[86] Barcos, óp. cit.

Nuevas amistades y nuevos proyectos

Hacia 1923, por intermedio del escritor Alfredo R. Bufano, Elías Castelnuovo llegó al estudio de Facio. Desde aquel momento, ambas figuras iniciaron una larga amistad que dio lugar a nuevas relaciones intelectuales, artísticas y afectivas, sobre las cuales Castelnuovo señaló:

> Es interesante consignar cómo se realizan las conexiones amistosas. Sobre todo en la juventud. Aparentemente, uno le presenta a otro al azar y este otro a otro más, y cuando se quiere acordar, ya se ha formado la cadena del falansterio. Pero, en el fondo, las personas no se unen entre sí por casualidad. Se unen respondiendo a determinadas leyes como se unen los elementos dispersos de una misma corriente magnética. Los grupos literarios o ideológicos ofrecen una similitud con los grupos sanguíneos. Se juntan con arreglo al denominador común a que pertenecen, instituyéndose después en una especie de banco de sangre. Una vez unidos, es difícil separarlos por una razón autógena. Incluso, para completar la semejanza, hay siempre uno en cada grupo, que está y no está con los demás, y que representa el factor RH negativo de la agrupación.[87]

La idea de "falansterio" remitía, sin dudas, al utopista francés Charles Fourier, quien sostenía, basado en el principio de asociación como valor supremo, que las tareas colectivas y las comunidades autosuficientes eran los cimientos para la transformación social. Dentro del falansterio todos serían iguales, libres, y el trabajo resultaría atractivo. Con esta evocación, Castelnuovo intenta imprimir una suerte de sociabilidad con sentido político, al tiempo que su relato expresa la compleja tarea de articular diversas variables como la amistad, la ideología y la misión artística.[88]

---

[87] Luego, el escritor añadía: "En las reuniones a que se asistía ahora andaban flotando en el aire una serie de interrogantes propios de la época. '¿Qué es el arte? ¿Para qué sirve el arte? ¿Cuál es la función del arte? ¿Por qué se escribe? ¿El artista es un producto individual o es un producto social? ¿Cómo es o cómo no es? ¿Es que el hombre hace al mundo o es que el mundo hace al hombre?'". Elías Castelnuovo, *Memorias*, Buenos Aires, Ediciones Culturales Argentinas, 1974, pp. 122-123. El destacado es del original.

[88] Cabe señalar que Elías Castelnuovo había colaborado para algunas revistas ácratas como *Prometeo. Quincenario anarquista* (1919), *Nuevos Caminos* (1920) y *Cuasimodo* (1921). A su vez, hacia 1922, *Nueva Era. Semanario de la Vida Argentina* reunió los nombres de Bufano, Castelnuovo y Roberto Mariani, y publicó un par de notas sobre Riganelli y Facio Hebequer. Ubicado como un cultor de la vida suburbana y una *rara avis* reticente al medio artístico, Facio era caracterizado en ella como un "enamorado de los tipos de arrabal". Cf. Carlos G. Antola, "Un pintor del dolor: G. Facio Hebequer", *Nueva Era*, n° 176, 20 de septiembre de 1922, p. 2.

Desde entonces, Facio Hebequer y Castelnuovo sellarían una amistad y lo que podría denominarse un tránsito compartido, pues ambos participarían de las mismas empresas político-culturales y compartirían algunas de sus variaciones estético-ideológicas. En este sentido, es probable que la participación de Castelnuovo en las tertulias de la calle La Rioja haya funcionado como un puente entre el incipiente grupo de Boedo y los artistas vinculados con Facio Hebequer, porque, al poco tiempo, establecerían una actividad conjunta que cristalizaría en una serie de revistas como *Los Pensadores* y *Claridad,* en las que las ilustraciones y los grabados de Arato, Bellocq, Facio, Vigo y las reproducciones de las obras del escultor Riganelli formaron parte de algunas de sus páginas.

La editorial Claridad, fundada por el socialista Antonio Zamora el 30 de enero de 1922 e inspirada en la experiencia *Clarté* liderada por Henri Barbusse en Francia, tenía por objetivo ofrecer herramientas culturales y políticas a los sectores populares y obreros. Desde sus inicios, esta empresa cultural fue apoyada por figuras como Juan B. Justo, Alfredo Palacios y Mario Bravo, aunque en sus revistas se expresaron diversas voces del espectro de la izquierda.

La primera revista publicada por la editorial fue *Los Pensadores. Publicación semanal de obras selectas*, que salió entre febrero de 1922 y noviembre de 1924. Allí se difundieron obras representativas del pensamiento universal, como, por ejemplo, *Mis odios*, de Émile Zola, *Cuentos de vagabundos*, de Máximo Gorki, *El resplandor en el abismo*, de Henri Barbusse, *Los siete ahorcados*, de Leónidas Andreiev, *El A. B. C. del comunismo,* de Nicolás Bujarin y *La Montaña,* de Elisée Reclus, entre tantos otros. Sin duda, la circulación de algunas de estas obras, y sus apropiaciones selectivas, habrán de influir en las concepciones y producciones artísticas de Facio Hebequer. A partir del número 101, de diciembre de 1924, y hasta junio 1926, *Los Pensadores* pasó a ser una revista crítica, como lo indica su nuevo subtítulo: *Revista de selección ilustrada, arte, crítica y literatura. Suplemento de Editorial Claridad,* con diferentes secciones de crítica literaria, teatro, música y artes plásticas. En esta segunda época, se publicaron veintidós números y sus portadas fueron, en su mayoría, ilustradas por Abraham Vigo.[89]

---

[89] Véase Leonardo Candiano y Lucas Peralta, *Boedo: orígenes de una literatura militante. Historia del primer movimiento cultural de la izquierda argentina*, Buenos Aires, CCC Floreal Gorini, 2007, pp. 87-90 y 117-137, y Florencia Ferreira de Cassone, "Boedo y Florida en las páginas de *Los Pensadores*", *Revista Cuyo*, vol. 25, 2008, pp. 34-38.

Luego, en julio de 1926, *Los Pensadores* modifica, una vez más, su nombre y pasa a denominarse *Claridad. Revista de Arte, Crítica y Letras. Tribuna del Pensamiento Izquierdista*, bajo la dirección de Zamora, y, como secretarios, Leónidas Barletta y César Tiempo, seudónimo de Israel Zeitlin.[90] La articulación con el grupo de Boedo llevaría a Facio Hebequer a colaborar en *Claridad* por medio de su pluma. El primer escrito firmado por el artista aparece en el número inicial de esta revista, aunque no fue en este medio en donde escribió con más frecuencia. Pero lo más importante a destacar es que en las páginas de esta revista emerge una nueva faceta en la vida de Facio, la de "hombre de teatro".

En abril de 1927 se constituye el Teatro Libre, uno de los primeros proyectos de teatro independiente en Argentina. Este grupo teatral estaba formado por Barletta, Castelnuovo, Vigo, Facio Hebequer, Álvaro Yunque, Augusto Gandolfi Herrero y Héctor Ugazio, bajo la dirección de Octavio Palazzolo, y surgía en oposición al teatro comercial —al que se consideraba ajeno a toda manifestación de arte y a todo ideal—, con el objetivo de propiciar un teatro nuevo, representativo de inquietudes renovadoras. El vínculo de Teatro Libre con el grupo de Boedo se hizo explícito cuando este declaró a la revista *Claridad* su órgano oficial. Si bien esta experiencia teatral no consiguió prosperar, un año después este proyecto pasó a denominarse Teatro Experimental de Arte (TEA), ahora vinculado a una nueva publicación cultural: *Izquierda*.

Esta nueva revista, lanzada el 24 de noviembre de 1927, surge cuando, luego de desvincularse de la revista de Zamora, Barletta decide, junto con otros intelectuales —Julio R. Barcos, Juan Lazarte, Luis Di Filippo, Castelnuovo, Facio y Vigo—, crear un nuevo espacio de divulgación cultural y política.[91]

---

[90] Esta revista fue publicada hasta diciembre de 1941. Véase Florencia Ferreira de Cassone, "Pensamiento y acción socialista en *Claridad*", en Diana Quattrochi-Woisson y Noemí Girbal Blacha (dir.), *Cuando opinar es actuar. Revistas argentinas del siglo XX*, Buenos Aires, Academia Nacional de Historia, 1999, pp. 93-129; Liliana Cattáneo, "La revista Claridad: una tribuna latinoamericana de la izquierda argentina", en AA.VV., *Historia de revistas argentinas*, tomo II, Buenos Aires, AAER, 1997, pp. 169-196, y Sergio Baur (coord.), *Claridad, la vanguardia en lucha,* Buenos Aires, Amigos del Museo Nacional de Bellas Artes, 2012.

[91] Como ha señalado Liliana Cattáneo, el alejamiento de Barletta marcó el inicio de la dispersión del grupo de Boedo, óp. cit., p. 171. En noviembre de 1927, la revista dejaba constancia de que "se ha retirado de CLARIDAD, Leónidas Barletta, quien durante dos años ha sido un activo colaborador. Son absolutamente falsos los motivos que aduce Barletta en las publicaciones que sobre su retiro de CLARIDAD ha hecho". Sin firma, "Aquí no ha pasado nada…", *Claridad,* año VI, n° 146, noviembre de 1927, s/p. Los motivos a los que refiere *Claridad* son

Izquierda poseía similares características respecto de su antecesora *Claridad*, aunque también presenta notorias diferencias, sobre todo, con respecto a su distanciamiento con el Partido Socialista y su fundación como un "naciente movimiento de intelectuales izquierdistas".[92] Dos de las tapas de los cuatro números publicados estuvieron ilustradas por Facio Hebequer.

Si bien esta revista no pudo sostener una regularidad y dejó de salir al poco tiempo por problemas financieros, rápidamente comenzó a aparecer como suplemento semanal del diario *El Telégrafo,* que anunciaba: "Por primera vez en el país, una revista de intelectuales aparece en un diario".[93] Así, la publicación surgía en torno a diferentes intereses: por un lado, el de los intelectuales, que procuraban intervenir en los asuntos de actualidad al comentar los sucesos políticos, sociales, literarios, artísticos y educacionales y, por el otro, el del propio diario, que buscaba formar parte del periodismo moderno al incorporar un suplemento cultural todos los lunes.

En simultáneo con estas experiencias grupales, Facio preparaba su primera exposición individual, a inaugurarse en la Asociación Amigos del Arte. La inminente apertura era divulgada con insistencia en las páginas de *Izquierda* (*El Telégrafo*), al igual que la muestra de su compañero Vigo, que debutaba en la sala contigua exhibiendo, entre otras obras, los bocetos de las escenografías

---

las acusaciones que Barletta publicó el 24 de octubre en *El Telégrafo,* en donde declaraba que se retiraba de dicha revista porque se había convertido en una publicación cercana al Partido Socialista Argentino y que, por lo tanto, ya no era una tribuna de izquierda. Este argumento de Barletta le valió una dura respuesta de Edmundo Barthelemy, en la cual deja entrever que el problema real fue el querer disputar la dirección de la revista. Sin firma, "Aclarando", *Claridad*, n° 146, óp. cit.

[92] Candiano y Peralta, óp. cit., p. 136.

[93] Sin firma, *El Telégrafo*, n° 2543, 24 de junio de 1928, p. 3. Cabe señalar que en la misma nota *El Telégrafo* aclaraba que era un suplemento independiente de la línea editorial del diario. Este comenzó a salir los días lunes, desde el 25 de junio de 1928, y se extendió hasta el 3 de diciembre del mismo año. En total, fueron publicados veinticuatro números. La continuidad respecto de la *Izquierda* de 1927 puede constatarse por ciertos aspectos formales: la idéntica denominación, la misma tipografía y la similitud en sus secciones dan cuenta de ello, aunque en su segunda etapa, al formar ahora parte de un diario, la publicación debió modificar su tamaño (38 x 55 cm) y se vio reducida a una o dos páginas. *El Telégrafo* comenzó a publicarse en 1921 y, por lo que se ha visto en el período estudiado, podría caracterizarse como un periódico antiimperialista y antifascista. A juzgar por la biografía que Raúl Larra le dedicara a Leónidas Barletta, Castelnuovo fue linotipista de dicho diario, motivo que situaría al escritor uruguayo como el posible nexo para llevar adelante el proyecto de *Izquierda* como suplemento semanal. Cf. *Leónidas Barletta. El hombre de la campana,* Buenos Aires, Ediciones Conducta, 1978, p. 52.

presentadas para el TEA. Finalmente, el 1 de octubre de 1928 a las seis de la tarde fue inaugurada la muestra de Facio Hebequer en la Asociación Amigos del Arte, ubicada en la calle Florida 659, una institución que, como se verá en el próximo capítulo, fue cuestionada por el artista en sus intervenciones escritas, en tanto formaba parte del circuito de arte de la calle Florida que, a su modo de ver, era la encarnación de la "industria del arte". En otras palabras, según Facio, allí se concentraban el mercado del arte y sus "cómplices": los artistas devenidos en "genios falsificados", el crítico de arte, el *marchand*, el coleccionista, el *snob* y el público especializado, que, siguiendo los "ismos" europeos, olvidaban la calidad artística y la función social del arte.[94]

No debe olvidarse que, desde su fundación en 1924, la Asociación Amigos del Arte se había erigido como un espacio capital para el desarrollo de un arte moderno en Argentina, y si bien tuvo un vínculo más estrecho con el grupo de Florida, abrió sus puertas a distintas corrientes y representantes del arte académico y del "arte social".[95] Por cierto, tanto los artistas ligados al grupo de Boedo como los artistas relacionados con el de Florida (Emilio Pettoruti, Xul Solar o Pablo Curatella Manes, entre tantos) se oponían al arte académico y al conservadurismo y proclamaban una renovación en el campo artístico de los años veinte. Sin embargo, las propuestas estéticas que se disputaban aquel lugar diferían sustancialmente entre ambos grupos, y sus posiciones quedaron concentradas en torno al etiquetamiento, por demás reduccionista, de "propagandistas" y "artepuristas", respectivamente. En términos sintéticos, se ha sostenido que, para los primeros, el arte debía ser revolucionario en materia política pero cercano a formas más tradicionales en el plano estético con el propósito de lograr uno de sus objetivos principales, la concientización de las

---

[94] Facio Hebequer, "Pintura de la pintura", en *Sentido social del arte*, Buenos Aires, La Vanguardia, 1936, p. 13.

[95] La Asociación Amigos del Arte fue una institución privada inaugurada el 12 de julio de 1924. Surgió como un emprendimiento de un grupo de representantes de las élites, descendientes de las familias patricias, funcionarios, intelectuales y artistas que tenía por objetivo propiciar y difundir el arte moderno, pero también recuperar a artistas del siglo XIX. Parte de su labor cultural consistió en la organización de diversas actividades, como exposiciones, conciertos, conferencias, entre otras, por las cuales pasaron grandes exponentes de la cultura nacional e internacional. La diversidad de dicha institución quedó registrada en las diferentes exposiciones y conferencistas, entre los cuales pueden mencionarse Filippo Marinetti, Leopoldo Lugones, Le Corbusier y José León Pagano, entre tantos otros. Véase Patricia M. Artundo y Marcelo E. Pacheco, *Amigos del arte. 1924-1942*, Buenos Aires, MALBA-Fundación Costantini, 2008.

masas; en cambio, para los segundos, era necesario buscar una modernización plástica a través de innovaciones formales que condujeran a la autonomía del arte. Esta última concepción del "arte por el arte" iba a ser duramente atacada por Facio Hebequer, pues, a su juicio, era un mero pasatiempo y por lo tanto "inútil" en términos sociales.[96] No obstante, observar a este artista desde diferentes ángulos posibilita tensionar, matizar y complejizar estas posturas, muchas veces presentadas de manera dicotómica por los contemporáneos como parte de una operación de intervención intelectual.

De hecho, a pesar de las críticas vertidas hacia "los Amigos del Arte", Facio aceptó exhibir en esa institución, que representaba, por entonces, uno de los espacios consagratorios del campo cultural porteño. En este sentido, no puede pensarse en una férrea posición antiinstitucional, ya que, si bien Facio Hebequer cuestiona el papel de las instituciones oficiales y expone en lugares alternativos para la difusión de su obra artística, no rehúye de ciertas actividades.[97] Es decir, más allá de la paulatina radicalización en sus opiniones y en su obra gráfica, una exposición en el salón de Amigos del Arte podría asegurarle a Facio Hebequer, o a cualquier otro artista, un lugar de legitimación y consagración en el campo artístico local. Ese fue, de hecho, uno de los principales resultados de la exposición individual de 1928.[98]

Por esos años, Facio ya se había trasladado a su casa de Vicente López en la provincia de Buenos Aires, en donde vivió junto a la actriz y cantante Yola Grete, a quien seguramente haya conocido en sus labores teatrales. Allí, según el relato (algo irónico) de Barletta, se respiraba "cierta tranquilidad muy a tono con el severo jardín […] Las cosas que nos rodean son de buen gusto. Y en

---

[96] Sobre los posicionamientos en el campo artístico de la década del 20, véase Diana B. Wechsler, "El campo artístico de Buenos Aires en la década del 20", en Miguel Ángel Muñoz y Diana B. Wechsler, *Los Artistas del Pueblo*, óp. cit.

[97] Véase Silvia Dolinko, "Guillermo Facio Hebequer, entre la militancia y el mito", en Fernando Guzmán, Gloria Cortés, Juan Manuel Martínez (comp.), *Arte y crisis en Iberoamérica. Jornadas de Historia del Arte en Chile*, RIL editores, Santiago de Chile, 2004, p. 290.

[98] Es probable que el coleccionista Rafael A. Bullrich, con quien Facio mantenía un buen trato, haya incidido en la decisión de exponer en las salas de Amigos del Arte, pues era miembro de dicha institución. A su vez, Rafael era hermano de Eduardo Bullrich, uno de los directores de la revista *Martín Fierro* en 1925, y socio de la casa Bullrich. Estas consideraciones permiten matizar, una vez más, aquellos antagonismos que reducen la complejidad de las relaciones del mundo intelectual. Cf. "Institución, arte y sociedad: la Asociación Amigos del Arte", en Patricia M. Artundo y Marcelo E. Pacheco, *Amigos del arte*, óp. cit., pp. 16 y 212.

todo esto anda el espíritu cordial de la dueña de casa. Un piano deja oír sus estudios clásicos. Sobre una silla duerme, ovillada, una gata de Angora. Lo que menos espera uno al entrar al taller son las sombrías notas de dolor que el artista ha fijado en sus telas".[99] La descripción de Barletta, además de exaltar las "sombrías notas de dolor", evidencia el progresivo desplazamiento de los años de la bohemia, que marcaron su etapa formativa en el taller de la calle La Rioja, hacia un clima burgués y calmo, claramente contrapuesto al ambiente bullicioso de los años previos.

Para ese entonces ya es posible percibir el inicio de un distanciamiento en el grupo de "los cinco", es decir, entre José Arato, Adolfo Bellocq, Facio Hebequer, Agustín Riganelli y Abraham Vigo. Aunque en el mismo testimonio Barletta manifiesta lo contrario ("no es cierto que sean un antiguo collar que se ha desgranado, como se ha dicho"), luego añade: "cada uno de ellos tiene características propias, estilo diferente, concepción distinta; pero en todos hay una misma ley: crear un arte humano".[100] Esta última aclaración es la que permite advertir una incipiente distancia, no en términos afectivos, sino en relación con la búsqueda de nuevos caminos que los separarían de sus acciones colectivas.

Coincidentemente, para esta misma época Facio comienza a padecer una afección en la vista, como consecuencia del uso de los ácidos en la realización de sus aguafuertes. Con el deseo de continuar con su labor, resolvió el problema comprando una prensa litográfica a Pío Collivadino y, gracias a esa nueva adquisición, inició una amplia actividad gráfica que lo consolidaría como litógrafo, siendo sus estampas reproducidas en los principales medios de la izquierda local.

De "artista del pueblo" a "artista proletario"

En noviembre de 1930, Leónidas Barletta funda el Teatro del Pueblo, una nueva experiencia teatral que tenía por objetivo involucrar a los sectores populares, tal como lo indicaba su denominación. Unos meses después, saldría a la luz la revista *Metrópolis. De los que escriben para decir algo*, órgano oficial del Teatro del Pueblo, en la que participarían muchos intelectuales y artistas

---

[99] Leónidas Barletta, "El pintor Guillermo Facio Hebequer. Noticia sobre su vida y aspecto moral de su obra", *El Hogar*, 28 de septiembre de 1928 (FGFH).
[100] Loc. cit.

vinculados anteriormente al grupo de Boedo, como Castelnuovo, Álvaro Yunque, Roberto Mariani y Nicolás Olivari, entre otros.

La revista comenzó a publicarse en un contexto crítico, del cual se hacía eco, como queda de manifiesto en la frase que acompañaba al dibujo de Facio Hebequer para la portada de su primer número, publicado en mayo de 1931: "Mientras el país sufre una de sus grandes crisis políticas, sociales y morales, los 'artistas' realizan la 'fiesta de las artes'. Después quieren estos 'artistas' que el pueblo no los desprecie". Esta breve pero concisa afirmación condensaba, por un lado, la preocupación por el impacto de la crisis económica de 1929 y las consecuencias del golpe cívico-militar del 6 de septiembre de 1930 –un ciclo abierto de clara predominancia de la derecha en el poder, en un primer momento bajo un gobierno con planteos de tipo corporativistas como el de José Félix Uriburu (1930-1932) y luego a través de la política fraudulenta y represiva del gobierno de Agustín P. Justo (1932-1938)– y, por el otro, la necesidad de crear un espacio cultural que, cuestionando la autonomía del arte, debatiera cuál debía ser la responsabilidad y el papel del artista ante la crisis sociopolítica.

Los análisis sobre la crisis que provenían de ciertos sectores de izquierda sostenían que el capitalismo había entrado en un colapso terminal, motivo por el cual el modelo soviético era observado por muchos intelectuales y artistas como un faro a seguir, pues allí la cultura sí estaba al servicio del pueblo. Poder presenciar con sus propios ojos y ser testigos de los avances de aquella sociedad radicalmente nueva fue el anhelo de muchos intelectuales, escritores y periodistas en Argentina y en el mundo, y Facio, a través de Castelnuovo, no se quedó al margen.

En el segundo número de la revista *Metrópolis*, Castelnuovo anunció su inminente viaje a la Rusia de los soviets. Pero su propósito no residía en contar los preparativos del periplo o sus expectativas personales, sino en destacar que entre las cosas que se llevaría "figura, en primer término, una colección de litografías –obra de un artista nuestro: Guillermo Facio Hebequer– las cuales pienso exponer luego en Moscú y Leningrado".[101] Así, iniciaba una nota

---

[101] Elías Castelnuovo, "Un pintor del bajo fondo porteño", *Metrópolis*, n° 2, junio de 1931, s/p. Sobre el viaje de Elías Castelnuovo, véase Sylvia Saítta, "Elías Castelnuovo, entre el espanto y la ternura", en Álvaro Félix Bolaños, Geraldine Cleary Nichols y Saúl Sosnowski (ed.), *Literatura, política y sociedad: construcciones de sentido en la Hispanoamérica contemporánea. Homenaje a Andrés Avellaneda*, Universidad de Pittburg, 2008, pp. 99-113.

dedicada al artista en la cual lo definía como el Máximo Gorki de la pintura argentina, aunque también, sostenía Castelnuovo, se lo podría llamar "el pintor de los siete dolores sociales", puesto que había recorrido "íntegramente la escala del infierno social":

> Recuerdo que comenzó pintando el extremo de la cadena de los ex hombres: los pensionistas del manicomio. Su primera exposición estaba compuesta, casi exclusivamente, por una caravana aterradora de insanos que había reproducido directamente de un hospicio de alienados. Luego, fue degradando su visión pesimista, y nos presentó una muestra de atorrantes, también auténticos, que extrajo pacientemente de los recovecos más oscuros de la metrópolis. A esa caterva de inválidos morales, sucedió posteriormente una exposición de obreros –fundidores, tipógrafos, herreros, hombreadores– la cual conquistó, en su hora, el éxito que se merecía. Por fin, viene esta colección de litografías del conventillo, por orden ascendente, su última producción.[102]

La elección de esos temas en la obra de Facio Hebequer, aclaraba el escritor, no estaba determinada por su condición social, pues al igual que otros amigos y conocidos coincidía en que siempre había sido un hombre de buena posición. Tampoco lo consideraba un artista "tendencioso", ya que para él lo era quien se supeditaba a una doctrina y no a su corazón, lo que haría que dejara de ser un artista para pasar a formar parte de alguna "comparsa". Y, en relación con ello, Castelnuovo remarcaba allí otra cuestión: Facio nunca imponía su criterio, sino que más bien dejaba "habitualmente en suspenso toda solución".[103]

Asimismo, el escritor realiza una equiparación entre la obra de Facio Hebequer y su propia literatura, al considerar que la pintura del artista se asemejaba al naturalismo de sus textos y que los dos compartían una visión piadosa de los trabajadores en donde el mundo de los pobres se representaba como un infierno. Por todos estos motivos, Castelnuovo concluía que llevaría sus obras a la URSS y allí comprobaría si "el arte nuestro" podía interesar afuera, colocando de este modo a Facio Hebequer como el representante de un arte nacional. Sin embargo, como señaló Sylvia Saítta, nada hacía prever en

---

[102] Castelnuovo, "Un pintor del bajo fondo porteño", óp. cit. La descripción de Castelnuovo acerca de la "caravana aterradora de insanos" invita a trazar una analogía con Théodore Géricault, artista que retrató a algunos pacientes del hospital de Salpêtrière entre 1821 y 1824 y que salía a buscar con frecuencia a sus modelos.

[103] Loc. cit.

ese momento que la experiencia vivida en la URSS produciría un viraje estético e ideológico en la obra del escritor.[104]

Tal como lo había anunciado Castelnuovo, por intermedio de la Sociedad de Artistas Hispanistas, las obras de Facio fueron expuestas en Moscú y en Leningrado, donde, según la crónica del diario *Crítica*, se contó con la asistencia de treinta mil trabajadores.[105] Más allá de la veracidad o no de esa concurrencia, la nota publicada en el diario de Botana contenía otro elemento de importancia: por primera vez, Facio Hebequer era definido como un "pintor proletario" que, para entonces, ya había elegido no exponer más en las galerías de la calle Florida ni en los círculos oficiales, sino "salir a la calle" y llevar su arte al mundo obrero, cosa que hizo con sus exposiciones barriales y muestras itinerantes en las puertas de las fábricas. El uso de esta denominación comenzaba a cobrar fuerza y a ser debatido en las revistas culturales del período, la cual involucró directamente a este artista, que formó parte de las reflexiones suscitadas acerca del significado y los alcances del "arte proletario" en el ámbito local.

Sin lugar a dudas, la década de 1930 abre una nueva etapa en la trayectoria de Facio Hebequer. El viaje a la URSS no solo afectaría la literatura de Castelnuovo, también lo llevaría a acercarse al PCA, acompañado por Facio, Vigo y Roberto Arlt. Si bien desde 1928 el PCA transitaba una etapa sectaria, más allá de las tensiones entre la dirigencia política del Partido y los intelectuales, los esfuerzos por conseguir el apoyo y la cooperación de estos evidentemente no estuvieron ausentes.[106] En marzo de 1932, precisamente en un intento de aproximar a los intelectuales al Partido, Rodolfo Ghioldi convocó a un grupo de escritores, entre ellos Castelnuovo y Arlt, para integrar la redacción de *Bandera Roja. Diario Obrero de la Mañana*.[107] Estos aceptaron

---

[104] "Elías Castelnuovo, entre el espanto y la ternura", óp. cit., p. 99.

[105] Sin firma, "Ante treinta mil trabajadores de Leningrado expone el artista argentino Facio Hebequer", *Crítica*, n° 6565, 2 de agosto de 1932, p. 9.

[106] Según David Caute, el beneficio residía en los "principios de utilidad" que podían redituarle los intelectuales al partido, como, por ejemplo, el prestigio intelectual que podía repercutir sobre el partido, la posibilidad de influir políticamente a otros intelectuales y a la comunidad cultural en general desde la filosofía marxista-comunista, la agitación política en el seno de organizaciones profesionales, la participación en el periodismo político, etc. Véase *El comunismo y los intelectuales franceses*, óp. cit., p. 37.

[107] Véase Sylvia Saítta, *El escritor en el bosque de ladrillos. Una biografía de Roberto Arlt*, Buenos Aires, Debolsillo, 2008 [2000], p. 139.

participar y es muy probable que hayan intercedido para lograr incorporar al emprendimiento a Facio, quien tuvo a su cargo la realización de la portada para el número especial dedicado al 1 de mayo de ese mismo año.

El diario salió a la calle por primera vez en abril de 1932, y en el transcurso de ese mismo mes fue publicada otra revista también vinculada al PCA, *Actualidad artístico-económica-social. Publicación Ilustrada*, con la dirección de Castelnuovo y la colaboración de Arlt y de Facio Hebequer, entre otros. En esta nueva publicación, definida como una revista marxista desde su primer número y sostenida por el PCA, se observa con mayor intensidad el debate sobre el posible desarrollo de un "arte proletario" en Argentina. Allí es donde Facio escribe sus ensayos más radicales, además de intervenir con su obra gráfica. En junio de 1932, en consonancia con la línea editorial de la revista, un comunicado firmado por Castelnuovo y Arlt anunciaba la constitución de la Unión de Escritores Proletarios con el objetivo de incitar a la lucha de clases. Al mes siguiente, tras la ruptura con el teatro de Barletta, un grupo disidente, dirigido por Ricardo Passano e integrado por Facio, Vigo, Castelnuovo y Rodolfo Kubik, creaba el Teatro Proletario.

En el marco de esas búsquedas y de esos nuevos emprendimientos políticos y culturales, Facio comenzó a preparar un cuadernillo de estampas –*Tu historia, compañero*– que produciría un punto de inflexión en su trayectoria (y, sobre todo, en su obra gráfica) y que podría interpretarse no solo como una muestra explícita de su decisión de intervenir con su labor artística en la política, sino también como su primer manifiesto gráfico, puesto que en él emergen nuevos modos de representación de los conflictos sociales y cierta permeabilidad de la doctrina marxista en su producción creativa. A juzgar por sus memorias, ese fue un año de una gran labor y de un activo proselitismo político y cultural:

> Grabo sin descansar durante unos años y en 1933 salgo de nuevo a la calle. Pero ahora es la calle verdadera. Cuelgo mis grabados en los clubs, bibliotecas, locales obreros. Los llevo a las fábricas y sindicatos y organizamos en todos ellos conversaciones sobre arte y realidad, sobre el artista y el medio social. En todas partes destruimos un poco la creencia en el artista como hombre superior y en todas, buceando en la entraña misma de la creación artística, la vinculamos a la ubicación especial de su época. Desde la Isla Maciel a Mataderos, todos los barrios porteños han recibido nuestra visita. Si incluimos las exposiciones en el interior: Rosario, Santa Fe, Paraná, Bolívar, 9 de Julio, Gualeguay, etc., pasan de cien las que llevamos realizadas y que no son por cierto las

muestras "frías", llenas de empaque, de la calle Florida. En los locales obreros, una exposición es algo cordial, algo que los espectadores esperan desde hace largos años y que sólo ahora llega hasta ellos, tan cordial y simpático, que se las recomiendo sinceramente a los colegas… Es decir, a los colegas que no aspiren a vender, porque si alguna vez, como me ocurrió en el local ferroviario, quieren solidarizarse prácticamente con nuestra obra adquiriendo grabados, puede ocurrirles lo que a mí que, como de costumbre, no había puesto precio: sólo había un número de orden, y suponiendo que éste correspondía al precio, me los abonaron de acuerdo a él; eligieron el número 18, el 12 y el 6 y me abonaron 36 pesos… No quise abochornarlos poniendo en claro el asunto, y… ¿para qué? Me he ganado la vida siempre, desde mis primeros estudios, al margen del arte. Quería conservar absoluta libertad en mis trabajos y no me arrepiento. He visto muchos compañeros, acosados por la miseria, ceder una y otra…[108]

Las diversas invitaciones y recortes hemerográficos de su archivo personal evidencian la intensa actividad que llevó a cabo para esa época, no solo en centros obreros de la Capital Federal, sino también del conurbano bonaerense y en el interior del país. Una gran cantidad de esas exhibiciones habían comenzado a ser presentadas bajo el título de "Arte proletario", y eran acompañadas frecuentemente por conferencias pronunciadas por el propio artista o algún compañero de ruta del PCA, lo que manifiesta diferentes estrategias por articular el arte con la política.[109]

Además de estas exposiciones y conferencias, el compromiso con la clase obrera y sus luchas se sostiene en la profusa intervención gráfica elaborada para un conjunto de revistas culturales que, aparte de las ya mencionadas, incluyen distintas familias políticas dentro de la cultura de las izquierdas, como

---

[108] "Autobiografía", óp. cit.

[109] Entre ellas, puede mencionarse la conferencia pronunciada por Rodolfo Aráoz Alfaro titulada "El arte proletario de Facio Hebequer". Realizada en la Asociación Trabajadores del Estado, era convocada de la siguiente manera: "Llamamos especialmente la atención a los compañeros asociados sobre la importancia de este acto. Con él demostraremos, una vez más, que la organización obrera no es, como dicen siempre nuestros enemigos, una simple cuestión de salarios o jornadas de trabajo. EL MOVIMIENTO OBRERO ES UN VASTO MOVIMIENTO SOCIAL CON PROYECCIONES ILIMITADAS. Cada sindicato obrero debe ser hoy, además de un organismo de lucha para obtener conquistas materiales, una escuela social y UN INSTITUTO DE CULTURA PROLETARIA. Solamente así la organización de los trabajadores cumplirá su gran misión histórica". Comisión de Cultura, "Inauguración de una exposición de pintura del conocido artista proletario Guillermo Facio Hebequer" a realizarse en Asociación Trabajadores del Estado. Seccional Buenos Aires, Chile 1567 (FGFH). El destacado es del original.

Nervio, Vida Femenina, Contra, Nueva Vida y *Soviet,* entre otras, vinculadas al anarquismo, socialismo y comunismo respectivamente. Muchas de esas imágenes circularon ampliamente hasta llegar a la prensa gremial y ser portada, por ejemplo, del *Diario de la CGT.*

Sin embargo, la intensa y productiva actividad que llevó a cabo Facio Hebequer durante el primer lustro de los años treinta se vio sorpresivamente interrumpida por su muerte. El asombro y la consternación que causó la pérdida, a los cuarenta y seis años de edad, de una figura que se hallaba en plena madurez artística quedaron plasmados en la gran cantidad de notas que anunciaron su fallecimiento.[110] Ahora bien, en varios de los avisos predomina una narración trágica en la cual se plantea que la vida heroica y rebelde de Facio Hebequer había sido arrebatada sin haber alcanzado el reconocimiento merecido, aunque, a la luz de este primer recorrido por su itinerario, estas representaciones del artista como un perseguido y marginado del campo artístico local son, sin duda, cuestionables. La inserción que tuvo Facio en los circuitos institucionales y oficiales, sumada a la amplia circulación de su obra, explica no solo la extensa cobertura periodística de su fallecimiento, sino también la inmediata organización de una exposición retrospectiva en las salas del Honorable Concejo Deliberante de la Ciudad de Buenos Aires, que, por aquel entonces, funcionaba como sede del Museo Municipal de Bellas Artes.

El 28 de abril de 1935, su último día de vida, parecía transcurrir de forma habitual en su casa de Vicente López. Eran las siete de la mañana cuando –según el manuscrito de Cháneton con el que se inició el presente capítulo–, luego del recorrido diario por la huerta y mientras se disponía a tomar mate para comenzar su labor diaria, Facio cayó repentinamente al piso sin tiempo a poder recibir atención médica.[111] En los diversos documentos se detectan varios indicios que permiten inferir que padecía una afección cardíaca al menos desde 1931. Elías Castelnuovo, en febrero de ese año, dirigía una carta al artista en la cual le aconsejaba:

> Creo que la primer providencia que debe tomar U. es suprimir al médico que tiene. He oído hablar mal de su capacidad científica entre personas que no

---

[110] El FGFH cuenta con una gran cantidad de recortes sobre la noticia de su fallecimiento, desde revistas culturales de izquierda hasta prensa de gran tirada, diarios de colectividades, de distintas provincias de Argentina e incluso de algunos países limítrofes.

[111] Cháneton, manuscrito, 28 y 29 de abril de 1935, óp. cit.

acostumbran hablar mal de nadie. Entre un médico de retaguardia como es el suyo y un literato de vanguardia como es su enfermero mayor, por deducción y por solidaridad, U. debe optar por el segundo. También le convendría ir suprimiendo paulatinamente los remedios hasta quedarse solamente con la digitalina. No hay círculo más vicioso que el círculo vicioso de la botica. Esto no significa que yo apruebe su afición por los yuyitos. Su porvenir está en la gimnasia. No en el reposo, sino en el movimiento […] Deténgase especialmente en los ejercicios de respiración que son los que más contribuirán a remediar su dolencia.[112]

En estas líneas, Castelnuovo se expresaba desde el afecto y a partir de los conocimientos que había adquirido tiempo atrás, cuando trabajaba como tipógrafo componiendo tesis doctorales sobre temas de medicina y luego como asistente de su amigo, el médico cirujano Lelio Zeno.[113] A su vez, sus recomendaciones podrían relacionarse con el interés que le despertaban las formas de la "biopolítica", que Adriana Rodríguez Pérsico analiza en una de las obras del escritor publicada por entonces, *Carne de hospital* (1930), en donde "despliega los modos en que la vida es objeto de medicalización en un doble aspecto físico y psíquico, de acuerdo con los postulados que las ciencias y los saberes hegemónicos imponen en tiempos y espacios precisos".[114] De allí es posible comprender no solo la sugerencia de un cambio de médico, sino también la advertencia respecto de lo contraproducente que podía ser la ingesta excesiva de medicamentos.

Ironía de la vida, Castelnuovo concluía su misiva con las siguientes palabras: "Y trate de ponerse a pintar nuevamente. El día que U. agarre los pinceles y empiece a pintar de nuevo, ese día U. estará curado. Salga a la calle. No se quede encerrado siempre en su casa. No tenga miedo de lo que pueda ocurrirle afuera, porque lo que puede ocurrirle afuera, puede ocurrirle

---

[112] Carta de Elías Castelnuovo a Facio Hebequer, 4 de febrero de 1931 (FGFH).

[113] Elías Castelnuovo, *Memorias*, óp. cit., pp. 76-78 y 87-90. Asimismo, Castelnuovo y Zeno colaboraron en la revista libertaria *Prometeo. Revista quincenal* en donde Zeno escribió sobre aspectos sociales de la medicina. Cf. "Medicina social y socialización de la medicina", año I, n° 2, primera quincena septiembre de 1919, pp. 11-12; "Aspecto revolucionario de la medicina", año I, n° 3, segunda quincena septiembre de 1919, pp. 9-10.

[114] Adriana Rodríguez Pérsico, "Estudio preliminar. Capitalismo y exclusión. Elías Castelnuovo y la búsqueda de una lengua heterogénea", en Elías Castelnuovo, *Larvas*, Buenos Aires, Ediciones Biblioteca Nacional, Colección Los Raros, 2013, p. 35.

también adentro".[115] A pesar de haber fallecido en su casa, Facio parecía haber escuchado el consejo de su amigo. En efecto, en el último día de su vida, el artista se disponía a trabajar. Prueba de su labor en curso son las estampas desplegadas en su atril, registradas por el fotógrafo del diario *Crítica*,[116] y la imagen captada por la cámara de Annemarie Heinrich, quien decidió retratar sus manos mientras transcurría la despedida del artista en su lugar de trabajo (imagen 6).

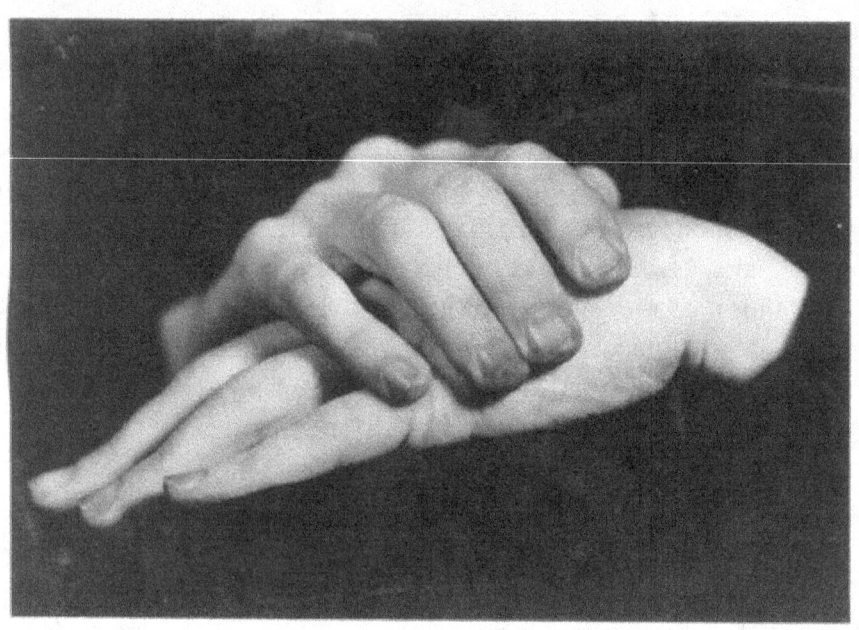

6. Annemarie Heinrich, *Manos yacentes*, 1935. Fotografía de las manos de Guillermo Facio Hebequer en el féretro, 23 x 29 cm. Fototeca Fundación Espigas.

Junto a esa fotografía, perteneciente a uno de los álbumes guardados por la autora, es posible leer: "Una de mis primeras fotos, me acompañó mi padre".[117] A partir de esa composición, entre imagen y palabra, Paola Cortés-Rocca imaginó aquel día en el que Heinrich fotografió a Facio Hebequer:

---

[115] Carta de Castelnuovo, óp. cit.

[116] "El Pueblo tuvo en F. Hebequer al pintor de sus inquietudes", *Crítica*, n° 7559, 28 de abril de 1935, p. 3.

[117] Paola Cortés-Rocca, "Mirada de mujer. Annemarie Heinrich y el oficio del siglo XX", en

Ella tiene 23 años, una cámara y algunas decisiones que tomar. Puede sacar una foto efectista e impúdica del muerto, puede registrar el ritual de la despedida y el duelo, puede captar el compañerismo, la admiración y el dolor entre los asistentes. Ésta es una de sus primeras fotos, pero ya es fotógrafa. Ya es, en alguna medida, la fotógrafa que va a ser. Entonces elige el detalle que pasaría desapercibido pero que representa de un modo sumamente genuino al artista muerto: toma una foto de sus manos, de esas manos que produjeron litografías y aguafuertes. Son manos delicadas, casi femeninas con unas uñas largas y levemente ennegrecidas. Son las manos de alguien que podría haber sido un pintor de salón, pero lo descartó para convertirse en un trabajador del arte, un grabador que vivió la práctica estética como una forma de activismo político. Ese detalle del detalle, ese negro de las uñas es, simultáneamente, la oscuridad de lo mórbido y la materialidad del trabajo: los rastros de la carbonilla, los resabios de alguna tintura. El ojo de Heinrich opera como el del *connoisseur* que describe Morelli. Su campo de visión no es, sin embargo, un cuadro en el que identificar un detalle que exhiba el estilo y conecte la obra con una firma. Su campo de visión es ese agujero en lo real que es la ausencia y, también, el ritual que se despliega frente a sus ojos […] En el velorio de Guillermo Facio Hebequer, Annemarie Heinrich es ese *connoisseur* de una organización de lo sensible hecha de pulsiones, historias y personas. Corta un fragmento, un aleph que funciona como cifra del retratado. En esa fotografía de 1935, ya está el ojo que caza el detalle que conecta cuerpo y persona, fragmento y relato, pincelada visual y biografía.[118]

La capilla ardiente, describía Cháneton, se instaló en su taller. "El crucifijo de la mampara fue cubierto por un paño rojo y en las paredes se pusieron otros tantos trabajos suyos. Un dibujo coloreado: el horno de una fundición, en el centro. Dos litografías de la serie 'El infierno' (creo que se llama así), a los costados".[119] Esta breve descripción permite constatar dos cuestiones de importancia. Por un lado, la aproximación de Facio Hebequer hacia una sensibilidad comunista. En este sentido, en el tercer aniversario del fallecimiento del artista, Castenuovo recordaría que poco antes de su deceso, "un día en que

---

AA.VV., *Annemarie Heinrich, Intenciones secretas*, Ciudad Autónoma de Buenos Aires, MALBA-Fundación Eduardo F. Costantini, 2015, p. 38. Alicia Sanguinetti, hija de Annemarie Heinrich, agrega que el padre de la fotógrafa, Walter Heinrich, integrante de *Vorwärts*, conocía a Facio Hebequer por haber compartido espacios vinculados a publicaciones socialistas, lo que explica su presencia en el velorio. Comunicación personal con Alicia Sanguinetti.

[118] Cortés-Rocca, óp. cit., pp. 38-39.

[119] Cháneton, óp. cit.

seguramente se sentía mal", Facio transmitió el deseo de ser envuelto y despedido con una bandera roja y con las estrofas de "La Internacional".[120] Por otro lado, y vinculado con lo dicho, se refuerza la incomodidad de Cháneton, a la que se hizo referencia en el inicio de este capítulo, en relación con este desplazamiento "militante" transitado por Facio Hebequer, que reaparece al final de su manuscrito cuando narra lo acontecido en el sepelio, llevado a cabo en el cementerio de la Chacarita: "Hoy lo enterramos [...] El grupo de artistas amigos, los familiares, algunos escritores y una docena de 'compañeros'. En su mayoría adolescentes. Dos de ellos dijeron, sin énfasis y con emoción, como rezando, algunas palabras de despedida. Luego ya con frases más de cachet, el director de una revista de izquierda: *Actualidad*" (para esa fecha, el director de la revista *Actualidad* era el intelectual comunista Horacio Trejo).

Asimismo, otra nota informaba que en el sepelio hicieron uso de la palabra Alfredo Varela, en nombre del Teatro Proletario, el mencionado Trejo, Emilio Novas y Alberto Márquez, todos ellos militantes comunistas. Si bien el diario *Crítica* también destacaba la presencia de "sus grandes amigos", Benito Quinquela Martín, Agustín Riganelli y Adolfo Bellocq, entre otros, es posible comprender la modificación en el tono de la narración de Cháneton, que pasa de la incomodidad al disgusto, como parte del viraje estético-ideológico transitado por Facio Hebequer en el período de entreguerras, en particular, en los años treinta. Es así como estos últimos pasajes y la referencia a una publicación comunista como *Actualidad* no solo evidencian el vínculo que Facio mantenía con la órbita cultural del PCA, sino también la distancia con algunas de sus viejas amistades "harto alejados de él (o viceversa)", como lo había expresado Cháneton. Más aún, entonces, se comprueba una vez más –a partir de todos estos testimonios, análisis y cruce de documentos– que la inserción y actividad de Facio Hebequer en distintas redes de relaciones desborda sin lugar a dudas la experiencia de "los Artistas del Pueblo", en donde hasta ahora se lo solía encasillar.

---

[120] "Homenaje a Facio Hebequer". Colaboración de Elías Castelnuovo, leída en el tercer aniversario de su muerte en el homenaje realizado en la Casa de los Trabajadores, por las Juventudes Socialistas Obreras, mimeo (FGFH).

II
Escritos de un polemista

> *Las teorías de un artista, fracasan siempre en todos los teorizadores, menos en el artista que las crea, por lo regular, para uso propio. Porque no hay fórmulas que resistan la inspiración. Y no se concibe por reflexión o por estudio, sino por inspiración o por mandato imperativo de todo el cuerpo a través de la inteligencia. La reflexión y el estudio, entran en acción después para completar la obra de aquella. El pintor que se atiborra la cabeza de recetas, con las cuales pintaron otros pintores, deja de ser pintor y se convierte en un cocinero de la pintura. En arte la regla, no es la regla, sino la excepción. Y la excepción, es la excepción y no la regla. Un artista original puede servir de ejemplo, nunca de modelo. Por eso se ha dicho que todos los cezannistas son falsos, menos Cézanne.*
> Facio Hebequer[1]

En la segunda mitad de la década de 1920, Guillermo Facio Hebequer desplegó su pluma con regularidad en diversas publicaciones periódicas porteñas. En una de sus reseñas, fechada en 1928, concluía que "todos los cezannistas son falsos, menos Cézanne". Con esta sentencia, ponía de manifiesto dos aspectos fundamentales de su pensamiento: la oposición a toda fórmula que condicionara el acto creativo y una concepción del artista que, a través de los términos "inspiración" o "excepción", remitía a la figura romántica del genio creador. Esta defensa de la originalidad y del espacio inalienable reservado a la autonomía del artista abre un interrogante que invita a reflexionar sobre la especificidad del autor y la función del arte en la Buenos Aires de entreguerras.

---

[1] "Consideraciones acerca de la pintura llamada de vanguardia", *Izquierda* (E. T.), 17 de septiembre de 1928, p. 6.

Por aquellos años, la convivencia de propuestas estéticas diversas evidenciaba el impacto de la modernización de las artes plásticas en Argentina y el surgimiento de los "matices de la modernidad". Observar esos matices, sostiene Diana Wechsler, supone, por un lado, eludir la polaridad residual-emergente (ejemplificada en las figuras de Fernando Fader y Emilio Pettoruti) y, por el otro, recobrar una dimensión más densa de ese proceso, del que sin duda formó parte Facio Hebequer por medio de su obra visual pero también con sus intervenciones escritas.[2]

En rigor, Facio no fue ni un crítico de arte ni el "virtual teórico de los Artistas del Pueblo".[3] Su perfil se asemeja más al de un polemista y, como tal, el análisis de sus textos es un terreno fértil para seguir, desde esta faceta poco explorada, su trayecto intelectual en relación con otros artistas o grupos específicos, y proponer nuevas miradas críticas acerca de los problemas, debates y polémicas que signaron ciertas discusiones de la cultura de las izquierdas en los años veinte y treinta, como la oposición entre "arte puro" y "arte social", los vínculos entre vanguardia y revolución, entre realismo y experimentación formal o la controversia alrededor del "arte proletario".

A modo de homenaje y con el objetivo de lanzar un alegato del "arte social" en Argentina, la editorial socialista La Vanguardia publicó, en 1936, una compilación de dieciséis ensayos de Facio Hebequer titulada *Sentido social del arte*. Allí no se establecen las referencias concretas de producción y, si toda antología supone un ejercicio deliberado de lectura y selección, es posible que la omisión de los datos de referencia de los textos que componen el libro –y la exclusión de otros artículos encontrados que se desconocían hasta este momento– esté relacionada con el tono polémico que adquirieron algunas de las intervenciones de Facio Hebequer, con su acercamiento a la órbita comunista en sus últimos años o, tal vez, con las diferentes disputas políticas por su legado en el momento de su fallecimiento. Por lo tanto, establecer dónde y cuándo fueron difundidos originalmente esos escritos es fundamental, ya que situarlos en los medios y contextos precisos en los que intervino este artista

---

[2] Diana Wechsler, "Impacto y matices de una modernidad en los márgenes", en José E. Burucúa (dir.), *Nueva Historia Argentina. Arte, sociedad y política*, vol. 1, Buenos Aires, Sudamericana, 1999, p. 276.

[3] Esta es la denominación que le aplicó Raúl Larra en su libro *Con pelos y señales*, Buenos Aires, Futuro, 1986, p. 64.

posibilita reflexionar con mayor agudeza sobre las modulaciones y los debates estético-ideológicos que atraviesan su trayecto.[4]

Con el propósito de analizar las autorrepresentaciones, los posicionamientos y las controversias que establece Facio dentro del campo cultural porteño, en las siguientes páginas se aborda una gran parte de los discursos textuales prestando particular atención a las continuidades, los cambios y las tensiones en sus concepciones sobre el arte y el papel del artista en sus diferentes contextos de producción. En esta faceta, se percibe con claridad cómo aquella idea sobre el imperativo "inspirador" debe ser atenuada y repensada a partir de la década de 1930, cuando, mientras se intensificaban los debates entre el arte y la política y se extendía el epíteto "arte proletario", brotaba en el artista una sensibilidad comunista no exenta de contradicciones.

Combate con la crítica y disputas en el campo cultural porteño

Consciente de los alcances y funciones del crítico de arte –como colaborador especializado de diarios y revistas culturales, capacitado para legitimar determinados discursos–, en una reseña escrita en 1929, Facio Hebequer afirmaba:

> La crítica oficial y oficiosa que opera con adjetivos regulares, matemáticos, ya no se incomoda mayormente en analizar una obra mediante el esfuerzo intelectual que todo análisis requiere: le basta con una calificación verbal extraída de la terminología que anda en circulación. La crítica alcanzó en Buenos Aires la síntesis suprema. Con una palabra, con una sola palabra: "nuevo" o "viejo", consagra o degüella a un artista, levanta o aplasta a una obra.[5]

A partir de esta valoración, no solo se manifestaba en contra de la crítica oficial, vista como la responsable de decidir qué obras, artistas o tendencias

---

[4] Patricia Artundo señala que este tipo de compilaciones eran un medio para que el pensamiento de ciertas figuras quedase registrado de una manera más segura que la atomización que supone encontrar sus escritos en las páginas de diferentes diarios y revistas y, en relación con ello, para erigir a ciertos artistas como ejemplo a seguir. En este sentido, compara *Críticas de arte argentino*, de Atalaya (Alfredo Chiabra Acosta, 1889-1932), publicada en 1934 por la editorial Manuel Gleizer, con *Sentido social del arte*, con la cual comparte rasgos en común en cuanto al tono polémico y las denuncias en contra de las instituciones oficiales y otros sistemas de promoción artística. Cf. *Atalaya. Actuar desde el arte. El Archivo Atalaya*, Buenos Aires, Fundación Espigas, 2004, p. 16.

[5] "Exposición Boris Grigorieff", en Guillermo Facio Hebequer, *Sentido social del arte*, Buenos Aires, La Vanguardia, 1936, p. 39. Si bien no se ha hallado la fuente original de este texto, se sabe que es de 1929, año en que el artista ruso expuso en el salón de Amigos del Arte.

eran consagrados o impugnados, sino que también aludía al proceso de modernización del arte argentino con la mención de lo "nuevo" o lo "viejo". Como ocurre en la mayoría de sus escritos, Facio apela a las oposiciones conceptuales como principal estrategia argumentativa. De esta manera, la imagen que construye de la crítica oficial, como perezosa intelectualmente pero eficaz a la hora de condicionar al campo artístico local, fue uno de sus principales pretextos para cuestionarla, pero sobre todo una forma de justificar su intervención escrita ante la arbitrariedad que percibía en ella. Este último aspecto se refuerza con el uso de un planteo modernista: "Creemos que nuestros literatos no han profundizado lo que hay de específico en la pintura. Por eso no logran desempeñarse con eficacia […] si los literatos hacen la crítica de los literatos, ¿por qué los pintores no vamos a hacer la crítica de los pintores?".[6]

Con un "nosotros" inclusivo, Facio Hebequer se posiciona de este modo, y en casi todos sus textos, en el lugar de los artistas comprometidos con la sociedad, una identidad y una posición amplia que trasciende a un plural vinculado a las sobredimensionadas intervenciones de los Artistas del Pueblo como se había interpretado hasta el momento; pues quedó demostrado en el capítulo anterior que los itinerarios de "los cinco" comenzaron a bifurcarse precisamente en momentos en que este artista escribía ya con mayor sistematicidad.

Pero ¿qué significaba ese vínculo entre ambos planos, arte y sociedad? En una primera aproximación podría decirse que, para el artista, supuso tanto una exploración técnica como temática, relacionados ambos fundamentos con la emancipación social. Estas dos dimensiones, necesarias e inseparables para causar emociones en el espectador, se correspondieron también con otro propósito (no libre de tensiones) que atravesó la vida y obra de Facio Hebequer: la indispensable distancia de cualquier condicionamiento sobre el proceso creativo para lograr una "verdadera" obra de arte. La reunión de todos estos elementos componía, entonces, una visión del arte entendida como un aporte para el desarrollo de la humanidad. A su vez, ese lugar de enunciación como uno de los impulsores del "arte social", que provenía de los postulados del grupo de Boedo, lo llevó, por un lado, a denunciar constantemente todo aquello que consideraba injusto o incorrecto para tal fin y, por el otro, a pretender posicionarse dentro del campo cultural porteño como una alternativa frente a la dicotomía entre lo "viejo" y lo "nuevo".

---

[6] "Al margen de una exposición", *Izquierda*, año I, nº 2, 22 de octubre de 1927, p. 29.

Lo "viejo" representaba el "arte tradicional", la pintura académica y el Salón Nacional que lo legitimaba. En términos estéticos, predominaban las derivas del impresionismo y de la pintura regional española que habían incidido en la creación de un gusto medio definido por un naturalismo apacible, de fácil lectura y claramente implicado en motivos literarios y pintoresquistas.[7] Por el contrario, "lo nuevo" aludía a las concepciones de "el arte por el arte", "el arte puro", "la nueva sensibilidad" o "el "arte viviente"; en otras palabras, a todos aquellos valores negativos que para Facio Hebequer rodeaban a estas diversas denominaciones escindidas de la realidad social y preocupadas de modo unívoco por el procedimiento técnico. Valiéndose de estas apreciaciones, Facio construía visiones polarizadas que tensionaban y anulaban la diversidad como una clara maniobra que incitaba la polémica.

Las revistas culturales de izquierda fueron el medio de expresión privilegiado para dar cuenta de sus posicionamientos. Elegir la izquierda del campo cultural es un gesto que muestra con claridad que no solo pretendió diferenciarse de los críticos "oficiales" de los diarios más tradicionales como *La Prensa* o *La Nación*, sino también de los intelectuales y artistas que participaban de publicaciones vanguardistas.[8] Por otra parte, las revistas también constituyeron para Facio el ámbito propicio para debatir al interior de la cultura de izquierdas, como ocurrió con el encargado de la columna de arte del diario anarquista *La Protesta*, Atalaya, elegido como el blanco de sus ataques en varias de sus críticas y, posteriormente, en los años treinta, cuando interpeló a otros artistas que formaban parte de dicha constelación.

Estas batallas libradas por Facio Hebequer en el campo cultural se iniciaron con vehemencia cuando se incorporó al grupo de Boedo. De acuerdo con el estilo y ciertos tópicos abordados en las columnas sobre arte publicadas en la segunda etapa de *Los Pensadores*, podría conjeturarse que estas provenían de su mano. Por ejemplo, en la primera reseña dedicada a una exposición

---

[7] Diana Wechsler, "Nuevas miradas, nuevas estrategias, nuevas contraseñas", en Wechsler (coord.), *Desde la otra vereda. Momentos en el debate por un arte moderno en la Argentina (1880-1960)*, Buenos Aires, Ediciones del Jilguero, 1998, p. 120.

[8] A diferencia de los diarios, en donde las notas sobre arte podían aparecer dispersas y en cualquier día de la semana, en las revistas culturales ocupaban una sección específica, motivo por el cual el crítico encontró allí un medio propicio para desarrollarse. Véase Diana Wechsler, *Papeles en conflicto: arte y crítica entre la vanguardia y la tradición, 1920-1930*, Buenos Aires, Facultad de Filosofía y Letras, Universidad de Buenos Aires, 2003, pp. 119-164.

llevada a cabo en las galerías Van Riel, el autor de la nota, además de situarse tanto en los márgenes de la academia como en los del arte puro, esgrimía: "No hay nada original allí. Todo eso es copia fiel de los originales que andan en Europa [...] Se ve que los expositores están tan habituados a plagiar y a imitar que hasta cuando pretenden ser originales incurren en el mismo vicio".[9] Esta afirmación trasluce una preocupación recurrente en el itinerario del artista, aquella acerca de ese espacio intransferible y reservado a la individualidad para lograr una obra excepcional.

Más allá de esa conjetura, la voz de Facio irrumpe con certeza en el número inaugural de *Claridad*, en julio de 1926, con la publicación de su primer texto firmado. De ahí en adelante, la escritura sería una práctica más en su compromiso artístico, y la desplegaría de modo sistemático a partir del 24 de noviembre de 1927 en la revista *Izquierda,* cuando tuvo a su cargo la sección "Artes Plásticas". Aunque solo llegó a publicar dos críticas allí porque la revista no pudo sostenerse y dejó de salir al poco tiempo por problemas financieros, de inmediato retomó su labor en su segunda etapa, en donde se incluyó la misma sección de artes. La continuidad entre ambos períodos de la revista fue explícitamente anunciada y en junio de 1928 comenzó a publicarse *Izquierda,* luego de que *El Telégrafo*, como se ha visto, aclarase que era un suplemento independiente de la línea editorial del periódico. Los principales colaboradores fueron Facio Hebequer, Leónidas Barletta, Elías Castelnuovo, Julio R. Barcos, Juan Lazarte, Luis Di Filippo, Ricardo Passano, José Torralvo y, como colaboradores artísticos, Abraham Vigo, Adolfo Bellocq y Gustavo Cochet, entre otros.

En las páginas de *Izquierda*, Facio construye su voz de autoridad sobre la base de una serie de valores ético-morales –que se articulan con el empleo de aprobaciones y desaprobaciones– como la vocación, la constancia en el estudio, la dedicación, el esfuerzo y la excelencia técnica frente a la holgazanería, la mediocridad y la falta de inteligencia. Así, en una oportunidad escribía:

> Aquí, cuando un pintor tiene listos sus 'cuadritos', le nace enseguida una especie de sarampión que no lo deja quieto hasta que no los manda a Francia o lo pone en la calle Florida. La misma fiebre que padecen algunos escritores

---

[9] Sin firma, "El Salón de los Ultrafuturistas", *Los Pensadores*, año III, n° 101, 9 de diciembre 1924, s/p.

por publicar, la padecen la mayoría de los pintores por exponer. Los trabajan poco, exponen mucho. Al revés de los que trabajan mucho que exponen poco.[10]

Otro recurso que Facio usaba con frecuencia para elaborar sus escritos era recorrer las calles de Buenos Aires, examinar muestras de arte y elegir una para luego criticarla con irreverencia e instalar la polémica sobre diversos problemas como forma de intervención. Finalmente, por medio de la solvencia de sus conocimientos artísticos y culturales, expresa de manera tácita o explícita su posición a partir de un interrogante que hilvana todos sus textos: ¿a título de qué trabaja un artista?

El escenario principal de las reseñas de los años veinte es la calle Florida, más específicamente, las salas de Amigos del Arte y las galerías ubicadas en aquella arteria porteña –Müller, Witcomb y Van Riel–, en donde Facio sitúa a sus respectivos personajes: los artistas, el crítico de arte, el *marchand*, el coleccionista, los espectadores, entre los cuales se destaca el *snob* y el público especializado. En general, allí se exponía lo que por entonces era denominado "arte nuevo", que representaba, para el artista, adjetivos vacíos de contenido, una moda y un ambiente superficial que, alrededor de las 18 horas, se nucleaba en el mencionado circuito concurrido por "Bataclanas y cajetillas. Algunos pantalones Oxford sin cabeza y varios cerebros con gomina. Mundo perfumado que se agita y rumorea […] Las poetisas y los poetisos aprovechan la exposición para exhibir la erudición 'baratieri' de su cultura plástica. Llueven las frases manidas y refritas. Un crítico cierra un ojo y retrocede para ver mejor…".[11]

En esta primera valoración sobre este circuito de arte, subsiste aquella construcción del célebre enfrentamiento entre el grupo de Boedo y el de Florida, que había sido esquematizado por Roberto Mariani (integrante del primero) en una brevísima nota, en la cual oponía a los hacedores de un arte realista a los del "arte puro", tildados estos últimos como frívolos.[12] En ese contexto, el crítico de arte profesional fue sin duda el blanco predilecto de los ataques de Facio Hebequer. Desde su perspectiva, ya esbozada en la intervención de "los cinco", el crítico era uno de los mayores "cómplices" de la "industria del arte",

---

[10] "Exposición Quirós", *Izquierda* (E. T.), 27 de agosto de 1928, p. 6.
[11] "Pintura de la Pintura", *Izquierda* (E. T.), 16 de julio de 1928, p. 3.
[12] "Ellos y Nosotros", *Claridad,* año VI, n° 131, marzo de 1927, s/p.

una pieza clave en la "fabricación" de los "genios falsificados". La denuncia sistemática contra él apuntaba, precisamente, a visibilizar su función en tanto productor del gusto medio, por el cual artistas sin talento lograban trascender y consagrarse en el ámbito local e internacional. En sus palabras:

> El procedimiento que se utiliza es bien sencillo. Se lo crea por comandita... Se juntan sin juntarse varios industriales de diversa índole y convienen en gestar al personaje, del cual, más tarde se aprovechan. El genio, luego, más que genio resulta una suerte de banco sobre el cual operan descaradamente los autores del fenómeno. Generalmente quienes abren el fuego son los escribidores que se hallan incrustados como cangrejos en los diarios o revistas de prestigio [...] Luego el burgués o el "marchand" que acaparará la producción del fenómeno. Finalmente, un caradura que se preste a pasar por genio, quien llega a convencerse, a la postre, que es un genio de verdad.[13]

Los sujetos y los mecanismos que operaban detrás de la "empresa de genio" eran señalados, de este modo, como los principales responsables de la degradación del campo artístico local. Argumento que le bastó a Facio para repudiarlos por medio de un discurso irónico, agresivo y una fraseología peyorativa. Así, agregaba luego:

> Al artista de talento se le señala allí mismo los defectos [...] Pero, en el genio, los defectos pasan a ser cualidades. Parecería que fuese genio, no por sus virtudes, sino por sus defectos. Porque la palabra genial aparece casi siempre que se menciona lo que en otro es un defecto [...] Todo es genial en el genio. Hasta su figura. Si lleva el pelo grasiento sobre las espaldas y no se baña más que tres veces al año, esto es estupendo. Si se deja las uñas largas y escupe sobre el techo de la madriguera, esto es portentoso. Cualquier monada que haga el genio encuentra siempre una caterva de monos que la festejan.[14]

El tono controvertido en torno al lucro en el mundo del arte y los falsos artistas no era novedoso si se tiene en cuenta que un discurso muy similar ya había sido utilizado por el periódico *Martín Fierro*, que también criticaba al Salón Nacional como el espacio productor y reproductor de la "tradición académica".[15] De todos modos, más allá de este punto de contacto con el grupo de Florida, para Facio Hebequer las diferencias en relación con el lenguaje

---

[13] "Mestrovic o el cuento del genio", *Izquierda* (E. T.), 25 de junio de 1928, p. 5.

[14] Loc. cit.

[15] Cf. Diana Wechsler, *Salón Nacional 100 años. Palais de Glace*, Buenos Aires, Secretaría de Cultura de la Presidencia de la Nación, 2011, p. 38.

plástico parecían irreconciliables. Sin embargo, pronto se dejaron entrever las tensiones de un discurso tan polarizado. Si se recuerda que la primera exposición individual de Facio Hebequer fue realizada en Amigos del Arte, la radicalidad que por momentos adquirieron sus escritos debió ser matizada. En efecto, en ocasión de la inauguración de la muestra de 1928, el artista atenuó circunstancialmente el discurso, al extremo de dedicarle una nota en la cual aclaraba que sus ataques no iban direccionados estrictamente a aquella institución:

> "Los Amigos del Arte", como institución, nos es altamente simpática. Contamos dentro de ella con muchos y buenos amigos. Apreciamos sobre todo lo que vale su obra cultural. Hemos solicitado y obtenido una de sus salas para una próxima exposición de nuestra obra. ¿Cómo podríamos, pues, atacarla? Ahora que, los que exponen en "Los Amigos del Arte", no son los Amigos del Arte, como no lo es el público que visita ciertas exposiciones y a unos y a otros nos reservamos el derecho de juzgarlos libremente, como nos reservamos el derecho de señalar cualquier actitud que creamos contraria a los nobles fines del Arte, venga de quien viniere.[16]

Esta aclaración-declaración da cuenta de un doble movimiento realizado por el artista. Si por un lado se repliega ante la institución que pronto albergaría sus obras en una de sus salas, por el otro redobla la apuesta por la polémica al especificar que "ahora" iban a exponer los que no son los Amigos del Arte. Detrás de este oxímoron, subyace un intento de posicionarse en el campo artístico a través de una de las instituciones más reconocidas, pero desde una propuesta estética diferente y opuesta a la que, para él, sostenían los auténticos "amigos del arte": los representantes de la "nueva sensibilidad", encarnada por "los muchachos de París", como los había denominado la prensa. Esta operación semántica duró solo un par de semanas mientras permaneció la exposición del artista, porque luego de ese breve *impasse* la ofensiva de Facio Hebequer en contra de lo que consideraba una institución responsable de albergar a la "nueva tendencia" no tardó en reaparecer.

Los artistas repudiados en sus comentarios eran, en su mayoría, aquellos que habían viajado a París e Italia y que, a su regreso, influenciados por diversos movimientos de las vanguardias europeas, habían cuestionado al arte académico e introducido las novedades asimiladas allí, con el objetivo de

---

[16] "Los pintores de París, 'Los Amigos del Arte' y Etc. Etc.", *Izquierda* (E. T.), 13 de agosto de 1928, p. 6.

modernizar el campo artístico nacional. No obstante, a diferencia del mero carácter imitativo que Facio les endilgó a estas nuevas producciones plásticas, debe destacarse que en ese marco surgieron planteos con rasgos propios y específicos, como, por ejemplo, los de Xul Solar, que, a partir de la recepción de las propuestas europeas, su apropiación y reelaboración, comenzó a desarrollar su proyecto americanista a su regreso de Europa, en 1924.[17] Pese a ello, para Facio, estos artistas representaban a los introductores del "arte por el arte", los cosmopolitas que importaban "fórmulas" europeas sin aquella "originalidad" señalada en el epígrafe, que los conectara, a su vez, con la sociedad en la que vivían.

Entre los nombres que fueron objeto de sus reseñas se destacan Emilio Pettoruti, Raquel Forner, Juan Del Prete, Alfredo Guttero, Aquiles Badi, Carlos Giambiagi y Xul Solar, denominados genéricamente como "los vanguardistas", pues ellos mismos se califican así, según aclara Facio Hebequer.[18] La crítica al concepto de "vanguardia", en efecto, concentró gran parte de sus escritos durante los años veinte. Desdeñó ese término porque, a su modo de ver, representaba un movimiento artístico que evadía las relaciones entre arte y sociedad y que, en consecuencia, obstaculizaba el desarrollo del campo cultural porteño. Sin embargo, como se verá en el capítulo siguiente, este mismo concepto fue interpretado de otra manera y aceptado en el marco del Teatro Libre y del Teatro Experimental de Arte de los que formó parte Facio por estos mismos años; en este sentido, debe comprenderse la referencia específica al "vanguardismo pictórico" como el que "careció de seriedad" y "no vimos en él nunca nada de lo que el término vanguardismo entraña".[19]

A diferencia de las vanguardias históricas, la primera vanguardia en Argentina no se caracterizó por hacer de la provocación su rasgo dominante. Lo que buscó, más allá del plano discursivo, fue ingresar a los espacios instituidos mediante distintas estrategias para diferenciarse y, a la vez, ser

---

[17] Cf. Patricia Artundo, "Los años veinte en la Argentina: el ejercicio de la mirada", *Ciberletras. Revista de crítica literaria y de cultura*, n° 3, 2000, s/p.

[18] "Boliche de arte", *Izquierda*, año I, n° 1, 24 de noviembre de 1927, p. 28. El título de esta nota refiere al espacio artístico creado, en 1927, por el crítico de arte Leonardo Estarico, quien escribió en algunas oportunidades para las revistas *Claridad*, *La Campana de Palo*, *Aura*, *Contra* y *Signo*.

[19] "Filosofía pictórica. Un pretendido movimiento revolucionario que termina prendido a las ubres oficiales", *Claridad*, año VIII, n° 193, octubre de 1929, s/p.

aceptada.[20] Esta particularidad fue uno de los rasgos que con mayor énfasis impugnó Facio Hebequer, explicitado en el título de una de sus notas: "Filosofía pictórica. Un pretendido movimiento revolucionario que termina prendido a las ubres oficiales". El subtítulo del texto muestra, desde el inicio del artículo, la provocación y la ironía que caracterizaron su escritura y, sobre todo, marca una contradicción en el carácter de un movimiento que se asumía como revolucionario en el plano estético, y al que presentaba de la siguiente manera:

> Como movimiento pictórico, el vanguardismo se concretó a revolucionar exclusivamente el procedimiento, si cabe llamar revolución al desbarajuste técnico en que se debate. En este sentido, no creó nada como no sea la descentralización del arte y el encanallamiento de una disciplina consagrada y respetable. Un arte que no se basa en una nueva manera de sentir las cosas, en una nueva comprensión de la vida o en la compulsación de nuevas aspiraciones humanas y que persigue tan sólo una nueva manera de fabricar cuadros, tenía, irremisiblemente, que terminar como está terminando. Faltos de capacidad para interpretar la vida, se lanzaron a interpretar las obras viejas que dormían hasta no hace mucho en la paz de los museos. Le pusieron un traje nuevo a los cuadros antiguos.[21]

Es importante señalar el contexto en el que Facio escribió estas líneas. En 1928, se había inaugurado el Nuevo Salón de Pintores Modernos en Amigos del Arte, organizado por Alfredo Guttero. Esta fue una muestra de particular relevancia, ya que de manera grupal y orgánica se consolidaban las propuestas plásticas de la llamada "nueva sensibilidad", representada por las obras de Guttero, Juan Del Prete, Héctor Basaldúa, Raquel Forner, Pedro Figari, Emilio Pettoruti, Xul Solar, Lino E. Spilimbergo, Horacio Butler y Norah Borges, entre otros. Al año siguiente, en 1929, Guttero obtuvo el primer Premio del Salón Nacional con la obra *Feria*. Al considerar estos datos, la causticidad del subtítulo propuesto por Facio Hebequer adquiere otra envergadura, pues el hecho de que muchos de "los vanguardistas" finalmente enviaran todos los años sus obras al Salón Nacional era, para el artista, un gesto antagónico a cualquier acto revolucionario. Por otra parte, la impugnación de Facio iba mucho más allá de los aspectos estéticos propuestos por ese grupo de artistas. La falta de articulación entre arte y vida era, a su juicio, inadmisible y repudiable. Si para este movimiento el foco estaba puesto únicamente en la exploración de

---

[20] Wechsler, "Nuevas miradas, nuevas estrategias, nuevas contraseñas", óp. cit., p. 150.
[21] "Filosofía pictórica…", óp. cit.

la iluminación, los colores y el uso de nuevos materiales con el propósito de "revolucionar" las formas, para Facio este aspecto era suficiente para interpretar a "la vanguardia pictórica" como contrarrevolucionaria y reaccionaria en términos sociales, además de estéticos.

Ese rechazo hacia la ausencia de toda aspiración humana y de intento por comprender "la vida" que el artista denunciaba en aquellas obras comienza a revelar las principales fuentes teóricas que atraviesan el núcleo de sus argumentaciones: por un lado, Jean Marie Guyau, uno de los fundadores de la sociología del arte, quien sostenía que "el verdadero objeto del arte es la expresión de la vida"[22] y, por el otro, los textos sobre arte del escritor ruso León Tolstói. En efecto, Facio retoma el esquema y algunos de los principales interrogantes ya planteados por Tolstói –por ejemplo, el problema de un público selecto, los mecanismos de la consagración artística y la falsificación del arte– como punto de partida para analizar el campo artístico local y delinear sus propias concepciones por medio de una serie de apropiaciones selectivas que buscan, al igual que en el caso del escritor ruso, responder al interrogante sobre qué es el arte.

Con similitudes en cuanto al rechazo que expresaba Tolstói respecto de aquellas producciones destinadas a un mero pasatiempo para los ricos,[23] Facio Hebequer sostenía que si "los vanguardistas", hacedores de un arte sin humanidad, "fueran revolucionarios de verdad, ya los hubiesen borrado del mapa de la pintura".[24] Esta afirmación involucraba a otro actor social, la burguesía, considerada un eslabón más de la industria del arte en tanto sostén y promotor económico de este tipo de producciones "nuevas" y funcionales a la hora de invisibilizar los problemas del pueblo.[25] Nuevamente, aquí, es posible advertir una clara referencia a Tolstói, quien señalaba: "los artistas están obligados a inventar métodos especiales para producir imitaciones, falsificaciones de arte, a fin de satisfacer las exigencias de las clases sociales que les dan trabajo".[26]

---

[22] Jean Marie Guyau, *El arte desde el punto de vista sociológico*, Buenos Aires, Suma, 1943, p. 86.

[23] León Tolstói, "¿Qué es el arte? (tomo II)", *Los Pensadores*, año I, n° 39, 27 de diciembre de 1922, p. 16.

[24] "Filosofía pictórica…", óp. cit.

[25] Facio Hebequer, "Consideraciones acerca de la pintura llamada de vanguardia", óp. cit.

[26] Tolstói, "¿Qué es el arte", óp. cit., p. 1.

Al mismo tiempo, Facio proponía comprender a "la nueva sensibilidad" como el síntoma de un profundo individualismo, que podía explicarse a la luz de la crisis civilizatoria producida como resultado de la Primera Guerra Mundial:

> Después de la guerra, hemos visto muchas cosas despam-panantes. Hemos visto la debacle, no de la ciencia, del arte o de la moral, sino la debacle del hombre. La suciedad de las trincheras le llenó de mugre el cerebro a una buena parte de la humanidad. Después del armisticio, apareció la orden tremenda: "Ahora pueden hacer lo que se les dé la gana" [...] Sólo así puede explicarse el caos actual de la pintura, sólo así puede explicarse que estos revolucionarios de pacotilla hayan apestado todo sin que pudiera escapar al contagio el Salón oficial, y sólo así puede explicarse que se le concedieran allí, este año, los premios y prebendas que se les concedían antes a los parásitos.[27]

Si bien es indiscutible que la Gran Guerra significó un quiebre civilizatorio que puso en cuestión a Europa como el faro cultural seguido por las élites argentinas, también es cierto que el impacto que causó en el ámbito local generó diversas propuestas estético-culturales, sobre todo en el período de la posguerra. Período en que se percibe una progresiva polarización política que configura los contornos del antagonismo que marcó gran parte de la vida cultural y política del mundo occidental en los años veinte y, más aún, en los treinta: el par opuesto "fascismo-antifascismo", que adquirió características particulares de acuerdo con cada espacio y contexto nacional específico. En ese marco, nacieron nuevas propuestas plásticas que promovieron el llamado "retorno al orden", una expresión que fue instalada y seguida por una gran cantidad de artistas que plantearon la necesidad de volver sobre las bases del arte figurativo, sólido y de buena factura; entre ellos, puede mencionarse el caso de Pablo Picasso, que recuperó la tradición clásica; el planteo de Gino Severini; la pintura metafísica de Giorgio Di Chirico; o la vertiente vinculada al fascismo y promovida por Margherita Sarfatti, el *Novecento Italiano*.[28] Aquellas propuestas circularon rápidamente en el ámbito local, donde se produjeron

---

[27] "Filosofía pictórica...", óp. cit.

[28] Véase Kenneth E. Silver, *Vers le retour á l'ordre. L'avant-garde parisienne et la première guerre mondiale. 1914-1925*, París, Flammarion, 1991. Sobre su influencia en Argentina, Diana Wechsler, "Pettoruti, Spilimbergo, Berni: Italia en el iniciático viaje a Europa", en Wechsler (coord.), *Italia en el horizonte de las artes plásticas. Argentina, siglos XIX y XX*, Buenos Aires, Asociación Dante Alighieri-Instituto Italiano de Cultura, 2000, pp. 143-189.

apropiaciones y nuevas iniciativas. Inclusive, algunos artistas que estuvieron en Europa durante el contexto específico de la Gran Guerra, como Pettoruti y Xul Solar, decidieron retornar a Buenos Aires dispuestos a realizar nuevas y originales búsquedas estéticas a partir de aquella percepción negativa del Viejo Continente, apelativo que adquiría una nueva significación en dicho marco y que, por contraste, señalaba que el camino a seguir estaba en el "joven continente". Al igual que en otros casos, como el de Severini, quien en la década de 1910 actúa como futurista y en los años de la posguerra es uno de los teóricos del "retorno al orden", Pettoruti encarna en el medio local un tránsito similar al de este artista italiano.

Facio omitió en toda la reseña la repercusión producida por estos nuevos planteos y optó por delinear diferentes dicotomías como parte de su ya señalado procedimiento argumentativo. De allí se explica el mote de "futurista rabioso" que le aplicó a Pettoruti, excluyendo deliberadamente parte del itinerario del artista.[29] Esta lectura sobre Pettoruti puede ser comprendida como parte de su disputa en el campo artístico, al concluir que, a pesar de la desorientación generalizada, "Hay aún quien la resiste. Cuando pase la ola de insensatez artística, entonces, posiblemente, recién entonces, se advertirá su presencia. Algo quedará de aquellos que han resistido heroicamente el contagio. De los otros, en cambio, no quedará nada".[30]

A juzgar por el tono y las características de estas intervenciones escritas y de sus polémicas con ciertas figuras e instituciones del campo artístico local, es posible pensar que tuvieron como objetivo la construcción de una autoridad individual y moral, presentada como carente de todo anclaje en tradiciones artísticas e intelectuales preexistentes, como así también en colectivos

---

[29] Pettoruti viajó a Italia en 1913 gracias a una beca de estudio. Al año siguiente, a partir de la invitación del futurista Filippo Tommaso Marinetti, participó como expositor de una muestra colectiva de pinturas futuristas, aunque no por ello adhirió al movimiento italiano.

[30] "Filosofía pictórica…", óp. cit. En consonancia con esta visión reduccionista de las nuevas tendencias y las búsquedas por legitimarse en el campo artístico local, Facio ironizó a partir de situaciones imaginadas: "Supongamos que ahora estamos en París. Butler dice: –Muchachos me voy a Buenos Aires…Y Spilimbergo Hojalata, Picazo Badi, Berni Ladrillo y Basaldúa Troya, exclaman alborozados: –¿Te vas a Güenos Aires?... Esperate un poco que te fajamos unos cuantos cuadritos, te fajamos… ¡Hay que ilustrar a los compatriotas! Que vayan viendo que los que estamos aquí no semos mancos". "Los pintores de París, 'Los Amigos del Arte' y Etc. Etc.", óp. cit. Precisamente, al momento de publicar esta nota, se había inaugurado "El Primer Salón de Pintura moderna" en Amigos del Arte, en donde se presentaron obras de Horacio Butler, Aquiles Badi, Héctor Basaldúa, Antonio Berni y Lino Spilimbergo.

políticos e intelectuales más amplios, características que acercan a Facio Hebequer al perfil de intelectual definido como "francotirador".[31] En consonancia con ese estilo de polémica, no faltaron en sus críticas las referencias a figuras internacionales como Iván Mestrovic, Boris Grigorieff y Tsuguharu Foujita, que expusieron también en distintas oportunidades en Amigos del Arte, a los que se dirigió despectiva y burlonamente. Por ejemplo, al evocar a Grigorieff, lo hizo bajo la denominación de "un paquete transatlántico" que "De ruso no tiene más que el apellido y un retrato de Máximo Gorki, en el que éste aparece vestido con camisa de sport. 'Modernidad, espíritu de la época'".[32]

Sin embargo, quienes despertaron las críticas más furiosas fueron los pintores que formaban parte del grupo de "los vanguardistas", como Carlos Giambiagi, Alfredo Guttero y Pedro Figari, diferenciados de los ya mencionados porque, en la mayoría de sus obras, tomaron como tema central a los sectores populares o los lugares en donde estos vivían. En el caso de Giambiaggi y Guttero, los trabajadores insertos en un paisaje rural o urbano fueron los protagonistas de la escena, mientras que la obra de Figari tuvo a la población esclava de la colonia como foco principal de sus composiciones. Lejos de causarle simpatía, la incorporación de esos motivos provocó en Facio una virulencia que lo llevó a polemizar de una manera sobre la que vale la pena indagar, pues revela una visión que, por momentos, se expresó mediante un discurso profunda y explícitamente conservador y sectario.

La figura de Giambiagi, cuyo nombre estuvo ligado a los principales colaboradores del suplemento semanal de *La Protesta*, despertó un particular interés en Facio Hebequer por el hecho de que formaba parte del movimiento anarquista. Frente a un cuadro de Giambiagi, al que catalogó como "un atentado al óleo, que dice ser un paisaje de Misiones", interrogaba: "¿Qué puede interesarle al pueblo semejante mamarracho? ¿Acaso esto puede contribuir en manera alguna a fomentar la revolución de las conciencias?".[33] Este cuestionamiento fue el punto de partida para involucrar en la crítica al ex editor del mencionado suplemento libertario, Alfredo Chiabra Acosta, más conocido por el seudónimo de Atalaya y denominado irónicamente por Facio como "Chimborazo". Encargado de realizar el prólogo de la exposición de la cual

---

[31] Cf. Edward Said, *Representaciones del intelectual*, Buenos Aires, Paidós, 1996, p. 31.
[32] "Exposición Boris Grigorieff", *Sentido social del arte*, óp. cit., p. 42.
[33] "Boliche de arte", *Izquierda*, óp. cit., p. 29.

participaba su compañero Giambiagi, provocó un comentario particular de Facio que merece ser señalado.[34] Desde la óptica del anarquismo debía primar el mensaje y no la forma, perspectiva que despertó el desacuerdo de Atalaya, como puede constatarse en una crítica en la cual tomaba como contraejemplo estético de su pensamiento a José Arato, cercano a los postulados estéticos de Facio Hebequer, y se mostraba abierto al "arte de avanzada".[35] Estas diferencias son las que explicarían las expresiones vertidas por Facio tanto a "Chimborazo" como a Giambiagi y el consiguiente interrogante: "¿Después de veinticinco años de estudio y de leer a Tolstói y a Ruskin y Guyau y ser delegado de los 'pintores unidos', salimos con acuarelitas y paisajes verdagueantes? Vamos… no hay derecho".[36] Esta ironía deja entrever que aquellas influencias, ya mencionadas para el caso de Facio Hebequer, ligadas al "espiritualismo humanitario",[37] en realidad funcionaron como una suerte de referencias compartidas en una franja de la izquierda intelectual. Lo que, a juicio del polemista, contrasta notoriamente con los paisajes coloridos de Giambiagi, pero también

---

[34] Patricia Artundo ha estudiado la activa participación de Atalaya en el movimiento anarquista como editor del *Suplemento Semanal de La Protesta*, entre 1922 y 1926, y su profunda decepción con este como consecuencia de las diferencias en torno a las concepciones del arte, lo que derivó en la partida del crítico y de Giambiagi de dicho suplemento y el surgimiento de un nuevo proyecto: *La Campana de palo. Periódico mensual. Bellas Artes y Polémica* (1926-1927). Para Artundo, las tensiones que devinieron en ruptura estuvieron vinculadas especialmente con la mirada de los compañeros anarquistas que "veían sus notas como insignificantes y de poco valor revolucionario. En particular, las frecuentes objeciones del crítico a los artistas más conservadores y probablemente su interés en aquellos representantes de la vanguardia porteña —como por ejemplo Xul Solar, Emilio Pettoruti y Norah Borges— y por las tendencias internacionales más modernas como el grupo Novecento Italiano". Cf. "La Campana de Palo (1926-1927): una acción en tres tiempos", en Patricia Artundo (dir.), *Arte en revistas. Publicaciones culturales en la Argentina 1900-1950*, Rosario, Beatriz Viterbo Editora, 2008, p. 106.

[35] A propósito de una exposición de Arato en Amigos del Arte (1926), Atalaya afirmaba que su pintura quedaba "en el aspecto de una pintura de intención popular, apresando y contentándose con lo pintoresco de la humildad, de la pobreza". Por el contrario, Atalaya consideraba que estaban mucho más cerca de alcanzar una verdad de tipo colectivo "las tendencias artísticas avanzadas —cubismo, etc. – que se inclinan a lo impersonal, al anonimato de los primitivos artesanos, quienes desaparecían tras de sus obras individuales para integrarse en un esfuerzo común". Artundo, óp. cit., p. 108.

[36] "Boliche de arte", óp. cit.

[37] Miguel Ángel Muñoz, "Guillermo Facio Hebequer: críticas y propuestas de un pintor anarquista", en *II Jornadas de Teoría e Historia de las Artes. Articulación del discurso escrito con la producción artística en la Argentina y Latinoamérica, siglos XIX y XX*, Buenos Aires, CAIA-Contrapunto, 1990, p. 134.

con los cuerpos esbeltos de Guttero. En relación con la obra de este último, el artista lanzaba una serie de preguntas retóricas:

> ¿Qué idea tiene Guttero del trabajo y de los trabajadores para pintarlos como los pinta? ¿No aparecen en sus telas los estibadores hermosos, robustos, rosados, llevando la carga a cuestas con bizarría y elegancia, bajo la mirada plácida de la madre feliz que le ofrece sus pujantes pechos a un niño también rosado y mofletudo, mientras le guiña un ojo al padre que luego seguramente le legará a la criatura su puesto de burro en los diques?[38]

Con esta interpelación, el artista intentaba poner de manifiesto la distancia que las obras de Guttero mantenían con la realidad cotidiana de la clase trabajadora. Además de oponer su visión respecto de las representaciones de los trabajadores y sus condiciones de vida, el objetivo de Facio era claro: causar incomodidad y sacudir al campo intelectual, en especial, a los artistas vinculados a la cultura de izquierdas como Giambiagi o Atalaya, pues al cuestionar la obra de Guttero como falsa, añadía que "posee una visión 'sociológica' manca o tuerta. El elemento humano no entra en ella sino para ser visto en su parte más superficial".[39] Esta última observación, que exalta "lo humano" como objeto en toda producción de arte, se complementa con otro de sus ensayos, en donde expone de manera explícita su posición al sostener que "Interpretar la conciencia del pueblo fue siempre nuestra más alta aspiración. Fue, de paso, nuestro sino, porque así como hay una vocación que nos hace desembocar en un arte determinado, hay, también, una vocación por la cual desembocamos en una manifestación determinada del arte".[40]

Comienza a advertirse aquí una postura en la cual emergen ciertos trazos de un vanguardismo político, condensado en el giro "interpretar la conciencia del pueblo", aunque mediado por otra preocupación: la de reclamar el lugar que dentro del campo artístico debía ocupar su compañero Arato, quien, a su juicio, había sido excluido de un modo arbitrario. En ese escrito, Facio no solo apunta contra la crítica oficial, sino también hacia Pedro Figari, a quien toma como el mejor contraejemplo de Arato en relación con los sujetos

---

[38] "Al margen de una exposición", óp. cit., p. 30.

[39] Loc. cit.

[40] "Artistas del pueblo: El pintor y grabador José Arato", *La Vanguardia*, n° 7886, 1 de mayo de 1929, p. 5.

retratados en sus obras.[41] El artista enfatiza que mientras Arato hace de sus obras una denuncia de la miseria, Figari opta por mostrar a los negros y mulatos de la época de Rosas ligados a la diversión, el baile y la sensualidad. En sus palabras:

> [Figari] es el gran patriota de la pintura; pinta negritos de la época de la tiranía, damas pingorotudas con miriñaque y todo, mazorqueros que pasan al son de 'las doce y sereno', perros con moñitos y mulatos candomberos; mientras que Arato es un revolucionario de verdad, enemigo de toda transacción artística, capaz de revolverle las tripas con sus audacias masculinas a la crítica oficial.[42]

Y luego concluye que Figari "pasará a ser lo que es, un 'Josefino' Baker cualquiera, y Arato llegará a ocupar el sitio que le corresponde". La danza y el goce de los mulatos retratados por el pintor uruguayo le sirven a Facio Hebequer para trazar un paralelismo entre el autor de esas obras y la célebre bailarina Josephine Baker, que hizo furor en el París de los años veinte erigiéndose como símbolo de la sensualidad y del erotismo de las mujeres afrodescendientes, además de ser una referente para los cubistas europeos. La equiparación entre el pintor y la bailarina no es extraña si se tiene en cuenta que, cuando Facio escribió la nota, Baker iniciaba una exitosa temporada en Buenos Aires con un espectáculo de teatro de revista, un género repudiado por los grupos teatrales de izquierda de los cuales formó parte el artista por esos mismos años. De hecho, la llegada a Buenos Aires de la Venus de Ébano, embajadora de la música negra, conmocionó a tal extremo la ciudad que el gobierno de Hipólito Yrigoyen proyectó algunas medidas sobre los desnudos en público, cuyo objetivo apuntaba directamente a censurar el espectáculo de la bailarina. Este hecho tuvo una amplia repercusión en la prensa en general y, en especial, en el diario *Crítica*, al cual estaba relacionado el propio Facio Hebequer y varios miembros de su red intelectual.[43]

---

[41] Pedro Figari fue uno de los iniciadores y colaboradores de *Martín Fierro* y de Amigos del Arte. Viajó a París en 1925 y regresó a Buenos Aires en 1934. No obstante, expuso en casi todas las temporadas en Amigos del Arte y participó del Salón de Pintores Modernos, fundado por Guttero, en 1929.

[42] "Artistas del Pueblo...", óp. cit., p. 34.

[43] Aunque no sin sarcasmo, *Crítica* brindó una gran cobertura a la estadía y las funciones de la bailarina en Buenos Aires como un modo de ridiculizar la censura del gobierno radical, y hasta llegó a invitarla a visitar la sede del diario. Véase, entre otras: Sin firma, "Inquieta y curiosa la Baker recorrió ayer las dependencias de *Crítica*", 30 de mayo de 1929, p. 13 y Sin firma, "Josefina Baker excita la curiosidad del público", 2 de junio de 1929, p. 7. Esta mirada negativa

Sin embargo, la referencia peyorativa a la célebre bailarina no deja de ser contradictoria con el humanitarismo proclamado por Facio Hebequer. Con sus expresiones, en un mismo movimiento, el artista desestimaba la elección por una temática popular abordada de manera frívola, a su modo de ver, y desenmascaraba ciertos rasgos misóginos y homofóbicos subyacentes a la idea de la masculinidad vista como un valor positivo y combativo frente a la tibieza de la "crítica oficial" y las vanguardias, ligadas a lo femenino como algo negativo.[44] Esta característica que impregna algunos de los textos de Facio como recurso discursivo ofensivo es profundizada en otra nota dedicada íntegramente al pintor uruguayo, que no fue incorporada en la compilación realizada por la editorial socialista La Vanguardia.

El motivo de su ausencia puede inferirse desde su título: "La cabaña del Tío Tom o el blanco que tenía alma negra". Aquí retoma las críticas sobre los significados que atañen al término de "genio falsificado", pero, principalmente, juzga a los críticos que, según él, fomentaban un "arte nacional" a partir de cualquier representación que evocase una inexistente tradición criolla. El tono virulento de la reseña profundiza el sesgo discriminatorio ya aludido, motivo por el cual vale reproducir *in extenso*:

> Hay entre las gentes llamadas cultas una caterva de retrógrados que quieren resucitar una época que nadie conoció y que a ninguno interesa y que se llama la época colonial o algo por el estilo. Una época en que predominaba el espíritu sin espíritu de los negros y de los mulatos. Vale decir, cuando reinaba la ignorancia más crasa en el que ahora denominamos nuestro territorio. Toda esa caterva de seres anacrónicos es la que más se empeña en hacer pasar por

---

de Facio Hebequer sobre Baker se sostenía, también, sobre un cuestionamiento más amplio de ciertos espectáculos "modernos", muy de moda en la Buenos Aires de los años 20 y 30, a los que consideraba responsables del embrutecimiento de las masas y los trabajadores. Según Patrick Frank, algo similar ocurre en las oscilantes apreciaciones de Facio hacia el tango, pues, si bien lo consideraba una expresión de la cultura popular, a la que se hallaba ligado por algunas amistades como Juan de Dios Filiberto y Discepolín, también consideraba que había sido domesticado por la élite, perdiendo, así, todo su carácter orillero y subversivo. Cf. *Los artistas del Pueblo. Prints and Workers' Culture in Buenos Aires, 1917-1935*, Albuquerque, University of New Mexico Press, 2006, pp. 171-172.

[44] Sobre las construcciones de lo femenino y lo masculino en el contexto antifascista, véase Andrés Bisso, "Algunas reflexiones en torno a la construcción de la femineidad en el universo de las revistas antifascistas argentinas", en Héctor Daniel Guzmán (comp.), *Antifascismo en Argentina y Brasil en el siglo XX: estado de la cuestión y nuevas perspectivas*, Santiago del Estero, Editorial Biblioteca Sarmiento, 2017, pp. 135-155.

obras de arte los mamarrachos que pinta el señor Fígari. La pintura de Fígari ni es pintura ni es histórica. Nuestra historia no es la historia del Congo, y todo lo que intenta pintar Fígari posee un olor y un sabor a catinga que aterra. Los negros, de por sí feos, en sus dedos devienen más feos y horrorosos. Si Fígari en vez de ser un hombre ya provecto fuese un niño, quizás tuviese cierta gracia la desgracia de su negrada, pero el infantilismo con canas impresiona desagradablemente como una monstruosidad.[45]

Como puede apreciarse, la crítica a las elecciones temáticas y estéticas del artista uruguayo se desliza, sin sutileza alguna, hacia una crítica peyorativa contra la población negra, caracterizada mediante una reiteración de ciertos atributos físicos y de comportamiento, en la que se hacen evidentes rasgos de paternalismo y una visión aristocratizante sobre esos sectores sociales. Cabe señalar que esta mirada discriminatoria proveniente de los sectores de izquierda perduró en el marco de la cultura antifascista y que algunas de sus principales características se profundizaron frente al surgimiento del peronismo. En consecuencia, los diferentes pasajes citados son interesantes para pensar cómo estos prejuicios étnicos latentes en la izquierda pueden exacerbarse al elevar los grados de la combatividad ideológica. Como lo ha demostrado Andrés Bisso para los años treinta, "frente a la posición *necesariamente* antirracista de todo antifascismo", ciertas matrices igualitarias o democráticas pueden entrar en tensión, como cuando, ante el llamado que hace Josephine Baker a los etíopes pidiéndoles su adhesión al fascismo luego de la ocupación italiana a Abisinia (1935-1936), el socialista Deodoro Roca comenta: "Comunica la linda y traviesa 'negra… consentida', y desteñida, que tiene la intención de hacer un llamamiento por radio pidiendo a los negros que no apoyen a Abisinia contra Italia. ¿Qué le pasa a esta negra de mierda?".[46]

---

[45] "La cabaña del Tío Tom o el blanco que tenía alma negra", *Izquierda* (E. T.), 2 de julio de 1928, p. 5.

[46] Andrés Bisso, "Las múltiples apariciones del antifascismo", en Héctor Daniel Guzmán (comp.), *Antifascismo en Argentina y Brasil en el siglo XX*, óp. cit., pp. 12-13. La adhesión de Baker al fascismo surge con la relación amorosa que entabla con su manager, Giuseppe Pepito Abatino. Asimismo, como ha señalado Jorge Nállim, la caracterización realizada por los sectores antiperonistas de la concentración del 17 de octubre de 1945 la mostraba como una expresión del "populacho" y un "nuevo candombe federal", reforzando la filiación con la época de Rosas, considerado como un dictador que se había apoyado en los sectores de la población negra. Cf. "Clase y género en la representación gráfica del discurso antiperonista", *Cuadernos Americanos: Nueva época*, vol. 3, n° 133, pp. 52-53.

A partir de estas consideraciones, y volviendo a los textos de Facio Hebequer, es probable que, debido a estas particularidades, algunas de esas notas hayan sido deliberadamente excluidas de la compilación "homenaje" realizada por la editorial La Vanguardia en 1936, momento en el que, precisamente, se consolidaba un movimiento antifascista local con el estallido de la Guerra Civil Española.

Polémicas sobre la figura del artista y el "arte proletario"

En Argentina, el impacto de la crisis económica y social de 1929 profundizó las oposiciones al yrigoyenismo, y el golpe cívico-militar del 6 de septiembre de 1930 marcó el fin de la etapa iniciada en 1916 por los sucesivos gobiernos radicales. La prensa periódica fue un eslabón fundamental en la construcción de la imagen de Hipólito Yrigoyen como un dirigente inoperante y representante de la vieja "política criolla", caracterizada por el caudillismo y el clientelismo político que violaba los mecanismos institucionales del sistema republicano de la democracia liberal, los cuales, a juzgar por los reclamos de un amplio espectro del arco político, debían ser restaurados. Esa imagen del yrigoyenismo fue muy consensuada en las filas de la izquierda y, en especial, del Partido Socialista. En efecto, si bien no participó de la gestación del golpe de 1930, su actitud fue ambigua, al menos hasta advertir el profundo clima represivo y declararse en oposición.[47]

Próximo a cumplirse dos meses del golpe de Estado, Facio publicaba "Vanguardia y peludismo" en el periódico socialista *La Vanguardia*, un escrito que comparte esta imagen sobre el yrigoyenismo y que marca el inicio de una producción signada por el período abierto con el cambio de década. Como ya lo anticipa desde su título, en este artículo el artista propone una comparación entre la vanguardia artística local y la política de "Irigoyen".[48] La responsabilidad adjudicada por el artista a la política yrigoyenista no solo explicaría –y, en cierto sentido, justificaría– los sucesos del 6 de septiembre, sino también el devenir del campo artístico local hegemonizado por "la vanguardia", pues así como el peludismo había ascendido de forma vertiginosa como una reacción

---

[47] Juan Carlos Portantiero, "Imágenes de la crisis: el socialismo argentino en la década de 1930", *Prismas. Revista de historia intelectual*, año 6, n° 6, Bernal, 2002, p. 231.

[48] Al igual que lo hacían en los medios conservadores, Facio escribe Irigoyen con "i" latina como una forma deliberada de recordarle al presidente radical su origen social y familiar.

al orden conservador, del mismo modo el vanguardismo se presentaba como una reacción contra la academia. De esta manera, si el peludismo permitió el ascenso de la "marralla social" y llenó de mediocridad el Congreso, el vanguardismo "subió al trono de la genialidad a toda la basura de la inteligencia, particularmente a cuanto desecho pudo acumular en estos últimos diez años la escultura y la pintura".[49] En esta comparación resuena, tal vez, el apoyo explícito de muchos martinfierristas a la candidatura presidencial de Hipólito Yrigoyen en 1927, tan debatido en las mismas páginas de *Martín Fierro*. En consecuencia, para Facio, la "'reparación' del peludismo" equivalía a la "revolución del vanguardismo":

> La suciedad misteriosa y absurda que reinaba en casa del peludo máximo, el espiritismo y la brujería que lo rodeaban, reinan a menudo en los salones de pintura. Se nota a simple vista que allí también hay gato encerrado y podrido. El peludismo, en su locura o en su desorientación, ultrajó a la conciencia pública y pasó por encima de la nación sin comprender que se abría su propia fosa. El vanguardismo está pasando por encima del arte y tendrá que concluir de idéntica manera.[50]

Fiel a su estilo mordaz, en el pasaje citado se constata la introducción de la política local como un elemento novedoso en su discurso, aunque su uso sea más bien instrumental, en tanto todavía predomina la polémica que sostiene con el campo artístico nacional y, más específicamente, con la vanguardia. Reiterando la tendencia a la construcción de pares conceptuales opuestos, la comparación entre el peludismo y la vanguardia se refuerza por la "oscuridad" y la incomprensión que rodeaban a ambos fenómenos. Si el "espiritualismo y la brujería" imperan en la casa del peludo, una clara alusión al misticismo que sus críticos atribuían a Yrigoyen, la misma confusión y suciedad caracterizan a los salones de arte. A modo de colofón, Facio busca pronosticar cuál sería el destino del arte si se continuaban manteniendo en el campo cultural ciertos mecanismos afines al peludismo, ya que, hacia el final de la reseña, realiza una provocadora distinción en relación con los actores que sostienen al yrigoyenismo y al vanguardismo:

---

[49] "Vanguardia y peludismo", *La Vanguardia*, n° 8432, 2 de noviembre de 1930, p. 7.

[50] Loc. cit. La expresión "reparación" peludista que utiliza Facio Hebequer refiere a la política de intervenciones que aplicó el radicalismo y que fue profundamente cuestionada por distintos sectores de la oposición, entre ellos, los socialistas.

> El peludismo tuvo desde el primer momento su más acérrimo enemigo en la burguesía. Nuestra aristocracia platuda y vacuna jamás le perdonó al peludismo su origen tambero y le odió con la cordialidad que suele odiar la gente fina... Con el vanguardismo ocurre lo contrario. La aristocracia es precisamente el único apoyo con que cuenta. El gobierno de Irigoyen era un gobierno plebeyo, sostenido por plebeyos. El imperio del vanguardismo, en cambio, es el imperio de la chusma artística sostenida por la crema del dinero. La plata que cobran los vanguardistas por sus cuadros se parece a los sueldos que pagaba el peludismo a toda esa manga de atorrantes que no iban más que a firmar la tarjeta y a cancelar los honorarios. Se parece, decimos, porque los dos cobran sin hacer nada.[51]

La mirada crítica del artista sobre el yrigoyenismo –y los fenómenos políticos y sociales a los que diera lugar– también era compartida por otros intelectuales cercanos a él, como, por ejemplo, Roberto Arlt, que en sus aguafuertes mostraba un profundo pesimismo en este sentido. Para ambos, el empleado público era aquella persona que vivía del Estado sin dar a cambio trabajo alguno, de allí que Arlt haya calificado a dicho sector como una "aristocracia de la holgazanería".[52] No obstante, Facio culmina sus paralelismos con una moraleja: "Que la estupidez no puede ocupar siempre el lugar de la inteligencia, ni el fraude el sitio de la honradez. Soplan ya vientos de fronda. La tormenta que arrasó con el peludismo no tardará en aventar las cenizas del vanguardismo".[53]

La animosidad que Facio sentía contra ciertas prácticas y valores que encarnaría el gobierno de Yrigoyen dificultó una mirada crítica sobre su derrocamiento, e incluso llevó a compartir ciertos giros ligados al conservadurismo, como, por ejemplo, el anuncio de un "viento de fronda" que continuaría su tarea barriendo con el vanguardismo.[54] Sin embargo, poco tiempo después, ante la nueva situación política abierta por el gobierno de facto –las represiones sufridas por el movimiento obrero, los cercenamientos a la libertad de expresión

---

[51] Loc. cit.

[52] Sylvia Saítta, "Ejercicio de artillería", en *El escritor en el bosque de ladrillos. Una biografía de Roberto Arlt*, Buenos Aires, Debolsillo, 2008, p. 141.

[53] "Vanguardismo y peludismo", óp. cit.

[54] Esta referencia a la conocida rebelión de la aristocracia francesa en oposición a la monarquía fue precisamente el nombre elegido por Francisco Uriburu en 1919 para dar continuidad al diario conservador *La Mañana*, devenido ahora en *La Fronda*, caracterizados ambos por mantener una feroz crítica opositora al gobierno radical.

y las repercusiones de la crisis económica de 1929–, Facio modificaría su visión y se pronunciaría explícitamente en contra de Uriburu, al tiempo que variaría sus planteos estéticos y temáticos en su obra gráfica.

Así, este nuevo escenario político, económico y social hace que Facio comience a incorporar menciones a la política nacional en una serie de notas, donde se advierte ya una mayor preocupación por articular el arte y la política desde concepciones más radicalizadas y relacionadas con la emergencia de categorías como la del escritor y artista "proletario", que, a su vez, constituían una forma novedosa del compromiso. Estas surgieron al calor de la Revolución Rusa y de la experiencia de la *Proletkult*: acrónimo ruso para Organizaciones Culturales y Educativas Proletarias, impulsada por Alexander Bogdánov con el anhelo de destruir la "vieja" cultura y crear una nueva cultura "proletaria", sobre las bases de una nueva sociedad guiada por la clase liberada del yugo capitalista. A grandes rasgos, lo que esta organización proponía era que todo artista educara a las masas por medio de nuevas producciones visuales y teatrales. En consecuencia, se presentaba como un "laboratorio de la ideología proletaria", cuyo objetivo era llevar a cabo acciones comunes con la clase trabajadora en consonancia con la modernización de la sociedad, inaugurando, así, una novedosa forma de estructurar la experiencia humana.[55]

Sin embargo, estos primeros intentos de organizar el ámbito de la cultura en la Rusia soviética se toparon con frecuentes problemas de diversa índole: ante todo, la coincidencia temporal entre estas primeras búsquedas y el estallido de la guerra civil, que obstaculizó muchos de esos emprendimientos; pero también, y fundamentalmente, la activa resistencia de un efervescente mundo cultural muy vinculado a las diferentes experiencias vanguardistas (futurismo, cubismo, constructivismo, etc.), que Anatoli Lunacharski –el primer Comisario del Pueblo para la Educación, "un bolchevique para los intelectuales, un intelectual para los bolcheviques"– no lograba subordinar por completo. No sorprende constatar entonces que, en esos primeros proyectos de organización de una cultura proletaria, el énfasis del Partido Comunista de Unión Soviética (PCUS) estuviera puesto sobre el plano organizativo antes

---

[55] Cf. Michael David-Fox, "What is a Cultural Revolution?", *Russian Review*, vol. 58, n° 2, 1999, pp. 181-201; Sheila Fitzpatrick, Cap. V: "La Proletkult" y Cap. VI: "Las Artes", en *Lunacharski y la organización soviética de la educación y de las artes (1917-1921)*, Madrid, Siglo XXI, 1977, pp. 113-190 y Lynn Mally, *Culture of the Future. The Proletkult Movement in Revolutionary Russia*, Berkeley, University of California Press, 1990.

que en el doctrinario. Por ello, a diferencia de las precisas definiciones sobre la concepción del Realismo Socialista que años después brindaría Andrei Zdhánov, durante los primeros años de la revolución no existió, más allá de algunos escritos y conferencias de Bogdánov y Lunacharski, una definición precisa ni concluyente acerca de qué entendía el PCUS por cultura o arte proletario. Antes bien, el principal debate giró en torno a las apreciaciones y legados del "arte burgués" y el grado de ruptura que la nueva cultura proletaria debería mantener con esas tradiciones previas del teatro, la literatura, la poesía y la plástica "burguesa", el cual tuvo su recepción en la esfera local.[56] Ese "pluralismo" respondía básicamente al hecho de que en esa etapa incipiente del proceso revolucionario, donde su propia supervivencia estaba en tela de juicio, los bolcheviques dieron su respaldo o al menos su consentimiento a la existencia de diferentes grupos artísticos con la condición de que apoyaran dicho proceso emancipatorio.[57]

No obstante, las imprecisiones con respecto a qué se entendía por cultura proletaria y los debates que se generaron alrededor del término "realismo" –y su vínculo con la "necesaria" inteligibilidad de las obras– resonaron más allá de las fronteras soviéticas. Esto puede advertirse, por ejemplo, en la encuesta sobre la "literatura proletaria" lanzada por una de las publicaciones más emblemáticas del movimiento antifascista francés, *Monde*, reproducida de inmediato en la revista liderada por el peruano José Carlos Mariátegui, *Amauta*, en la que pronto colaboraría Facio Hebequer con dos litografías.[58] Ambas publi-

---

[56] Véase Roberto Pittaluga, *Soviets en Buenos Aires. La izquierda de la Argentina ante la revolución en Rusia*, Buenos Aires, Prometeo, 2015, pp. 299-332.

[57] Susan Buck-Morss, *Mundo soñado y catástrofe. La desaparición de la utopía de masas en el Este y el Oeste*, Madrid, La Balsa de la Medusa, 2004, p. 78. En palabras de la autora: "El genial resultado, aunque no lo estuviera planeado, de la dirección de Lunacharski fue que, al hacer el compromiso político más importante que el estilo artístico, aquél animó a que todo grupo artístico compitiera con los otros para demostrar que *el suyo* era el auténtico en cuanto a ser políticamente revolucionario, culturalmente proletario e históricamente progresista".

[58] Cf. "¿Existe una literatura proletaria", *Amauta. Revista mensual de doctrina, literatura, arte, polémica*, año III, n° 18, octubre de 1928, pp. 1-8 (publicado originalmente en *Monde. Hebdomadaire d'information littéraire, artistique, scientifique, économique et sociale*, n° 18, 6 de octubre de 1928). La encuesta se basaba en dos preguntas: "1° –¿Cree Ud. que la producción artística y literaria sea un fenómeno puramente espiritual? ¿No piensa Ud. que pueda y deba ser el reflejo de las grandes corrientes que determinan la evolución económica y social de la humanidad? 2° –¿Cree Ud. en la existencia de una literatura y de un arte expresivos de las aspiraciones de la clase obrera? ¿Cuáles son, según Ud., sus principales representantes?". Entre

caciones, de gran circulación en el ámbito local, hicieron que la izquierda de Buenos Aires no quedara al margen de estas controversias.

Ante la crítica coyuntura internacional y local de los años treinta, algunos intelectuales, escritores y artistas de los sectores de izquierda, que percibían la inminencia de la destrucción del sistema capitalista y de un posible estallido revolucionario, se hicieron eco de aquellas experiencias y comenzaron a soñar con la creación de una "cultura proletaria" en el Río de la Plata. Estas aspiraciones dieron lugar a proyectos institucionales concretos, como la Unión de Escritores Proletarios y el Teatro Proletario, desarrollados en el capítulo siguiente. Sin embargo, el análisis de las revistas culturales del período revela un uso muy extendido e impreciso del adjetivo "proletario/a" aplicado a diferentes expresiones artísticas, pues, más allá de estas organizaciones vinculadas a los canales institucionales de la órbita comunista,[59] la discusión en torno al arte y la cultura proletaria fue un tópico que atravesó a la cultura de las izquierdas en su conjunto. Es por ello que, en el ámbito local, dichas categorías fueron, en ese momento, más bien difusas, y no llegó a establecerse una definición específica al respecto.

De todas maneras, cabría señalar que más que de "arte proletario" en abstracto, el debate suscitado en las revistas culturales de izquierda se desplazó hacia la expresión "artista proletario". Algunas de las intervenciones de Facio de comienzos de los años treinta pueden ser leídas como parte de esa polémica. Una de sus primeras alusiones a este término se halla en un artículo escrito para la revista *Metrópolis*, órgano oficial del Teatro del Pueblo. Bajo la dirección de Leónidas Barletta, esa empresa cultural diversificó sus actividades con el afán de atraer a un público proveniente de la clase trabajadora y, en sintonía con dicho propósito, en noviembre de 1931, se anunciaba en la

---

los que respondieron a la encuesta, se hallan los nombres de André Breton, Luc Durtain, Léon Werth, Francis André, Émile Vandervelde, Waldo Frank, Miguel de Unamuno y Jean Cocteau, quienes, en su mayoría, no avalaban la promoción de una "literatura proletaria", si era entendida como el reflejo de la aspiración de una determinada clase social, pero sí reflexionaban acerca de los vínculos entre arte y sociedad y las posibilidades de contribuir, desde las producciones artísticas, a la causa revolucionaria en Europa y América Latina. Las litografías *Obrero* y *La abuela*, de Facio Hebequer, fueron publicadas en *Amauta*, año III, n° 20, 20 de enero de 1929, pp. 54-55.

[59] Cf. Hernán Camarero, "Comunismo y cultura obrera", en *A la conquista de la clase obrera. Los comunistas y el mundo del trabajo en la Argentina, 1920-1935*, Buenos Aires, Siglo XXI, 2007, pp. 217-283.

revista la realización de la "Primera exposición de artistas proletarios" en el local del Teatro del Pueblo, con la presentación a cargo de Elías Castelnuovo.[60]

El énfasis puesto en la denominación de la muestra fue reforzada en el siguiente número de *Metrópolis* por medio de una reseña autocelebratoria del evento, que había convocado a quince pintores y un escultor. La nota firmada por J. A. López, seudónimo de Barletta, insistía en el mérito de los expositores de origen "proletario" por el solo hecho de haber realizado sus cuadros en condiciones desfavorables, si se los comparaba con los artistas que podían vivir del arte. Así, destacaba que estos expositores "tienen que ejercer un oficio para atender a su subsistencia, y pintan luego, con gran sacrificio, en los pocos momentos libres que el trabajo les da".[61] A ello agregaba que los cuadros presentados "superaban", en la mayoría de los casos, a los expuestos en los principales salones de arte del medio local. De este modo, Barletta exaltaba la condición de trabajadores como una virtud y la calidad de la muestra como un claro artilugio para difundir la actividad, fomentar este espacio de arte alternativo y, sobre todo, fortalecer la idea de un arte inclusivo para todas las clases sociales.

La voz polémica de Facio Hebequer no se hizo esperar, y aprovechó también las páginas de *Metrópolis* para opinar al respecto e instalar el debate alrededor de la categoría de "artistas proletarios". Su nota comenzaba con una afirmación: "Ser proletario y ser artista es ser dos veces héroe", para luego advertir, con el tono ácido que lo caracterizaba:

> Vivir serruchando madera y machacando hierro bajo la dirección de un patrón brutal o alinear números en una oficina en compañía de cuatro zanahorias que sólo saben de football y carreras, no es seguramente lo más apropiado para el desarrollo de las facultades espirituales, y justo es reconocer en quienes han logrado conservarlas en medio tan hostil, a verdaderos artistas en potencia.[62]

Realizada esta aclaración, el eje de la crítica giraba en torno a la condición obrera de los expositores como el atributo que los definiría o no como "artistas proletarios". Para Facio, ser un trabajador y además pintar no implicaba

---

[60] Sin firma, "Primera exposición de artistas proletarios", *Metrópolis*, n° 7, noviembre de 1931, s/p. Por aquel año, la sala se ubicaba en Avenida Corrientes 465.

[61] Sin firma, "Primera exposición de artistas proletarios", *Metrópolis*, n° 8, diciembre de 1931, s/p.

[62] "Exposición de Artistas proletarios en el Teatro del Pueblo", *Metrópolis,* n° 9, enero de 1932, s/p.

adoptar dicho calificativo, que excedía a una mera posición de clase social. Desde su óptica, los cuadros de los "expositores proletarios" no habían logrado distinguirse del arte burgués, pues, centrados únicamente en el procedimiento técnico, habían anulado el sentimiento, el vuelo imaginativo y el contenido espiritual que debería llevar toda creación artística. En consecuencia, según Facio, los supuestos "artistas proletarios" hicieron un "arte pacato" y "circunspecto". Lejos de la técnica, lo fundamental para el artista era alcanzar y causar una emoción derivada de su contenido.

Ese contenido "espiritual", que era propiciado desde la sociología del arte de Guyau hasta los postulados de Bogdánov, era lo que posibilitaría una cohesión entre los individuos, es decir, una emoción estética compartida y de tipo social.[63] Asimismo, un planteo muy similar se encuentra también en los textos de Tolstói cuando, en relación a la comunión entre el público y el artista, reflexiona: "Si un hombre, sin esfuerzo alguno de su parte, recibe, en presencia de la obra de otro hombre, una emoción que le une a él, y otros han recibido al mismo tiempo igual impresión, es que la obra, en presencia de la cual se encuentra, es una obra de arte". En este sentido, el autor ruso reafirma que la obra de arte verdadero "suprime la distinción entre el hombre a quien se dirige y el artista, como asimismo entre aquel hombre y todos los demás a quien se dirige la obra. Y en esta supresión de toda separación entre hombres, en esta unión entre el público y el artista, consiste la principal virtud del artista".[64] En correspondencia con estas nociones, Facio añadía:

> [...] esperábamos con ansiedad, por qué no decirlo, descubrir los rudimentos espirituales de un arte que se basara en una nueva manera de sentir las cosas, en una nueva comprensión de la vida, o en la compulsación de nuevas aspiraciones humanas. De un arte, en fin, llamado a sustituir el arte corrompido que caracteriza esta etapa final de la civilización burguesa.[65]

Es por ello que, a su juicio, la miseria social y los padecimientos a los que estos trabajadores que deseaban ser artistas estaban sometidos ofrecían por sí mismos una "veta maravillosa para su arte"; para Facio:

---

[63] Fue precisamente esta idea la que permitió una apropiación selectiva de Guyau en la doctrina marxista. Véase Donald Drew Egbert, *El arte y la izquierda en Europa. De la revolución francesa a Mayo de 1968*, Barcelona, Ed. Gustavo Gili, 1981 [1969], pp. 517-518.

[64] Tolstói, óp. cit., p. 16.

[65] "Exposición de Artistas proletarios en el Teatro del Pueblo", óp. cit.

> Habría bastado que nos relataran simple y rudamente sucesos habituales a su vida de forzados: el hogar sin lumbre, la mesa sin pan, el niño con hambre, el burrear extenuador de todos sus oficios, diseñados con trazo tosco o torpe, agrio ó sucio el color, nada hubiera importado si nos lo hubiera dado amasados con su propio espíritu. Cuando la vida se interpone entre el hombre y su ideal, aquél se refugia en el arte y lo hace depositario de sus más puros e íntimos deseos. Encuentra así la libertad que el medio le niega; por eso, la obra de arte es la representación de una aspiración humana que nos llega por intermedio del artista. En su esencia misma el arte es social, pues traduce siempre deseos y aspiraciones que en un momento determinado se hallan latentes en distintos núcleos humanos.[66]

Con esta manifestación, y a partir de un repaso crítico de las obras expuestas, Facio Hebequer enfatizaba la exhibición de la "infaltable" naturaleza muerta, repudiada en cuanta exposición se la cruzara por simbolizar la "revolución de las formas", e impugnaba la categoría de "artistas proletarios", aplicada a quienes expusieron sus obras en el Teatro del Pueblo. Para él, la única particularidad de dicha muestra radicó en la presencia de un conjunto de cuadros ejecutados por un grupo de trabajadores que pintaban "arte burgués" y, en consecuencia, se encontraban impedidos de transmitir algún tipo de contenido emancipatorio para su clase social. Según se desprende de estas apreciaciones, una obra realizada por un auténtico "artista proletario", ya fuera por su posición social o espiritual, debía descubrir en el arte aquella libertad negada por el medio para su desarrollo; por ello, a su vez, era imprescindible exhibir los padecimientos cotidianos como una premisa para cualquier política de liberación. Es decir que, en esa condición dual, los potenciales "artistas proletarios" deberían, en el tiempo ganado al tiempo impuesto por el trabajo, ejercer una acción creativa como artífices y promotores de un arte liberador tanto en un sentido social como individual; una reflexión vinculada con el interrogante sobre la especificidad del artista como poseedor de una "sensibilidad privilegiada" que "no tenía derecho a cerrar sus ojos ante aquella realidad terrible", como poco después declararía Facio Hebequer en su ya analizado texto autobiográfico.

Por todo esto, los sentidos subyacentes en estos esbozos iniciales del artista en torno a la noción de "arte proletario" se resumen en su frase ya citada: "Ser proletario y ser artista es ser dos veces héroe". Esta afirmación, que permite

---
[66] Loc. cit.

abrir la reflexión en torno a los cruces y articulaciones entre el arte y la política, condensa también las búsquedas y las oscilaciones estético-políticas que atraviesa el mismo Facio. Pues, si por un lado, como se desprende de las citas anteriores, este artista advierte claramente las enormes dificultades que acarrea un trabajador para poder convertirse en artista sorteando los sufrimientos de su vida cotidiana, por el otro, tampoco la proletarización se presentaba como una vía de acceso al "arte proletario". Ambos desvíos dejan un cierto grado de irresolución en su planteo, que es concomitante con esa búsqueda constante que define su itinerario (y su obra), marcado por una incomodidad que no llega a resolver de un modo cabal, y lo sitúa, así, entre el campo artístico y el político.

Ahora bien, la crítica a la "Primera exposición de artistas proletarios" y el claro cuestionamiento hacia los expositores provocaron una polémica que tuvo lugar en el siguiente número de *Metrópolis* y también en la publicación ácrata *Nervio. Crítica, Artes y Letras*. En la revista fue publicada una "Carta abierta a Guillermo Facio Hebequer" firmada por el letrista Juan Manuel Linares, que había participado de la exposición precisamente con "la naturaleza muerta" y que se mostró sumamente crítico ante la nota del artista. Linares iniciaba su descargo de la siguiente manera: "Mi asombro del principio se ha ido trocando en estupor, precisamente por venir de usted los comentarios antedichos. Guardo de su personalidad de pintor un alto concepto, que está a punto de desmoronarse después de leídas sus palabras escritas".[67] Dicho esto, Linares estructuraba sus argumentos a partir de dos grandes ejes que discutían la categoría de "artista proletario". El primero de ellos refutaba cualquier tipo de distinción entre artistas y "artistas proletarios" al considerar que, salvo raras excepciones, todos eran trabajadores:

> Que unos u otros con mayores o menores medios puedan producir sus obras con más o menos holganza, no equivale ni hace distingos de clase. Un hombre, pobre o rico, puesto frente a una tela, paleta y pinceles en mano dispuesto a parir su fruto, es un hombre que trabaja, es un hombre que produce, es un proletario sin comillas.[68]

Asumida dicha posición, el segundo eje de la carta se basaba en la impugnación de aquella idea según la cual, parafraseando a Facio, bastaría con que

---
[67] "Carta abierta a Guillermo Facio Hebequer", *Metrópolis*, n° 10, febrero de 1932, s/p.
[68] Loc. cit.

el artista proletario pintara el dolor de su vida. Una opinión que causó el enojo de Linares, quien lo interpeló con la siguiente frase: "Usted necesitaba, sin dudas, temas de más truculencia, temas de 'grand guignol'" –haciendo referencia al legendario teatro parisino caracterizado por la escenificación del "horror"–, para luego concluir:

> Si yo, por ejemplo, tengo un hijo y por razones que usted puede comprender, no puedo darle un trozo de pan o un vaso de leche, no hay mal que por bien no venga, ¿no?... "Agarro" al niño, lo siento en la silla, tomo los pinceles y ahí va… "Niño con hambre". Si en otra circunstancia me paso, por las mismas razones antedichas, dos días sin comer, en seguida ¡zas! Me dispongo y doy a luz a "Hogar sin lumbre" o "Mesa sin pan"… Vamos, camarada Facio, usted es un hombre grande, y con todo lo que dijo parece que no conociera la vida.[69]

Con un argumento sencillo pero no menos punzante, Linares objeta de modo contundente su planteo y aquellas convicciones que el mismo Facio sostenía apenas unos años atrás, cuando afirmaba: "¿Para pintar a un hombre, basta con pintarle la facha? En otras palabras: ¿sacarle el molde?".[70] A su vez, Linares, abría nuevos interrogantes, como el derecho de elegir libremente el qué y el cómo pintar. En sus palabras:

> Si uno de esos hombres por ser pobre tiene que dividir su tiempo entre el Arte y la labor manual que le da el sustento diario, según usted, ese hombre debe vivir siempre en "tragedia", no debe preocuparse de perfeccionar el vehículo expresivo de sus ideas, de sus obras, que en este caso es la técnica, el "oficio", porque, según su criterio, camarada Facio, basta que pinte el dolor de su vida es suficiente. Si perfecciona sus medios de expresión es entonces un pintor "legal" u "oficial".[71]

Sin duda, con esta apostilla, Linares ponía en entredicho aquella representación de "artista proletario" delineada por ciertos "camaradas". Pero también,

---

[69] Loc. cit.

[70] "Crítica de la Crítica", *Izquierda* (E. T.), 15 de octubre de 1928, p. 5.

[71] Inclusive, Linares hace un repaso por varias de las obras para espetarle acerca de la obra *Regreso del picnic*, de Dell Acqua: "¿no vemos ricos de síntesis, sobrio de color, un pasaje de vida proletaria, la de esos hombres que retornan alegres, para tornar al día siguiente a uncirse al yugo proletario?", o sobre su propia obra, *Rincón*: "¿no le sugiere a usted nada, camarada Facio?... ¿Puede confundirse con la anodina o ñoña 'naturaleza muerta' de florcitas o bananitas amarillas y del eterno mantelito blanquiazul?... ¿Ha examinado usted bien esa tela?... Hay en los elementos que la componen una tragedia que se necesita vivir y sentir para compenetrarse con su contenido". "Carta abierta a Guillermo Facio Hebequer", óp. cit.

en su argumentación y con la simple descripción de algunas de las obras, asoma en esta nota algo no dicho pero marcado: el intelecto puesto al servicio de una producción creativa, que equivalía a apropiarse de prácticas "burguesas", podría constituirse como un gesto de por sí emancipador al poner en acto el sueño y la vocación de pintar y exponer, a pesar de la condición de proletario, en las salas de un teatro que se reconocía "del pueblo".[72]

Este punto de fuga, a partir de tal intercambio de visiones, da lugar, por último, a otro tema de reflexión sobre la estetización de la pobreza y la repercusión que podría desprenderse de ella. Y aquí es inevitable relacionar este debate con el que ya se había suscitado a fines del siglo XIX, cuando fue expuesta la obra consagratoria de Ernesto De la Cárcova, *Sin pan y sin trabajo* (1894). Este cuadro, que representó la pobreza urbana tras el impacto de la crisis de 1890, fue cuestionado y criticado en las páginas de *La Vanguardia,* órgano del partido al cual recientemente se había afiliado el pintor. Precisamente, Juan B. Justo, máximo representante del socialismo local, ironizó acerca del regocijo que suponía para De la Cárcova exponer un drama social en un salón elitista como el Ateneo, espacio que evidenciaba su "verdadero" objetivo: conmover a los ricos frente a la desdicha en lugar de querer atraer a la clase trabajadora.[73] Más allá de las especificidades del caso, en donde el repudio principal radicó en el lugar elegido para exponer la obra, también se ponía en tensión el goce estético frente a la pobreza como medio para emocionar al espectador.

Pero, retomando el debate en torno a los artistas y el arte proletario, la carta de Linares y sus críticas se ampliarían poco después con el punto de vista sobre la misma exposición que sostuvo Alfonso Longuet en las páginas de *Nervio*. El escritor ácrata manifestó lo novedoso de la denominación "artistas proletarios" en Buenos Aires y la sorpresa que le causó su uso, pues señalaba que dicho vocablo provenía de Alemania y, sobre todo, de Rusia, en donde:

> [...] el arte proletario tiene sus cultores y sus partidarios; se practica en determinados sectores, interesa a múltiples personas, logra características que le

---

[72] Para pensar en estos significados del binomio artistas-proletarios y la conservación o transgresión de la barrera que separa el trabajo manual del intelectual, son estimulantes las reflexiones de Jacques Rancière, que podrían sintetizarse en la expresión "proletarios secretamente enamorados de lo inútil". Cf. *La noche de los proletarios*, Buenos Aires, Tinta Limón, 2010, pp. 29-51.

[73] Laura Malosetti Costa, *Los primeros modernos. Arte y sociedad en Buenos Aires a fines del siglo XIX*, Buenos Aires, Fondo de Cultura Económica, 2001, pp. 310-311.

permiten al menos rotularse, y tiene un fin determinado y preciso. Es expresión de determinada clase. Los de "abajo" no pintan allí como los de "arriba". No pintan, ni escriben, ni piensan. Tienen sus urgencias distintas, sus problemas diversos, sus esperanzas dispares. Y tan diferenciada se halla cada una de estas expresiones –la proletaria de la otra por ejemplo– que cada cual se ha creado para sí una compleja justificación estética y hasta ideológica.[74]

Después de destacar que el arte proletario suponía determinada expresión de una clase y, en consecuencia, una justificación estética e ideológica, Longuet señalaba que la diferencia entre los países europeos y el ámbito nacional explicaría la ausencia de tal expresión en la muestra de la sala del Teatro del Pueblo. Al igual que Facio, no encontraba ninguna obra que se distinguiera de las exhibidas en los salones conocidos, pero iba más allá de la opinión del artista, no solo porque el "arte proletario" no había llegado todavía a Buenos Aires o porque no era suficiente con que los expositores fueran trabajadores para llamarlos "artistas proletarios", sino porque:

> [...] con el mismo criterio con que a los que trabajan y pintan, se les llama ahora proletarios, a los que pintan y son parásitos, debería aplicárseles idéntica nominación correlativa. Lo esencial, ya lo dijo alguien, no está al margen del arte –ocupación diversa del artista que puede en ocasiones influir en su obra o malograrla– sino en el arte mismo, cualquiera sea la expresión o la tendencia, imaginada o lograda.[75]

De esta manera, Longuet se distanciaba de Facio Hebequer, pero también de Linares, al impugnar la existencia de tales categorías y clausurar así la discusión.

Casi en simultáneo con el desarrollo de esta polémica sobre el concepto de "artistas proletarios", *Metrópolis* informaba que, con el auspicio del Racing Club, se había llevado a cabo una nueva exposición de "artistas proletarios" en Avellaneda, provincia de Buenos Aires, en la cual el Teatro del Pueblo había colaborado por medio del dictado de una conferencia –"Beneficios de la frecuentación del arte"– a cargo de Facio Hebequer. En este caso, el objetivo del artista era divulgar algunos conceptos de arte a partir de tres referentes: "Guyau, filósofo francés; Ruskin, esteta inglés, y Plejánov, teórico marxista ruso". La conferencia fue reproducida parcialmente en las páginas de la

---

[74] "Sobre arte. Una clasificación sentimental: 'artistas proletarios'", *Nervio. Crítica, Artes y Letras*, año I, n° 9, enero 1932, p. 45.

[75] Loc. cit.

revista; en uno de los extractos, Facio sostenía que "el arte es social y lo es por su origen que lo tiene en esta sociedad real en que vivimos; por su fin, que es obrar sobre esta misma sociedad, y por su esencia, que es producir una emoción que tiene por objeto ampliar la vida individual, haciéndola confundirse con una más extensa y universal".[76] Esta interpretación partía de una lectura de Guyau que intentaba ser articulada con las reflexiones de Plejánov al concluir que "Si, de acuerdo al conocimiento de la historia, este arte de decadencia aparece y triunfa en épocas de grandes sacudimientos sociales, dejo a ustedes la clasificación del momento que vivimos o al que nos aproximamos a pasos agigantados".[77]

Sin ser un teórico, lo que intentaba transmitir Facio, y otros tantos intelectuales y escritores que compartían las mismas preocupaciones en la compleja coyuntura de los años treinta, era claro: los estertores del sistema capitalista estaban a la orden del día y, en consecuencia, se aproximaba el surgimiento de una nueva cultura, entendida ahora desde los cánones marxistas como una progresiva modificación de la "superestructura".[78] Se iniciaba así una nueva etapa para Facio Hebequer en la cual los artistas debían contribuir a delinear los contornos de la sociedad futura, algo que pronto él mismo proclamaría a través de sus litografías, cada vez más complejas y combativas.

¿Cómo alcanzar la utopía revolucionaria?

En la mayoría de los escritos de los años treinta, Facio Hebequer intentó trazar planteos más específicos sobre la vinculación entre arte y política desde una posición ideológica cercana a una sensibilidad comunista. Lo primero que se advierte es un pasaje de aquella pluma ágil de los años veinte hacia una escritura menos atractiva y más esquemática que se esfuerza por adaptar algunos conceptos y términos de la doctrina marxista, especialmente a partir de las interpretaciones de Plejánov. Con tal objeto, el artista eligió las páginas de la revista *Actualidad*. Fueron cuatro los ensayos publicados por Facio en dicha

---

[76] "Acotaciones", *Metrópolis*, n° 10, febrero de 1932, s/p.

[77] Loc. cit.

[78] Desde la década anterior, era frecuente la recepción de autores marxistas en Buenos Aires, entre los que se destaca Lunacharski. A modo de ejemplo, véase Anatolio Lunacharsky, "El marxismo y el arte" (traducido de *Monde* por Edmundo E. Barthelemy), *Claridad*, año VII, n° 176, febrero de 1929, s/p.

revista. Entre ellos, se halla lo que podría definirse como su manifiesto artístico-político, "Incitación al grabado", ya que, tal como lo promueve su título, el carácter del texto es declamatorio y convoca al compromiso artístico-político y a la utilización del grabado como insumo para la lucha local e internacional en pos de la revolución social.

Esta publicación, que desde su tercer número contó con la participación de Facio Hebequer, fue dirigida en su primera etapa por Castelnuovo, tuvo cinco épocas y llegó a difundir treinta y un números entre abril de 1932 y abril de 1936. Contó además con la colaboración de Aníbal Ponce, Roberto Arlt, Raúl González Tuñón, Álvaro Yunque, Carlos Moog, Nydia Lamarque, Angélica Mendoza, Sixto Pondal Ríos, Ricardo Aranda, Edmundo Guibourg y Rodolfo Aráoz Alfaro, entre otros; como colaboradores artísticos, las figuras más sobresalientes fueron, además de Facio y Vigo, Mauricio Lasansky, Enrique Fernández Chelo, David Alfaro Siqueiros, Juan Carlos Castagnino y Lino Enea Spilimbergo. Su formato presenta un diseño dinámico en donde las ilustraciones, grabados y fotomontajes ocupan un lugar destacado entre las diferentes secciones dedicadas a las artes plásticas, la literatura y el teatro.[79] Asimismo, se intercalan artículos sobre política y economía internacional,

---

[79] Hacia agosto de 1933, Castelnuovo tuvo un desacuerdo con la dirigencia del PCA respecto de la dirección de la revista y decidió publicar un número de iguales características por su cuenta. El 22 de agosto de 1933, fue publicado un *Boletín extraordinario* de *Actualidad*, en el cual se aclaraba que Castelnuovo y su entorno decidieron inescrupulosamente disputar la dirección cometiendo un acto contrarrevolucionario. Al mes siguiente, un nuevo número con fecha de septiembre y firmado por Aranda, Castelnuovo, Facio Hebequer, Vigo y Trejo denuncian la falsedad del boletín, "publicación clandestina" inspirada por un ex empleado, Simón Eslausqui, separado de su cargo por reiterados y graves manejos de fondos. Más allá de toda aclaración, lo cierto es que algún problema se suscitó, como ha quedado registrado en una misiva de Raúl González Tuñón enviada a Cayetano Córdova Iturburu, en donde expresaba: "Parece que Castelnuovo ha hecho una pequeña macana. Por cuestiones puramente personales se alzó con ACTUALIDAD […] sacando un número por su cuenta. Creo que el partido los ha puesto al margen por ese acto de indisciplina. La auténtica ACTUALIDAD aparecerá en estos días. Ambas fracciones te piden colaboración, y a mí, pero yo no sé qué hacer. Habrá que esperar a que este desgraciado e inoportuno lío se aclare". Carta de Raúl González Tuñón dirigida a Cayetano Córdova Iturburu, sin fecha. Fondo Cayetano Córdova Iturburu-CeDInCI (en adelante, FCCI). Al parecer, el problema fue solucionado entre los integrantes de la revista y la dirigencia del PCA, ya que en los números siguientes Castelnuovo y su entorno volvieron a aparecer entre los colaboradores. Por último, cabe señalar que la revista, de acuerdo a otra misiva, alcanzó un tiraje de 6000 ejemplares y tuvo su propia editorial homónima "con el propósito de divulgar las obras más importantes del movimiento social, literarias, artísticas e históricas, en ediciones económicas". Una de las primeras ediciones fue la del Manifiesto

latinoamericana y del ámbito local, la mayoría de los cuales exaltan el modelo soviético y denuncian el avance del fascismo de acuerdo a la interpretación del *Comintern*, es decir, como la expresión dictatorial más extrema del capital financiero.

En la primera de las reseñas publicadas en *Actualidad*, Facio retoma el procedimiento que utilizó con preferencia hasta ese momento, es decir, tomar una figura como contraejemplo argumentativo, aunque esta vez se percibe un cambio en sus intenciones, pues ya no era suficiente con atacar a "la vanguardia". En este caso, el blanco elegido fue el artista japonés Foujita, exponente de la Escuela de París que había exhibido algunas de sus obras en una muestra colectiva en Amigos del Arte, en 1929, y que acababa de realizar una exposición individual en el Museo Municipal de Bellas Artes de Rosario, en mayo de 1932, la cual suscitó la siguiente observación del artista:

> Si interrogamos a Foujita sobre sus puntos de vista acerca del momento social por que atraviesa el mundo, respondería, seguramente, que ignora por completo la situación, aparte de que tampoco le interesa. Añadiría que él es sólo un artista y que el arte no tiene nada que ver con la economía, ni el aspecto material de la vida está ligado al aspecto moral y todas esas paparruchadas que se han inventado a última hora para explicar y justificar la neutralidad de cualquier manifestación artística.[80]

En esta oportunidad, el pintor modernista japonés fue el pretexto para iniciar su crítica en oposición a la "revolución artística" de la que se jactaba el propio Foujita, la cual, según Facio, al representar un cambio aparente y superficial resultado de una reacción pictórica que daría paso a una nueva tendencia formal, nada tenía que ver con la "revolución permanente". Si bien estas apreciaciones estéticas no eran novedosas, se evidencia su mayor interés por involucrar a los artistas y sus obras en los problemas contemporáneos y, por primera vez, introduce un término marxista como el de "revolución permanente", aunque sin explayarse sobre su significado y sus alcances. Al mismo tiempo, en este ensayo hay un claro intento de aplicar el materialismo-dialéctico como matriz explicativa para señalar el devenir del impresionismo al modernismo en tanto consecuencia de la descomposición de una época.

Comunista (perteneciente a la colección "Pequeña biblioteca marxista") y, del ámbito local, *El amor brujo* de Roberto Arlt.

[80] "Foujita: pintor ideal de una clase", *Actualidad*, año I, n° 3, junio de 1932, p. 42.

La nota continúa y el uso del vocabulario marxista aparece intercalado con observaciones formales como las referencias a la aplicación del color y volumen, para afirmar en el siguiente artículo publicado: "Nadie, creemos, a esta altura de la civilización, puede poner en duda la gravitación de la vida social sobre el desarrollo del arte. La llamada 'libertad del arte', su 'majestad y soberanía', su 'independencia moral', etc., son expresiones singularmente vacuas y anticuadas con las cuales se trata de eludir el fondo de la cuestión". Con esta frase, Facio Hebequer se distanciaba de sus primeras posturas en las que defendía una libertad artística individual imposible de someter a cualquier teoría o fórmula, como se ha visto al principio de este capítulo. En efecto, ahora sostenía:

> Paralelamente a la interpretación dialéctica que Marx y Engels hicieron de las leyes económicas que fundamentan la actual estructura social, es decir, con la aparición del socialismo científico, se producen en las ciencias y en las artes, profundas conmociones. La física, pongamos por caso, realiza conquistas de enorme trascendencia que obligan a la literatura y a la pintura a modificar radicalmente su forma y su contenido.[81]

El tono ha cambiado drásticamente y sus escritos se convierten ahora en una suerte de adoctrinamiento político para los artistas que deben comprometerse con la coyuntura actual. Deja de lado, casi por completo, las humoradas y las ironías, con el fin de demostrar que aprendió la lección marxista y que se encuentra dentro de las filas revolucionarias. Las interpelaciones y los cuestionamientos se suceden: "¿A quién o a quienes interesa que el arte carezca de contenido humano? ¿Quién o quienes, por el contrario, se interesan para que el arte se enrede en objetivos puramente técnicos y abandone toda preocupación y referencia a la criatura humana?".[82] Su interrogación retórica no deja lugar a dudas:

> Sólo la clase dominante, cuyo poderío se funda en la explotación del hombre por el hombre, puede tener semejante interés. Una pintura que deja de lado a la criatura humana, deja de lado la composición, la lucha social, la historia, la vida misma y se convierte en un opio como la religión. [...] La burguesía dispone aún en el orden moral y en el orden material de una maquinaria de represión perfectamente organizada y poderosa. Reprende y aplasta automáticamente. Dispone de un cepo para el cuerpo y de otro para el espíritu. No sólo

---

[81] "La era de la naturaleza muerta", *Actualidad*, año I, n° 8, 13 de octubre 1932, p. 9.
[82] Ibídem, p. 10

la policía y el ejército y los tribunales constituyen su patrimonio. La ciencia, el arte y la religión también le pertenecen [...] La burguesía, en estos momentos, trata de levantar una cortina de humo para que no irradie la claridad del porvenir.[83]

El objetivo de Facio era, entonces, transmitir un alegato político que revelara los mecanismos no ya de la "industria del arte", sino de la hegemonía material y cultural de la burguesía como clase antagónica del proletariado. A la vez, en su discurso se evidencia un cambio que responde a la necesidad de comprender y caracterizar un período signado por la represión y respecto del cual ningún artista podía ser indiferente, porque, para Facio, no era momento de vacilaciones, el arte estaba condicionado por una problemática más amplia que había terminado de comprender por medio del marxismo, lo que explica inclusive que apele a ciertas citas explícitas a Marx, como, por ejemplo, la referencia a la religión como el opio de los pueblos.

Por entonces, ya formaba parte del Teatro Proletario y la polémica se instaló en la cultura de las izquierdas. Si bien se profundizará en el siguiente capítulo, cabe señalar que el debate se focalizó en torno a dos grupos intelectuales: por un lado, los que, próximos a la órbita cultural comunista, habían entendido el funcionamiento de la sociedad capitalista y su rol asignado como artistas "comprometidos" para intervenir en la liberación social y cultural; y, por el otro, el de los que fueron acusados de pequeñoburgueses por levantar las banderas de la autonomía del arte frente a cualquier doctrina política, como ocurrió con Barletta.

El carácter público de la polémica en torno a una sensibilidad comunista, que se extiende y se discute como una trama que hilvana un conjunto de revistas de izquierda –como *Actualidad*, *Metrópolis* y *Nervio*–, también se encuentra en la práctica epistolar. Por ejemplo, con el objetivo de convencer a uno de sus compañeros de que el marxismo era el camino a seguir, Castelnuovo dirigió una misiva a Cayetano Córdova Iturburu, en la cual dedica largos pasajes a explicarle la importancia de aprender la teoría para poder practicarla. Allí se constata que *El arte y la vida social* de Plejánov era, en efecto, la lectura transitada por entonces, pues Castelnuovo parafrasea fragmentos de dicho libro para luego evocar a Stalin como voz de autoridad teórica, quien ya había advertido que para absorber la teoría había que estudiarla por mucho tiempo;

---

[83] Loc. cit.

entonces escribe: "No se aprende el marxismo en un par de años. Los errores que vos puedas cometer, o R. González Tuñón, en este sentido, ustedes mismos los subsanarán a medida que lo vayan practicando [...] El marxismo es la teoría y la práctica de la revolución".[84] En este segmento es posible percibir que más que aleccionar a Córdova Iturburu e intentar sumarlo definitivamente a sus nuevas redes de relaciones, Castelnuovo, al igual que Facio, necesitaba demostrar lo aprendido y colocarse como modelo del tránsito a seguir. Su lugar de enunciación es muy elocuente al respecto. A propósito del artículo de Córdova Iturburu publicado en el primer número de *Contra. La revista de los francotiradores*,[85] Castelnuovo escribía:

> [...] yo leí ese artículo tuyo y te digo que me agradó, no tanto por lo que él contiene substancialmente, sino por lo que implica para tu actuación futura. Creo que vos no habrás olvidado totalmente los términos de una polémica que sostuvimos al respecto. Aunque yo no planteaba concretamente todavía el asunto del arte y sus relaciones con la economía, estaba, sin embargo, más cerca de la solución del problema que muchos escritores avanzados actualmente buscamos.[86]

En este marco deben comprenderse los cambios en el discurso de Facio Hebequer dirigido, sobre todo, a sus colegas y compañeros. Vale recordar que en 1933 se publicaría el álbum de *Tu historia, compañero*. Y si bien esta serie gráfica, que representa una modificación estética-ideológica, responde a las indagaciones que el artista procura organizar por escrito, su complejidad confirma que el texto y la imagen constituyen dos formas de representación que se exceden una a la otra.[87] Como se verá más adelante, los discursos escritos

---

[84] Carta de Castelnuovo a Cayetano Córdova Iturburu, 24 de mayo de 1933 (FCCI).

[85] Cf. Sylvia Saítta, "Polémicas ideológicas, debates literarios en *Contra. La revista de los franco-tiradores*", Estudio Preliminar a *Contra. La revista de los franco-tiradores*, Bernal, UNQUI, 2005, pp. 13-33.

[86] Castelnuovo, óp. cit. A diferencia de Castelnuovo, que nunca llegó a afiliarse al PCA por las polémicas establecidas con los dirigentes del partido, Córdova Iturburu sí lo hizo, al igual que Raúl González Tuñón, en 1934. No obstante, sus polémicas estético-políticas le valieron su expulsión del partido a finales de la década de 1940. Cf. Ana Longoni y Horacio Tarcus, "Purga antivanguardista. Crónica de la expulsión de Córdova Iturburu del Partido Comunista", *Ramona. Revista de artes visuales*, n° 14, 2001, pp. 55-57. Con respecto al tránsito de Raúl González Tuñón, véase María Fernanda Alle, *Imágenes de escritor de Raúl González Tuñón (1930-1970): vínculos entre literatura y política partidaria*, tesis de doctorado de la Facultad de Humanidades y Artes de la Universidad Nacional de Rosario, 2015.

[87] Roger Chartier, "Poderes y límites de la representación. Marin, el discurso y la imagen",

de Facio no bastan para aprehender la riqueza de las contribuciones que ha dejado este artista en esa "irreductibilidad de lo visible" (y viceversa), aunque son fundamentales para complejizar sus posicionamientos y las tensiones manifiestas tanto en su obra gráfica como en las experiencias teatrales de las que participó.

Ahora bien, más allá de su cercanía a la órbita cultural comunista, como parte de su activa militancia cultural, Facio Hebequer nunca dejó de intervenir en diversos espacios de la izquierda. Así, en el marco de una exposición llevada a cabo en el local de la Biblioteca Juan B. Justo, situada en la calle Constitución 295, dictó una conferencia titulada "Arte proletario". Allí, no solo hizo alusión a Plejánov, sino también a Guyau, su "inspirador", para señalar lo importante que era sentir tanto una simpatía por los personajes retratados en las obras de arte como por sus creadores para lograr una "emoción social". A lo largo del texto que reproduce su disertación, se advierte la coexistencia de "viejos" postulados que remiten a aquella "originalidad" inalienable que debiera portar y exhibir todo artista, ahora tamizados por el intento de articularlos con la doctrina marxista al concluir que "La luz está en el porvenir y el porvenir está en el proletariado".[88]

Volviendo a los escritos publicados en *Actualidad*, antes del lanzamiento de "Incitación al grabado", tuvo lugar un acontecimiento que produjo un gran impacto en el campo político-cultural porteño: la visita de David Alfaro Siqueiros, de fundamental relevancia para comprender el contexto específico de producción del manifiesto artístico-político de Facio Hebequer. En mayo de 1933, gracias a la mediación y gestión de Luis Falcini, el artista comunista mexicano arribó a Buenos Aires invitado y patrocinado por Amigos del Arte, con quienes había pautado exponer su obra y dictar tres conferencias. La muestra pudo realizarse, pero las conferencias no tuvieron igual fortuna, ya que el tono polémico de sus intervenciones y la reivindicación de un "arte revolucionario" –en oposición a la pintura de caballete vinculada a un "arte burgués" y las instituciones burguesas (como Amigos del Arte) que lo

---

en Roger Chartier, *Escribir las prácticas. Foucault, De Certau, Marin*, Buenos Aires, Manantial, 1996, p. 76.

[88] "El arte de Facio Hebequer es una crispación de puños proletarios", 1933 (FGFH).

fomentaban– causaron un gran escándalo entre los espectadores y motivaron la suspensión de la última de las tres conferencias pautadas con la institución.[89]

En su breve estadía en Buenos Aires, Siqueiros trabó relación con algunos artistas e intelectuales del ámbito local y promovió el debate sobre la función social del arte, la sindicalización de los artistas y la importancia del muralismo como medio expresivo para alcanzar un "arte revolucionario" y "para las masas". Como era de esperar en un escenario represivo y conservador, Siqueiros no pudo acceder a ningún mural público para plasmar sus postulados revolucionarios. No obstante, el director del diario *Crítica*, Natalio Botana, lo contrató para pintar un mural en el sótano de su quinta ubicada en la localidad bonaerense de Don Torcuato. Allí, en el "escondite" de Botana, se creó *Ejercicio Plástico*, producto de un trabajo conjunto llevado a cabo por Siqueiros, Spilimbergo, Berni, Castagnino y el uruguayo Enrique Lázaro, quienes se autodenominaron Equipo Poligráfico. Si bien el tema central de la obra estuvo lejos de portar un contenido ideológico revolucionario, el propósito central de esta empresa radicó en la incorporación de nuevas técnicas a partir de la experimentación y el trabajo colectivo, lo que originó nuevas discusiones sobre la función social del arte y el lugar del espectador ante el impedimento de contar con paredes públicas.[90]

Además, hasta su expulsión del país, ordenada en diciembre del mismo año por el gobierno de Agustín P. Justo, Siqueiros participó y generó intensos debates que quedaron expresados en algunas revistas culturales de izquierda, como, por ejemplo *Contra*, *Nervio* y *Actualidad*. La repercusión de sus concepciones artísticas excedió el ámbito de la izquierda, y el hecho de que su presencia, obra e ideas fueran difundidas por un periódico de gran tirada como *Crítica* hizo, tal como lo anticipó desde sus páginas, que su estancia no pasara inadvertida. Posteriormente, Botana lanzó su primer número del suplemento cultural del diario con una obra del artista mexicano que cubría

---

[89] Sobre la visita de Siqueiros, véase Alicia Azuela, "Militancia política y labor artística de David Alfaro Siqueiros: de Olvera Street al Río de la Plata", *Estudios de Historia Moderna y Contemporánea de México*, n° 35, Instituto de Investigaciones Estéticas-UNAM, México D.F., 2008, pp. 135- 138 y Gabriel Peluffo Linari, "Siqueiros en el Río de La Plata: arte y política en los años treinta", en Oliver Debroise, *Otras rutas hacia Siqueiros*, México, UNAM-CURARE, 1996, pp. 207-226.

[90] Cf. Wechsler, *Spilimbergo*, Buenos Aires, Fondo Nacional de las Artes, 1999, pp. 56-73 y Néstor Barrio y Diana Wechsler (eds.), *Ejercicio Plástico. La reinvención del muralismo*, Buenos Aires, UNSAM Edita, 2014.

toda la portada.⁹¹ Tampoco los sectores conservadores y de derecha fueron indiferentes ante la visita del mexicano.⁹²

En julio de 1933, tanto la portada de *Actualidad* como la de *Contra* reproducen dos fragmentos de *Mitin obrero,* un fresco de Siqueiros pintado en Los Ángeles, California. En estas y otras publicaciones de izquierda, la figura de Siqueiros fue tomada como la del artista faro, pues sus escritos programáticos, su militancia y su obra plástica lo erigían como ejemplo de artista militante, lo que explicaría que el tercer número de *Contra* se haya centrado en torno a las polémicas que suscitaron sus discursos y que fuera dado a conocer un fragmento de "Plástica dialéctico-subversiva", pronunciado en el John Reed Club de Los Ángeles.⁹³ Vale la pena reproducir parte de este texto con el objetivo de trazar una continuidad del debate que subyace en el siguiente artículo publicado por Facio Hebequer, el cual retoma algunas cuestiones ya planteadas por Siqueiros:

> PRODUCCIÓN PRESENTE Y FUTURA
> HOY
> [...] Plástica subversiva de ilegalidad durante el período actual y de asalto definitivo al poder por parte del proletariado. Plástica de proporciones materiales reducidas, de rápida ejecución, es decir, de ejecución mecánica de mayor capacidad circulativa, es decir, de la más amplia multiejemplaridad; plástica de máxima psicología subversiva. Utilización de todas las oportunidades posibles de plástica monumental descubierta para la formación de equipos que anticipan la técnica primordial del futuro próximo.⁹⁴

---

⁹¹ Cf. Sin firma, "Los enemigos del arte han prohibido la tercera conferencia del profesor Siqueiros: esta actitud tendrá la virtud de llevar un público diez veces mayor al lugar en que ésta tenga que realizarse", *Crítica*, 15 de junio de 1933, p. 7 y David Alfaro Siqueiros, "Contra la corriente", *Crítica. Revista Multicolor de los Sábados*, 12 de agosto de 1933.

⁹² A modo de ejemplo, véase Alfredo Tarruella, "Los monigotes de Alfaro Siqueiros y su valor plástico", *Bandera Argentina: diario nacionalista*, 11 de junio de 1933; "El pintor Siqueiros: su estética y su ideología", *Bandera argentina: diario nacionalista,* 10 de junio de 1933; Emilio Julio Hardoy, "El comunista Siqueiros y su conferencia con interrupciones en Signo: Una relación verídica para replicar una crónica tendenciosa de *Crítica*", *Crisol*, 24 de junio de 1933. Esta serie de notas puede ser consultada en el repositorio digital International Center for the Arts of the Americas at the Museum of Fine Arts, Houston [http://icaadocs.mfah.org].

⁹³ Cf. Silvia Dolinko, "*Contra*, las artes plásticas y el 'caso Siqueiros' como frente de conflicto", en Patricia Artundo y María Inés Saavedra (coords.), *Leer las artes: las artes plásticas en 8 revistas culturales argentinas, 1878-1951*, Instituto de Teoría e Historia del Arte Julio E. Payró, Facultad de Filosofía y Letras, Universidad de Buenos Aires, serie monográfica n° 6, 2002, pp. 107-110.

⁹⁴ David Alfaro Siqueiros, "Plástica-dialéctico subversiva", *Contra*, n° 3, julio de 1933, p. 4.

El mismo mes en el que se reproducía este texto programático, Siqueiros se incorporaba como integrante del *staff* de *Actualidad,* compartiendo las colaboraciones artísticas con Facio y Vigo. Además, en ese número de la revista, se publicaría un texto celebratorio sobre el artista mexicano que cumpliría la misma función que la dedicatoria de *Contra*, la de situarlo como el ejemplo de artista revolucionario más representativo de la coyuntura del momento.[95] Unas páginas después, se publicaba una nota que anunciaba la constitución del Sindicato de Artistas Plásticos –liderado por Spilimbergo, Luis Falcini y Antonio Sibellino– con el objetivo de defender sus intereses y contribuir a mejorar el nivel cultural de las masas; un proyecto que no logró prosperar, pero que expresaría la radicalización ideológica de varios artistas en los años treinta, que incluyen a algunos representantes del otrora "Grupo de París", como el caso de Spilimbergo.[96]

En este contexto, en agosto de 1933 Facio lanza en las páginas de *Actualidad* su propio manifiesto: "Incitación al grabado". Con un registro que difiere de los textos previos, realiza un diagnóstico del campo político-cultural a partir de la selección de distintos hitos y etapas históricas para promover, tal como lo sugiere su título, una forma concreta de comprometerse con la lucha colectiva desde su *métier*. De acuerdo con las características de los manifiestos, ordena su exposición en tres grandes núcleos que se relacionan entre sí y que tienen por finalidad repudiar la neutralidad ideológica, atraer a los artistas a la causa revolucionaria y, sobre todo, elogiar las virtudes de una práctica artística

---

También reproducido en la revista *Frente. Letras, artes, ciencias. Órgano del Centro Cultural y Artístico "Ideario"*, año I, n° 2, agosto de 1933, p. 4.

[95] Juan Pérez, "David Alfaro Siqueiros", *Actualidad*, año II, n° 1, julio de 1933, pp. 15-16.

[96] Sin firma, "El Sindicato de Artistas Plásticos. Su creación traduce un estado social", *Actualidad*, año II, n° 1, julio de 1933, p. 40. Allí se sostenía que "Por medio de las imágenes el artista puede ponerse en contacto con las masas trabajadoras y señalarle su posición frente a los opresores, puede poner de manifiesto en forma accesible los vicios y defectos de éstos, evidenciar su decadencia, descubrir sus brutales métodos represivos; plantear, en fin, problemas y consignar soluciones. En este sentido, el arte contribuye con verdadera eficacia a esclarecer la conciencia de los hombres y reunirlos por sentimientos nobles y comunes. La clase trabajadora puede encontrar en el arte un vehículo de extraordinaria importancia al logro de sus supremos fines, si los artistas que lo producen se hallan identificados con ella en los principios fundamentales". Sobre los orígenes de este sindicato y su manifiesto inaugural, véase Wechsler, *Spilimbergo*, óp. cit., pp. 62-63.

concreta como el grabado, en sus diferentes variantes,[97] como insumo para la lucha social.

En principio, Facio señala la relación peculiar que se produce entre la materia y el artista, pues a partir de la acción de los ácidos necesarios para llevar a cabo este procedimiento creativo "queda un espacio reservado al azar que constituye uno de los motivos más poderosos de atracción que ejerce el grabado sobre el espíritu".[98] Esta cualidad del grabado respondía, desde su óptica, a las necesidades espirituales de todo artista y sumaba otra de índole social: su contribución con las luchas colectivas a lo largo de la historia, gracias a los bajos costos para producir obras de arte que podían alcanzar una amplia difusión. Por ello, para Facio Hebequer, no había gran artista "que no haya llegado al grabado para confiarle sus impresiones más íntimas, sus rebeldías más estranguladas. El grabado significa entonces una puerta de escape, una salida hacia la libertad".[99]

Es decir, la misma enunciación le servía para denunciar que si bien el arte parecía haber estado ajeno a la propaganda política, solo lo era en apariencia, pues, tanto en el pasado como en el presente, el arte perpetuaba los privilegios de la clase dominante. Prueba de ello habían sido las censuras padecidas por artistas de la talla de Goya o de un contemporáneo como Diego Rivera en el Rockefeller Center en Nueva York al resistirse a eliminar el retrato de Lenin del muro en elaboración.[100] Así, Facio Hebequer introducía el problema de

---

[97] "El grabado, como es sabido, se obtiene por diversos procedimientos. Es indudable que la calidad artística de la estampa, depende en gran modo del procedimiento que se adopta; procedimiento que cambia con el artista, dado que cada uno escoge aquella que más se aviene con su temperamento o sus inclinaciones particulares. Claro está, que, un buril, una madera, un aguafuerte, una litografía, un barniz o un aguatinta, cada uno de por sí y todos juntos, tienen sus bellezas y sus límites específicos". "Incitación al grabado", *Actualidad*, año II, n° 3, agosto de 1933, p. 34. La reproducción total de este escrito puede consultarse en Magalí A. Devés, "Guillermo Facio Hebequer: un artista polifacético", *Políticas de la Memoria. Anuario de investigación del CeDInCI*, n° 16, verano 2015-2016, CeDInCI-UNSAM, pp. 291-293. Para un detallado abordaje histórico sobre el carácter "híbrido", múltiple y original del grabado y sus diversas funciones, véase Silvia Dolinko, *Arte plural. El grabado entre la tradición y la experimentación, 1955-1973*, Buenos Aires, Edhasa, 2012, pp. 23-34.

[98] Loc. cit.

[99] Loc. cit.

[100] Este hecho había sido denunciado en *Actualidad*, junto con la reproducción del fragmento de la obra censurada bajo el título "Lenin en la casa de los plutócratas", *Actualidad*, año II, n° 1, julio de 1933, p. 41.

la falta de libertad en el arte y, en particular, del "arte subalterno por estar al servicio de un ideal político", para luego afirmar:

> La transformación social que se avecina, variará, sin duda, fundamentalmente la producción artística. A las formas impuestas por el individualismo que caracteriza a la sociedad burguesa, se opondrán, entonces, las formas colectivas que distinguirán a la sociedad del porvenir. El arte podrá de este modo recuperar su medio social: la multitud. El cuadro de caballete será suplantado por la pintura mural. Las masas, alejadas hoy de un arte decadente que no sabe interesarlas ni comprenderlas, volverán a él con deseos renovados, cuando se opere la transfiguración. Esto, desde luego, se descuenta. Pero, entretanto, entre que un ciclo histórico termina y comienza otro, entre que un mundo se derrumba y otro se levanta, ¿qué hacer? Sobre todo, ¿qué hacer para apresurar el cambio o la caída?[101]

Al igual que en el caso de Siqueiros, el muralismo se constituye para Facio Hebequer como la expresión emancipatoria final; sin embargo, sabe que en el marco represivo del gobierno de Justo nunca se aprobaría pintar sobre los edificios públicos. Ante la controversia, Facio se pregunta "¿qué hacer?" para acelerar el rumbo hacia la sociedad futura: "¿nos deja el arte burgués algún renglón que podamos nosotros, los que nos anticipamos al devenir, trabajar revolucionariamente por su advenimiento?". La adhesión al vanguardismo político que subyace en su interrogante propone apropiarse del grabado como arma política a modo de resolución:

> El grabado es la anticipación de la pintura mural. A nuestro juicio, la forma más adecuada para la plástica de masas. En todo tiempo fue, sin disputa, el refugio de los artistas rebeldes, a quienes amenazaba constantemente reducir o aplastar el medio. Participa en cierta manera de la literatura de la agitación, de la música de barricada y el panfleto revolucionario.[102]

Esta convicción era legitimada mediante la construcción de una genealogía y un discurso épico que involucraba citas de autoridad, desde Francisco Goya y Honoré Daumier hasta Ernst Barlach, Käthe Kollwitz, George Grosz y Frans Masereel, todos artistas que, como se verá, influyeron en la obra gráfica de Facio Hebequer. Al mismo tiempo, enfatizaba las ventajas del grabado sobre la pintura, que incluían la exaltación de la modernidad en correspondencia con los avances tecnológicos:

---

[101] "Incitación al grabado", óp. cit., p. 35.
[102] Loc. cit.

> La rapidez de su ejecución, su espontaneidad, permiten al grabador exprimir ideas, intenciones y pensamientos, con la libertad que no permite la pintura. Por eso, tal vez, atrajo inmediatamente la atención y simpatía de las masas, merced a su sello inconfundible de arte eminentemente popular, arte de difusión y de propaganda, arte esencialmente social que sobrepasó todas las posibilidades de todas las demás manifestaciones de la creación plástica y hasta de la creación literaria. La voz del grabado es hoy una voz que llega a todos los rincones del mundo. La facilidad de su reproducción, que la técnica moderna ha perfeccionado maravillosamente, facilita la multiplicación fantástica de la estampa, conservando lo mismo su nobleza artística y espiritual.[103]

A partir de este manifiesto, Facio se autorrepresenta como un "artista revolucionario" e interpela a todos sus contemporáneos al uso político del grabado como él mismo lo había hecho. Recuérdese que, mientras publicaba este manifiesto, también daba a conocer la serie de litografías *Tu historia, compañero* y realizaba sus exposiciones itinerantes como dejó escrito en su esbozo autobiográfico: "Grabo sin descansar durante unos años y en 1933 salgo de nuevo a la calle. Pero ahora es la calle verdadera".

Si bien "Incitación al grabado" fue eclipsado por el conocido pronunciamiento posterior de Antonio Berni sobre el "Nuevo Realismo", el texto de Facio Hebequer ya anticipaba algunos de los principales postulados de ese manifiesto que, con argumentos muy similares, también esgrimió la imposibilidad real de ejecutar la pintura mural en Argentina y la necesidad de buscar otras alternativas para alcanzar un arte para las masas.[104]

---

[103] Loc. cit. Sobre el grabado como antecedente de las modificaciones que supone la reproducción técnica de la obra de arte y sus efectos sociales sobre el espectador, véase Walter Benjamin, *La obra de arte en la era de su reproducción técnica*, Buenos Aires, El Cuenco de Plata, 2011 [1936].

[104] Antonio Berni sostenía dos años después: "La pintura mural no puede ser más que una de las tantas formas de expresión del arte popular. Querer hacer del movimiento muralista el caballo de batalla del arte de masas en la sociedad burguesa, es condenar el movimiento a la pasividad o al oportunismo. La burguesía en su progresiva fascistización no cederá hoy sus muros monopolizados para fines proletarios, ni las contradicciones del mismo régimen llegarán al punto que la burguesía por propia voluntad ponga las armas en manos de los enemigos de clase para que la derroten". De esta manera, Berni proponía como forma de expresión artística diversos medios: "el *affiche*, el grabado y el cuadro de caballete hasta la formación de Blocks de pintores muralistas. Se trabajará tanto individual como colectivamente, de acuerdo a las condiciones objetivas del momento". "Siqueiros y el arte de masas", *Nueva Revista*, año I, n° 3, enero de 1935, p. 14. Para un análisis más amplio cf. Guillermo Fantoni, "El abanderado de un Nuevo Realismo: alternativas de una doble militancia", en *Berni entre el surrealismo y Siqueiros*.

En octubre de 1933, se produjo un último punto de encuentro entre Siqueiros y Facio Hebequer, cuando este último apareció entre los firmantes del "Llamamiento a los intelectuales" lanzado por Siqueiros, Álvaro Yunque y Ernesto Giudice, entre otros.[105] El llamamiento convocaba a los intelectuales revolucionarios para "propiciar una lucha efectiva contra el Imperialismo" y a establecer un organismo de alcance continental que canalizara estas inquietudes de cara a la futura Conferencia Panamericana que se efectuaría en Montevideo. Si bien entre los adherentes figuraban algunos intelectuales vinculados al Partido Socialista, como Carlos Sánchez Viamonte, la abrumadora mayoría de los adherentes eran afiliados o se encontraban cercanos a la órbita cultural del PCA, todo un símbolo del progresivo desplazamiento de Facio. Entre ellos, cabe destacar las firmas de Rodolfo Aráoz Alfaro (en cuyo domicilio se realizaría la reunión), Sixto Pondal Ríos, Horacio Trejo, Elías Castelnuovo, Aníbal Ponce, Raúl González Tuñón, Carlos Moog y Nydia Lamarque, entre tantos otros.

Ahora bien, estas acciones y las reflexiones sobre los límites y las posibilidades del arte mural en Argentina no se agotaron con la visita de Siqueiros. De acuerdo con un registro obtenido por Patrick Frank, un boceto confeccionado por Facio Hebequer para un posible proyecto mural ha quedado como el único indicio de estos debates en torno a los medios más adecuados para llevar a cabo un "arte para las masas". Dicho boceto se compone de tres paneles que narran la vida de un obrero anónimo desde su llegada al mundo hasta su muerte y, según Frank, muestran dos rasgos distintivos de la obra gráfica de Facio: su doble dimensión narrativa y trágica. El hecho de que este proyecto no haya trascendido podría suponer la escasa o nula adhesión ante un movimiento que desconocía la realidad nacional.[106] Sin embargo, la interpelación del muralismo a los artistas de la izquierda local impulsó otras búsquedas alternativas sobre el espacio urbano.

Figuras, itinerarios y experiencias de un artista entre dos décadas, Rosario, Beatriz Viterbo Editora, 2014, pp. 205-273.

[105] "Llamamiento a los intelectuales de D. A. Siqueiros, Álvaro Yunque, E. Giudice y otros", Buenos Aires, 26 de octubre de 1933. El texto de llamamiento puede consultarse en Cecilia Belej, "Selección histórico-documental. *Ejercicio Plástico* en escritos: prensa, cartas, conferencias y memorias", en Barrio y Wechsler, *Ejercicio Plástico*, óp. cit., pp. 193-194.

[106] Frank, *Los artistas del Pueblo*, óp. cit., p. 233.

Más allá de las reivindicaciones y predilección hacia el grabado, Facio confeccionó los dibujos para la elaboración de los *vitraux* que iban a formar parte del sindicato argentino más importante de ese entonces: la Unión Ferroviaria (véanse imágenes 7-13).[107] Este proyecto, junto con otro posterior realizado en la Unión Tranviaria, fue lo más cercano en la trayectoria del artista a la materialización de un arte mural, ya que suponía la ejecución de una obra en un edificio público por medio del trabajo colectivo como premisa para su realización. Dada la complejidad de una obra monumental, que necesitaba la participación de distintos actores sociales y saberes, este emprendimiento implicaba el compromiso y la responsabilidad de cada uno de los individuos involucrados. Como expresaba una nota publicada en la revista *Nuestra Arquitectura,* el edificio de la Unión Ferroviaria "representa una síntesis admirable del esfuerzo del trabajo técnico y artístico, y puede presentarse como el preludio de una nueva y generosa evolución arquitectónica llamada a dar vida y contenido a las formas de la construcción aplicada a grandes fines sociales".[108]

Los socialistas y los sindicalistas fueron quienes siempre dominaron este sindicato, aunque también los comunistas ingresaron, a partir de 1927, con el objetivo de disputar la conducción, y lograron conformar una agrupación

---

[107] Véase Manuel F. Fernández, *La Unión Ferroviaria a través del tiempo. Veinticinco años al servicio de un ideal 1922-1947*, Buenos Aires, s/ed., 1947, pp. 379-384.

[108] Sin firma, "Edificio de la Sociedad 'Unión Ferroviaria'", *Nuestra Arquitectura,* n° 3, marzo 1933, p. 279. La nota, a la vez, informa sobre el origen de este proyecto: "El crecimiento constante de la poderosa sociedad de obreros del riel denominada Unión Ferroviaria, había determinado desde tiempo atrás la necesidad de contar con una sede propia en esta capital. Se trata, en realidad, del gremio obrero que cuenta con el mayor número de adherentes en todo el país (aproximadamente 120.000) y su organización múltiple reclama la atención de un personal en aumento. La sociedad encomendó al Ing. Andrés Justo el proyecto y la dirección de las obras de su gran edificio social levantado en la calle Independencia 2860-70-80. Comprende la construcción tres secciones distintas, perfectamente separadas: un block de seis pisos altos para las numerosas oficinas de la sociedad, una sala amplia para asambleas y congresos con 1100 butacas que será utilizada en forma permanente como cine-teatro y un amplio sótano para las dependencias de la futura gran cooperativa de los obreros ferroviarios […] No queremos terminar, sin embargo, esta breve nota, sin mencionar los bajorrelieves del frente y los vitraux de la caja de la escalera principal; para los primeros se solicitó el concurso del conocido escultor Luis Falcini, quien realizó con maestría los dos motivos: Cooperación y Evolución, obra de aliento, quizá, por primera vez en el ámbito local; en cuanto a los vitraux, los proyectos son del afamado pintor Facio Hebequer; ellos han sido concebidos y ejecutados en forma originalísima y representan las líneas generales del movimiento de liberación social en que está empeñada la clase trabajadora de todo el mundo". Cabe señalar que Falcini también era compañero de ruta del PCA.

numerosa en los años treinta, la cual editó un periódico de gran circulación titulado *El obrero del riel*.[109] Podría conjeturarse que esta haya sido la vía por la que llegaron Facio Hebequer y su compañero Falcini, quien también formó parte del proyecto con la realización de una serie de bajorrelieves; sin embargo, el ingeniero a cargo y concejal socialista, Andrés Justo (hijo de Juan B. Justo), según consta en las memorias del escultor, los convocó para ofrecerles la realización del trabajo.[110]

Al igual que en el caso de la pintura mural, esta empresa político-cultural posibilitaba un vínculo concreto entre el artista y los obreros a la hora de su ejecución, pero, sobre todo, en cada momento que uno de ellos pasara frente a un vitral; algo que sin duda habrá motivado de manera particular a Facio Hebequer. Lamentablemente, los vitrales no se conservaron, y, según consta en algunos testimonios posteriores, fueron retirados y muy posiblemente destruidos en los años cincuenta bajo el gobierno peronista.[111] Por fortuna, quedó el registro fotográfico, gracias al cual se pueden observar algunas novedades y continuidades formales en esta obra del artista.

El mensaje de la mayoría de los vitrales posee un carácter celebratorio y está basado en dos temas: la lucha obrera y la victoria. En efecto, en ellos aparece una serie de tópicos dedicados a exaltar la necesaria unión y colaboración de

---

[109] Hernán Camarero, *A la conquista de la clase obrera...*, óp. cit., pp. 90-91.

[110] Luis Falcini, *Itinerario de una vocación. Periplo por tierras y hombres*, Buenos Aires, Losada, 1975, p. 137. Allí, el escultor también relata su primer encuentro con Siqueiros en Montevideo (en febrero de 1933), previa visita a Buenos Aires. Dos años después del trabajo realizado en la Unión Ferroviaria, el mismo equipo llevó a cabo una labor similar en la Unión Tranviaria y, además, vale señalar que al momento del fallecimiento de Facio un grupo de concejales socialistas, entre los que figura Justo, impulsaron el homenaje llevado a cabo en el Concejo Deliberante.

[111] Silvia Dolinko ha estudiado la recuperación de la figura de Facio Hebequer en la década de 1960 y en dicho contexto señaló este hecho como un posible motivo de disputa entre el peronismo y la izquierda, pues un artículo (citado por la autora) comentaba: "cuando se inauguró en el Concejo Deliberante de Buenos Aires una exposición homenaje a Facio Hebequer, alguien lamentó la desaparición de los vitrales del edificio de la Unión Ferroviaria [...donde] empleó el lenguaje de lucha, de protesta. En 1952 se consideró que los vitrales habían perdido vigencia y fueron retirados por las autoridades de la entidad obrera. Se habló con vaguedad explícita de *órdenes de arriba*. A partir de ese momento no se supo más nada de las vidrieras. Los directivos actuales aseguran que se quebraron al sacarlos; pero otra versión señala que fueron encajonados y guardados". Cf. "De la revisión del artista del pueblo al cuestionamiento institucional. Lecturas sobre Guillermo Facio Hebequer", *A contracorriente. Una revista de historia social y literatura de América Latina*, vol. VIII, n° 2, 2011, p. 106.

los trabajadores para emprender diferentes luchas obreras, que abarcan desde la huelga hasta la revolución, para alcanzar el bienestar de la "familia obrera" y el trabajo como liberación. Asimismo, aparecen algunos elementos –la mujer, los rayos del sol y el arco iris– como indicadores del porvenir y de la utopía revolucionaria. Se retomarán estos aspectos en el capítulo dedicado a la obra gráfica de Facio Hebequer, aunque es interesante observar que las reproducciones de los vitrales toman distancia del carácter pesimista que impregnó sus composiciones, sobre todo las de los años veinte centradas en los excluidos, para transmitir aquí la lección marxista por medio de un mensaje claro y sencillo: sobre las ruinas del capitalismo se construirá la sociedad futura.

Este no fue el único proyecto de arte público realizado por el artista. Como recordaba José Manuel Pulpeiro, en el homenaje llevado a cabo por la Agrupación Artística "Juan B. Justo": "Preocupábalo también la decoración mural, cosa que no debe extrañarnos sabiendo que es hoy la tendencia de todos los artistas generosos, y así se manifiesta en los vitrales que engalanan el flamante edificio de la Unión Tranviarios, diseñados por Facio Hebequer".[112] Efectivamente, en el primer piso de la sede central de dicho sindicato, ubicada en la calle Moreno 2967, Facio había realizado una de sus últimas obras, una serie de vitrales que fueron reproducidos por la revista *Vida Femenina. La revista de la mujer inteligente*, único testimonio de este emprendimiento dado que tampoco se conoce el destino de esos vitrales.[113]

---

[112] Asimismo, el autor añadía que habían quedado en el plano de proyectos los vitrales destinados para el Racing Club de Avellaneda y para "otro local obrero". Cf. José Manuel Pulpeiro, "Acto homenaje Agrupación Artística Juan B. Justo", mimeo, p. 13 (FGFH). Si bien el Racing Club no pudo ser decorado por Facio Hebequer, uno de sus amigos realizó murales, en 1937, para la misma institución: Quinquela Martín, quien, como ha señalado Cecilia Belej, "ve en el muralismo la oportunidad de llevar el arte a todas partes". Cf. "Benito Quinquela Martín y el muralismo argentino. Imágenes del Riachuelo y sus trabajadores portuarios", *Historia y espacio*, n° 42, Universidad del Valle-Ciudadela Universitaria Meléndez, 2014, pp. 11-31.

[113] *Vida Femenina* apareció por primera vez en agosto de 1933, con el objetivo de congregar a aquellas mujeres que se sentían comprometidas políticamente con el Partido Socialista y que luchaban por acceder a la plenitud de derechos civiles y políticos. Su directora fue María Luisa Berrondo, integrante del Comité Ejecutivo del PS, y, entre sus principales colaboradoras/es, se encontraron figuras como Alicia Moreau de Justo, Petrona Eyle, Carolina Muzilli, Alfredo Palacios, Adolfo Dickmann y Álvaro Yunque. Véase Edit Rosalía Gallo, "Vida Femenina", en *Periodismo político femenino. Ensayo sobre las revistas feministas en la primera mitad del siglo XX*, Buenos Aires, Instituto de Investigaciones Históricas Cruz del Sur, 2013, pp. 59-73.

Esta obra, ejecutada en 1935, presentaba rasgos similares al ya realizado para la Unión Ferroviaria. Impulsado también por el ingeniero Justo, en esta ocasión, el artista diseñó la marcha de un conjunto de trabajadores y trabajadoras que avanzan entre dos emblemas: por un lado, la rueda, símbolo de su gremio, y, por el otro, la bandera que levanta una mujer como el equivalente de la liberación social. Precisamente, es por los temas abordados que Ernesto Mario Barreda, autor de la nota que acompañó los vitrales reproducidos por *Vida Femenina*, sostenía que esta obra representa la "síntesis elocuente de las dos virtudes cardinales de toda fuerza creadora: el ideal y el movimiento".[114]

Los proyectos monumentales dialogan con el último ensayo publicado por Facio Hebequer en *Actualidad*, en el cual vuelve sobre algunos tópicos e ideas esbozados en su escrito anterior para centrarse en su mayor preocupación: la unión entre la calidad artística e ideología. Sus palabras marcan una clara oposición entre el artista que "absorbido por el estudio del tecnicismo de su arte [...] descuida su preparación política y social y se encuentra, cuando ya adquirió el oficio, que no sabe en qué emplear sus aptitudes profesionales, aunque se pase la vida ensuciando telas" y el artista que "posee una preparación política e ideológica inobjetable, quien al pretender darle a su producción luego una orientación revolucionaria, por carecer de preparación técnica, ejecuta su obra con elementos plásticos, tan pobres y negativos que no alcanza jamás a realizar una labor que merezca el título de arte".[115] Esta es la innegable tensión que, a lo largo de su vida, atravesó Facio Hebequer en sus concepciones, donde siempre persiste un espacio intransferible que trasciende toda fórmula artística, política, y que va más allá incluso de cualquier posicionamiento social. De esta manera, emerge con fuerza el desvelo permanente, expresado en sus múltiples facetas, por lograr una articulación "ideal" entre un arte revolucionario y la excelencia artística.

---

[114] Ernesto Mario Barreda, "Guillermo Facio Hebequer. Su última obra: los vitraux del edificio de la Unión de Tranviarios", *Vida Femenina*, año II, n° 22, 15 de mayo de 1935, p. 26.

[115] "Hay que bajarse del caballo", *Actualidad*, año II, n° 4, septiembre de 1933, p. 36.

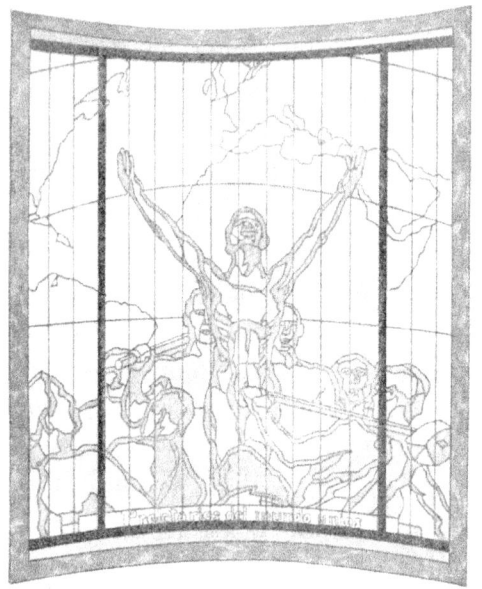

7. Guillermo Facio Hebequer, *Unión de los proletarios*, fotografía de vitraux del edificio Unión Ferroviaria, Manuel F. Fernández, *La Unión Ferroviaria a través del tiempo. Veinticinco años al servicio de un ideal 1922-1947*, Buenos Aires, 1947, s/p.

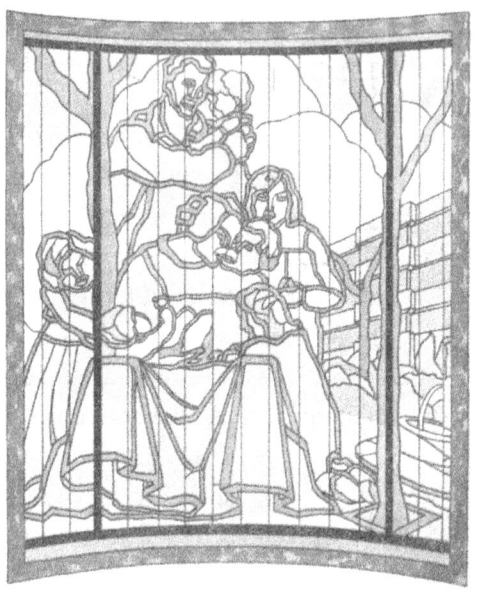

8. Guillermo Facio Hebequer, *Familia obrera*, ibídem.

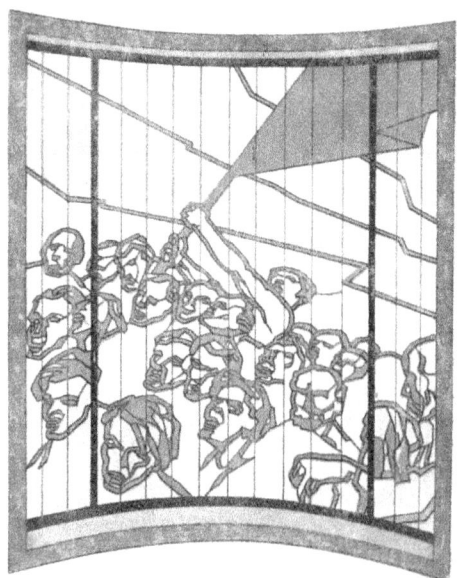

9. Guillermo Facio Hebequer, *Primero de Mayo*, ibídem.

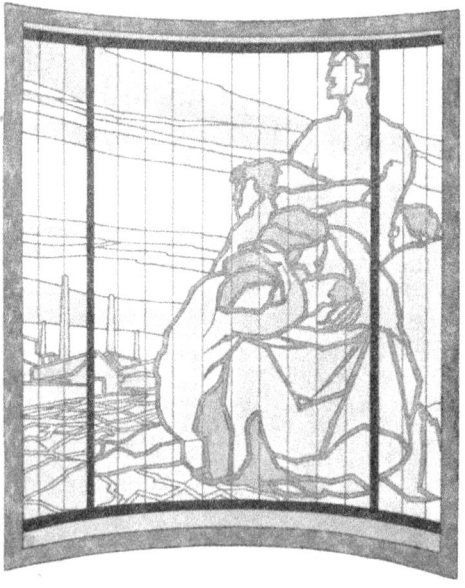

10. Guillermo Facio Hebequer, *La Huelga*, ibídem.

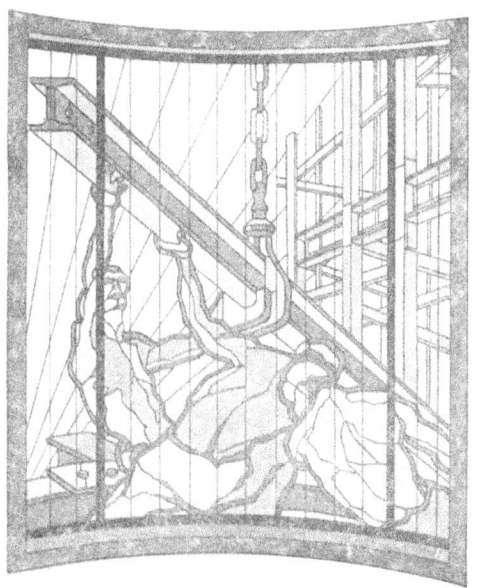
11. Guillermo Facio Hebequer, *El trabajo creador*, ibídem.

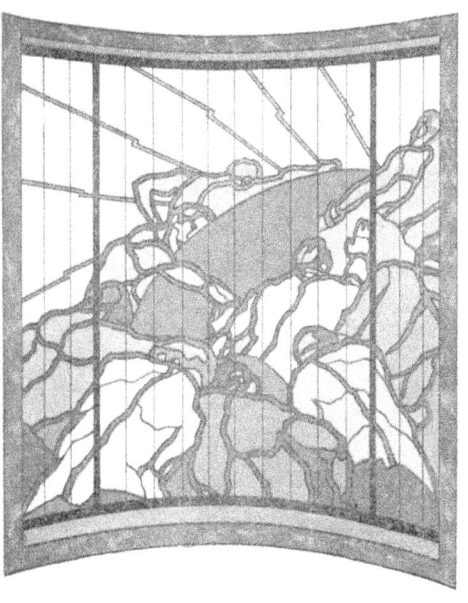
12. Guillermo Facio Hebequer, *La cooperación*, ibídem.

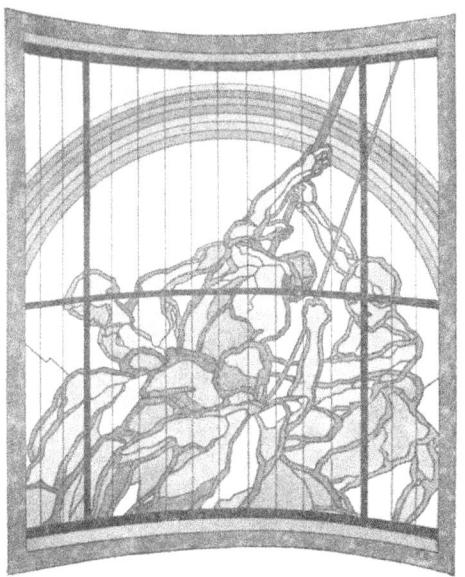
13. Guillermo Facio Hebequer, *La revolución*, ibídem.

III
Un hombre de teatro

> *Si a este aguafuertista entenebrecido por el dolor de los humildes, del que sus croquis eran documentaciones piadosas e indignadas, se le hubiese preguntado por su propia clasificación, muy probablemente hubiera contestado que él era, ante todo, un hombre de teatro. Tanto le atraían, hasta alucinarle, las posibilidades del arte escénico.*
> Edmundo Guibourg[1]

En la Europa de entreguerras, las vanguardias artísticas hicieron del teatro un espacio privilegiado para la experimentación. Incentivadas por la idea wagneriana de la *gesamtkunsterwerk* –la búsqueda de una representación entendida como "obra de arte total"–, las vanguardias propusieron fusionar en una misma escena el teatro, la pintura, la música y la danza, en un ambiente de gran efervescencia cultural.[2] En este contexto, las colaboraciones entre pintores, músicos, coreógrafos, poetas y directores escénicos fueron muy fructíferas y

---

[1] "Un hombre de teatro", *Crítica*, 1935 (FGFH).

[2] La expresión "obra de arte total" fue acuñada por Richard Wagner para promover la fusión de las diversas artes como una forma de expresión satisfactoria que superaría los límites de un único campo de expresión. En este sentido, el teatro se erigiría como el ámbito más apropiado para la integración de las diferentes artes bajo los auspicios de la música que actuaba como medio de cohesión. Véase Bernard Dort, "La representación emancipada", *Boletín del Instituto de Teatro*, n° 5, Facultad de Filosofía y Letras de la Universidad de Buenos Aires, 1987, pp. 11-12. Inclusive, cabría agregar que Wagner pensaba al teatro como un nuevo tipo arte que superaría incluso a la ópera, pues involucraba directamente al espacio en donde debería tocarse la obra. Por ello, mandó a construir un teatro en Bayreuth que él mismo diseñó y en el que modificó la disposición de las butacas, se limitó el efecto de la luz y se situó a la orquesta en el foso, entre otros aspectos. Lo más importante allí era el drama y todo se organizaba a partir de este. Agradezco a Martín Baña este señalamiento.

el papel específico de los pintores se vio radicalmente modificado, pues sus obras dejaron de ser un elemento independiente y autónomo para adaptarse a un proyecto artístico colectivo en el cual su función pasó a ser otra: la de cooperar en la creación de un espacio –en este caso, teatral– y de un discurso que podía ser narrativo, musical o simplemente escénico.[3] De acuerdo con esta nueva concepción, el lenguaje plástico de los artistas debía lograr "una eficacia visual sobre un escenario en movimiento, donde se desarrolla otro proceso visual más complejo y heterogéneo que el que tiene lugar sobre la verticalidad del muro en reposo".[4]

Algunas de esas experiencias europeas fueron celebradas, apropiadas y reformuladas en el ámbito local, donde a partir del proyecto de Teatro Libre, promovido en 1927, surgieron una serie de grupos teatrales, en los cuales participó Guillermo Facio Hebequer. Indagar el compromiso que asumió en esos emprendimientos ilumina un fragmento de su trayectoria no transitado hasta el momento y permite restituir precisamente aquella identidad, destacada por Edmundo Guibourg, de este artista como "hombre de teatro".

La intención de recuperar las intervenciones de Facio Hebequer en el teatro apunta no solo a dar mayor densidad a su itinerario, sino también a complejizar las múltiples exploraciones que llevó a cabo en pos de responder al interrogante sobre las relaciones entre arte y política. A su vez, el abordaje de esta faceta del artista pone en tensión algunas de las concepciones registradas en sus textos. Por ejemplo, como integrante de Teatro Libre y de Teatro Experimental de Arte, proyectos en los cuales contribuyó como iluminador y pintor de vestuarios, Facio se apropió de nociones vanguardistas que exaltaban la renovación de las formas y se postulaban como la opción por lo nuevo en oposición al teatro comercial. Posteriormente, tras su paso por el Teatro del Pueblo, llegó al Teatro Proletario, lo que vuelve a mostrar desde otra perspectiva la circulación del término "arte proletario". Al mismo tiempo, el análisis de esta otra faceta revela el modo en el que el teatro se constituyó, para un grupo de artistas, escritores y dramaturgos de izquierdas, como uno de los terrenos más fértiles para explorar y experimentar los vínculos entre

---

[3] Marga Paz, "Introducción", en Marga Paz (dir.), *El teatro de los pintores en la Europa de las vanguardias,* Madrid, Museo Nacional Centro de Arte Reina Sofía, Aldeasa, 2000, p. 9.

[4] Loc. cit.

arte, política y sociedad, tanto por su carácter colectivo como por sus potencialidades para llegar a un público amplio.

La efímera experiencia del Teatro Libre y su deriva en el Teatro Experimental de Arte

A principios de 1927, la revista *Claridad* publicó un manifiesto, "A los intelectuales", firmado por uno de sus referentes europeos más importantes: Henri Barbusse. En ese texto, diagnosticaba la decadencia de la civilización como consecuencia del sistema capitalista y analizaba sus implicancias en el arte y en la literatura. En primer lugar, Barbusse establecía que el signo de aquella decadencia se traslucía en la mercantilización del arte, dado que los empresarios anteponían el rédito comercial a la calidad artística; en segundo lugar, proponía que este problema debía ser enfrentado con un programa específico que involucrara a intelectuales, escritores y artistas a fin de preparar los "tiempos nuevos", pues el arte, "al expresarse, se afirma y se edifica". Por último, el intelectual francés sostenía que la renovación de las artes era central para lograr una transformación espiritual, y que debía acompañar y construir el camino hacia un nuevo orden social, el que se basaría en el trabajo colectivo y en la constitución de un movimiento trasnacional al que denominó la "Internacional del pensamiento". Tres eran los principios de acción sobre los que debía constituirse dicho movimiento:

> 1° Aproximar, reconciliar los trabajadores manuales y los trabajadores intelectuales. Estos son también explotados, arrastrados a la miseria, a la mendicidad o el servilismo, frente a los poderosos y los ricos; 2° Luchar contra la propaganda reaccionaria y arcaica de la ideología y la cultura burguesa; 3° Abrir paso y ayudar a la eclosión de un arte colectivo. Lo que debe empujarnos hacia lo colectivo son no solamente las razones de vertiginosas oportunidades que he indicado, sino el sentido que debemos tener del valor moral de los hechos y de la vida. El arte se renovará de raíz, como la sociedad. Un campo ilimitado se abre ante este renacimiento del que percibimos ya algunos signos. Tales son los tres puntos de acuerdo con los cuales debe realizarse un agrupamiento internacional y una unidad. Estos principios esenciales se apartan a la realidad y abren realmente el porvenir.[5]

---

[5] Henri Barbusse, "Presente y porvenir. A los intelectuales (especial para *Claridad*)", *Claridad*, año VI, n° 130, febrero de 1927, s/p. La idea de la "Internacional del Pensamiento" ya había sido fomentada en *Claridad. Revista quincenal socialista de Crítica, Literatura y Arte*, revista

En consonancia con algunos de los planteos del manifiesto de Barbusse y en respuesta a una encuesta sobre el estado del teatro nacional iniciada por el diario *La Nación*, en el mismo número de *Claridad* se denunciaba, en una nota sin firma, la decadencia del teatro local actual, al tiempo que se proclamaba la necesidad de una renovación artística que contemplara modificaciones tanto en la forma como en el contenido. Para el escritor anónimo de la revista, el horizonte de expectativas se encontraba en Europa y más concretamente en los proyectos colectivos de las vanguardias artísticas que habían logrado "renovar todo", es decir, tanto la obra y la escenografía como el vestuario, el maquillaje y las luces. Por ello, el autor añadía que lo menos que se podía hacer era "un poco de lo tanto que se lleva a cabo en Europa", pues nadie ignoraba la transformación que había experimentado la escena en el viejo mundo. De hecho, marcando el retraso que atravesaba el teatro nacional, reforzaba su argumento al afirmar que "el teatro de vanguardia tiene ya carta de ciudadanía en todas partes, menos acá". Ahora bien, además de insistir con que la renovación del teatro solo vendría con la vanguardia, también agregaba que aquella se produciría gracias a la tarea colectiva, porque "el hombre aislado no va a ninguna parte. Cualquier movimiento artístico o ideológico, es, siempre, un movimiento nuclear. Necesitamos algo más que un hombre. Necesitamos muchos hombres".[6]

En el teatro de esa época imperaba con gran éxito el llamado "género chico", que, a diferencia de las obras de la dramaturgia universal (el "género grande"), se caracterizaba por el desarrollo de piezas breves –generalmente exhibidas por secciones–, entre las que se destacaba el sainete. En ellas primaba un argumento sencillo y lineal, con personajes fácilmente reconocibles,

---

impulsada por José Ingenieros, luego de intercambiar una serie de misivas con Barbusse. Publicada entre enero y agosto de 1920, esta publicación marca una de las primeras recepciones del grupo Clarté, como ha quedado registrado en su número inaugural. Cf. Sin firma, "¡Claridad!" y Grupo Claridad, "Manifiesto de fundación del grupo 'Claridad' francés", *Claridad. Revista quincenal socialista de Crítica, Literatura y Arte*, año I, n° 1, pp. 1-2. Asimismo, estas ideas circularon en otras publicaciones como *Clarín. Revista quincenal*, *Insurrexit. Revista Universitaria*, *Nosotros* y *Revista de Filosofía*.

[6] Sin firma, "Encuesta a una encuesta de teatro", *Claridad*, óp. cit. Dado que en la encuesta de *La Nación* también se exaltaba la necesidad de un cambio, desde las páginas de *Claridad* se interrogaba: "¿Es que desea la renovación de verdad o es que desea solamente en las columnas de 'La Nación'? ¿Por qué en vez de levantar una encuesta no se efectúa una temporada con obras de vanguardia? ¿Por qué no se abre un consenso? ¿Por qué no se habilita un teatro? ¿Acaso no hay aquí pintores y escritores capaces de echar las bases de un nuevo teatro?".

escenografías miméticas y situaciones cotidianas que siempre tenían un desenlace feliz. Además del género chico, el teatro de revista y el *varieté* dominaban la escena teatral porteña; el doble sentido, lo picaresco y el grotesco eran sus características sobresalientes y expresaban una concepción del teatro como mero entretenimiento.[7]

Este panorama sobre el negocio teatral generó una visión pesimista en un sector de la izquierda intelectual, ya que, para algunos escritores y artistas, aquel era el mayor obstáculo para promover nuevas búsquedas estéticas y éticas que mejorasen la calidad artística y la transformación espiritual a la que refería Barbusse, probablemente menos rentables que lo ya probado como éxito económico.[8] En sintonía con estas apreciaciones que reafirmaban la necesidad de renovar el teatro nacional, en otro artículo de *Claridad* se reproducía un fragmento de una entrevista a Octavio Palazzolo realizada por el diario *La Voz del Interior*, de la provincia de Córdoba, en la cual el antiguo crítico teatral de *La Vanguardia*, autor de teatro y ex director artístico del Teatro Sarmiento, anunciaba que iba a formar un nuevo grupo teatral con un conjunto de jóvenes escritores.[9] Al reproducir el reportaje, el objetivo de la revista dirigida por Antonio Zamora era claro: por un lado, asumir que ese núcleo de jóvenes era "nuestro grupo" y, por el otro, señalar que Palazzolo era quien iba a lograr la tan mentada transformación del teatro "por su cultura, por su talento y por su integridad moral". Sin desconocer los aportes de dos referentes de la dramaturgia rioplatense como Florencio Sánchez y Roberto Payró, otra nota sobre el tema reiteraba que la innovación debía basarse en el teatro de vanguardia y que debían tomarse como ejemplos *La vida del hombre*, de Leónidas Andreiev y *La intrusa*, de Maurice Maeterlinck. Estas obras, según el escritor anónimo, eran diferentes, pero habían arribado a principios estéticos semejantes, dado que en ambas la declamación desaparecía y era reemplazada por la sugestión

---

[7] Véase Carolina González Velasco, *Gente de teatro. Ocio y espectáculos en la Buenos Aires de los años veinte*, Buenos Aires, Siglo XXI, 2012.

[8] En este sentido, para el escritor Álvaro Yunque era posible equiparar el teatro comercial con la industria cigarrera o la fabricación de ajenjo, al considerarlo como un tóxico con el que "se ahíta la estupidez sensiblera o de risa procaz al público-plebe que llena las salas todos los días. Sin hipérbole, podría decirse que el teatro nacional es otro mal nacional". "Nuestro teatro", *Claridad*, año VI, n° 136, junio de 1927, s/p.

[9] Sin firma, "Noticia", *Claridad*, año VI, n° 131, marzo de 1927, s/p.

y los silencios, componentes fundamentales para provocar una intensidad emotiva.[10]

Con estas declaraciones y comentarios se preparó el camino para celebrar, en abril de 1927, la creación de Teatro Libre, una de las primeras experiencias de teatro independiente en Argentina. La idea de "independencia" remitía sobre todo a posiciones ideológicas que reivindicaban el compromiso ético y estético, la responsabilidad de autofinanciación y la libre determinación en oposición a las exigencias empresariales y a las imposiciones de las salas oficiales.[11] Este nuevo grupo teatral dirigido por Palazzolo –y entre cuyos miembros también se encontraban Facio Hebequer, Leónidas Barletta, Álvaro Yunque, Elías Castelnuovo, Abraham Vigo, Augusto Gandolfi Herrero y Héctor Ugazio– prometía poner en marcha la transformación pregonada.

Para lograrlo, Teatro Libre afirmaba que era necesario partir de un plan común y de la contribución de cada uno de los miembros, que actuarían como si conformaran una suerte de orquesta: "Cada cual podría dar allí su nota más alta para bien de todos […] El teatro es, en este sentido, una especie de orquesta donde desaparecen las unidades para destacarse en conjunto. No se puede tocar una sinfonía con precisión si alguien disuena".[12] Así, el teatro poseía una función "noble" y, para alcanzarla, era obligatorio, en primer lugar, diferenciarse absolutamente del teatro comercial, en el cual, para el grupo, no había solidaridad interpretativa; y, en segundo lugar, fundar un teatro de vanguardia "libre de toda traba dogmática y de toda sujeción comercial".[13]

Algunos de estos fuertes señalamientos, como el lucro del arte y las creaciones sujetas a cualquier dogma, aparecieron con frecuencia en los escritos de Facio. Ahora bien, debe recordarse también que en sus reseñas siempre apuntó contra la vanguardia pictórica, lo que abre un interrogante sobre los rasgos o las acepciones del término "vanguardia", ya que en este nuevo ámbito, y en el reciente grupo teatral, era considerado de un modo favorable. En efecto, en su primer manifiesto, Teatro Libre expuso de un modo contundente

---

[10] Sin firma, "Algo más sobre teatro", *Claridad,* año VI, nº 131, marzo de 1927, s/p.

[11] Beatriz Trastoy, "El movimiento teatral independiente y la modernización de la escena Argentina", en María Teresa Gramuglio (dir.), *El imperio realista,* tomo VI, *Historia crítica de la literatura argentina,* Buenos Aires, Emecé, 2002, p. 480.

[12] Sin firma, "La constitución del Teatro Libre", *Claridad,* año VI, nº 133, 30 de abril de 1927, s/p.

[13] Loc. cit.

que su faro a seguir era el teatro ruso, representante de la máxima expresión teatral contemporánea. Luego, declaraba sus objetivos inmediatos:

> a) Utilizar el concurso de un grupo de escritores, pintores e intérpretes que aspiren a la formación de un nuevo teatro, y a quienes les preocupen más los intereses artísticos que los inmediatos; b) Celebrar periódicamente representaciones teatrales, o temporadas estables cuando lo permitan sus recursos, con obras, intérpretes y material escénico de los que se adhieran a los fines del Teatro Libre, incluyendo las obras extranjeras que caractericen un movimiento renovador; c) Proceder de inmediato a una agitación previa, utilizando la tribuna pública para divulgar los principios y propósitos de Teatro Libre; d) Declarar órgano oficial de la agrupación a la revista CLARIDAD.[14]

Este primer manifiesto podría complementarse con una entrevista posterior realizada a Palazzolo y reproducida en las páginas de *Claridad* y *Comoedia* (revista dedicada a la vida teatral), en la cual se explayaba sobre los propósitos de la agrupación referidos al plano creativo y renovador. El flamante director de Teatro Libre afirmaba que más que una "obrita bien escrita", el grupo aspiraba a crear nuevas formas de expresión, las que surgían como una clara reacción a lo no deseado; en este sentido, los opuestos configuraban la nueva apuesta teatral:

> Al teatro vacuo, superficial y declamatorio, preferimos el teatro que sugiera. Arte de representación. Queremos hacer del espectáculo una unidad perfecta entre la obra, el intérprete y la escenografía. Con ello pretendemos apartarnos en absoluto de lo habitual y rutinario. Y sin clasificarnos en tal o cual escuela, queremos lograr todos los matices, utilizar todos los elementos propicios a nuestro fin, creando nuestra propia experiencia [...] queremos realizar un movimiento de avanzada, en donde todo se caracteriza por el retroceso. En este sentido pretendemos provocar, indiscutiblemente, un movimiento de vanguardia.[15]

---

[14] L. Barletta, E. Castelnuovo, G. Facio Hebequer, O. Palazzolo, A. Gandolfi Herrero, A. Vigo, A. Yunque, H. Ugazio, "Teatro Libre. Declaración", *Claridad*, óp. cit., s/p.

[15] Sin firma, "Lo que hará Teatro Libre", *Claridad*, año VI, n° 139, julio de 1927, s/p, y Sin firma, "Cómo y por qué nació el 'Teatro Libre'", *Comoedia para todos*, año II, n° 26, 16 de junio de 1927, p. 50. A los cuatro meses de su formación, Teatro Libre logra publicar una revista autónoma gracias a los aportes materiales de algunos colaboradores, en donde se rectificaba que el núcleo central y directivo de Teatro Libre estaba constituido por Palazzolo (director artístico), Barletta (secretario), Facio Hebequer (tesorero), y Castelnuovo, Vigo, Yunque y Ugazio (vocales). Asimismo, informaban que el grupo de los pintores se había acrecentado gracias a la

Si bien la propuesta principal era, como lo manifiesta Palazzolo, la de alterar las formas de expresión pero sin encasillarse en una escuela o tendencia y dar así lugar a una creación local, el hecho de que en la mayoría de las declaraciones se eligiera como referente a la vanguardia rusa implicaba una toma de posición, pues esta se constituía como el horizonte de un posible cambio cultural y social en que el teatro era visto como uno de los medios más efectivos para revolucionar las conciencias.

En el contexto de la Rusia de los soviets, habían surgido una infinidad de propuestas muy innovadoras que buscaron precisamente la emancipación de los diferentes órdenes de la sociedad a través de la articulación entre arte y vida. A pesar de las profundas divergencias que existieron entre las diversas agrupaciones culturales (como, por ejemplo, la *Proletkult* y el Frente de Izquierda de las Artes), se partía de la idea de que en una sociedad socialista el arte debía formar parte de la vida cotidiana y de la construcción colectiva.[16] En los primeros años de la revolución, la búsqueda de alcanzar un teatro nuevo se tradujo en un laboratorio de ideas y experimentaciones ligadas a una reelaboración de los lenguajes previos de la vanguardia, como el simbolismo, el cubofuturismo, el rayonismo o el suprematismo, y de otros emergentes, como el constructivismo.

Los primeros signos de transformación se materializaron en las diferentes propuestas escenográficas, que intentaban alejarse de la idea del escenario como mera decoración o, dicho de otro modo, como prolongación de un cuadro enmarcado, para dar lugar a un complejo volumétrico y arquitectónico. Así, el distanciamiento de la supremacía de la imitación y el rechazo del ilusionismo y de la representación, que desde el Renacimiento habían predominado en el arte occidental, fueron las propuestas más significativas que trajeron consigo estos movimientos de vanguardia. En el ámbito local, una de las primeras apuestas del Teatro Libre radicó precisamente en las escenografías de tendencia cubofuturista realizadas por Vigo y los vestuarios realizados

---

incorporación de Andrés Martini. "Cómo y por qué nació Teatro Libre", *Teatro libre. Publicación mensual*, año I, n° 1, agosto de 1927, s/p.

[16] Sobre las tensiones entre las diversas agrupaciones e instituciones y las relaciones con el *Narkomprós* (Comisariado del Pueblo para la Educación), presidido por Lunacharski, véase Sheila Fitzpatrick, *Lunacharski y la organización soviética de la educación y de las artes (1917-1921)*, Madrid, Siglo XXI, 1977, pp. 136-190.

sobre la base de modelos de Facio Hebequer, quien se ocupaba también de la iluminación.

En efecto, a juicio de los animadores del Teatro Libre era necesario reemplazar los decorados costumbristas, caracterizados por el abigarramiento espacial del grotesco, por nuevas escenografías sintéticas y móviles.[17] Prueba de ello son los bocetos escenográficos y de indumentaria realizados por Vigo, que han quedado como huellas de la proyección imaginada para la renovación teatral. En la mayoría de esos bocetos, la síntesis y la abstracción se imponen como dos elementos sustanciales de las puestas escenográficas, y son complementadas por un tercer componente de suma relevancia: la iluminación, destacada en un artículo de *Claridad* como un recurso clave para producir emociones. Para el autor de la nota, la iluminación es capaz de determinar un estado de ánimo o de modificarlo, puesto que "la luz posee un espíritu como todas las cosas. Una luz verde le infunde al rostro un aspecto cadavérico. Una luz roja llena el proscenio de alegría o de lujuria. La luz debe seguir las mismas gradaciones del drama. El carácter de una obra debe ser el mismo carácter de las luces". Por lo tanto, quien escribía concluía que "sin luz no hay drama".[18]

Estas reflexiones fueron ensayadas por Vigo, quien se propuso soñar la renovación por medio de la confección de diseños escenográficos basados, como puede observarse (imagen 14), en una convergencia de planos y volúmenes irregulares que se ven exaltados por la iluminación; el artista privilegia, aquí, el uso de colores cálidos y fríos con el propósito de contrastar con el fondo negro y provocar, de este modo, sensaciones en el espectador. Así, el boceto de Vigo se presenta como un claro gesto renovador respecto de las puestas que se hacían por entonces en la escena teatral porteña.

---

[17] Andrés Monteagudo, "El teatro de las tinieblas", en Miguel Vitagliano (comp.), *Boedo. Políticas del realismo*, Buenos Aires, Título, 2012, p. 125.

[18] Sin firma, "Introducción al teatro de vanguardia", *Claridad,* año VI, n° 134, mayo 1927, s/p. Al año siguiente, la revista seguía fomentando y circulando este tipo de innovaciones a partir de la difusión de emprendimientos que ya habían demostrado una posible relación entre transformación y éxito, como, por ejemplo, la experiencia del Teatro del Arte, llevado a cabo por Stanislavsky y Meyerhold, y el teatro posrevolucionario, impulsado por el comisario de instrucción pública Lunacharski. Cf. M. Llinás Vilanova, "Stanislavsky y el Teatro de Arte de Moscú", *Claridad*, año VII, n° 161, junio de 1928, s/p; Héctor Agosti, "Teatro Ruso Contemporáneo", *Claridad,* año VII, n° 168, octubre de 1928, s/p; D. Aranovich, "El teatro ruso contemporáneo" [traducido de *Monde* especialmente para *Claridad* por Edmundo Barthelemy], *Claridad,* año VIII, n° 177, febrero de 1929, s/p.

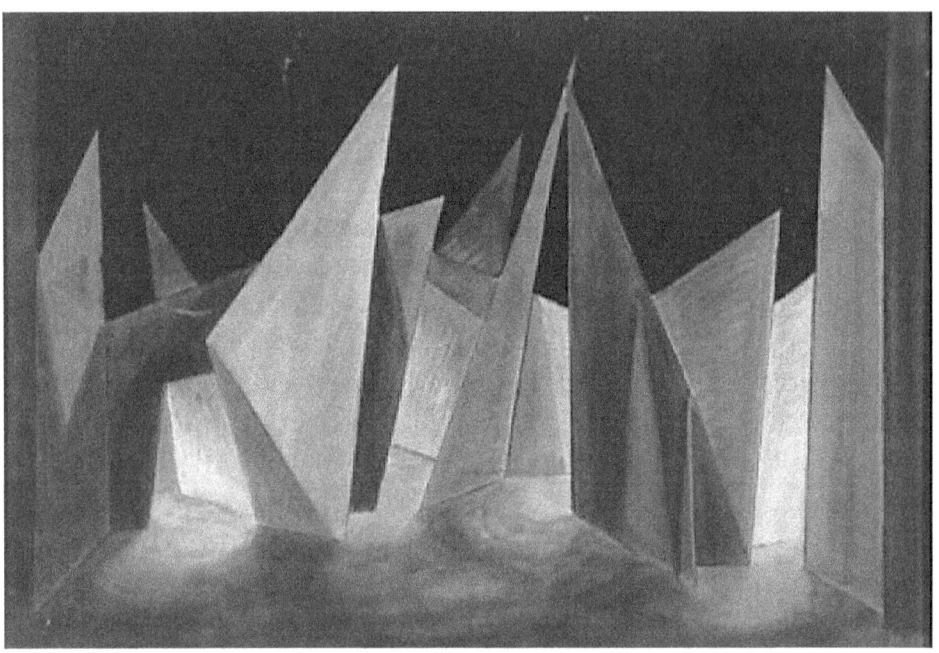

14. Abraham Vigo, boceto experimental. Museo de Artes Plásticas Eduardo Sívori.

En armonía con esos bocetos, Vigo también dejó testimonio de ideas para innovar en el vestuario (imagen 15), en las que la influencia del teatro europeo de vanguardia es incuestionable. Basta con observar algunos diseños para advertir una notoria semejanza con una de las exponentes más destacadas del futurismo ruso: Alexandra Exter. Conocida por el trabajo realizado con Alexander Tairov, hacia 1921, Exter se había incorporado al grupo constructivista junto con Aleksandr Ródchenko, Varvara Stepánova, Lyubov Popova. Este grupo de artistas fue destacado en 1925 en una nota en la *Revista de Oriente,* en la que, en especial, se señalaba a Exter como "la más refinada de esta descomposición pictórica, la cual goza de gran prestigio en Moscú, por su feliz sentido decorativo en aplicaciones para los espectáculos teatrales y también por sus croquis y figurines para representaciones dramáticas y cinematográficas". Junto con esta descripción, se reproducía un figurín "para cinematógrafo de 'Habitantes de Marte'".[19] En la misma tónica, en 1924 la artista

---

[19] Sin firma, "La pintura rusa en la Exposición de Venecia", *Revista de Oriente. Órgano de la Asociación Amigos de Rusia*, año I, n° 2, julio de 1925, p. 14. Cabe señalar que la portada del séptimo número de esta publicación fue ilustrada por Facio Hebequer, lo que posibilita pensar

rusa había sido elogiada por el vestuario realizado para *Aelita. Reina de Marte* de Iakov Protazanov. No sería apresurado conjeturar que Vigo podría haberse visto estimulado por el atuendo de algunos de los personajes de este film, los cuales guardan una gran similitud con sus bocetos, en los que, con el objetivo de imprimir un mayor dinamismo y ficción a las escenas, también predominan las formas geométricas, las diagonales y los accesorios en la indumentaria.

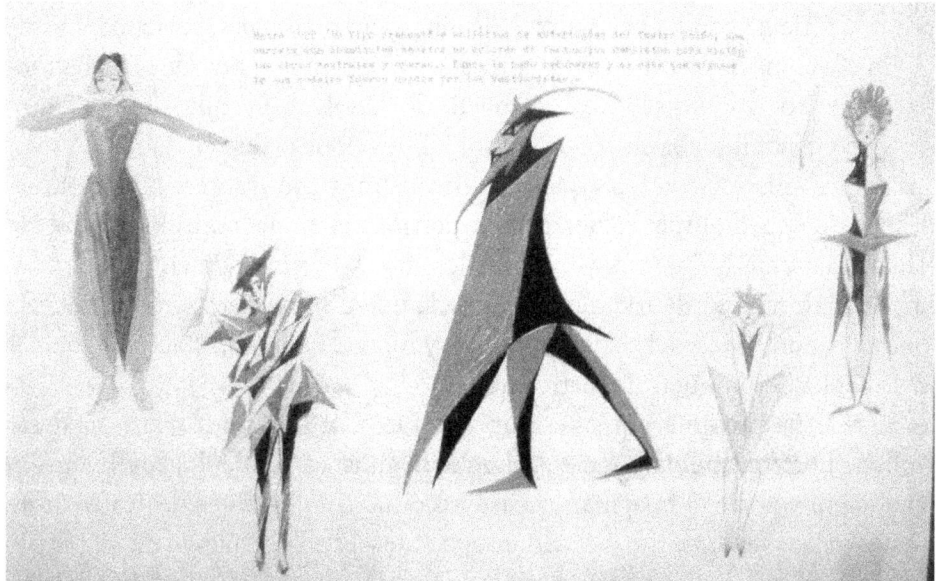

15. Abraham Vigo, boceto de vestuario, s/f. Carpeta Ariel Vigo (Comp.), *Abraham Regino Vigo*: 1893-1957, tomo II, s/d. CeDInCI.

En efecto, la cinematografía soviética tuvo su peso en el ámbito local. Con la proyección de películas en bibliotecas, centros culturales y, luego, con la primera experiencia de Cine Club de Buenos Aires en las salas de Amigos del Arte (1929-1931), la recepción del cine europeo, sobre todo del soviético, fue profusa. Para *Martín Fierro*, la revista "adversaria" de *Claridad*, *Aelita* era, junto con *El acorazado Potemkim* y *La Madre*, una de las obras rusas más notables.[20] Uno de los mayores introductores de este cine fue el crítico León Klimovsky, quien

sobre la circulación de la revista en manos de su red de amistades. En la imagen de tapa se observa una columna de hombres que marchan, con fusiles sobre los hombros, guiados por una bandera de color rojo que flamea en contraste con sus siluetas oscuras.

[20] Sin firma, "Nacimiento del cine", *Martín Fierro. Periódico quincenal de arte y crítica libre*, año IV, n° 40, 28 de abril de 1927, p. 329.

a través de sus indagaciones personales prestó particular atención a las prácticas soviéticas en el campo del montaje y el documental. Sumada a la tarea de Klimovsky, la iniciativa de consolidar en un cine club aquellos encuentros –llevados a cabo con anterioridad de manera más informal– fue acompañada por Jorge Romero Brest, Horacio Coppola, Jorge Luis Borges, César Tiempo, Guillermo de Torre, Ulyses Petit de Murat, Juan Carlos Castagnino y Lino Spilimbergo, entre otros. Las proyecciones, asimismo, fueron complementadas por una serie de conferencias acerca de cine alemán, francés, soviético.[21]

En ese clima de efervescencia cultural, Álvaro Yunque, otro de los integrantes de Teatro Libre, prologaba un folleto de Abraham Resnik sobre el teatro soviético y manifestaba su atracción por las relaciones entre el cine, el teatro y sus aportes a la sociedad, las que consideraba muy promisorias: "¿Pero Rusia, después de su múltiple esfuerzo para derribar el trono podrido [...] no se hallará cansada?... Que no es así, nos los dice su estupenda cinematografía, hoy la más original de todas. Así lo proclamó su obra maestra: *El acorazado Potemkin*, cumbre de sobriedad, emoción y fuerza. Quien produce tal cinematografía, ha de producir un teatro similar".[22]

Si se tiene presente que este grupo inquieto de escritores y artistas desarrollaba una sociabilidad que entrelazaba la amistad, la ideología y la misión artística, no es difícil imaginar la asistencia de los integrantes de Teatro Libre a estas veladas culturales, que serían una antesala a la gestación de su propio proyecto teatral. Además, si se recuerda que las primeras exposiciones individuales de Facio y de Vigo se llevaron a cabo en las salas de los Amigos del Arte, en octubre de 1928, el vínculo con esa institución de arte se hace más evidente. Asimismo, cabe destacar que la muestra de Vigo, presentada en la sala contigua a la de su amigo, exhibía una diversidad de bocetos escenográficos en los que se ponen de manifiesto, sin lugar a dudas, esos ecos vanguardistas que provenían del otro lado del Atlántico (imagen 16).

---

[21] La primera temporada oficial comenzó el 21 de agosto de 1929 y se prolongó durante quince sesiones, entre las que se exhibieron *El acorazado Potemkin* (Sergei Eisenstein, 1925), *La estrella de mar* (Man Ray, 1928), *Entreacto* (René Clair, 1924), *Armas al hombro* (Charles Chaplin, 1918), *El gabinete del Dr. Caligari* (Robert Wiene, 1919) y *Berlín, sinfonía de una gran ciudad* (Walther Ruttmann, 1927), etc. Véase Fernando Martín Peña, "Amigos del cine", en Patricia M. Artundo y Marcelo E. Pacheco, *Amigos del arte. 1924-1942*, Buenos Aires, MALBA-Fundación Costantini, 2008, pp. 17 y 59-63.

[22] "Introducción", en Abraham Resnik, *Teatro Soviético. Con prólogo de Álvaro Yunque*, Buenos Aires, 1929, p. 6.

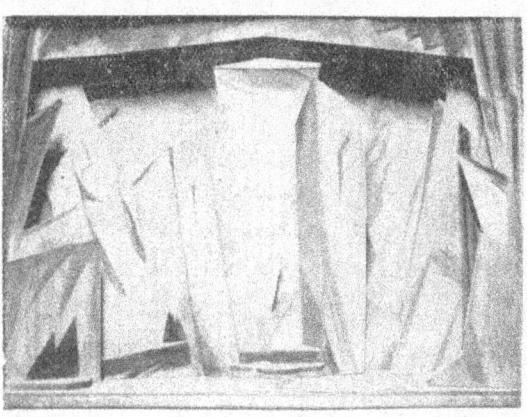
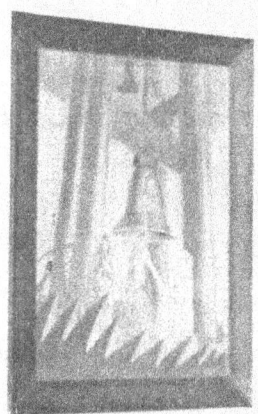
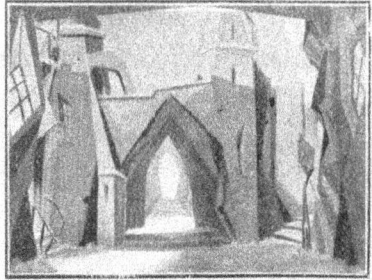
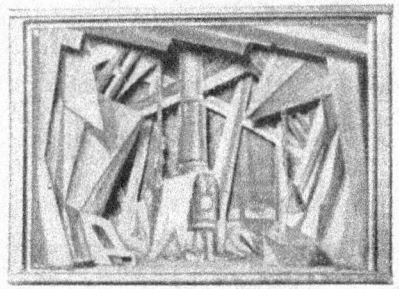
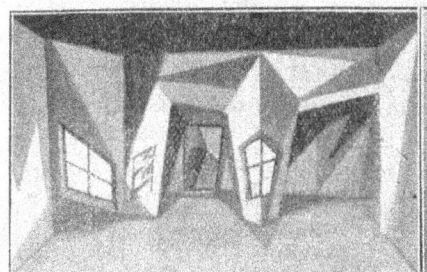
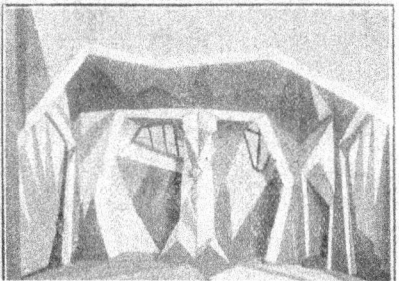

16. "Exposición escenográfica de Abraham Vigo", *Comoedia*, año III, n° 43, 1 de noviembre de 1928, p. 25.

Por tal motivo, estos registros, aunque escasos, constituyen una pieza valiosa para dar cuenta de una fase exploratoria de este grupo que tomó distancia de las etiquetas más convencionales para crear algo distinto a lo que ofrecía la escena teatral porteña. En el caso de Facio, sus indagaciones en torno a la iluminación, que pretendían lograr determinados efectos visuales y recrear diferentes atmósferas para así complementar los diseños escenográficos de Vigo, muestran una apertura hacia las experimentaciones formales que contrasta notablemente con las críticas vertidas, en sus escritos, hacia otros artistas visuales considerados como contrarrevolucionarios en términos sociales y estéticos. Lejos de ello, y casi contrariamente, la "revolución en las formas" constituía aquí un aspecto clave para fundar un movimiento de vanguardia, transmitir nuevas sensaciones al espectador e incentivar la emancipación de las conciencias.

Volviendo al lanzamiento del grupo Teatro Libre, en la sección "Dramaturgia" de *Izquierda* se anunciaba en febrero de 1928 un primer ciclo de representaciones que preveía el estreno de cuatro obras: *Odio*, de Leónidas Barletta; *La Barrera*, de Abel Rodríguez; *Rey Hambre*, de Leónidas Andreiev, y *En nombre de Cristo*, de Elías Castelnuovo. Como un anticipo, la revista publicaba las escenografías confeccionadas por Vigo para la obra elegida para la presentación inaugural: *En nombre de Cristo*, al tiempo que lamentaba no poder publicar también "la fotografía de los trajes y del mobiliario que ideara Guillermo Facio Hebequer, a fin de completar la impresión gráfica del espectáculo que se prepara". Con estas palabras, exaltaba la novedad de esta experiencia teatral independiente y el ensamble orgánico de los diferentes aportes de cada disciplina, escasa de cultores en el ámbito local:

> Salvo algunos ensayos aislados que no prosperaron, el resto de nuestros escenarios, se alimenta todavía con el decorado clásico. Académico y fotográfico. En materia de luces, también, se cultiva todavía la luz crepuscular y tibia de las velas de sebo. Aún no se ha llegado a comprender que la luz tiene un espíritu y que una luz determinada determina por sí sola un estado de ánimo. Tampoco se ha llegado a comprender que los decorados no representan tan solo las cuatro paredes de una casa. Representan o deben representar el alma de la casa. Cada objeto de los que intervienen en una obra debe ser un complemento sugestivo del espíritu de la obra misma. El decorado no puede permanecer ajeno al drama. Tampoco puede permanecer ajena la luz y los demás accesorios que constituyen la faz panorámica de la obra. El espectáculo, antes que nada, es un espectáculo. Una cosa orgánica cuya unidad exige la comunión de todos

los elementos que concurren a determinarlos. La falta de cohesión subvierte el espectáculo.²³

Asimismo, en los decorados sintéticos preparados por Vigo para la obra de Castelnuovo, que fueron publicados en *Izquierda* en 1928 y también en *Comoedia*, es imposible no advertir la influencia procedente de las escenografías de *El gabinete del Dr. Caligari*, diseñadas por Hermann Warm y su equipo. Este film, considerado la obra más representativa del expresionismo alemán, había sido estrenado en Buenos Aires en 1922, proyectado por Klimovsky en la biblioteca Anatole France (1927) y, más tarde, en el ya mencionado Cine Club de Buenos Aires (1929). Si se observan las formas geométricas oblicuas que, resaltadas por el contraste de luces y sombras, predominan en las escenografías de Vigo, es reconocible el uso de uno de los recursos más característicos del expresionismo alemán: la distorsión óptica, un componente visual que, en contra de los conceptos tradicionales, tenía por objetivo generar una desestabilización y alteración en la percepción del espectador, lo que significaba todo un gesto de innovación para los escenarios porteños de los años veinte.

No debe sorprender la semejanza, considerando que en una de las notas publicadas en *Claridad* a propósito de la creación de Teatro Libre se reivindicaba dicho film precisamente por sus innovaciones estéticas y por los posibles vínculos que podían trazarse entre cine y teatro, sobre todo en relación con sus escenografías:

> La emoción de la línea no se produce tan solo cuando la línea sigue un orden rigurosamente geométrico. La línea torcida y caprichosa, produce, a veces, una emoción más fuerte. Un farol doblado, una ventana en escorzo, un muro sin base de sustentación lógica, tortura la retina y le trasmiten al cerebro una impresión indefiniblemente trágica […] Si es trágico el argumento, las paredes deben ser trágicas también.²⁴

En nombre de Cristo no solo presentaba una indudable similitud con las escenografías de la película alemana, sino también con algunos tópicos y temas universales, como el clima de posguerra, las relaciones de poder entre el

---

²³ Sin firma, "Dramaturgia. Decorado sintéticos", *Izquierda*, año I, n° 3, 9 de febrero de 1928, p. 48.
²⁴ Sin firma, "Introducción al teatro de vanguardia", *Claridad*, año VI, n° 134, mayo de 1927, s/p.

Estado y el pueblo, y la locura. Hasta aquí, la propuesta de Teatro Libre, vinculada en sus inicios al grupo de Boedo y la revista *Claridad*, pone en cuestión aquella mirada reduccionista que ha situado a dicho grupo como revolucionario en términos ideológicos pero reaccionario en el plano estético, y muestra contaminaciones entre los llamados artistas "sociales" y "vanguardistas" que se encuentran, inclusive, más allá de las salas de los Amigos del Arte. No obstante, si luego se observa en la revista *Izquierda* la divergencia entre, por un lado, la celebración de los decorados sintéticos impulsados por Teatro Libre y, por el otro, el predominio de una gráfica realista más convencional (sus páginas solían incluir litografías de José Arato, Gustavo Cochet, Adolfo Bellocq y del mismo Facio Hebequer), las innovaciones escénicas podrían relacionarse con expectativas diferenciadas de acuerdo con la disciplina: puede verse así una postura más consolidada sobre la gráfica de las izquierdas, portadora de un alto grado de codificación en la representación y en las fórmulas de su realización, y una mayor libertad en otros planos como los de la escenografía y el vestuario, sobre los que no pareciera regir un "canon" de la izquierda local. Sin embargo, como se verá en el siguiente capítulo, en las últimas litografías de Facio es posible detectar, a partir de la mezcla de elementos, la convivencia subterránea de sus múltiples facetas, entre ellas la de "hombre de teatro".

Ahora bien, toda esta efervescencia creativa del Teatro Libre no logró concretarse y el 25 de junio de 1928 la revista *Izquierda*, devenida en suplemento cultural del diario *El Telégrafo*, anunciaba que este grupo pasaba a denominarse Teatro Experimental de Arte (TEA). En esta nueva fase, motivada por la partida del director artístico Octavio Palazzolo, el grupo continuó con el estreno de una de las obras ya planificadas, *En nombre de Cristo*, y contó con la colaboración de la compañía de una intérprete muy reconocida en el campo cultural: Angelina Pagano, que desde la década anterior se destacaba como una actriz de calidad. Con el propósito de justificar el tiempo transcurrido entre la constitución del Teatro Libre y el estreno de la obra de Castelnuovo, en *Izquierda* se elogiaba, una vez más, el arduo trabajo realizado durante todos esos meses por Facio y Vigo, encargados de la escenografía.

Finalmente, *En nombre de Cristo* fue estrenada el 20 de julio de 1928 en el Teatro Ideal. *Claridad* dedicó unas líneas al evento, al que presentó como la primera ejecución de arte teatral experimental en Argentina y, por lo tanto, como el inicio de una renovación de la escena local. Según el autor de la nota, la presentación de TEA dio a conocer al público de Buenos Aires "la materialización de esa iniciativa encomiable y develó a la crítica nuevos valores cuya repercusión no tardará en hacerse efectiva".[25] Sin embargo, un informe de la nueva agrupación publicado en *Izquierda* –que, desde el 23 de julio de 1928, también se anunciaba como el órgano de expresión de TEA e incluía la leyenda "Tribuna de los Escritores Libres y Órgano Oficial de TEA"– expresaba su disgusto respecto de la desconsideración proveniente de un amplio sector de la crítica oficial.[26] Salvo los comentarios de algunos diarios como *La Nación*, *Última Hora* y *La Vanguardia*, el resto de la prensa periódica había dado una visión negativa del estreno. De acuerdo con el informe, el principal motivo de las críticas radicaba en la resistencia tenaz que se producía en el ambiente artístico frente a cualquier iniciativa que se adelantara a su tiempo.[27]

Con ese argumento, y con el objetivo de irrumpir en el campo cultural porteño, los integrantes de TEA desplegaban en dicho informe una operación discursiva que se basaba en el enfrentamiento de dos fuerzas en pugna; así, afirmaban que "todo movimiento de renovación artística o social, produce, naturalmente, un movimiento de reacción. Atrás de Lenin aparece siempre Mussolini".[28] En efecto, TEA encontraba, a lo largo de la historia, sobrados ejemplos que avalaban dicha afirmación, desde los silbidos y apedreadas recibidos por Wagner al querer introducir un sentido nuevo del arte hasta los enconos despertados por los futuristas en Italia. Por supuesto que no deja de llamar la atención este último ejemplo dada la adhesión explícita de estos artistas al fascismo italiano, sobre todo si se tiene en cuenta que la visita de Marinetti a Buenos Aires a principios de junio de 1926 desató una serie de debates que escindieron el campo cultural entre aquellos que celebraron su

---

[25] Sin firma, "Bibliográficas", *Claridad*, año VII, n° 164, agosto de 1928, s/p.

[26] Sin firma, "Informe de 'TEA' al finalizar su primera representación experimental. Comentarios alrededor de la tragedia de Castelnuovo", *Izquierda* (E. T.), 6 de agosto de 1928, p. 5.

[27] En una carta de Castelnuovo dirigida al dramaturgo Francisco Defilippis, en septiembre de 1927, el escritor señalaba la incomprensión de la crítica ante el estreno de una obra renovadora de Defilippis (*María la tonta*). Jorge Dubatti reproduce dicha carta como testimonio del choque entre lo "viejo" y lo "nuevo" y el espacio de polémica abierto en la década del veinte, así como las dificultades de recepción que padecieron los primeros modernizadores del período; también, la distancia estética entre los espectadores y la "vanguardia", entre otros temas. Cf. "Modernización teatral y crítica en la década del veinte: una carta de Elías Castelnuovo a Francisco Defilippis", en *Arte y recepción. VII Jornadas de Teoría e Historia de las Artes*, Buenos Aires, CAIA, 1997, p. 91.

[28] Sin firma, "Informe de TEA", óp. cit.

llegada, como el grupo de *Martín Fierro,* y los que la repudiaron por sus conocidos vínculos con el régimen italiano.[29]

De todos modos, y a pesar de esa cita ambigua, el informe devenido en réplica pública se sostiene sin lugar a dudas en la construcción de una dicotomía entre un "ellos" –los reaccionarios, asociados política e ideológicamente a Mussolini y a quienes querían sostener el teatro nacional– y un "nosotros" –que contenía tanto a los representantes de la renovación artística local como los planteos de la izquierda bolchevique–. En un gesto claramente vanguardista, los integrantes de TEA declaraban que habían llegado para "perturbar el orden preestablecido en el teatro" con novedosas transformaciones, que incluían tanto la escenografía y la "dirección de conjunto" como la necesidad de generar una nueva crítica teatral, porque proponían que si una producción innovadora exigía elementos excepcionales, también demandaba "críticos de excepción". Según el grupo, estos eran motivos más que suficientes para comprender la recepción negativa y el rechazo de algunos críticos, que, por su propia naturaleza conservadora, mantenían su postura de defender un "teatro podrido" frente a cualquier propuesta radical. Por último, el informe añadía que, dado que *En nombre de Cristo* era una obra revolucionaria por su forma y contenido, era comprensible la reacción asumida por aquella prensa que se dirigía fundamentalmente a un público conservador: "¿Acaso la burguesía es tan zonza que va a mantener una publicación que aplauda a sus detractores? […] Lo que desea la prensa burguesa es eliminar las ideas revolucionarias para favorecer las conservadoras".[30]

Para TEA, que exaltaba la importancia de la ideología detrás de toda producción artística y de su recepción, dicha prensa no comprendía esta novedosa apuesta –caracterizada como "una tragedia excepcional que hacía parar los pelos de punta"–, pues encontraba en ella algo totalmente ajeno a lo establecido. Y aquí aparece un elemento interesante: definir la obra como tragedia viene a reforzar la idea de que, para este grupo, el sainete era el procedimiento más vulgar del lenguaje escénico y se contraponía con la forma más elevada y la expresión máxima en términos espirituales, morales y estéticos, que en este caso representaría *En nombre de Cristo*. En efecto, a diferencia de la mayoría

---

[29] Cf. Sylvia Saítta, "Filippo Marinetti en la Argentina", en Paula Bruno (coord.), *Visitas culturales en la Argentina. 1898-1936*, Buenos Aires, Biblos, 2014, pp. 215-229.

[30] Sin firma, "Informe de TEA", óp. cit.

de las apuestas teatrales de la calle Corrientes –que privilegiaban la humorada y el costumbrismo como medio más eficaz para atraer al público–, la obra de Castelnuovo se presentaba como una tragedia y como un fuerte alegato en contra de la guerra, que, además, asumía el desafío de exhibirse con una escenografía innovadora para realzar un mensaje que se resistía a ser transmitido por los medios tradicionales.

El argumento de la obra, desarrollado en tres actos, se basa en los desastres de una guerra protagonizada por un emperador que, a su vez, se opone a un grupo de madres que tienen a sus hijos en el frente de batalla y se organizan para traerlos de regreso a su hogar. Con tal propósito, las madres deciden en asamblea marchar descalzas, de rodillas y acarreando un estandarte con la imagen de Cristo hacia el palacio del emperador y demandar allí el fin de la conflagración. Sin embargo, la última escena muestra que el objetivo no es alcanzado, ya que la obra finaliza con la represión de las fuerzas del zar hacia el movimiento pacifista. Este conflicto parece evocar un episodio como el del "domingo sangriento" de 1905, acaecido en Rusia, que se superpone con el paisaje principal del texto, la guerra, que podría traducirse en las consecuencias y el quiebre civilizatorio desatado por la Primera Guerra Mundial.

En palabras de José Viadiu, que luego del estreno escribió una reseña para *Izquierda*, el objetivo de *En nombre de Cristo* se había cumplido porque rebosaba de "emoción concentrada y pura". Y esa emoción se lograba, para Viadiu, a través de la original propuesta expresiva para los personajes, signados por locuciones lacónicas:

> El léxico es rápido, nervioso, decisivo. Nada de placidez, ni acomodamientos. Los adornos retóricos no pueden encubrir la falta de nervios ni la carencia de ideas. Lo que piensan y lo que sienten los personajes de *En nombre de Cristo* lo expresan de una manera cortante y precisa. A veces, dicen más con el ademán, el gesto o el movimiento de los ojos que con la palabra.[31]

Además, en la obra de Castelnuovo no existían personajes como el héroe o la heroína, sino la *mater dolorosa* (símbolo del sufrimiento y de la vida), la muerte, la loca y el mutilado, entre otros, como piezas de un argumento que no permite predecir el final. En este sentido, Viadiu señalaba que cada una de las creaciones de la obra incitaban y exigian que "el espectador complete para sí lo que se presiente dando lugar a que la imaginación esté en constante

---

[31] "Una tragedia excepcional", *Izquierda (E. T.)*, 30 de julio de 1928, p. 5.

tensión tratando de adivinar el sentido que el autor coloca en lo íntimo de sus personajes".[32]

En correspondencia con estas proposiciones –y este es otro elemento innovador de TEA–, el público dejaba de ser visto como un mero receptor de información para dar lugar a un espectador activo, sensible, capaz de completar los significados de la propuesta dramática. Esto puede leerse en relación con la presencia constante de modelos expresionistas y simbolistas en la poética de Castelnuovo, tanto en *En nombre de Cristo* como en *Ánimas benditas* y *Los señalados*, puesto que este autor "elige el artificio contra la naturaleza, trabaja con personajes genéricos, apuesta a la desrealización de tiempos y espacios que busca esfumar referencias directas y opacar la alusión realista".[33] Del mismo modo, se entiende que para TEA fuera central enfatizar esas configuraciones a través de novedosos elementos visuales, considerados tan relevantes como el texto y sus interpretaciones.

Sin embargo, la percepción de Viadiu no fue compartida por el crítico que, de forma anónima, comentó la puesta en *La Prensa*, y de hecho, aunque no esté expresado de modo explícito, es muy probable que el informe de TEA, que funcionaba como una suerte de réplica, haya estado motivado por esta reseña crítica. El 29 de julio de 1928, la sección teatral del mencionado diario sostenía que la obra de Castelnuovo no representaba a ningún movimiento de vanguardia dado que prevalecía en ella un carácter imitativo del modelo ruso en cuanto al ambiente evocado, las alusiones y referencias; el autor de la nota añadía que incluso parecía una copia del drama *Interior*, de Maurice Maeterlinck, el mayor exponente del teatro simbolista. A ello agregaba que cuando a los artistas jóvenes "el genio no les da pujanza de su individualidad absoluta, tienen por fuerza ser el producto de alguien". Salvo los "hermosos decorados futuristas" de Vigo, el resto de los recursos utilizados eran "viejos", motivo por el cual el crítico concluía: "Mezcla de realismo crudo y de intimismo de segunda mano, *En nombre de Cristo* jamás pudo haber sido considerada como una obra de vanguardia, si no fuera por los decorados y los manifiestos del Teatro Experimental de Arte".[34] En este punto, es importante advertir la

---

[32] Loc. cit.

[33] Adriana Rodríguez Pérsico, "Estudio preliminar", en Elías Castelnuovo, *Larvas*, Buenos Aires, Ediciones Biblioteca Nacional, Colección Los Raros n° 45, 2014 [1931], pp. 18-19.

[34] Sin firma, "Ideal", *La Prensa*, 29 de julio de 1928.

semejanza entre algunos comentarios del crítico de *La Prensa* referidos a las concepciones sobre el teatro de TEA y ciertos argumentos utilizados por Facio en sus críticas contra la "vanguardia pictórica" "el carácter imitativo, la falta de originalidad, etc."; sin embargo, y paradójicamente, en este caso los términos de la crítica se invierten y se profieren desde el diario *La Prensa* contra una de las experiencias teatrales de las que participó el artista.

Ahora bien, a pesar de que el informe de TEA insistía en la incomprensión por parte de la "prensa burguesa y conservadora", una crítica muy similar, cuya principal argumentación coincidía con lo señalado por el crítico de *La Prensa*, fue publicada en la revista *Nosotros*. El autor de la nota, Domingo A. Arizaga, afirmaba que si bien *En nombre de Cristo* aspiraba a ofrecer un espectáculo de vanguardia, "por la inspiración y por el ambiente escénico [...] la nueva producción de Castelnuovo ni es tragedia, ni es tampoco, esencialmente, una obra de vanguardia auténtica". Arizaga basaba su comentario en la falta de articulación entre el plano visual y el texto dramático, pero, sobre todo, se centraba en este segundo componente que, a su juicio:

> [...] en ningún momento suscita la emoción trágica, y no porque en lo meramente visual e imaginativo le falte dramaticidad. Sino por su carencia de espíritu, de fuerza, de expresión. Viciada de un pesimismo sollozante, por un diálogo decadente, un estilo sin vigor y sin hondura, y una acción que repta penosamente, organizando cuadros arquitectónicos fijos, todo el espectáculo produce la sensación de estar respirando aire enrarecido.[35]

Además, el autor sostenía que el diálogo no había sido logrado, a tal punto de derribar la escasa tensión dramática alcanzada; de esta manera, concluía que *En nombre de Cristo* no era una tragedia, pues:

> No alcanzaría nunca el melodrama que concibe Romain Rolland, así como no ha podido cuajar en la tragedia alucinante y simbólica de Andreiff. Su filiación vanguardista, por otra parte, nos parece improbable. Su originalidad reside en dos elementos: la concepción y el ambiente. Pero la primera ninguna vinculación guarda con las corrientes espirituales del teatro moderno. En cambio el decorado constituye un bello acierto. Y el esfuerzo del autor y de la compañía por crear un espectáculo nuevo tiene el valor innegable de un experimento artístico doblemente inspirado. Como realización, un fracaso solemne, frío y sin gloria.[36]

---

[35] "*En nombre de Cristo*, de Elías Castelnuovo", *Nosotros*, año XXII, n° 281, agosto de 1928, p. 270.

[36] Ibídem, p. 271.

A pesar de que, en contraposición a la crítica de *La Prensa*, Arizaga podía valorar positivamente la influencia de ciertos referentes europeos, sus cuestionamientos muestran que también para un sector cercano a la izquierda cultural de Buenos Aires las propuestas innovadoras del TEA fueron controvertidas. Es decir que, más allá de las diferencias, en las diversas críticas cristalizaba una mirada que ponía el foco en las experiencias soviéticas y exponía, como uno de los argumentos centrales y detractores, el fuerte influjo de los autores rusos o directamente su copia.

Castelnuovo no tardó en dar una extensa respuesta en el suplemento de TEA, lo que a la vez motivó una polémica en las páginas de *El Telégrafo* y dejó en evidencia aquella autonomía anunciada del diario respecto de *Izquierda*.[37] En esa nota, el escritor se dirigía a todos aquellos críticos que habían atribuido al grupo un carácter imitativo por las semejanzas halladas con la literatura rusa. Sin desconocer la admiración hacia los escritores rusos –Tolstói, Gogol, Chéjov, Dostoievski y Gorki, entre otros–, Castelnuovo aclaraba que existía una gran distancia entre lo que significaba una mera imitación de lo que a su entender era una "comunión con los literatos rusos", a quienes los unía el ejercicio de una literatura de naturaleza social.[38] Las influencias extranjeras y el cosmopolitismo defendido por Castelnuovo como un rasgo distintivo de la sociedad y de la cultura argentina –"Nosotros aprendemos a escribir en los libros extranjeros", "Pensamos y sentimos no como los indígenas, sino como los europeos", decía– entraba en choque con el pretendido "arte nacional", que no es otra cosa que "una mentira patriótica y piadosa", pues "aquí no hay, ni hubo, ni habrá un arte autóctono". Al igual que en las ya citadas críticas de Facio Hebequer hacia Pedro Figari, la réplica de Castelnuovo pone de manifiesto, una vez más, los prejuicios étnicos que yacían en el seno de la izquierda, y plantea de un modo explícito una mirada muy peyorativa no solo de las sociedades precolombinas de Argentina y de América en general (en comparación con un esquema civilizatorio que hace de Europa el paradigma

---

[37] Con el correr de los días, se fue transformando en una suerte de discusión coral, dada la intervención entre un lector, Conrado Fernández Peña, y nuevas figuras como el chofer Bruno Tasca y el propio Barletta (ambos a favor de las posiciones de Castelnuovo). Al dar por concluida la discusión, *Izquierda* la calificó como "una riña de gallos". Cf. "Consideraciones acerca de una riña de gallos", *Izquierda* (E. T.), año VIII, n° 2634, 24 de septiembre de 1928, p. 5.

[38] Elías Castelnuovo, "Todavía no somos nada y ya tenemos miedo de parecernos a alguien", *Izquierda* (E. T.), año VIII, n° 2592, 13 de agosto de 1928, p. 5.

del progreso), sino también de la literatura gauchesca y de los intentos de recuperar un pasado nacional. En palabras de Castelnuovo:

> Nuestra patria espiritual no es la pampa desolada ni las tolderías. Nosotros no tenemos nada que ver con los indios aquellos que poblaron este territorio antes de ser desalojados por los hombres que nos gestaron a nosotros [...] lo que saldrá de América, si es que sale algo, es un producto occidental [...] Los indios no nos dejaron nada porque no tenían nada que dejar a nadie. Hablar de una civilización indígena a esta altura del progreso, es tener una idea muy pobre de la civilización. Sustituir el estudio de un escritor civilizado por el estudio de un payador nacional, es como sustituir el aeroplano por la carreta o la electricidad por la vela de cebo.[39]

La respuesta a la acusación que la obra copiaba a las producciones rusas, de este modo, dejaba al descubierto el encono que provocaban, en algunos integrantes del grupo, ciertas identidades que formaron parte de la construcción de una nacionalidad argentina. En especial, personajes "autóctonos" como el indígena y el gaucho (que, protagonista de la escena teatral, era concebido como representante de un teatro comercial ligado a lo pernicioso y opuesto a la elevación de los espíritus) produjeron en Castelnuovo una profunda aversión que parecía diluir aquella empatía por los excluidos que predominó en sus narraciones desde los tiempos de Boedo, empatía que, evidentemente, no contemplaba a los pueblos indígenas.

Más allá de señalar la reacción de Castelnuovo, lo interesante es destacar que estos emprendimientos locales, influidos por las exploraciones artísticas fomentadas en el país de los soviets, revelarían un "destiempo" respecto de aquellas experiencias soviéticas que, en parte, los inspiraron. Mientras que en la Rusia de mediados de los años veinte la experimentación vanguardista de los primeros años de la revolución ya se encaminaba hacia una concepción realista que luego adquiriría contornos mucho más rígidos bajo la égida estalinista, en Buenos Aires recién comenzaban a producirse una serie de lecturas que exaltaban de manera selectiva algunos rasgos de la cultura soviética; aquí se consideraba que la experimentación formal todavía era posible, y era precisamente esta creencia la que marcaba el rasgo más novedoso de TEA. Estas apuestas, en las que se rastrean lecturas e influencias, no llegaban a alcanzar, sin embargo, la radicalidad de escritores de avanzada como Vladímir

---
[39] Loc. cit.

Maiakovski, quien junto con Vsévolov Meyerhold revolucionó el teatro en los años posteriores a la revolución;[40] en el ámbito local, por el contrario, solo se llevó a cabo una apropiación selectiva centrada en la experimentación de las apuestas visuales y en la profunda preeminencia de la literatura realista rusa decimonónica (Chéjov, Tolstói o Andreiev, entre otros) que, como ha señalado Roberto Pittaluga, "podía ser leída por los intérpretes locales como una tradición de rebeldía y a la vez como una elaboración intelectual sobre los derroteros futuros de la emancipación humana".[41]

Ahora bien, junto a estas inocultables referencias rusas, en la mencionada crítica de Arizaga se incorporaba a un nuevo actor al debate sobre la recepción de estos emprendimientos teatrales: la figura de Romain Rolland, que, del mismo modo que Henri Barbusse, había hecho su ingreso en Buenos Aires en los años de la posguerra y sería también un referente destacado de la izquierda local durante los años veinte y treinta, desde el reformismo universitario hasta el antifascismo. Como autor de obras teatrales, y al igual que los escritores rusos, Rolland tuvo una rápida acogida en el seno de la izquierda porteña.[42] De hecho, en 1927 *Claridad* celebraba la traducción al castellano de *El Teatro del Pueblo. Ensayo de estética de un teatro nuevo* (edición original, 1903), colección de escritos de Rolland en los cuales sostenía que la denuncia de temas universales como la guerra era una tarea fundamental del teatro.[43] Educar al pueblo por medio de la experiencia teatral se presentaba, así, como una alternativa superadora respecto de la pedagogía formal.

---

[40] Como ha señalado José Hesse, el cambio estructural atravesado a partir de la revolución en Rusia alcanzó una radicalidad fácil de notar si se comparan las obras decimonónicas con las surgidas al calor de los años postrevolucionarios. Relacionado con ello, el autor destaca el estímulo fomentado desde la órbita estatal hacia el teatro y el cine, cuando Lenin decretó, el 26 de agosto de 1919, la nacionalización de todas las propiedades teatrales para planificar una renovación teatral a lo largo y a lo ancho del territorio de los soviets. Véase, *Breve historia del teatro soviético,* Madrid, Alianza, 1971, p. 35 y pp. 141-150.

[41] *Soviets en Buenos Aires. La izquierda de la Argentina ante la revolución en Rusia*, Buenos Aires, Prometeo, 2015, pp. 309 y 316.

[42] Por dar un ejemplo, la revista *Estudiantina*, órgano del Centro de Estudiantes del Colegio Nacional de La Plata, dedicó un número completo a Rolland en el que se incluye su quehacer teatral. "Homenaje a Romain Rolland", *Estudiantina. Letras, crítica y arte*, año III, n° V y VI, febrero de 1927, pp. 66-68 y 103-111.

[43] Álvaro Yunque, "El teatro del pueblo", *Claridad*, año 7, n° 161, Buenos Aires, junio de 1928, s/p.

Distanciándose de la "revolución de las formas", la concepción teatral de Rolland no estaba tan atenta a los diseños escenográficos, pues para él "lo nuevo" residía en llegar a las masas a través de las ideas y de los sentimientos. Al parecer, la propuesta de TEA intentaba conjugar el teatro de vanguardia con concepciones pedagógicas similares a las formuladas por Rolland; en otras palabras, promulgaba una articulación entre la experimentación formal y la transmisión de contenidos universales desde una posición moral. En este sentido, la anarquista Juana Rouco Buela, una simpatizante del emprendimiento de TEA, señalaba con énfasis este segundo aspecto al concluir, en relación con *En nombre de Cristo*, que "obras como esa, impregnadas de un humanismo y de un realismo tan grandes, debían llevarse a menudo a escena para inculcar así en los pueblos, ebrios de un falso patriotismo, los indisolubles lazos de amor y fraternidad".[44] Esta preocupación por alcanzar a las masas a través de un mensaje claro pero innovador se trasladó a Buenos Aires y atravesó a las diferentes empresas teatrales abordadas aquí, que tenían entre sus objetivos principales la tarea de incorporar a las clases trabajadoras como público estable y reflexivo, distanciado del teatro comercial.

Las proyecciones de TEA, sin embargo, no llegaron a desarrollarse en profundidad, dado que, a pesar del éxito autoproclamado y de algunas críticas teatrales que le auguraban un lugar destacado en el campo cultural porteño, la agrupación dejó de funcionar a los pocos meses de su primer y único estreno. El día 3 de diciembre de 1928, sin ninguna explicación, la revista de TEA dejó de ser publicada por *El Telégrafo*. Lo último que ha quedado registrado de la experiencia de TEA es el anuncio de una nueva obra de Castelnuovo que sería publicada por intermedio de la editorial El Inca y que estaría constituida por tres obras teatrales: *Ánimas benditas*, *En nombre de Cristo* y la inédita *Los señalados*, con las correspondientes decoraciones ejecutadas por Vigo.

Esta rápida culminación de la experiencia de TEA exhibe, de un modo tensionado, la distancia que va de la propaganda y las menciones autorreferenciales en *Izquierda* a su resultado concreto. A juzgar por su efímero paso por la escena cultural porteña, esta propuesta, marcada por la innovación escenográfica, parece haber tenido una escasa recepción por parte del público, hecho que se riñe con lo pronunciado en las páginas de su órgano oficial.

---

[44] "La voz de las madres contra el crimen de la guerra, en la tragedia de Castelnuovo", *Izquierda* (E. T.), 13 de agosto de 1928, p. 6.

El Teatro del Pueblo: apuesta y ruptura

A pesar del silencio de los integrantes de TEA, es muy probable que la poca aceptación que tuvo la obra de Castelnuovo y los problemas financieros expresados en varias oportunidades en su órgano oficial expliquen algunos de los motivos de su interrupción. Sin embargo, estas no fueron variables suficientes para dejar atrás las potencialidades que, para ese grupo de escritores y artistas, ofrecía el teatro como modo de intervención en la sociedad. En efecto, dos años después y bajo el nombre de Teatro del Pueblo, surgía una nueva apuesta en la que volvían a figurar varios de los integrantes de TEA. Por supuesto, Facio fue de la partida; al parecer, ya no podía desistir de esta dimensión artística que, sin dudas, marcaría su vida y su obra.

A diferencia de TEA y de otras iniciativas del período como La Mosca Blanca o El Tábano, el Teatro del Pueblo, fundado por Leónidas Barletta en noviembre de 1930, logró persistir a lo largo del tiempo (1930-1975). Aunque en diversas declaraciones públicas (acta fundacional, entrevistas y textos publicados en los órganos oficiales de la agrupación) Barletta no reconoce ningún antecedente inmediato ni traza una genealogía local que muestre la gestación del proyecto, el legado de TEA es evidente. Sumado a esto, el hecho de que el nuevo grupo se haya presentado bajo la dirección de Barletta y que las funciones distintivas y sobresalientes de su figura por sobre las del resto del grupo hayan sido enaltecidas podría dar la pauta de que existieron otras causas que condujeron a la culminación de TEA. Estas se vincularían, más bien, a un cambio de paradigma suscitado entre algunos de sus miembros con respecto, principalmente, a dos aspectos: el primero, de tenor más organizativo, implicaba el pasaje de una dirección colectiva a una dirección individual; el segundo, como se verá, estaba ligado al plano estético-ideológico y articulaba la pregunta sobre cómo lograr un teatro transformador "para el pueblo".

Una marca indiscutible de continuidad entre ambas experiencias es el uso, en el nuevo emprendimiento, del mismo logotipo que Facio Hebequer había diseñado para TEA. La imagen –un hombre que tañe una campana– se mantiene, pero el conjunto se ve levemente modificado por la inserción de la leyenda "Teatro del Pueblo. Dirigido por Leónidas Barletta". Por las características del diseño y, sobre todo, por la particularidad de la gráfica de Facio (que se analizará en el próximo capítulo), podría interpretarse que ese hombre dibujado, portador de un cuerpo frágil que necesita inclinarse con fuerza para tirar de la cuerda y hacer resonar una pesada campana, representa a ese público al que el nuevo grupo elegía seguir interpelando: el pueblo. Ese llamado a participar de un teatro transformador no está exento, sin embargo, de dolor y de trabajo arduo, como parece indicar el logotipo. La imagen también simboliza la idea de militancia cultural que caracterizó a la compañía de Barletta, dado que, al inicio de cada función teatral, se tocaba una campana para llamar a los asistentes, aunque el director advertía:

> […] si el público que está enviciado y relajado por años y años de teatro innoble, no viene a nuestras funciones, nosotros no lo vamos a esperar agitando una campanilla, sino que saldremos con nuestra compañía a buscarlo, a desentumecerlo, a guiarlo en medio de su terrible miopía, para que se oriente hacia espectáculos, más sencillos, sí, más pobres, también, pero de elevación espiritual y artística.[45]

Según las anotaciones de Barletta recogidas por Raúl Larra, la idea de crear el Teatro del Pueblo había nacido en las reuniones llevadas a cabo en el estudio de Facio y había surgido con expectativas similares a las de TEA, el proyecto precedente: modernizar el ámbito teatral incorporando, por oposición al teatro comercial, un contenido social, y crear un espacio cultural que involucrase especialmente a la clase trabajadora. En consecuencia, y siguiendo el modelo de *El Teatro del Pueblo* de Rolland, uno de los pilares del grupo fue, precisamente, la promoción de una intensa labor pedagógica que implicaba salir a buscar al público y atraerlo por medio de diferentes estrategias que iban más allá de la presentación de obras teatrales. Como se verá, esta fue una de las apuestas más novedosas del nuevo emprendimiento.

Además de los integrantes de TEA, en la nueva propuesta confluyeron algunos miembros de otra agrupación teatral que duró unos pocos meses, El Tábano,[46] cuyos propósitos coincidían en gran parte con los del Teatro del Pueblo, como se lee en los artículos primero, séptimo y octavo de su estatuto:

---

[45] Barletta, "Consideraciones sobre el Teatro del Pueblo", *Metrópolis*, n° 1, primera quincena de mayo 1931, s/p.

[46] Uno de los fundadores de El Tábano, Julián Álvaro Sol (seudónimo de Ricardo Sanguinetti), definió a esta empresa teatral como una suerte de réplica de la experiencia frustrada de La Mosca Blanca (1929), impulsada por César Tiempo y Samuel Eichelbaum en la Biblioteca "Anatole France". "El nuevo teatro", Fondo personal Álvaro Sol, familia Heinrich-Sanguinetti (en adelante, FAS).

1° [...] a) Creación de un laboratorio de teatro de arte; b) Enseñanza de arte escénico, literatura y cultura teatral; c) Amplio auspicio para los autores cuyas obras acusen inquietud y dignidad artísticas; d) Espectáculos periódicos privados absolutamente gratuitos para socios, crítica periodística e invitados especiales; e) Espectáculos periódicos públicos con fines de divulgación y elevación culturales, siempre dentro de las actividades teatrales que forman la característica esencial de "El Tábano"; f) Todos los espectáculos serán gratuitos; pero, en el caso de tener necesidad "El Tábano" de recursos para subsumir al sostenimiento de su vida artística, se podrá cobrar entrada, pero nunca exceder el precio de $ 0,30 por localidad [...] 7° Los dos Jefes de Laboratorio entenderán de todo lo referente a la parte artística: lectura de obras, selección del repertorio, aceptación o rechazo de las obras presentadas, montaje de las representaciones, dirección de las obras, autorización a directores y amplias facultades para resolver en cada caso el mejor criterio a observar. En caso de duda, el Secretario General decidirá con su voto; 8° Los Jefes de Labor Cultural tienen a su cargo la organización de conferencias, lecturas comentadas, revistas orales, y toda aquella actividad que fuere útil para la mejor consecución de la obra cultural. En caso de duda el Secretario General decidirá con su voto.[47]

En las diferentes cláusulas y artículos de El Tábano puede observarse que, a diferencia de TEA (pero en sintonía con el Teatro del Pueblo), el funcionamiento del proyecto dependía de una organización jerárquica muy bien delimitada. El Tábano, grupo constituido por Julián Álvaro Sol, León Mirlas, Rodolfo Bronstein, Aníbal Urribarri, Miche Jácoby, Pascual Nacaratti y Carlos Garrigós Bony, hizo su presentación pública con la obra *Los bastidores del alma*, de Nicolás Evreinov, en la sala de teatro de las Federaciones Gallegas (sita en Avenida Belgrano 1732). Esa fue la única función, ya que por problemas financieros la agrupación decidió disolverse.

Julián Álvaro Sol dejó testimonio del pesar que ocasionó al grupo el tener que abandonar la empresa a pesar del "éxito inicial", y equiparaba este revés con el del dramaturgo ruso Evreinov: "no podía consolarnos el hecho de que el propio autor de la obra hubiese corrido la misma mala suerte a principios del siglo con su 'Teatro Nuevo' de Moscú".[48] Al construir un relato épico del proyecto, y desplegando una operación discursiva que tomaba como ejemplo

---

[47] Estatuto "El Tábano", Buenos Aires, 7 de agosto de 1930 (FAS).

[48] Evreinov fue el director de teatro a cargo de *Asalto al Palacio de invierno*, una puesta monumental, realizada el 7 de noviembre de 1920 en el mismo palacio, con motivo del tercer aniversario de la revolución de Octubre.

a un director emblemático de la Unión Soviética, Sol sentaba las bases para iniciar un nuevo capítulo en la historia del teatro argentino que no se agotaba en el ensayo fallido de El Tábano. De hecho, en aquella única y "exitosa" función consumada se encontraban como espectadores Castelnuovo, Yunque, Vigo, Facio y Barletta, y fue allí cuando este último les habló a los integrantes de El Tábano para invitarlos a formar parte de su nuevo proyecto.[49]

De este modo, algunos miembros de El Tábano se incorporaron al teatro de Barletta. A esto se suma que, entre los escritos y recortes guardados prolijamente por Sol en una carpeta rotulada "El Tábano", se conserva el programa de una de las obras realizadas por el Teatro del Pueblo –*Mientras dan las seis*, de Amado Villar y Eduardo González Lanuza–, sobre el cual el escritor anotó con tinta en uno de sus márgenes: "De 'El Tábano' al Teatro del Pueblo, es la continuación de las ilusiones". En esos mismos papeles, Sol añadía que ya no formaban parte del nuevo emprendimiento Miche Jácoby, Elsa y Marta Bronstein y Eliseo Montaine por desacuerdos con la dirección.

De la sumatoria de voluntades de TEA y El Tábano nacía, entonces, el Teatro del Pueblo. En su estatuto (específicamente en el artículo segundo) se detallaban sus objetivos: "a) Experimentar, fomentar y difundir el buen teatro, clásico y moderno, antiguo y contemporáneo, con preferencia el que se produzca en el país, a fin de devolverle este arte al pueblo en su máxima potencia, purificándolo y renovándolo. b) Fomentar y difundir las artes en general, asumiendo la defensa de la cultura".[50] Este último tópico fue replicado con frecuencia durante el ciclo abierto por la dictadura cívico-militar de 1930, y años más tarde se levantó como el principal eslogan de la Agrupación de Intelectuales, Artistas, Periodistas y Escritores (AIAPE) y de su primer órgano oficial (*Unidad. Por la defensa de la cultura*), como una respuesta de los intelectuales frente al avance de los fascismos y de un progresivo contexto represivo en el ámbito local.

A su vez, en el acta fundacional del Teatro del Pueblo se precisaba que este se constituía como una entidad civil gracias a la iniciativa de Barletta.

---

[49] "Del Viejo y del Nuevo Teatro", FAS. Como se puede constatar en el órgano oficial del Teatro del Pueblo (*Metrópolis*), el escritor Álvaro Sol figura entre sus colaboradores y, en efecto, escribió varios artículos para la revista.

[50] Patricia Verónica Fischer y Grisby Ogás Puga, "El Teatro del Pueblo: período de culturalización (1930-1949)", en Osvaldo Pellettieri (dir.), *Teatro del Pueblo: Una utopía concretada*, Buenos Aires, Galerna, 2006, p. 168.

Esta aclaración pone de manifiesto el rol que, desde sus inicios, el artista se atribuyó, no solo como director de escena, sino también como sostén de toda la actividad teatral y orientador estético e ideológico de la compañía.[51] Si bien existía una cláusula del reglamento que disponía que los integrantes realizaran todas las tareas –desde la actuación hasta la limpieza, pasando por la confección del vestuario, la escenografía y el cobro de las entradas, porque "en el Teatro del Pueblo no se admite ningún tipo de servidumbre"–, la dirección general, la elección del repertorio y la concepción de la puesta en escena estaba únicamente a cargo de Barletta, puesto que para él existía una clara distinción entre el "saber" y el "hacer" que no debía ser transgredida.[52] Barletta insistía en que los cuatro elementos centrales que constituyen el espectáculo teatral (dramaturgo, actor, escenógrafo y espectador) no podían conectarse entre sí por fuera de la intervención del director, quien, por su oficio, era el único capaz de lograr la síntesis entre lo que sucedía en el escenario y el interés del público.[53] En este sentido, la horizontalidad era estimulada siempre y cuando la figura del director estuviera por encima del resto de los integrantes del Teatro de Pueblo.

En este énfasis que exalta la labor de un individuo puede advertirse un contraste con la propuesta de TEA, que propiciaba la dirección colectiva. Este cambio de concepción podría explicar otro de los motivos del desenlace de aquel proyecto, lo que puede verse en el testimonio de Barletta a propósito de su desempeño como secretario general: "Hicimos algo y aprendí mucho. Sobre todo aprendí que la Dirección no puede ser compartida. Es un acto de creación privativo del individuo. Entonces fundé el Teatro del Pueblo y con la anuencia y la comprensión de mis compañeros fui todo lo absoluto que requiere el oficio".[54] Con esa simple afirmación, el dramaturgo dejaba entrever que el colectivo TEA no consiguió consolidarse como una alternativa teatral por falta de un buen director que condujera y guiara; podría pensarse, de hecho, que precisamente ese cambio de idea podría haber sido uno de los factores más importantes de su finalización, aunque, claro, no el único.

---

[51] Ibídem, p. 167.

[52] Ibídem, p. 191.

[53] Leónidas Barletta, *Viejo y nuevo teatro. Crítica y teoría*, Buenos Aires, Futuro, 1960, p. 49.

[54] Raúl Larra, *Leónidas Barletta. El hombre de la campana*, Buenos Aires, Conducta, 1978, p. 90.

Otro factor de suma relevancia que podría explicar el carácter efímero de la mayoría de este tipo de experiencias radica en la distancia que estas agrupaciones de izquierda mantuvieron con una cultura de masas que se profundizó a partir de los años veinte. En este sentido, como muestra Javier Guiamet, las tensiones atravesadas por el Partido Socialista en relación con la compañía socialista "Teatro del Pueblo, Puerto La Plata" fueron evidentes. Dirigida por Guillermo Korn entre 1933 y 1936, esta compañía logró atraer a una gran cantidad de público gracias a la incorporación de ciertas estrategias "tentadoras" vinculadas al consumo de masas que, si bien entraban en tensión con sus propias concepciones, podían resultar eficaces a la hora de ampliar la influencia de la doctrina partidaria. De esta manera, al final de las obras ofrecidas por esta agrupación se realizaban sorteos que brindaban como premios desde libros de teatro de autores "importantes" hasta lociones o un "sombrero de nutria"; algo parecido a una "kermesse cultural".[55]

Por el contrario, las experiencias aquí estudiadas, opuestas al mero entretenimiento y al lucro comercial, fueron bastante hostiles a este tipo de opciones, condenadas por el aparente "embrutecimiento" que podían ocasionar. Esa distancia con respecto a los gustos y entretenimientos valorados por los trabajadores, sumada al afán de concentrarse en una renovación de la escena porteña, sin duda podría haber atentado contra el potencial beneficio de captar un público mayoritario. Sin embargo, como se verá, el teatro de Barletta buscó otras alternativas para seducir al pueblo y "elevar" su cultura.

La inauguración oficial del Teatro del Pueblo se llevó a cabo el 14 de febrero de 1931 en un cine de Villa Devoto, con una función que incluyó textos dramáticos de Álvaro Yunque y Juan Carlos Mauri. Luego, el grupo alquiló la sala de la Wagneriana (Florida 936), hasta que finalmente la Municipalidad le cedió un local en Corrientes 465, en donde se estrenaron obras de jóvenes autores argentinos, teatro clásico universal y teatro moderno extranjero.[56] En cuanto al papel de los artistas plásticos, se advierten notorias divergencias con TEA; de hecho, las tareas de Vigo y Facio Hebequer, encargados nuevamente

---

[55] Javier Guiamet, *Tentaciones y prevenciones frente a la cultura de masas. Los socialistas argentinos en el período de entreguerras*, tesis de doctorado, Facultad de Humanidades y Ciencias de la Educación, Universidad Nacional de La Plata, 2017, p. 104.

[56] El repertorio de las obras estrenadas en la primera fase del Teatro del Pueblo (1930-1936) puede consultarse en Lorena Verzero, "Actividades y estrenos", en Osvaldo Pellettieri (dir.), óp. cit., pp. 11-14.

de las escenografías, quedaron difuminadas o, mejor dicho, en un segundo plano.

En contraste con la renovación visual proclamada por el proyecto previo y con los usos, laxos, de un término como el de "vanguardia", en el Teatro del Pueblo no existió un interés manifiesto por apropiarse de aquellas estéticas vanguardistas que resonaron en el ámbito local. Su apuesta visual, por el contrario, se caracterizó por la precariedad de las escenografías, construidas con bolsas de arpillera, rafia, canastos, papel crepé, cartones y algunas lamparitas pintadas "que otorgaban al decorado y vestuario un matiz ingenuo".[57] Pero más allá de los materiales utilizados para confeccionar el diseño escenográfico, lo llamativo es el papel asignado a los artistas implicados en esa labor. Por tomar solo uno de los tantos ejemplos, la puesta para Títeres de pies ligeros, de Ezequiel Martínez Estrada, fue tradicional, pues la escenografía realizada por Vigo reproducía sin variaciones el mundo onírico creado por el escritor: "el jardín de las marionetas –afín a las comedias clásicas–, la luna, el árbol que florece durante la obra, la cigüeña y el estanque con el cisne de utilería. La música funcionaba –tanto en el texto dramático como en el espectacular– para orientar al espectador acerca de la entrada en acción de un nuevo personaje".[58] En cuanto a la iluminación, esta debía acompañar de manera fiel el mundo descripto en la obra representada.

Lejos de la propuesta de TEA, que incentivaba el aporte original que podría ofrecer cada integrante en función del todo, aquí Vigo estaba supeditado y debía respetar con fidelidad la narración de Martínez Estrada y las directivas de Barletta, sin introducir una interpretación novedosa del texto en materia visual. Lo importante, ahora, era ilustrar el texto desde una estética realista que excluía y se contraponía con aquellas disonancias que, provocadas por los decorados sintéticos, eran celebradas por TEA y que, como se había planteado en obras como *En nombre de Cristo*, tenían por objeto generar emociones y reflexiones críticas por parte del espectador. Ni estas apuestas escenográficas novedosas ni las experimentaciones con los efectos lumínicos fueron sostenidas en el Teatro del Pueblo.

Atrás parecían quedar las palabras de Castelnuovo cuando explicaba que su obra, seleccionada para el estreno de TEA, elegía confundir la realidad con

---

[57] Fischer y Ogás Puga, óp. cit., p. 67.
[58] Ibídem, p. 175.

la fantasía como un procedimiento que potenciaba el mensaje.[59] Sin embargo, para Barletta, que consideraba que el público necesitaba ser guiado en sus interpretaciones, el mensaje debía ser claro y directo. En consecuencia, no ponderaba esa creatividad y comunión que debería existir, según TEA, entre la forma y el contenido. En este sentido, podría pensarse que la configuración de una organización menos horizontal, que ponía en el centro a la figura del director y desplazaba la innovación formal de las experiencias previas con el argumento de la necesaria inteligibilidad por (y para) el pueblo, muestra los límites de un sector de la izquierda local para romper definitivamente con una concepción de la práctica artística que ponderaba su dimensión educativa bajo el paradigma de la Ilustración, vinculado, principalmente, al realismo y a cierta orientación pedagógica.[60]

Más específicamente, este desplazamiento, que va de la innovación a una estética más convencional fundada en el paradigma de la Ilustración, revela la consolidación y el predominio de la opción por un teatro basado en un modelo pedagógico que seguía los postulados de *El Teatro del Pueblo* de Rolland, como se advierte en las páginas del primer órgano oficial de la agrupación, *Metrópolis. De los que escriben para decir algo*.[61] Por ejemplo, Julián Álvaro Sol se apoyaba en Rolland para adaptar "su contenido conceptual a nuestro ambiente", lo que suponía poner en el centro del debate la responsabilidad social del artista. Con ese objetivo, Sol reeditaba algunos tópicos de la polémica Boedo-Florida para fortalecer la importancia del contenido por sobre las "formas" en la coyuntura de los años treinta:

> Mientras Gómez de la Serna decora pavaditas, miles de obreros ambulan desocupados agrandados de odio los ojos; mientras Fernández Moreno compone sus versitos, miles de tuberculosos mueren por falta de medios para cuidarse; mientras Bayón Herrera estrena sus chistecitos de actualidad, el pueblo vive su tragedia económico-político-social; mientras se suceden las exposiciones de buñuelitos para inapetentes y los conciertos a muchos pesos la platea, el

---

[59] "Teatro Experimental de Arte", *Comoedia*, año III, n° 40, 1 de agosto de 1928, pp. 19-20.

[60] Véase Pittaluga, óp. cit., pp. 326-327.

[61] La revista se presentó como el principal medio de difusión de las actividades llevadas a cabo por el grupo, además de publicar poemas, reseñas bibliográficas, teatrales y cinematográficas, entre otros temas. En total, se publicaron quince números entre mayo de 1931 y agosto de 1932. En diciembre de 1931, se anunció que, desde su próximo número, la publicación estaría dirigida por Castelnuovo, Arlt, Facio Hebequer, Leo Rudni y Barletta. Cf. *Metrópolis*, n° 8, diciembre de 1931, s/p.

hombre sufre el dolor de sus derechos cercenados. La conciencia social continúa adormecida. Y los derechos del hombre siguen siendo letra muerta. Y es en esos momentos en el que el desconcierto y las indefiniciones actúan como trampolín para el acceso hasta la popularidad que la voz de aquellos que por estas latitudes se desesperan por el logro de una cultura auténtica, debe hacerse oír más que nunca, clara, fuerte y reflexiva, para conseguir que la confusión desaparezca y que la conciencia humana despierte.[62]

El final de la cita es contundente: el arte debe ser didáctico, directo y claro para concientizar a un público con la "verdad" y no con artilugios estéticos o de otro tipo, como la comicidad, basados en el mero entretenimiento. Concretamente, la influencia de Rolland se evidencia en la premisa de querer promover un "arte para la humanidad", lo que se traduce en la representación de los conflictos reales (la desocupación, la prostitución, el hambre, la explotación, el militarismo, el imperialismo, las dictaduras, etc.), porque, afirma Sol, "el pueblo necesita verdad antes que belleza", y el día que el arte sea belleza será producto de un "reflejo de la realidad" y no una fabricación de un arte incentivado y pagado por la burguesía.[63]

Muchos de estos sentidos, que también fueron abordados en los escritos de Facio Hebequer, podrían sintetizarse en la frase inscripta en la portada del número inaugural de *Metrópolis*, la que, recuérdese, sentenciaba: "Mientras el país sufre una de sus grandes crisis políticas, sociales y morales, los 'artistas' realizan la 'fiesta de las artes'. Después quieren estos 'artistas' que el pueblo no los desprecie". Con esta frase, el Teatro del Pueblo se posicionaba y asumía un compromiso con la sociedad frente a la nueva coyuntura histórica. Este rechazo a la concepción del "arte por el arte", entendido como un pasatiempo y una falta de compromiso con la realidad circundante, quedó registrado en las páginas de dicha revista, en la cual colaboraron Castelnuovo, Facio, Vigo, Yunque, Roberto Mariani, Nicolás Olivari, Roberto Arlt, César Tiempo, Julián

---

[62] "Los irresponsables del arte", *Metrópolis*, n° 4, agosto de 1931, s/p.

[63] J. Álvaro Sol, "El Teatro y el pueblo", *Metrópolis*, n° 15, julio-agosto de 1932, s/p. Cabe señalar que, entre sus recortes, carpetas y libros, Sol guardaba un ejemplar de la edición de Rolland de 1927, en la cual hay subrayados y otras marcas del escritor argentino que evidencian el uso de ciertos pasajes para la redacción de sus artículos y notas mecanografiadas. Sobre la influencia de *El Teatro del Pueblo* de Rolland véase también María Fukelman, "El vínculo entre Romain Rolland y Leónidas Barletta para el surgimiento del teatro independiente", *AdVersuS*, año XII, n° 29, diciembre 2015, pp. 134-155.

Álvaro Sol, Virgilio San Clemente, entre tantos otros, vinculados antes al grupo de Boedo, Teatro Libre, TEA y El Tábano.

Otro eje de preocupaciones que se planteó desde el primer número de la publicación, que continuaba la misma línea de TEA y de las intervenciones de Facio Hebequer, se suscitó en torno a la figura del crítico profesional, que, según el grupo, era responsable de la decadencia del arte y el principal obstáculo para su desarrollo; en torno a esta cuestión se realizó una encuesta, que salió entre el segundo y el decimocuarto número de *Metrópolis*.[64] No obstante, el mayor interés lo despertó el público, al cual la compañía de Barletta debía atraer por medio de diversos mecanismos que incluían desde la apuesta por nuevos autores hasta la realización de diferentes actividades que trascendieran a las presentaciones en las salas del Teatro del Pueblo.

La compañía de Barletta ideó un espacio que incluyó un repertorio de clásicos y modernos de la dramaturgia universal —como *El matrimonio*, de Nicolai Gogol, *Sueño de una noche de verano*, de William Shakespeare, *Edipo Rey*, de Sófocles o *Fuenteovejuna*, de Lope de Vega—, pero también ofreció la oportunidad para muchos autores nacionales, entre los que se destacó Roberto Arlt. Este fue el escritor más innovador del proyecto porque, al promover la ficción como ámbito privilegiado para operar sobre lo real, incorporó una estética moderna que buscaba sacudir al espectador. Este aspecto tensionó los propósitos didácticos de Barletta[65] y, podría añadirse, la iniciativa del "Teatro polémico", que consistía en fomentar el debate al finalizar algunas de sus funciones con el objetivo de encauzar la interpretación de las puestas en escena.

---

[64] Las preguntas fueron las siguientes: "¿Qué opinión le merece la crítica profesional? Esa crítica anónima, que se efectúa sistemáticamente en diarios y revistas, cada vez que se estrena una obra o se publica un libro, o se abre una exposición de pintura o escultura. ¿Es saludable o perjudicial? ¿Contribuye al desarrollo del arte o por el contrario impide su natural desarrollo? ¿Orienta al público y al artista o desorienta al artista y al público? ¿Desempeña una función educativa y edificante o desempeña una función envilecedora y comercial?". Cf. *Metrópolis*, n° 2, junio de 1931, s/p. Esta visión negativa sobre el papel de los críticos era compartida también por Roberto Arlt, quien ya había expresado en una de sus aguafuertes porteñas: "Ésta es una ciudad en cuyos teatros, al terminarse el primer acto de cualquier estreno, salen los críticos al vestíbulo y se dicen los unos a los otros: —¿Ha visto qué bodrio? Realmente no podía pedirse obra peor. Al día siguiente, todos los periódicos donde escriben esos solemnes alacranes, salen dándole truculentos bombos al 'bodrio'". Cf. "Críticos teatrales", 2 de junio de 1929, en *Aguafuertes porteñas: cultura y política*, Buenos Aires, Losada, pp. 66-67.

[65] Cf. Laura Juárez, *Roberto Arlt en los años treinta*, Buenos Aires, Ediciones Simurg, 2010, pp. 40-41.

Asimismo, cabe resaltar que la incorporación de Arlt al Teatro del Pueblo no solo cosecharía grandes éxitos para la compañía y para el escritor, también marcaría un camino o, mejor dicho, un tránsito compartido junto con Facio, Castelnuovo y Vigo. Con ellos estrechó su amistad y participó de espacios vinculados a una radicalización ideológica que debe comprenderse en este marco de batallas intelectuales desatadas en la coyuntura específica de los años treinta.

Con el ideal de elevar el "espíritu de las masas" para lograr una transformación social, el grupo emprendió una profusa acción cultural que incluyó exposiciones de arte (como la ya mencionada "Primera exposición de artistas proletarios"), conciertos, recitales de música de cámara, proyecciones cinematográficas, ciclos de danza, encuentros de lectura, conferencias y obras teatrales itinerantes que llevaban el arte a un público y zonas alejadas del circuito cultural porteño.[66] Esta última acción guarda una estrecha relación con aquella necesidad de salir a la "calle verdadera" que Facio Hebequer planteaba en su breve texto autobiográfico; buscar y estimular al pueblo eran pilares cardinales en el ideario del artista y en esta apuesta teatral. En efecto, él participó en muchas de esas actividades, como ha quedado registrado en algunas fotografías o artículos de *Metrópolis*. Sin embargo, a partir de la decimoprimera entrega de la revista, en marzo de 1932, los nombres de Facio Hebequer y Castelnuovo dejaron de figurar entre sus colaboradores, momento que coincide con el acercamiento de ambos a la órbita cultural comunista y con su participación activa en otras publicaciones, como *Bandera Roja* y *Actualidad*.

---

[66] Las funciones itinerantes y *Fuenteovejuna*, de Lope de Vega, merecen una mención aparte, puesto que con esta obra se emprendió una gira en la provincia de Buenos Aires que logró, según la crítica, un éxito rotundo. Sin duda, para la compañía de Barletta significó cumplir con el objetivo de llevar el arte a un público más amplio radicado en zonas alejadas del circuito cultural porteño. A su vez, la puesta en escena, en 1935, de este clásico universal estuvo relacionada con las lecturas políticas que se habían realizado de la obra desde una perspectiva marxista. Por último, es interesante destacar que, con el mismo objetivo de acercar el teatro al pueblo, esta obra ya había sido representada por el proyecto teatral ambulante La Barraca, dirigido por Federico García Lorca, en sus giras por España en 1933, propuesta que podría haber influido sobre las giras del Teatro del Pueblo si se tiene en cuenta que Lorca visitó Buenos Aires a fines de ese año trabando vínculos con diversos intelectuales del campo cultural porteño. Cf. Fischer y Ogás Puga, óp. cit., pp. 171-173; Ian Gibson, *Vida, pasión y muerte de Federico García Lorca. 1898-1936*, Barcelona, Plaza & Janés, 1998, pp. 421-422, y Grisby Ogás Puga, "Margarita Xirgu y Federico García Lorca en Buenos Aires", en Osvaldo Pellettieri (dir.), *Dos escenarios. Intercambio teatral entre España y la Argentina*, Buenos Aires, Galerna, 2006, p. 135.

El hallazgo de una misiva enviada por Barletta al crítico de arte Cayetano Córdova Iturburu permite evidenciar el distanciamiento producido entre los integrantes de Teatro del Pueblo, pues, en esa carta, además de agradecer los comentarios recibidos con motivo del estreno de la obra *Trescientos millones*, de Roberto Arlt, el director necesitó apartarse de cualquier comentario que hubiera sobrevolado en relación con los problemas dentro del grupo. Así, escribía: "Aprovecho esta oportunidad para reiterarte mi invariable amistad y aprecio intelectual, a pesar de aparentes o supuestas desinteligencias que pueden habérseme atribuido, que eran la obra del 'grupito que tira la piedra y esconde la mano' (Facio, Castelnuovo, Vigo, San Clemen, etc. etc.), y que, felizmente, me he sacudido de los hombros".[67] Aunque Barletta haya tratado de minimizar el conflicto, las consecuencias de esas diferencias se reflejarían de inmediato en una polémica sobre la función social del arte registrada en las páginas de *Actualidad* y *Metrópolis*, que conduce hacia una fractura al interior del Teatro del Pueblo y a la creación, en julio de 1932, del Teatro Proletario.

Teatro Proletario: un sueño inconcluso

Unas semanas antes de la constitución del Teatro Proletario, Barletta publicó, en el primer número de *Metrópolis* que se editó ya sin la participación de Facio y Castelnuovo, un artículo llamado "El arte y nuestras ideas sociales". La intervención originó un acalorado intercambio de opiniones entre el director del Teatro del Pueblo y Carlos Moog, colaborador de la revista marxista *Actualidad* y vocero oficial del PCA en cuestiones artísticas. El eje de la polémica giró en torno al "arte proletario".

A propósito de aquella "Primera exposición de artistas proletarios" llevada a cabo en el local del Teatro del Pueblo en noviembre de 1931, Barletta había admitido el término "artistas proletarios" para referirse y elogiar a los trabajadores que, además de cumplir con sus labores diarias como base de su sustento, arrebataban horas de su sueño para realizar tareas artísticas; sin embargo, no por ello daba por válida la categoría de "arte proletario". Por el contrario, no solo cuestionaría e impugnaría tal denominación, sino también a quienes confiaban en la posibilidad de desarrollar un "arte proletario", porque, sostenía, "las ideas sociales del artista nada tienen que ver con su arte. Aquéllas

---
[67] Carta de Leónidas Barletta a Cayetano Córdova Iturburu, 17 de julio de 1932 (FCCI). Por San Clemen, Barletta se refiere a Virgilio San Clemente, actor integrante del Teatro del Pueblo.

son del dominio exclusivo del pensamiento, proceden del raciocinio; éste es producto del sentimiento y se dirige a la sensibilidad del hombre". Barletta afirmaba que no existe un arte determinado por ninguna clase social, a menos que se elija caer en un arte sectario, lo que era, para él, tan pernicioso como el "arte burgués":

> Los que fabrican arte para la burguesía, arte para enriquecerse, tratan de ocultar la única falla fundamental, la falta de sinceridad y de pureza o de talento, con inteligentes y elegantes teorías. Acuden también con frecuencia al consabido 'arte por el arte', 'de la musique avant tout chose', etc. Pero esto no nos impide reconocer con justicia que no fallan por falta de ideas, sino por falta de arte. No saben desembarazarse de toda influencia exterior y producen un arte frío, vacío y sectario. El artista, como miembro de la colectividad, puede ser conservador o comunista; pero como artista está fuera de la lucha de clases, por su jerarquía espiritual. Actúa en el plano de abstracción donde el hambre y las necesidades todas no se dejan sentir en el instante de la creación […] Los comunistas, los socialistas, etc. aspiran a catequizar el arte, para sus planes futuros, sin percatarse de que los frailes, los moralistas, los guerreros y la burguesía se les han adelantado con mucho y con grande fracaso.[68]

Esta sola explicación bastó para provocar la respuesta de Moog, quien, a modo de advertencia, indicó que optaba contestarle al director del Teatro del Pueblo porque representaba la expresión de toda una tendencia de la burguesía "que utiliza el arte bajo un disfraz izquierdista, aparentemente de ideas sociales, para a fin de cuentas no realizar otra tarea que el apuntalamiento y la defensa de esa misma burguesía que muchas veces parece despreciar o combatir, pero de la que en realidad son sostenes, tal y como el arte burgués mismo".[69] Aclarado el motivo, Moog estructuró su réplica en dos ejes. El primero se focalizó en atacar toda posición neutral frente a la coyuntura del momento: o se estaba con la burguesía o se estaba con el proletariado. Para el autor, dentro de la lucha de clases debía contemplarse el enfrentamiento entre dos sistemas diferentes de conceptos sociales y morales, "dos tipos de cultura integral divergentes y dos tendencias artísticas opuestas, cada uno de los cuales pertenece a

---

[68] Leónidas Barletta, *Metrópolis*, n° 11-12, marzo y abril de 1932, s/p.

[69] "El Arte y nuestras ideas sociales", *Actualidad*, año I, n° 3, junio de 1932, p. 39. Cabe señalar que una polémica similar se originó entre Moog y Raúl González Tuñón un año después. Cf. María Fernanda Alle, *Imágenes de escritor de Raúl González Tuñón (1930-1970): vínculos entre literatura y política partidaria*, tesis de doctorado, Facultad de Humanidades y Artes, Universidad Nacional de Rosario, 2015, pp. 243-245.

una de las dos clases en pugna". En este sentido, para Moog, la batalla entre la burguesía y el proletariado era estética y política.[70] El segundo eje cuestionaba, en nombre de la teoría marxista, ciertos pasajes del escrito de Barletta con el objetivo de interpelar a los escritores y artistas "comprometidos" para que se sumaran a la causa revolucionaria, lo que se traducía en un imperativo: tomar la pluma y el pincel como herramientas de propaganda y agitación política, hacer un arte claro y directo pero no en el sentido que proclamaba Barletta para su Teatro del Pueblo. Además, la claridad del mensaje debía "reflejar" –en oposición al arte académico, individualista y en decadencia, expresión de un "arte burgués"– la lucha de clases en concomitancia con la estrategia de "clase contra clase" impulsada por la Internacional Comunista; es decir, una vía para conseguir un arte "proletario".[71]

Así, el autor concluía que en los críticos años treinta las ideas sociales del artista eran elementales para su trabajo de creación artística:

> El arte es una inapreciable arma defensiva y ofensiva que el proletariado y los que están con él, bajo su dirección, deben utilizar en la lucha social por la conquista del poder y por la hegemonía ideológica, en que se encuentran empeñados en estos momentos. Sin una orientación marxista-leninista definida, no puede existir el arte proletario.[72]

Desde la otra vereda, la posición de Barletta parecía suscribir y persistir en aquellas conclusiones ofrecidas por Rolland, quien exhortaba:

> ¿Queréis tener un arte del pueblo? Comenzad por tener un pueblo, un pueblo que posea el espíritu asaz libre para librarse a los goces espirituales, un pueblo que tenga sus espacios de ocios, que no se aplaste por la miseria, el trabajo continuado, un pueblo que no se embrutezca por todas las supersticiones, los fanatismos de izquierda y de derecha, un pueblo dueño de sí, y vencedor del combate que se libra actualmente.[73]

Es en este marco de disputas, de radicalizaciones estético-políticas y en abierta confrontación con la compañía de Barletta, que un grupo disidente formado por Ricardo Passano, Facio Hebequer, Elías Castelnuovo y Abraham

---

[70] Ibídem, pp. 39-40.

[71] "El Arte y nuestras ideas sociales. Parte II", *Actualidad*, año I, n° 4, julio de 1932, p. 32.

[72] Loc. cit.

[73] *El Teatro del Pueblo. Ensayo de estética de un teatro nuevo*, Buenos Aires, El Ateneo, 1927, p. 190.

Vigo, entre otros, abandonó el Teatro del Pueblo. Esta reciente agrupación, que consideraba al Teatro del Pueblo carente de ideología y, por lo tanto, impedido de contribuir a la revolución socialista, creaba en mayo de 1932 el Teatro Proletario. La nueva apuesta pretendía demostrar las posibilidades que ofrecía el teatro para el desarrollo de un "arte proletario", lo que se traducía en concebir favorablemente la promoción de un "teatro político" que incentivara la lucha de clases.

Mientras tanto, del otro lado del Atlántico, los tiempos del arte experimental parecían haber quedado atrás. El avance estalinista sobre la Rusia de los soviets erradicó gradualmente el espíritu iconoclasta de los primeros años de la revolución y promovió un arte más tradicional que configuraba los bordes del llamado Realismo Socialista. Hacia 1932, la labor de las agrupaciones de vanguardia se tornó virtualmente imposible cuando el Comité Central de PCUS decidió la disolución de todas las asociaciones artísticas independientes. Este hecho, que implicaba una subordinación de las prácticas culturales al partido, fue reforzado dos años después, en agosto de 1934, cuando Andréi Zhdánov dictaminó en el Primer Congreso de Escritores Soviéticos de Moscú el Realismo Socialista como estética oficial. Si bien en el ámbito local estas políticas culturales resonaron con fuerza recién en la segunda posguerra, militantes como Moog parecían conducirse hacia esa dirección.[74]

De esta manera, el propósito central de la nueva apuesta teatral era el de crear un "arte proletario" de acuerdo con los principios de Bogdánov, quien postulaba que, desde un punto de vista proletario, el artista debía convertirse en su "portavoz estético".[75] Sin embargo, la gran influencia abrazada por la nueva agrupación fue el *Teatro Político*, de Erwin Piscator. Este dramaturgo comunista fue el primero en tomar el modelo de la *Proletkult* de Bogdánov, en

---

[74] La vigilancia y el control férreo sobre las producciones creativas de los intelectuales ligados al PCA –y la consecuente condena a toda obra que se distanciara del Realismo Socialista, cuya base era la estética realista y optimista que expresara la ideología del partido– se efectivizarían a partir del informe de Zdhánov de 1947. A su vez, como señala Adriana Petra, estas exigencias en países no comunistas estuvieron relacionadas con la búsqueda de "profesionalizar" la acción de los intelectuales comunistas. Cf. *Intelectuales y cultura comunista. Itinerarios, problemas y debates en la Argentina de posguerra*, Buenos Aires, Fondo de Cultura Económica, 2017, pp. 102-111.

[75] Sylvia Saítta, "Teatro Proletario: arte y revolución a comienzos de los años treinta", *Teatro XXI. Revista del GETEA,* Facultad de Filosofía y Letras, Universidad de Buenos Aires, año VIII, n° 14, otoño de 2002, p. 13.

el Berlín de los años veinte, para fundar el Teatro Proletario, denominación replicada por el grupo rioplatense.[76] Pero, posteriormente, Piscator adoptó otras concepciones teatrales que, sobre la base de las experiencias previas de Meyerhold, postulaban una estética marxista abierta a los problemas escénicos en la que el arte no podía justificarse únicamente por su ideología. En palabras del dramaturgo alemán: "El mal arte es mal trabajo y, por consiguiente, puesto al servicio de la revolución, se convierte en traición y contrarrevolución".[77]

Algunos ensayos de Piscator en los cuales traza sus concepciones sobre el teatro y el proceso de revolución social fueron traducidos al castellano en 1930; asimismo, su trayectoria fue dada a conocer en varias revistas culturales, en las que los interesados en el desarrollo de un "arte proletario" fomentaron la difusión de la obra y las propuestas del dramaturgo alemán. Este fue el caso de Bernardo Graiver, el comunista que financiaba la revista *Contra*, quien dedicó una nota al artista alemán con el objetivo de exaltar las pretensiones que debía perseguir un teatro proletario: "simplificar la expresión y la construcción; procurar un efecto claro e inequívoco sobre el sentir del público obrero, subordinar todo propósito artístico al objetivo revolucionario, o sea inculcar y propagar conscientemente el espíritu de la lucha de clases".[78]

Aunque sin realizar una referencia explícita, el pasaje citado del artículo de Graiver era un fragmento del comunicado del Teatro Proletario procedente de la oficina de propaganda de Berlín-Halensee, que ya había sido divulgado en enero de 1932 por la revista *Brújula*, dirigida por Rodolfo Puiggrós, y había sido publicado originariamente por Piscator en su *Teatro político*.[79] Todas estas selecciones realizadas sobre el pensamiento de Piscator parecían sintetizarse en una necesidad señalada por el dramaturgo: "el contenido determinaba la forma. O mejor dicho: formas vacías volvían a revestir contornos más rígidos y duros gracias a un contenido que atacaba sin rodeos un determinado fin".[80] La circulación de las ideas de Piscator llegaría, inclusive, a la revista ácrata *Nervio*,

---

[76] Erwin Piscator, "Teatro Proletario", en *Teatro Político*, Buenos Aires, Editorial Futuro, 1957, pp. 35-44.

[77] Saítta, "Teatro Proletario…", óp. cit, p. 14.

[78] Palabras de Piscator, citadas en una nota de Bernardo Graiver, "Quién es Erwin Piscator", *Contra*, año I, n° 5, septiembre de 1933, p. 9.

[79] Cf. Erwin Piscator, "El Teatro Proletario", *Brújula. Revista independiente de arte e ideas*, n° 2, enero 1932, pp. 6-8 y *Teatro Político*, óp. cit., pp. 36-37

[80] Piscator, *Teatro Político*, óp. cit., p. 26.

que destacaba la labor del alemán, principalmente en relación con algunas de sus experimentaciones, como la introducción del cine en sus obras.[81]

Fue en el marco de estas recepciones cuando en Buenos Aires surgieron la Unión de Escritores Proletarios (UEP) y, luego, el Teatro Proletario. La UEP se había pronunciado en *Actualidad*, en mayo y junio de 1932, a través de los escritos firmados por la Comisión Provisoria Organizadora integrada por Castelnuovo y Arlt. En esos textos explicitaban que, al igual que las entidades análogas que existían en todos los países del mundo, su finalidad era la de "sostener el principio de la lucha de clases, combatir el imperialismo y defender la construcción del socialismo que se está llevando a cabo en la Unión Soviética", a lo que posteriormente se añadiría la lucha contra el fascismo y el socialfascismo.[82]

De acuerdo con dichos principios, la Comisión también proponía participar en las luchas del proletariado y preparar el terreno para que a la literatura nacional se le imprimiera un carácter social definido del que aún no disponía, pues se aclaraba que "No se trata, por lo que puede verse, de un nuevo 'cenáculo literario', sino, mejor, de un organismo de preparación y lucha".[83] En concomitancia con la UEP y con el objetivo de realizar un trabajo conjunto, el Teatro Proletario –formado por Passano, Castelnuovo, Facio, Vigo, Sara Papier, Emilio Novas, Alfredo Varela, el coro del maestro Kubik y los intérpretes Yola Grete, Tomás Migliacci, Ricardo Trigo, Rafael Zamudio, Paulina y Sara Marcus, entre otros– se presentaba en sociedad de la siguiente manera:

> CAMARADA:
> Acaba de fundarse en Buenos Aires un "TEATRO PROLETARIO". ERA NECESARIO. URGENTE.
> Todo el teatro burgués, arma del régimen capitalista, responde a la decrépita y absurda fórmula de "El Arte por el Arte", y a exigencias de boletería, defendiendo así los intereses de la clase dominante.
> Y para neutralizar la influencia de ese medio narcotizante de la burguesía, aparece "TEATRO PROLETARIO" que será la antítesis del teatro burgués.

---

[81] Isidoro Agirrebeña, "Por la actualización del teatro (Teatro del proletariado)", *Nervio*, año II, n° 12, abril de 1932, pp. 29-32.

[82] "De la Unión de Escritores Proletarios", *Actualidad*, año I, n° 3, junio de 1932, pp. 45-46. La declaración es reproducida en Sylvia Saítta, "Ejercicio de artillería", en *El escritor en el bosque de ladrillos. Una biografía de Roberto Arlt*, Buenos Aires, Debolsillo, 2008, pp. 156-159.

[83] *Actualidad*, año I, n° 2, mayo de 1932, p. 46. En junio del mismo año fue publicado su manifiesto en *Actualidad*, año I, n° 3, junio de 1932, pp. 45-46.

Por eso la obra social y cultural que hará "TEATRO PROLETARIO será ARTE PROLETARIO". El proletariado, que posee una misión histórica determinada, tiene sus problemas propios y sus orientaciones originales.
"TEATRO PROLETARIO" será quien refleje fielmente todo esto.
"TEATRO PROLETARIO" se suma a las armas de quien disponen ya las masas obreras, para luchar por su liberación.
"TEATRO PROLETARIO" se dirige a todos los sectores del proletariado manual e intelectual, invitándolos a colocarse a su lado, para así formar un amplio frente con el cual iniciar de inmediato una formidable ofensiva contra el teatro burgués.
Por todo lo expuesto en el presente manifiesto, "TEATRO PROLETARIO" solicita del proletariado del país que le preste su solidaridad moral y su apoyo material, amplios y desinteresados.
Ante todo Sindicato, Federación y Organización Obrera y ante todo hogar proletario se presenta como un deber de clase identificarse con la causa de la cultura del: "TEATRO PROLETARIO".[84]

Seguido del manifiesto, se anunciaba que en el transcurso del mes se realizaría un gran acto en donde se presentaría públicamente la agrupación. Además del discurso a cargo de la Comisión Directiva, harían uso de la palabra Elías Castelnuovo y Carlos Moog, que, en calidad de representantes de la UEP, leerían unas conferencias sobre el teatro en la URSS y el arte proletario. También se invitaba a todos los escritores de la UEP y a los que no pertenecían a ella a preparar piezas para este nuevo proyecto. Pero lo más importante es que, a partir de esta declaración, el Teatro Proletario entendía que el "arte proletario" debía incitar a la liberación de las clases oprimidas y revelar la situación atravesada por la clase trabajadora, la cual construiría una cultura propia, de clase, abonando una concepción del arte que la representara. Como expresaba Facio en sus escritos de este mismo período, frente a un diagnóstico que insistía en el carácter terminal de la crisis que transitaba el sistema capitalista, los artistas debían comprometerse en acelerar su caída y propiciar el advenimiento de una nueva etapa histórica, basada en la sociedad socialista. Dicho de otro modo, los artistas debían estar al servicio del proletariado y no de una categoría tan laxa como la de "pueblo", generalmente identificada con el eclecticismo adjudicado a los anarquistas. Este contraste podía aludir específicamente a las diferencias y enfrentamientos establecidos con *Nervio*,

---

[84] "Teatro Proletario", *Actualidad*, año I, n° 4, julio de 1932, pp. 45-46.

revista que, a su vez, mantenía vínculos con la publicación de Barletta, pues se publicitaban mutuamente.

Es en este sentido que puede leerse una nota sobre el "arte proletario" publicada por Juan Lazarte en *Nervio*, en la cual introducía el tema señalando que hace muchos años se había iniciado y había finalizado esa discusión en Rusia: "Más de 10, que los rusos, quienes encendieron la hoguera, lo han mandado a guardar, cuando entre nosotros toma ciudadanía de discusión".[85] El autor destacaba que, no conformes con el mote de "literatura proletaria", políticos y artistas lo extendieron a otras disciplinas artísticas como la pintura, la escultura, el teatro y la música "proletaria". Para Lazarte, la cuestión clave era si podía existir una cultura proletaria, y frente a este interrogante arriesgaba una respuesta negativa: no existían ni el arte ni la cultura proletaria, ni en Argentina ni en otro lugar del mundo, aunque algunos sectores del mundo cultural hubieran llamado así al arte que representaba motivos propios del proletariado, lo que equivalía a tomar una clasificación aplicada al arte o, mejor dicho, la imposición de una dirección política y social a toda creación artística. Según el autor, lo importante era el acto creador, y desde esa perspectiva marcaba que los temas abordados bien podrían denominarse obras de contenido social del arte moderno. En sus palabras:

> El pintor que pinta una manifestación obrera; el escultor que moldea a un grupo de barricada; el poeta que canta a la muerte de Rosa Luxemburgo o de Gustav Landauer; el músico que recoge canciones populares; el escritor que llama en su novela realista a la lucha reivindicadora, realizan, en primer lugar, una creación artística de un gran contenido humano e histórico, que ayuda a la liberación de los pueblos. Esto podría ser llamado el contenido social del arte moderno.[86]

A su juicio, el rótulo de "proletario" solo respondía a una moda, la de la dictadura del proletariado dictaminada por el Estado soviético, mientras que lo importante era realizar un arte libre y social a partir de la liberación de la sujeción burguesa pero también de cualquier atadura partidaria o estatal. Como puede apreciarse, Lazarte esgrimía argumentos provenientes de las críticas libertarias al Partido Comunista como conductor y garante de los procesos revolucionarios. Trasladadas al debate estético, estas valoraciones le permitieron al autor de la nota realizar una distinción entre un "arte revolucionario", el cual abrazaba, y

---

[85] Juan Lazarte, "Notas sobre el 'arte proletario'", *Nervio*, año II, n° 20, diciembre de 1932, p. 12.

[86] Ibídem, p. 13.

uno "proletario": el primero implicaría dos aspectos universales, el individual y el colectivo, en tanto "un arte es revolucionario en su originalidad, porque crea una nueva técnica; aporta nuevos valores que fecundan sus valores básicos. Un arte es revolucionario por cuanto expresa la Revolución que han sentido o iniciado los hombres".[87]

En contraste con esta visión, el grupo nucleado en torno al Teatro Proletario se lanzó a concretar su propuesta en favor del "arte proletario", aunque lamentablemente casi no han quedado registros de este emprendimiento. De esta manera, se iniciaba para Facio una nueva experiencia en la cual aceptaba dicha categoría. Sin embargo, su participación en el Teatro Proletario no debe interpretarse ni reducirse a una aceptación acrítica de los postulados de un militante comunista al estilo de Moog. Si se consideran todos estos intercambios y, en particular, la última intervención escrita de Facio Hebequer, sumada a su compleja obra gráfica que se analizará en las páginas siguientes, es posible percibir una posición que lo distancia tanto de lo expresado por Barletta como de la concepción férrea del promotor comunista.[88] En ese texto, publicado en las páginas de *Actualidad*, se evidenciaba una pugna en Facio Hebequer, que se debatía entre la necesidad de producir un arte con una clara orientación revolucionaria sin claudicar y, a la vez, atender al proceso creativo y de calidad que debía portar toda obra de arte.

De allí, Facio Hebequer trazaba dos perfiles de "artista" que se correspondían con dos corrientes hegemónicas en el campo político-cultural: la de los artistas subidos al "caballo" y los subidos al "maturrango". Los primeros, sostenía, "creen que el arte debe hallarse exento de todo contenido ideológico y que es rebajar la categoría misma de arte injertarle a éste un contenido social". Por ello, continúa, "no alcanzan a comprender que la obra de arte, una vez salida del cerebro del artista, cumple después por su cuenta, en el juego mismo de las relaciones sociales en que el arte actúa, esa influencia social, favorable o desfavorable, para una u otra clase, que ellos pretenden negarle". En cuanto a los del "maturrango", Facio consideraba lo siguiente:

> […] su posición en el movimiento social es más confusa aun. Subidos en el lomo de elucubraciones puramente teóricas, se olvidan habitualmente no ya de estudiar el manejo de la brocha mecánica, sino hasta el manejo de la brocha gorda y

---

[87] Ibídem, p. 14.

[88] "Hay que bajarse del caballo", *Actualidad*, año II, n° 4, septiembre de 1933, pp. 35-37. Las siguientes citas pertenecen a este artículo.

en lugar de mirar las cosas de abajo arriba, las miran de arriba abajo, colocando finalmente los garrones allí donde va la cabeza y viceversa.

Aquellos merecedores de este último comentario, que podría ajustarse a las concepciones de Moog por su falta o nulo conocimiento estético, eran rechazados por Facio Hebequer, al igual que la posición de Barletta, quien, inclusive, se pensaba revolucionario en su acción personal pero por fuera de un arte dirigido absolutamente por una única visión doctrinaria. Tratando de buscar un contrapeso entre ambos enfoques, el artista solo podía concluir que "a los del caballo, se les puede aconsejar que bajen del caballo, y a los del maturrango, también, que bajen del maturrango". Sin dudas, él no se ubicaba cómodamente en ninguno de estos dos lugares. Creía que era inaceptable permanecer neutral frente a un sistema opresivo, en un marco mundial en el cual los fascismos parecían consolidarse; no obstante, también creía que era casi imposible establecer una solución intermedia fundada en una posición en la cual la política no dañara la expresión artística y viceversa, lo que explica, tal vez, la falta de definiciones más precisas o las diversas tensiones que atraviesan sus escritos. Lo interesante aquí es que estas observaciones permiten aprehender los variados posicionamientos de los artistas e intelectuales dentro de la cultura de las izquierdas, la cual trasciende ampliamente a las instituciones y proyecciones de la política partidaria en la arena cultural.

En este sentido, también es posible apreciar que la dificultad para alcanzar una resolución cabal, y las tensiones que ello conllevó en su trayecto intelectual, no obstaculizaron el quehacer creativo de Facio; por el contrario, lo situaron en un camino definido por la exploración constante (el que seguiría hasta el último día de su vida) e incitaron el anhelo de favorecer, en los cruces y articulaciones de sus convicciones políticas y artísticas, la emancipación de la humanidad. Aunque su *leitmotiv* era trabajar para el "campo proletario", lo que lo llevó a aceptar una categoría como la de teatro "proletario", ello no significó desestimar la calidad artística. De lo dicho se desprende que, más allá de la indudable cercanía a la órbita cultural comunista, la experiencia del Teatro Proletario no puede interpretarse como un mero reflejo de la política partidaria del PCA ni mucho menos como un emprendimiento oficial de dicho partido, sino como una experiencia de compañeros de ruta del PCA y algunos militantes, como Moog, que tenían por objetivo atraer al proletariado e incentivar la lucha de clases a través de una expresión cultural que contribuyera a la revolución socialista.

Ahora bien, ¿cuál fue la intervención específica del Teatro Proletario en el campo cultural porteño? y ¿cómo la llevó a cabo? En primer lugar, la agrupación llamó por medio de las páginas de *Actualidad* a todos aquellos que quisieran participar del nuevo proyecto. Se necesitaban colaboradores de ambos sexos, sin importar la experiencia, puesto que se contaba con directores competentes encargados de transmitir los conocimientos. En segundo lugar, se incitaba a los escritores de la UEP y a quienes quisieran sumarse al nuevo emprendimiento a escribir piezas teatrales, dado que, con vistas a desarrollar un teatro "proletario", era necesario partir de una literatura "proletaria". Asimismo, en consonancia con la línea política del PCA, era importante que se incorporaran trabajadores, dado que para la agrupación era cardinal su carácter clasista.

El director era Passano y en su ausencia solía reemplazarlo Facio, a quien, según *Actualidad*, ningún cargo lo asustaba ni ninguna tarea lo rebajaba, pues cuando faltaba el director artístico, "él hace de director y cuando falta un personaje, él lo suplanta. Suplanta al cargador, si el cargador no viene y al boletero, si el boletero no se presenta".[89] Más allá del engrandecimiento que guardan estas líneas escritas al poco tiempo de su muerte, no sería improbable imaginar una participación activa del artista si también es considerada su intervención como integrante del coro dirigido por el checoslovaco Rodolfo Kubik. A juzgar por los testimonios, a Facio le gustaba cantar, lo que podría haber incentivado, entre otros motivos, sus últimas obras inspiradas en los himnos proletarios, que habían sido entonados en el marco del Teatro Proletario.

Kubik era un antifascista exiliado de Europa, que arribó a Buenos Aires a finales de la década de 1920 a causa de la persecución sufrida por el régimen de Mussolini, que lo había censurado cuando se encontraba ofreciendo un concierto en Italia en 1927.[90] Gracias a su aporte, el coro se había constituido en un elemento novedoso del Teatro Proletario, que lo distinguía de las experiencias previas; en este sentido, la introducción de la música como expresión cohesionadora de todas las artes retomaba en parte la idea wagneriana de "obra total". Pero, además, a partir de uno de los homenajes en memoria de Facio Hebequer realizados en la Unión Tranviaria, en que un coro entonó canciones proletarias para acompañar la representación de *Tu historia, compañero*, la obra más

---

[89] Sin firma, "Guillermo Facio Hebequer", *Actualidad*, año IV, n° 2, junio de 1935, p. 8.

[90] Para una semblanza más extensa de este director véase Vittorio Balanza, *Rodolfo Kubik. Compositor y músico*, Asociación Dante Alighieri, 1993.

emblemática del artista, podría pensarse que la música fue un elemento muy apreciado por el Teatro Proletario, no solo por su valor artístico sino también como símbolo de la fuerza colectiva y como una forma de atraer a un mayor público por medio del impacto que produce el elemento sonoro para apelar a la memoria emotiva. Es decir, con la introducción de la música podía lograrse una potente propaganda política que hacía más viable la convivencia entre cultura popular y cultura de izquierdas.

Sin embargo, los obstáculos para iniciar las actividades no faltaron: el grupo no tenía un espacio físico para ensayar y, a falta de la producción de una literatura proletaria, aún no se contaba en Argentina con una obra dramática que respondiera a la línea política promulgada. Aunque la primera obra que se estrenó fue *Madre tierra*, de Alejandro Berruti,[91] Castelnuovo fue quien desarrolló una obra dramática que intentaba conjugarse con los postulados del Teatro Proletario.

Como analizó Sylvia Saítta, el viaje del escritor a la URSS fue el puntapié inicial de un viraje estético-ideológico en su obra, pues a su regreso inició una nueva producción que cristalizaría con *Vidas Proletarias*, que funciona como manifiesto estético-político y "texto bisagra". Allí, Castelnuovo proclamaba sus principios: "Una literatura que sea destructiva en dos sentidos: hacia atrás, en un movimiento de revisión y corrección de su propia literatura; hacia adelante, como un movimiento que se piensa en estrecha relación a la destrucción de la sociedad capitalista y a la construcción de la dictadura del proletariado".[92] El libro constaba de tres obras de teatro: *Vidas Proletarias (Escenas de la lucha obrera)*, *La Marcha del Hambre* y *La 77 Conferencia de la Paz Mundial*, las cuales intentaban condensar el mandato de "clase contra clase" dictaminado por la Internacional Comunista.[93]

En una carta que enviara a Córdova Iturburu en mayo de 1933, Castelnuovo le explicaba, primero, que a partir de la doctrina marxista había comprendido que la base del arte proletario partía de la premisa de que no es la conciencia del hombre la que determinaba su vida social, sino, por el contrario, era la

---

[91] Cf. Sin firma, "Teatro", *Actualidad*, año II, n° 4, septiembre de 1933, pp. 43-44. Según el testimonio de Larra, efectivamente se inauguró la propuesta con *Madre Tierra*, seguida por *Rey Hambre* de Andreiev; *Hinckelman*, de Ernst Toller; *El puerto*, segundo episodio de *Vidas Proletarias* de Castelnuovo, y *Fiebre amarilla* de Octave Mirbeau. Raúl Larra, óp. cit., p. 86.

[92] Sylvia Saítta, "La dramaturgia de Elías Castelnuovo: del teatro social al teatro proletario", en Osvaldo Pellettieri (dir.), *Escena y realidad*, Buenos Aires, Galerna, 2003, p. 191.

[93] Ibídem, pp. 191-194.

vida social la que determinaba su conciencia, y luego señalaba que el teatro de Piscator era digno de ser estudiado; en esa línea destacaba:

> Yo me esfuerzo en estos momentos por ponerme a tono con mi época. Por interpretar artísticamente la transformación a que se haya condenada la sociedad capitalista. No sé hasta dónde conseguiré en el papel, aunque lo conciba claramente con la inteligencia. Acabo de escribir un drama para Teatro Proletario que se titula: La Marcha del Hambre. Esta pretende ser mi primera contribución al arte proletario.[94]

En el mismo número de *Actualidad* en el que Facio Hebequer publicaba su "Incitación al grabado", se anunciaba la creación de una sección estable dedicada al Teatro Proletario. En esa nota se destacaba que "nadie figura individualmente en los programas. Como se trata de una labor colectiva nada más lógico que figurar colectivamente bajo el rubro de agrupación". Es por este motivo que se hace difícil individualizar las tareas que desempeñaba cada miembro del grupo. A su vez, la revista enfatizaba:

> La agrupación TEATRO PROLETARIO, a nuestro juicio, es la primera iniciativa que se ha propuesto llevar a cabo, aquí, las consignas elementales de un teatro obrero. También el TEATRO SOCIAL JUDÍO [...] Fuera de estos dos organismos que surgieron como una necesidad del momento histórico por el cual atravesamos y gracias a la iniciativa de las masas, no existe, luego, más teatro que el teatro burgués o pequeño burgués y pseudo proletario como lo es el TEATRO DEL PUEBLO.[95]

En la misma sección se destacaba la intensa actividad llevada a cabo por la agrupación, materializada en las diez representaciones de *Hinkemann*, tragedia de Ernst Toller, cuya primera edición en español data de 1931 y que fuera adaptada por Castelnuovo para ser representada por el Teatro Proletario en la sala del Teatro Marconi. Jorge Dubatti recogió una reseña celebratoria de la obra, escrita por Enzo Aloisi y publicada en *Comoedia* en septiembre de 1933:

> La interpretación y montaje de la obra de Ernst Toller por parte de la agrupación Teatro de Arte Proletario es un esfuerzo digno de ser señalado por lo que significa como conquista efectiva para nuestra cultura teatral [...] No voy a referirme a la tragedia, un tanto desigual, del vigoroso autor alemán, que, con sus indiscutibles méritos y sus innegables defectos, pasa a segundo término ante el hecho

---

[94] Carta de Castelnuovo enviada a Córdova Iturburu, 24 de mayo de 1933 (FCCI).

[95] "Teatro", *Actualidad*, año II, n° 3, agosto de 1933, p. 38. La iniciativa y sus fundamentos fue celebrada en *Contra*. Cf. Julio Valdez, "El Teatro de Arte Proletario de la Argentina", *Contra*, año I, n° 5, septiembre de 1933, p. 10.

auspicioso de haber sido realizada por un núcleo de aficionados nuestros [...] La dirección escénica, que evidencia un esfuerzo digno del mayor encomio, acabará seguramente por valorizar las condiciones individuales y atenuar los defectos, lo que permitirá dar al conjunto mayor equilibrio y ajuste.[96]

Según ha quedado registrado en *Claridad*, las escenografías habrían estado a cargo de Facio Hebequer, aunque no hay ninguna fotografía que las reproduzca.[97] A su vez, se anunciaba la adaptación al castellano y al teatro de *El Rey Hambre*, de Andreiev, el ensayo de *La Marcha del Hambre*, de Castelnuovo y la espera de las obras prometidas por Roberto Arlt y Sixto Pondal Ríos.

No han quedado registros sobre la concreción de estos proyectos ni de otras actividades llevadas a cabo por la agrupación, que parece no haber logrado un desempeño sistemático, tal vez por las dificultades que suponía sostener una empresa que no solo se enfrentaba con el teatro comercial y con el Teatro del Pueblo, que seguía vigente, sino también con la emergencia del cine, aunque también podría sospecharse una escasa atención financiera por parte del PCA. Según el testimonio de Larra, el Teatro Proletario no logró obtener una sala propia, y a esto se añadieron las persecuciones policiales, que motivaron la suspensión de sus funciones. Asimismo, visto retrospectivamente, Larra atribuía parte del fracaso a la incongruencia de los planteos de un "arte proletario" que no se correspondía con la época ni con el país, pues en el marco de los avances de los fascismos expresaba: "afirmar lo proletario como sinónimo de Revolución era aislarse de otros preciosos aliados para detener aquella amenaza".[98]

No obstante, han quedado algunos bocetos realizados por Vigo para una de las obras próximas a estrenarse: *El Rey Hambre*, de Andreiev. Esta obra, que se desarrolla en las profundidades de un sótano en el cual los excluidos y los explotados de la sociedad resuelven, por unanimidad, decretar la pena de muerte a la burguesía, fue elogiada por M. Llinás Vilanova en *Claridad*. Los aspectos de la obra que el crítico resalta en su texto son aquellos que cobran relieve en las escenografías imaginadas por Vigo.

---

[96] Cf. "Circulación y recepción del teatro expresionista alemán en Buenos Aires (1926-1940)", en Osvaldo Pellettieri (ed.), *De Bertolt Brecht a Ricardo Monti. Teatro en lengua alemana y teatro argentino 1900-1994*, Buenos Aires, Galerna, 1994, p. 29.

[97] Raúl Goldstein, "La realidad del Teatro de vanguardia en Argentina", *Claridad*, año XII, n° 273, enero de 1934, s/p.

[98] *Leónidas Barletta*, óp. cit., pp. 86-87. Larra menciona como última función la realizada en el festival de ayuda a los obreros españoles, en 1935.

En la nota, Llinás Vilanova señala que la originalidad del escritor ruso radicaba en haber llevado a la escena del teatro moderno a las multitudes anónimas convertidas en protagonistas:

> [...] masas dinámicas y no estáticas, como eran los coros de las tragedias griegas, con su psicología particular, bien definida, las masas de obreros, embrutecidos por las máquinas, está completamente diferenciada de la masa de la gente del arroyo, prostitutas, mendigos, rufianes, ladrones, borrachos; también está delineada la masa de burgueses [...] El teatro ruso post-revolucionario y la cinematografía rusa comprendieron la importancia que la masa tiene para el espectáculo y no vacilaron en adoptarla".[99]

Estas palabras podrían acompañar no solo el texto de Andreiev, sino también el boceto de Vigo, en el cual se observa (imagen 17) una estructura metálica y compleja que simboliza una fábrica y la exaltación implícita de una masa anónima que allí habita. La nota, de 1928, se corresponde con la fecha del boceto de Vigo, realizado cuando aun formaba parte de TEA. En ambas representaciones, los autores recrean una escena de una jornada diaria en donde los trabajadores presentan una actitud de fortaleza frente al trabajo realizado al interior de una fábrica. Dentro de la gráfica de las izquierdas (que se analizará en el siguiente capítulo), la fábrica exhibe las dos caras de una misma moneda: por un lado, es símbolo de la explotación y de la emancipación social; por otro, la presencia permanente del fuego, que los trabajadores manipulan en sus hornos, remite a la "purificación" de las tareas que, realizadas de manera colectiva, podían interpretarse como la marcha hacia la capacidad creadora de los obreros en la sociedad futura.

Así, el boceto de Vigo sitúa dicha escena en el marco de una gran estructura fabril que guarda cierta relación con una fundición, lo que simboliza el desarrollo de la cultura moderna racionalizada. En este sentido, el diseño de una edificación abigarrada de hierros, basada en el cruce y la superposición de diagonales que imprimen un efecto dinámico a la imagen, envuelve la acción de los obreros en una alegoría del trabajo y de la construcción colectiva. A su vez, muestra el anhelo de una sociedad futura que de ningún modo excluye la modernización industrial como uno de sus pilares.

---

[99] "El teatro de Leónidas Andreiev", *Claridad*, año VII, n° 158, mayo de 1928, s/p.

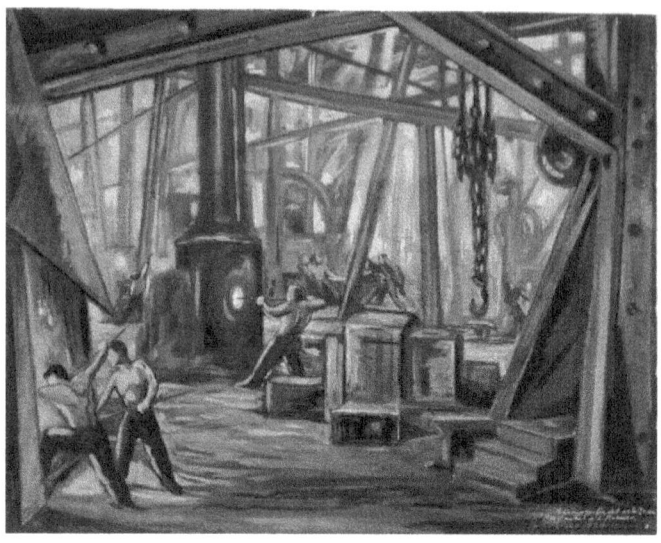

17. Abraham Vigo, boceto de una de las escenografías de *Rey Hambre* de Leónidas Andreiev. Museo de Artes Plásticas Eduardo Sívori.

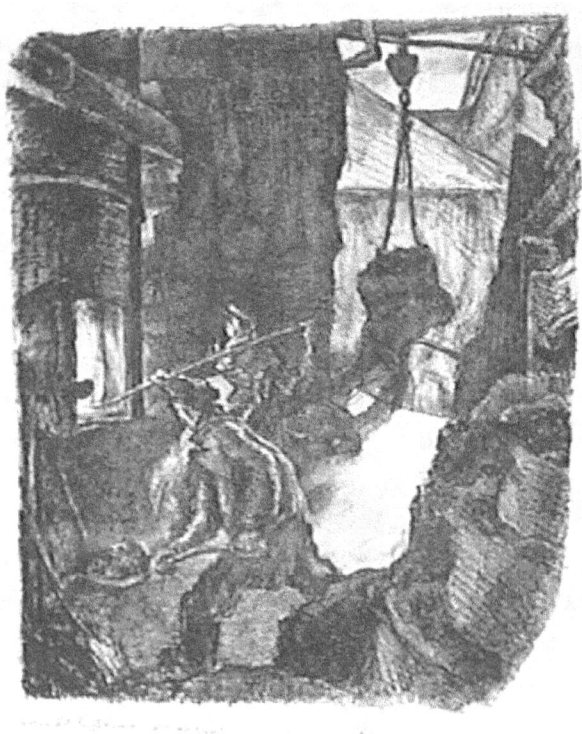

18. Guillermo Facio Hebequer, estampa de la serie *El Infierno*, 1928. Museo de Artes Plásticas Eduardo Sívori.

Puede trazarse una comparación entre esta imagen de Vigo y una estampa de la serie *El Infierno* realizada el mismo año por Facio Hebequer (imagen 18), que, como el boceto del primero, también fue expuesta en Amigos del Arte. A pesar de las diferencias estilísticas, la estampa de Facio podría imaginarse como un detalle de la escena panorámica que ofrece Vigo, pero, sobre todo, constata un itinerario compartido en el que las búsquedas temáticas de índole social, que incluye a la clase obrera como protagonista, también fueron llevadas al teatro. Esta preocupación fue una constante en ambos artistas, que desde los jóvenes tiempos de la bohemia hasta la maduración de un proyecto ideológico-artístico como el Teatro Proletario, sostenido en la utopía revolucionaria, mantuvieron unidas sus trayectorias.

Asimismo, a partir de dichos cruces podría verificarse cierta confluencia entre la experiencia de TEA y el Teatro Proletario, ya que, más allá de los cambios estéticos que seguramente se realizaron en el contexto específico del último emprendimiento, los dos proyectos se vinculaban por su semejanza temática y quizás también por la elección de una obra dramática, *Rey Hambre*, que se destacó por el uso de una técnica muy novedosa: la supresión en escena del personaje principal, un viejo postulado reivindicado por TEA. A juzgar por la elección compartida de la obra de Andreiev, pero también por las estructuras organizativas de ambos proyectos –que proponían un trabajo colectivo en el cual el individuo era una pieza necesaria para el funcionamiento de la totalidad–, se podría pensar que, para el grupo de Facio, Vigo y Castelnuovo, la experiencia del Teatro del Pueblo representó un retorno a formatos más tradicionales en algunas cuestiones, como el paso de la dirección a manos de una sola persona y la dispersión de una temática que debía tomar como protagonista a la clase trabajadora, portadora de la liberación social. Sin embargo, la participación en el Teatro Proletario tampoco supondría una vuelta a la horizontalidad y a la propuesta del TEA, en tanto la reedición de una organización colectiva ahora se vería enfocada a lineamientos más rígidos, aunque con sus posibles variantes y complejidades en el plano estético. Esas divergencias con el Teatro del Pueblo podrían manifestar una cierta incomodidad que explicaría, en parte, la temprana salida de dicho grupo de la agrupación dirigida por Barletta y la intervención de este último a modo de respuesta.

Para finalizar, al analizar esta faceta de Facio como hombre de teatro, aunque más difuminada al interior de estas empresas colectivas, vuelven a resonar las palabras de Edmundo Guibourg destacadas en el epígrafe. Según este renombrado crítico teatral, no señalar este importante aspecto de la trayectoria del artista equivalía a olvidar el amor profundo que Facio Hebequer había cultivado por la dramaturgia y que "se traducía en el anhelo de contribuir con su dedicación apasionada a reivindicar los más nobles fines de la escena". En consecuencia, Guibourg se preguntaba cuál era más hombre de teatro:

> ¿Aquel que está adscripto por casualidad o tolerancia circunstancial, a cualquiera de las actividades escénicas primordiales, autor, director, intérprete, y ejerce, carente de escrúpulos de conciencia y de una manera mecánica e impersonal, el oficio de autor, de director o de intérprete? ¿O aquel que llevando en su alma el culto del teatro y contemplando el teatro con la unción del arte, se incorpora de alguna manera a él, máxime haciéndolo en su terreno verdaderamente experimental como lo hizo Facio? Su labor, por escasa que haya sido, es harto más importante, más fructífera, más constructiva, más fecunda, que el copioso aporte de gran número de petulantes profesionales, quienes suponen ser los puntales del teatro cuando apenas si son sus parásitos.[100]

Una apreciación muy similar sobre esta dimensión del itinerario de Facio Hebequer fue realizada por Álvaro Yunque en uno de los tantos ejercicios recordatorios que surgieron en los días posteriores a su muerte y que serán analizados en el último capítulo. Allí, Yunque señalaba la importancia del teatro para el artista recientemente fallecido y enfatizaba la influencia de Piscator:

> "Nosotros no concebimos el teatro tan sólo como el espejo de una época sino como un medio de transformar esa época", dice Erwin Piscator. Este hubiese sido el lema del teatro que, con su compañera y colaboradora, proyectaba hasta el mismo día de morir. Todos los intentos que de teatros libres se hicieran en Buenos Aires, lo contaron entre sus primeros animadores: Teatro Libre, Teatro del Pueblo, Teatro Proletario... Facio amaba el teatro casi tanto como a su propio arte. Le dedicó días de trabajo y años de ensueños. Comprendía que entre los instrumentos con que el arte cuenta, el teatro es el más poderoso para llegar a las masas y apasionarlas por un ideal. Su lápiz, que siempre utilizó para desentrañar almas humanas, se disponía a emplearse como decorador de ese teatro "para obreros". Esos hombres fatigados e intuitivos a los que él, buscando en los sindicatos expuso sus aguafuertes y les dio conferencias, hallarían en ese proyectado teatro los dramas que les mostrarían su tragedia, pero también el camino que los sacaría del subterráneo de su tragedia hacia el

---

[100] Guibourg, "Un hombre de teatro", óp. cit. Según consta en el artículo de Beatriz Trastoy, Bernardo Graiver fundó en 1937 un teatro político y de propaganda denominado "Teatro Guillermo Facio Hebequer". Cf. "El movimiento teatral independiente y la modernización en la escena Argentina", óp. cit., p. 478.

campo soleado de su liberación. Tal el proyecto que animaba los días de Facio Hebequer cuando la muerte paró la tesonera máquina de pensar, de soñar y de hacer que fue su vida.[101]

Indudablemente, desde una perspectiva integral, la contemplación de esta nueva arista de su itinerario viene a complejizar y enriquecer de manera notable el perfil intelectual y artístico de Facio Hebequer: esa "tesonera máquina" de crear.

---

[101] Álvaro Yunque, "Facio Hebequer y el Arte Proletario", *Claridad*, año XIV, n° 289, mayo de 1935, s/p.

IV
Hacia una gráfica revolucionaria

> *Cuando él deje de contemplar al hombre como individuo y vaya a la masa, cuando vea una clase que reniega del pasado, que se yergue con rebeldía para preparar el porvenir, cuando sienta él mismo la revolución, entonces nos va a dar –casi lo aseguramos– la obra que lo ha de caracterizar como un artista proletario. Y esa obra, nosotros, tenemos el deber de exigirle cuanto antes.*
>
> C. D.[1]

En 1932 Guillermo Facio Hebequer exhibió en el espacio de La Peña algunas obras pertenecientes a sus series *La Mala Vida*, *El Conventillo* y *El Infierno*.[2] La muestra artística fue motivo de una reflexión crítica que se publicó sin firma en la revista *Actualidad* y que se reproduce parcialmente en el epígrafe. En la reseña, el anónimo comentarista concluía que Facio Hebequer aún no podía ser considerado un "artista proletario" dado que sus representaciones cargaban con un escepticismo y con una amargura que obturaban una "visión exacta del momento que vivimos"; por ello, se preguntaba: "¿Es posible que el artista haya encontrado por todas partes seres vencidos, una humanidad derrotada, y en ninguno de ellos haya captado un gesto de rebelión, el menor signo de protesta?".[3]

---

[1] C. D., "La muestra de Facio Hebequer", *Actualidad*, año I, n° 6, agosto de 1932, p. 23.

[2] Las peñas artísticas en donde se realizaban muestras y conferencias estaban ubicadas, en la mayoría de los casos, sobre la Avenida de Mayo, entre las que se destacaban La Peña, ubicada en el sótano del Café Tortoni, y Signo, en el subsuelo del Hotel Castelar. Según Roberto Arlt, a la del Tortoni concurrían por lo general los artistas provenientes del grupo de Boedo, mientras que a la de Signo, la "gente bien". Cf. "Peñas de artistas en Boedo", en *Aguafuertes porteñas: cultura y política*, Buenos Aires, Losada, p. 109.

[3] C. D., "La muestra de Facio Hebequer", óp. cit.

A pesar de las críticas, el autor de la nota apostaba a que Facio Hebequer sintiera el pulso de la revolución y creara una obra nueva que, por fin, permitiera definirlo como un artista proletario. En nombre de un "nosotros los marxistas", que respondía a la línea editorial de *Actualidad*, se arrogaba el deber de exigírselo cuanto antes. Las reflexiones del autor coincidían, al menos en parte, con las búsquedas estéticas e ideológicas de Facio, pues no hubo que esperar mucho tiempo para que este modificara su obra, como consecuencia de un devenir caracterizado por una gradual radicalización estético-ideológica. En efecto, a los pocos meses de realizada la muestra, el artista sorprendió con una nueva serie titulada *Tu historia, compañero,* la cual, a juicio de algunos contemporáneos, materializaba cabalmente un "arte proletario" o, al menos, se acercaba mucho más a dicha concepción, como señalaron en algunos balances sobre su obra realizados al momento de su fallecimiento.

Gradualmente, Facio fue incorporando modificaciones en su obra gráfica: a la adopción de nuevos tópicos –la opresión y la lucha de la clase obrera como dos caras de una misma moneda– se suma la apropiación de elementos modernos para la elaboración de sus composiciones. La novedad temática, que se advierte al cotejar su producción de los años veinte con la de los treinta, comienza a manifestarse en la exposición individual que realiza en 1928, en la que se observan por primera vez representaciones sobre el mundo del trabajo. Será esta elección la que inaugure una nueva etapa en la producción del artista, que comenzará a realizar estampas que se diferenciarían de las que había compuesto anteriormente. En este sentido, la publicación de *Tu historia, compañero*, en 1933, se presenta como un hecho clave en su trayectoria, porque es en esa serie donde se evidencia un probado viraje estético-ideológico respecto de sus posicionamientos previos. El camino que allí se inicia concluirá con la ejecución de la serie *Bandera Roja* y de la litografía *La Internacional*, dos obras que Facio elaboraba al momento de su muerte y que revelan algunas novedades: por un lado, la incorporación de elementos modernos provenientes de la serie *Buenos Aires* que se articulaban, ahora, con un mensaje político explícito que alentaba la lucha de clases, y por el otro, la evocación de célebres himnos proletarios. El análisis de aquellas transformaciones en sus modos de representación, que culminaron con la fusión de la imagen, la palabra y la evocación musical como estrategias creativas para incitar la emancipación social, pone de manifiesto la configuración y consolidación de Facio Hebequer como un artista polifacético y militante de la cultura de las izquierdas en el ámbito local.

De marginales y obreros combativos

Existen escasos registros sobre las publicaciones iniciales de Facio Hebequer, aquellas que realizó durante sus años de formación. Uno de los primeros rastros puede encontrarse no en las revistas culturales de izquierda, como sería esperable, sino en un semanario ilustrado popular, *PBT*. Es allí donde, en septiembre de 1916, se publica sin firma una nota titulada "La Boca. Apuntes al natural por Facio", dedicada al barrio en el que el artista se formó. El texto se complementa con las imágenes de Facio para caracterizar el paisaje portuario de La Boca (imagen 19); desplegando diversos espacios y personajes de la zona –los inmigrantes, el muelle, una grúa, un caballo, una casa de la rivera–, los dibujos se concentran en los "tipos y costumbres" del barrio, como puede leerse en uno de los epígrafes que acompaña la imagen destacada en la página derecha de la revista: "tipo de genovés, botero retirado después de una vida larga como lobo de río".[4] En este primer documento, ya se advierte una modalidad de trabajo característica de las primeras composiciones de Facio, para cuya elaboración el artista solía emprender las largas caminatas en búsqueda de sus modelos.

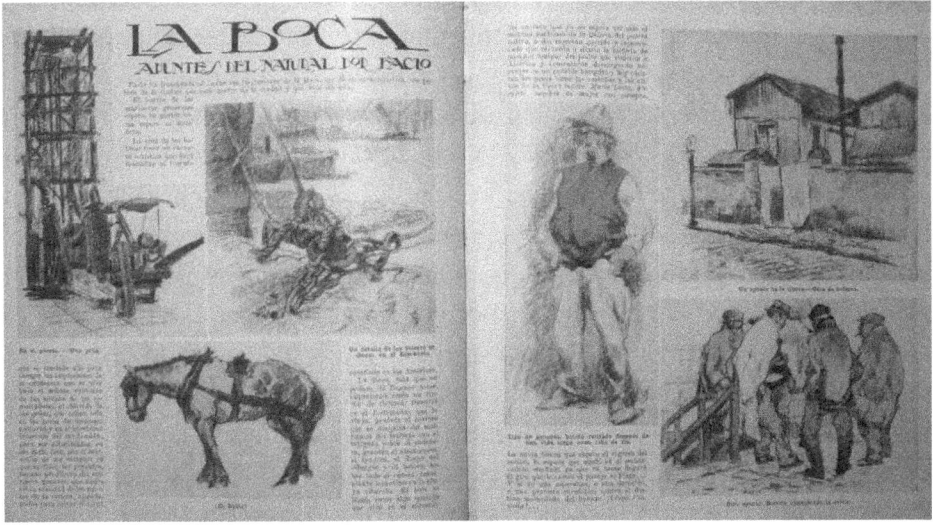

19. Ilustraciones de Guillermo Facio Hebequer para "La Boca. Apuntes al natural por Facio", *PBT*, n° 615, 9 de septiembre de 1916, s/p.

---

[4] Sin firma, "La Boca. Apuntes al natural por Facio", *PBT*, n° 615, 9 de septiembre de 1916, s/p.

Estas ilustraciones también constituyen un ejemplo de la preferencia del artista por el paisaje urbano, específicamente por el perfil portuario de la ciudad de Buenos Aires, que evidenciaba la inserción de la Argentina en el mercado capitalista mundial. Las consecuencias del acelerado proceso de modernización económica, de urbanización vertiginosa –íntimamente ligada a los flujos inmigratorios externos e internos– y de industrialización, con sus implicancias sociales, fueron motivos de representación en gran parte de la obra de Facio Hebequer. Entre las imágenes realizadas para *PBT*, asimismo, ya es posible hallar una referencia crítica al contexto social. Si bien en el artículo que las acompaña no hay ninguna alusión a las consecuencias ocasionadas por la Primera Guerra Mundial, uno de los "Apuntes", titulado *Boteros comentando la crisis*, repara en la paralización de la actividad portuaria que acaeció en aquellos tiempos (véase margen inferior derecho de la imagen 19) y amplía, de esta manera, los sentidos de la nota. El segundo de los dibujos de Facio que se incluyen en el semanario acompaña una poesía de Héctor Pedro Blomberg, *El tejedor de mortajas (canciones de los mares)*, dedicada también a los trabajadores del ámbito portuario. Concretamente, la imagen ilustra a un tejedor de mortajas que, luego de haber sido encontrado muerto, es envuelto por otros trabajadores en su propia manufactura para ser arrojado al mar (imagen 20). Ambos autores, el poeta y el dibujante, procuran representar la soledad padecida por muchos de esos trabajadores que se movían en los márgenes de la ciudad.

No es posible saber con exactitud qué motivó la presencia de Facio en un semanario ilustrado como *PBT*. Por ese entonces, la revista atravesaba un proceso de crisis que se había iniciado en marzo de 1916 con la muerte de su fundador, Eustaquio Pellicer, y, luego de una sucesión de diferentes directores, equipos de colaboradores y formatos, culminaría con su clausura definitiva el 6 de marzo de 1918. En principio, a poco de fallecer Pellicer, la dirección quedó en manos de Enrique M. Ruas, quien, en 1917, fue sucedido por Emilio Dupuy de Lome; durante sus meses finales el director fue Sydney A. Smith. Las ilustraciones de Facio Hebequer se publicaron durante la dirección de Ruas (periodista de activa presencia en semanarios como *Caras y Caretas*, *Plus Ultra* y *El Hogar*) y bajo las órdenes del nuevo director artístico, el italiano Filiberto Mateldi. En ese período, las páginas de *PBT* se abrieron de un modo mucho más destacado que antes a la colaboración de intelectuales, poetas y dramaturgos vinculados al universo anarquista, como Ángel Falco, Alberto Ghiraldo, Julio Barcos y Rodolfo González Pacheco, entre otros. Posiblemente, esta tesitura de la revista, que coincide con la etapa bohemia y más libertaria de Facio Hebequer, explique la llegada de sus dibujos al semanario. Pero lo importante aquí es observar cómo las penurias de los trabajadores, la pobreza y la marginalidad fueron emergiendo progresivamente como temáticas centrales en su obra.

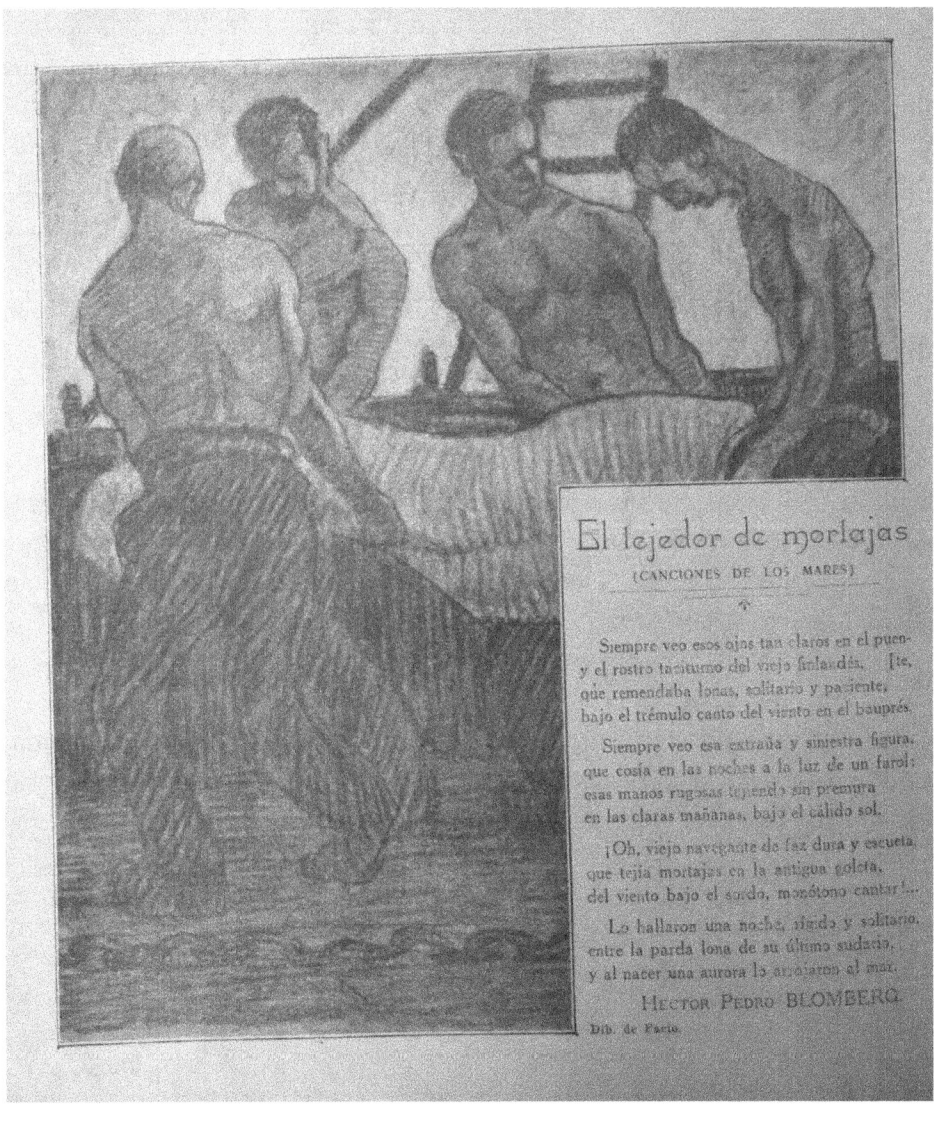

20. Dibujo de Guillermo Facio Hebequer para Héctor Pedro Blomberg, "El tejedor de mortajas", ilustración de Facio, *PBT*, n° 618, 30 de septiembre de 1916, s/p.

Si bien no se han hallado otras intervenciones gráficas de Facio Hebequer en publicaciones de la década de 1910, en el listado de las obras donadas por su viuda, Yola Grete, al Museo de Artes Plásticas Eduardo Sívori, se advierten dos rasgos que caracterizan la producción del artista de la "primera época" (1914-1920).[5] Por un lado, se observa un grupo de obras que claramente están influenciadas por la ironía y la sátira de las estampas de Francisco Goya;[6] por otro lado, se encuentran aquellas obras dedicadas a representar a los excluidos y a los marginales generados por el sistema capitalista. Dentro del primer conjunto, podría destacarse *Naturaleza muerta* (imagen 21), que alude, mediante un irónico juego de palabras, a la Comisión Nacional de Bellas Artes y sus jurados. En la representación sarcástica de la comisión encargada de otorgar los premios y menciones para el Salón Nacional, pueden apreciarse vínculos y similitudes con el modo de construir los personajes del autor de los *Caprichos*, además del uso de la misma técnica y del recurso de la leyenda, que refuerza y amplifica el sentido de las imágenes. En este caso, y como ha señalado Patrick Frank, las letras del aguafuerte están en un sentido inverso al que correspondería si se tratara de una ventana real, una modificación que tiene como objetivo facilitar la lectura.[7] A su vez, el tono y el mensaje del aguafuerte retoman ciertos tópicos (abordados en el primer capítulo) en relación con el lugar otorgado al Salón Nacional en la dinámica de aprendizaje, más fructífera pero menos lucrativa, que regía entre los jóvenes que acudían al taller de Facio Hebequer.

Otro ejemplo del mismo estilo lo constituye el aguafuerte *Cuanto menos se piensa, mejor se duerme* (imagen 21), en el que la ironía goyesca se reactualiza a la luz de ciertos procedimientos visuales y discursivos propios de la izquierda. Esto se percibe en la construcción de la figura del burgués (simbolizado como un animal atroz, enemigo del pueblo) y en la expresión de ciertos valores

---

[5] Dicho listado delimita tres épocas de la producción del artista: 1914-1920, 1921-1929 y 1930-1935. (FGFH).

[6] Alberto Collazo, *Facio Hebequer*, Buenos Aires, CEAL, Colección Pintores Argentinos del Siglo XX. Serie complementaria Grabadores Argentinos del siglo XX/4, n° 84, 1982, p. 3.

[7] Según el autor, esta obra, que había sido exhibida en la primera muestra de Facio, Arato, Vigo y Riganelli en el Salón Costa (1920), fue la única vendida en esa ocasión, dado que el comprador fue un miembro de la Comisión que se sintió identificado en la estampa y, por ello, la compró inmediatamente. Frank, *Los Artistas del Pueblo. Prints and Workers' Culture in Buenos Aires, 1917-1935*, Albuquerque, University of New Mexico Press, 2006, pp. 25-26.

éticos y morales, como la codicia, la avaricia, el vicio, el parasitismo y la hipocresía, entre otros.

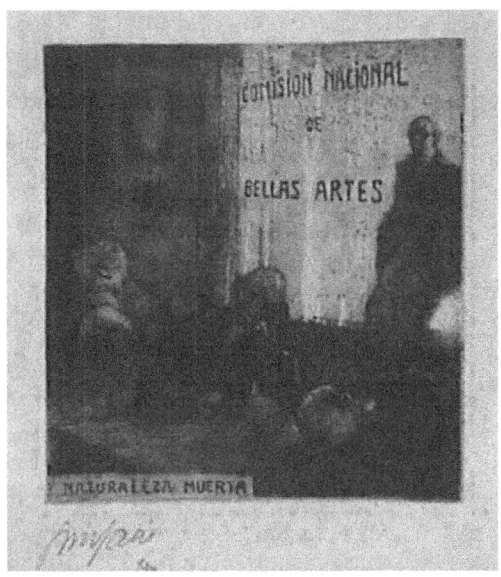

21. Guillermo Facio Hebequer, *Naturaleza muerta*. FGFH.

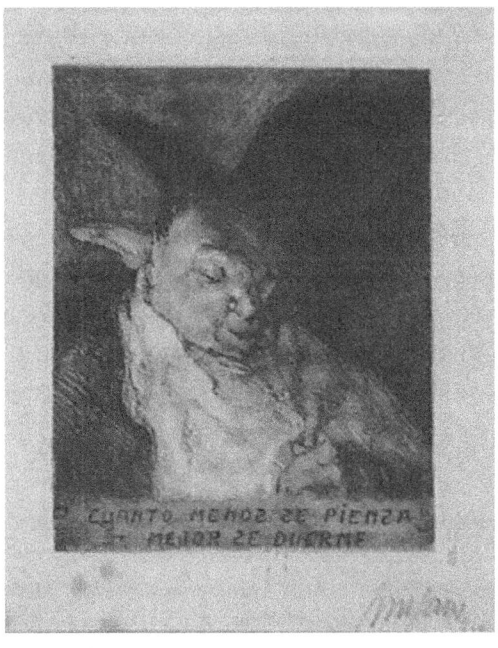

22. Guillermo Facio Hebequer, *Cuanto menos se piensa, mejor se duerme*. FGFH.

El otro rasgo que caracterizó la obra gráfica de Facio y que predominó, sobre todo, durante la década de 1920 fue su opción por la representación de los excluidos y de los marginales, en una dirección que se distanciaba de cierta tónica costumbrista que signó los primeros dibujos publicados en *PBT*. Al menos hasta la realización de su muestra individual en el salón de Amigos del Arte, en 1928, esa elección temática fue una marca distintiva que, según los testimonios de sus contemporáneos, surge del contacto directo mantenido con "el pueblo". En relación con esto, es interesante leer el modo en que, en un texto de 1931, Roberto Arlt traza un perfil del artista en búsqueda de uno de sus modelos, el "atorrante" (imagen 23): rondando de noche por los albergues donde se hospeda, por la quema, por las orillas del río y el puerto, para luego representarlo,

> [...] en todos sus gestos, posturas, miserias, durmiendo, despierto, comiendo, bebiendo, lo ha reproducido solitario mirando el confín; lo ha eternizado en compañía de congéneres, riendo o adusto, cretinizado, soñando, bobo... en todas las posibles posturas que el cuerpo de un hombre puede adoptar en ese singular estado social que es el atorrantismo y fiaca perpetua. Nada de colores. Tinta, carbón.[8]

Esas búsquedas nocturnas, que explicarían los logros artísticos de Facio, pueden equipararse a los recorridos callejeros que el mismo Arlt venía efectuando desde 1928, partes fundamentales de un proceso creativo que culminaría con la redacción de sus *Aguafuertes Porteñas* para el diario *El Mundo*. Como señala Sylvia Saítta, el escritor se lanzaba cotidianamente a descubrir la ciudad de Buenos Aires, que se constituye en su obra como "un escenario urbano ante el cual es posible erigirse en observador de los grandes cambios tanto edilicios como sociales que conmocionan a los habitantes porteños". En ese marco, "Arlt se desplaza por calles y barrios y es este caminar constante lo que desencadena la narración. A diferencia del viejo periodista que escribía sus notas encerrado en la redacción, Arlt es el repórter moderno que debe salir a la calle como paso previo a su escritura".[9]

---

[8] "Los atorrantes de Facio Hebequer", Aguafuertes Porteñas, *El Mundo*, 1 de septiembre de 1931, p. 6.

[9] Sylvia Saítta, "Prólogo", en Roberto Arlt, *Aguafuertes porteñas: Buenos Aires, vida cotidiana*, Buenos Aires, Losada, 2013, p. 3. A su vez, Álvaro Abós trazó un vínculo entre las aguafuertes de Arlt y la técnica utilizada por Facio Hebequer: "El aguafuerte es una técnica del grabado en metal que consiste en dibujar sobre una capa de barniz que recubre la plancha y luego

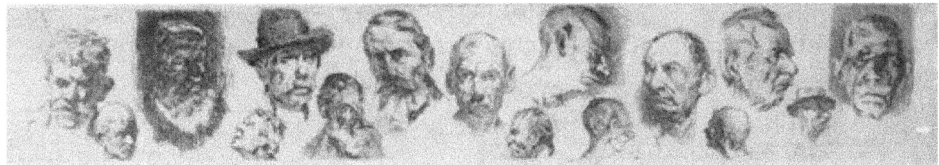

23. Guillermo Facio Hebequer, apuntes *Atorrantes*. Ca. 1924. Fotografía registro de la obra, 12,9 x 23,3. Fototeca Fundación Espigas.

A juzgar por las memorias de Facio Hebequer, sus largas caminatas a comienzos de los años veinte eran, ante todo, una forma de interrumpir la rutina, a la vez que, por la variedad de modelos que cruzaba en su camino y pretendía representar, constituían un modo de saciar su avidez por ejercitar la técnica del dibujo.[10] Sin embargo, al analizar su obra se vuelve evidente que la incidencia de aquellas experiencias fue clave, sobre todo cuando el artista se propuso denunciar de manera sistemática las consecuencias sociales del sistema capitalista en el marco de proyectos específicos y en consonancia con una gradual radicalización ideológica que comienza a percibirse a finales de esa década.

Fue precisamente en aquellos años que Facio Hebequer y Elías Castelnuovo coincidieron en el grupo de Boedo e iniciaron su amistad. Como ya se ha señalado, la editorial Claridad, vinculada al grupo de Boedo, surgió con el objetivo de ofrecer herramientas político-culturales a los sectores sociales que tenían pocas posibilidades de insertarse en el sistema educativo. En sintonía con este propósito, incorporó en sus publicaciones una gran cantidad de imágenes elaboradas a partir de las diferentes técnicas de impresión que ofrecía el grabado (aguafuerte, xilografía, litografía, linóleo, etc.). El grabado no solo se presentaba como un recurso eficaz para atraer al lector, sino

---

corroer la incisión con un ácido que penetra –que ataca según el léxico de uso corriente en las artes gráficas– el material, confiriendo al motivo una condensación dramática que distingue al aguafuerte de otras técnicas como el grabado en madera o xilografía. El aguafuerte literario, en la intransferible manera en que Arlt lo practicó, imprimiéndole su sello, identificándolo con la urbe porteña, destaca unos pocos rasgos que, al ficcionalizar el tema o los tipos descriptos, aboceta para sintetizar y sacudir al lector. Arlt y Facio se cruzan en el Buenos Aires de la segunda y tercera décadas del siglo XX, cuyo mito contribuyen a fundar, cada uno a su manera". Cf. Álvaro Abós, "Vínculos de Arlt con el pintor Hebequer. El amigo uruguayo", *Clarín*, 2 de mayo de 2000, pp. 10-11.

[10] "Memorias de Facio Hebequer (VI). Desfile de modelos", *Pluma y Pincel*, año I, n° 21, 18 de enero de 1976, p. 6.

también como un medio que permitía reproducir a bajo costo obras gráficas que, situadas en determinados contextos de producción, promovían una serie de mensajes políticos y debates estéticos. Para muchos artistas había llegado, revolución en Rusia mediante, la hora de visibilizar las injusticias, la desigualdad y la exclusión social como un paso previo a la sublevación allende las fronteras soviéticas. Esa búsqueda de visibilizar para transformar la sociedad encontró en la confluencia de los discursos visuales y textuales una herramienta poderosa para atraer, conmover y movilizar al lector, como puede apreciarse en las páginas de la segunda etapa de la revista *Los Pensadores*.

A diferencia de su primera etapa (1922-1924), en la que la mayoría de sus tapas estaban destinadas a ilustrar los retratos de los autores que formaban parte de la colección, en la segunda etapa (1924-1926), *Los Pensadores* buscó cautivar a sus lectores a través de una estética realista y militante, acorde con la propuesta literaria del grupo de Boedo. La mayoría de las portadas fueron realizadas por Fasine, seudónimo de Abraham Vigo, quien denunciaba la desigualdad social por medio de diferentes ensayos visuales. En algunos casos, este artista propuso un juego de contrastes, como se observa en la portada titulada *Aquí está prohibido bañarnos* (imagen 24), en la cual la composición de dos planos delimita y exalta una situación simultánea y antagónica: la vida balnearia de la aristocracia porteña bajo la mirada apesadumbrada de un linyera que, parado junto a su perro, se ubica en los márgenes de la Playa Bristol. En otras ocasiones, en diálogo directo con los cuentos publicados en *Los Pensadores* –y como una clara estrategia publicitaria para atraer al lector–, Vigo ilustraba escenas o personajes a modo de anticipo y en confluencia con la estética boedista. Un ejemplo de ello es la ilustración *Larvas* (imagen 25), que el artista elaboró como adelanto del cuento homónimo de Castelnuovo publicado en el mismo número; allí, Vigo retrata a los dos niños desclasados que protagonizan la historia en consonancia con la descripción de los personajes que propone el relato. Por medio del uso de sombras y tonos grises, el artista logra una expresividad que enfatiza la deshumanización que en la obra de Castelnuovo se plantea como consecuencia de la exclusión social.

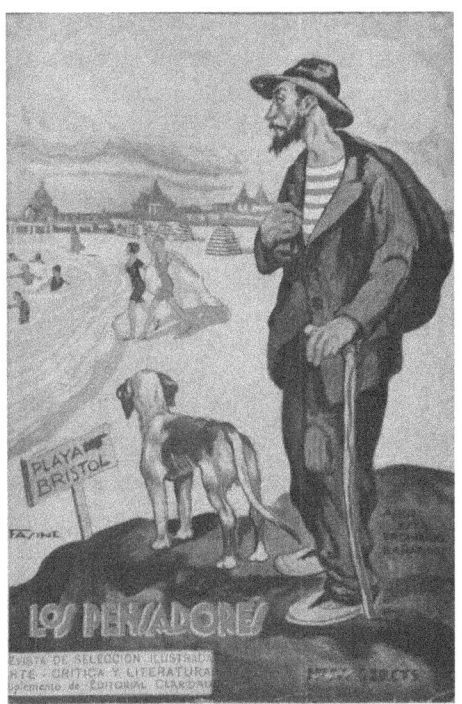 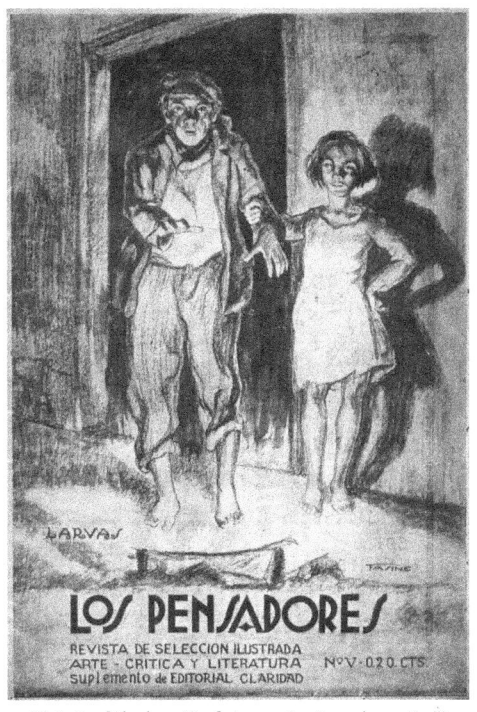

24. Fasine [Abraham Vigo], *Aquí está prohibido bañarnos*, *Los Pensadores*, año III, n° 104, 27 de enero de 1925.

25. Fasine [Abraham Vigo], *Larvas*, *Los Pensadores*, año III, n° 105, 10 de febrero de 1925.

El lugar destacado que ocuparon las imágenes no se agotó en las portadas de esta revista. Al año siguiente de conocer a Facio, Castelnuovo le dedicó un artículo en el que lo definió como "un pintor gorkiano". Al trazar un paralelismo y plantear una suerte de transposición entre la literatura rusa y la obra visual de Facio Hebequer, el escritor expresaba su admiración hacia este artista local que, al igual que Máximo Gorki, lograba desarrollar una estética realista –encarnada en su representación de los atorrantes, las prostitutas, los harapientos y los mendigos– gracias al contacto directo que mantenía con el pueblo. Para Castelnuovo, las producciones de Facio se fusionaban con las del escritor ruso de un modo tal que podían ser presentadas como idénticas: "en el supuesto caso de que a Gorki le hubiese dado por pintar hubiera hecho hasta la fecha exactamente lo que hizo Facio Hebequer, cuyos lienzos podrían servir de ilustraciones a las obras del gran vagabundo ruso".[11] De aquí se preguntaba:

---

[11] Elías Castelnuovo, "Un pintor gorkiano: Guillermo Facio Hebequer", *Los Pensadores*, año

> ¿Qué se propone Gorki al sacar a la luz toda esa familia de vagabundos y menesterosos? ¿Qué se propone al exhumar el crimen y la locura, la brutalidad y el vicio y la crueldad espantosa del hombre. Espantarnos, aterrorizarnos? No, no; se propone mejorar al hombre señalándole todas sus lacras, sus lacras horrendas. Arrancarle del fango en que lo ha sumido la ignorancia de los tiempos y elevar hasta las estrellas su espíritu enfermo y deprimido. Regenerarlo y redimirlo. Toda la obra de Gorki clama por la regeneración de la especie. Toda la galería de Facio clama también.[12]

Para el escritor rioplatense, la pintura de Facio Hebequer se apoderaba del lector y producía una impresión tan desconsoladora como la literatura del soviético, también con el propósito de liberar a los excluidos. Pero las intenciones de Castelnuovo iban más allá, pues, además de enfatizar la admiración que le merecían las estampas, es posible advertir en su texto una operación que pretendía dejar sentadas las coincidencias temáticas y estéticas entre su literatura y la obra gráfica de Facio de cara al lanzamiento de su segundo libro: *Malditos*. Por eso, añadía: "Facio Hebequer recién empieza su obra verdadera, seria y perdurable y Gorki, puede decirse que la está terminando. Facio Hebequer es un hombre de 33 años; Gorki es una persona madura que aborda los 60".[13] Considerando que los inicios de Facio Hebequer coincidían con los propios, la observación de Castelnuovo podría leerse como un intento de espejar trayectorias y como una operación para anticipar y promover un emprendimiento conjunto entre el literato y el pintor.

Preparada para la colección Los Nuevos de la editorial Claridad (dirigida por el mismo Castelnuovo), *Malditos* incluía ilustraciones a cargo de Facio Hebequer; la edición fue publicitada, a fines de 1924, en *Los Pensadores* con el adelanto de las aguafuertes del artista y la reproducción de la portada del nuevo libro (imagen 26).

Si bien la obra de Castelnuovo ha sido analizada, son escasas las menciones a la intervención de Facio como ilustrador. Sin embargo, en *Malditos* puede verse cómo la tarea de ambos se complementa y potencia para denunciar la exclusión y la marginalidad generada por el proceso de modernización socioeconómica ligado al auge del modelo agroexportador, al tiempo

---

III, n° 101, 9 de diciembre de 1924, s/p.

[12] Loc. cit.

[13] Loc. cit.

que pone en marcha una experimentación formal que, en pos de un arte para el pueblo, tensiona las convenciones realistas como modo de intervención política e intelectual. En cuanto a la forma, estos gestos se evidencian en el exceso de las hipérboles en la obra de Castelnuovo –rasgo ya abordado por la crítica literaria– y en el expresionismo que, tributario de la gráfica de la artista alemana Käthe Kollwitz, cargan las aguafuertes de Facio Hebequer.[14] En este libro, la miseria urbana y sus consecuencias psíquicas y físicas son detalladas al extremo en letra e imagen, en una fusión análoga a la que describía Castelnuovo entre Facio Hebequer y el escritor ruso.

Malditos contiene tres cuentos: "La raza de Caín", "Malditos" y "Lázaro". En ellos se observa que tanto el registro literario como el visual están cargados de un profundo componente moral y logran perturbar e incomodar al lector por medio de las minuciosas representaciones e imágenes del desamparo, que rodea a los diferentes personajes y se expresa en sus rostros y en sus cuerpos. Como si no bastara con las descripciones de Castelnuovo, en las que predominan el horror, el padecimiento y la deshumanización de personajes inmersos en espacios y situaciones asfixiantes (recuérdese que los protagonistas son un loco que padece de epilepsia, dos pordioseros ciegos y un escritor tuberculoso, que intentan sobrevivir en un manicomio, en la calle y en un conventillo respectivamente), cada uno de los cuentos se abre y se cierra con las aguafuertes de Facio Hebequer como una forma de exaltar y condensar las imágenes literarias que desbordan los límites de lo real y que emulan un infierno sin retorno (imagen 27).[15]

---

[14] *Malditos* fue seguida por *Entre los muertos* (1925), *Carne de cañón* (1927) y *Larvas* (1930). Algunas obras son analizadas por Oscar Blanco en "Modulaciones de un realismo (/naturalismo) militante. Direcciones invertidas: del naturalismo argentino a la literatura de Boedo", en Miguel Vitagliano (comp.), *Boedo. Políticas del realismo*, Buenos Aires, Título, 2012, pp. 15-52, y Adriana Rodríguez Pérsico, "Estudio preliminar. Capitalismo y exclusión. Elías Castelnuovo y la búsqueda de una lengua heterogénea", en Elías Castelnuovo, *Larvas,* Buenos Aires, Ediciones Biblioteca Nacional, Colección Los Raros nº 45, 2014, pp. 9-84.

[15] Elías Castelnuovo, *Malditos* (cuentos). Ilustraciones de Facio Hebequer, Buenos Aires, Claridad, colección Los Nuevos, 1925 (3ª edición), pp. 69 y 127.

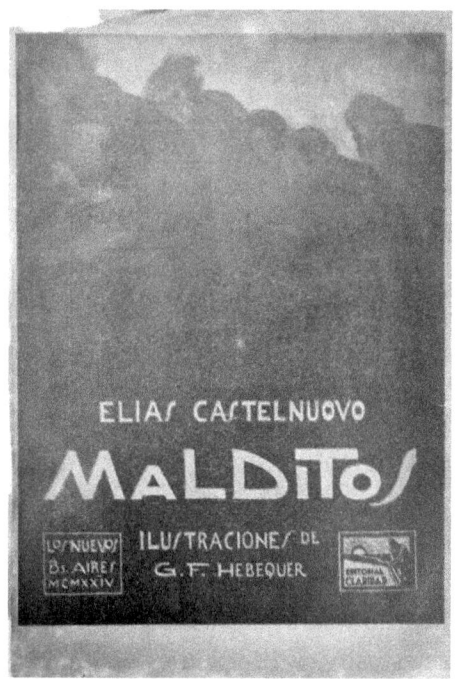 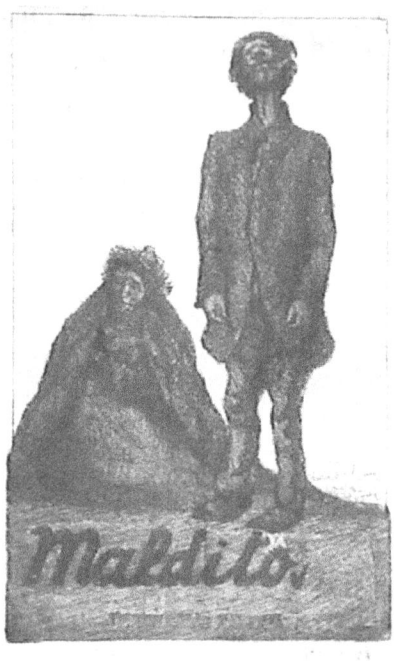

26. Publicidad de la portada del libro *Malditos*, *Los Pensadores*, año III, n° 100, noviembre 1924.

27. Guillermo Facio Hebequer, *Malditos*, ilustración para el libro *Malditos*, 1924. Aguafuerte 38,5 x 25,5. Museo de Artes Plásticas Eduardo Sívori.

Como ya ha señalado Beatriz Sarlo, la introducción de los excluidos en la literatura argentina fue una novedad de los años veinte ligada a la incorporación de los escritores de origen inmigratorio que provenían de los márgenes del campo literario y que, apelando a nuevas representaciones que se distanciaban del costumbrismo, incluyeron en sus narraciones a estos nuevos sujetos sociales.[16] De esta manera, los marginales se volvieron socialmente visibles en la literatura, en un proceso que se nutrió de los marcos y procedimientos de las novelas rusas traducidas al español y que, puede afirmarse, fue amplificado a partir de la labor de grabadores como Vigo, Facio Hebequer, José Arato y Adolfo Bellocq. En relación con la intervención conjunta de escritores y artistas gráficos, Bellocq enfatizaba:

> Como material de ilustración para un texto literario, el grabado exige un estudio consciente de la unidad armónica y de la emoción que la expresión gráfica ha de acentuar en algunos casos o servir simplemente de acompañamiento

---

[16] *Una modernidad periférica: Buenos Aires 1920 y 1930*, Buenos Aires, Nueva Visión, 2007, p. 179.

para magnificar el texto o darle el ligero matiz preciso para su mejor expresión artística. Del mismo modo, la ejecución de una plaqueta, un frontispicio o un diploma, debe someterse a un procedimiento correcto, concretándose a ser un complemento valioso de la masa tipográfica y a dar un sentido al conjunto.[17]

Esa unidad armónica a la cual refiere Bellocq también fue llevada a la práctica en otro libro de la colección Los Nuevos. Con una estrategia similar a la de Castelnuovo, en este caso fue Leónidas Barletta quien, antes de publicar su libro *Los Pobres*, dedicó un artículo a José Arato, a cargo de las ilustraciones. Al denominarlo "el pintor de la miseria", distanciado de un arte "que sólo disfruta una minoría pervertida, mientras los más son vejados y explotados", Barletta destacaba la evidente intención social que atravesaba la obra de Arato.[18] Así, en *Malditos* y *Los Pobres,* las plumas y las estampas de las duplas Castelnuovo-Facio Hebequer y Barletta-Arato dialogan, se complementan y potencian como alianzas estratégicas basadas en concepciones estético-ideológicas compartidas que encuentran en la visibilización de los pobres una forma previa y necesaria a cualquier tipo de sublevación. En efecto, en una nota posterior de *Los Pensadores* en que se publicitaban los títulos publicados hasta el momento, se trazaba una genealogía en la que se reiteraba que el referente era la literatura rusa, puesto que "Rusia nos envió con la revolución el soplo trágico de su espíritu bárbaro y magnífico" a través de Dostoievski, Gorki y Tolstói.[19]

Como se ha señalado, esta mirada de Facio sobre los excluidos fue, en gran medida, tributaria de la gráfica de la alemana Käthe Kollwitz, que se evidencia, por ejemplo, en las similitudes entre *Madre e hijo*, de la autora alemana, y *Madre del pueblo* de Facio Hebequer (imágenes 28 y 29). Otros artistas del círculo de "los cinco", como Bellocq y Vigo, también manifestaron su admiración por ella, y el análisis de algunas de sus obras muestra una clara influencia de la artista.[20] Al menos desde finales de la década del veinte, la obra de Kollwitz era conocida en Buenos Aires y en 1933 fue objeto de una exposición

---

[17] "El grabado y la ilustración", *Arte y decoración,* Buenos Aires, agosto-septiembre de 1935, reproducido en Rafael Cipollini, *Manifiestos argentinos. Políticas de lo visual 1900-2000*, Buenos Aires, Adriana Hidalgo Editora, 2003, pp. 163-172.

[18] "José Arato, pintor de la miseria", *Los Pensadores*, n° 102, 23 de diciembre de 1924, s/p.

[19] Editorial Claridad, "Propósitos de la biblioteca Los Nuevos", *Los Pensadores*, año III, n° 106, 24 de febrero de 1925, s/p.

[20] Frank, *Los Artistas del Pueblo*, óp. cit., pp. 40 y 138.

en la galería Müller.[21] Sus trabajos tuvieron una gran circulación tanto en las revistas culturales de la izquierda local como en los suplementos culturales de los grandes diarios como *La Nación* y *La Prensa*, en cuyas páginas sus imágenes fueron ampliamente reproducidas y su figura reivindicada.[22]

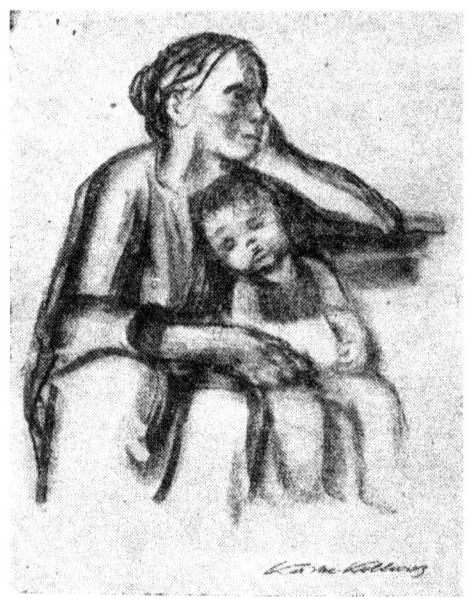 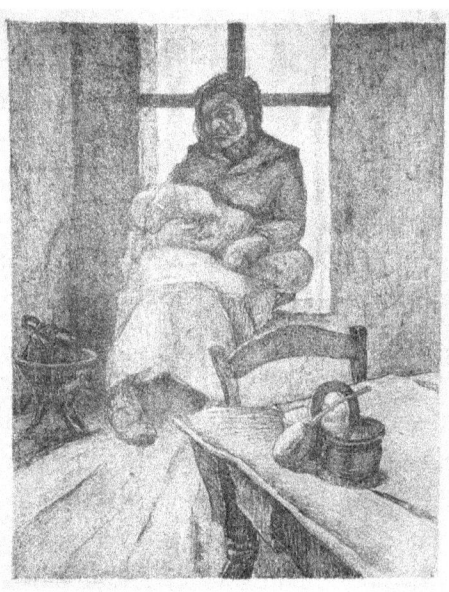

28. Käte Kollwitz, *Madre e hijo*, Nervio. *Ciencias-Artes-Letras*, año III, nº 25, junio 1933, p. 25.   29. Guillermo Facio Hebequer, *Madre del pueblo*, litografía 38,5 x 49,5, sin datar. FGFH.

Esta elección temática le acarreó a Facio Hebequer no pocas críticas desde diferentes sectores del campo cultural porteño. Sus representaciones de la marginalidad fueron desdeñadas por los críticos de los medios gráficos más

---

[21] Cf. D. U. C. [Demetrio Urruchúa], "Artes plásticas", *Nervio*, año III, n° 30, diciembre de 1933, p. 46.

[22] A modo de ejemplo: Käte Kollwitz, "¡Pan!", portada de *La Protesta. Suplemento Quincenal*, año VIII, n° 317, 9 de diciembre de 1929; Amaro Martínez, "Käte Kollwitz, artista del pueblo", *Nervio*, año III, n° 25, junio de 1933, pp. 16-17; Sin firma, "La recia inspiración de Kathe Kollwitz", *Clase*, n° 1, 20 de noviembre de 1933, p. 2, y Sin firma, "Käte Kollwitz", *La Prensa. Suplemento cultural*, 12 de octubre de 1933, s/p. También puede señalarse que, en este mismo contexto, la artista alemana era celebrada por la izquierda brasileña; a modo de ejemplo, véase la conferencia pronunciada el 16 de julio por Mario Pedrosa en el Club de Artistas Modernos de San Pablo. Véase Mario Pedrosa, "As Tendencias Sociais da Arte e Käthe Kollwitz", en Otília Arantes (org.), *Política das Artes. Textos Escolhidos I*, São Pablo, Edusp, 1995, pp. 35-56.

tradicionales, que deploraron su pesimismo, el cuestionamiento de los cánones tradicionales de belleza y las implicancias políticas y sociales de una obra que tensionaba la autonomía del arte. Por ejemplo, a propósito de una exposición del artista en la galería Melitta Lang, el crítico del diario *La Prensa* comentaba:

> Sus obras tienen un espíritu francamente verista y reflejan un temperamento sensible y pesimista que en más de un caso sabe penetrar sus asuntos. Pero el artista, con frecuencia, parece querer aprovechar su labor con fines moralistas ajenos a los del dibujo y de la pintura, razón por la cual, preferimos aquellas producciones del dibujante, en donde, sin preocupaciones de predicador social, se concreta a estampar sentimientos sin otro propósito que el de realizar obra bella y plástica.[23]

Es curioso observar cómo la producción artística de Facio podía ser cuestionada tanto por un crítico que reivindicaba el "arte por el arte" como por la cultura de la izquierda local, que consideraba que su mirada desoladora sobre los excluidos era incapaz de incitar a la lucha de clases organizada. No obstante, la tónica de su obra fue modificándose gradualmente y puede sostenerse que una de las primeras variaciones se registra en su exposición individual, llevada a cabo en las salas de la Asociación de Amigos del Arte en 1928, pues, es en algunos de los trabajos allí exhibidos donde se observa la emergencia de un cambio temático.

Dicha muestra tuvo una repercusión considerable en la prensa periódica local, en cuyas páginas se publicaron varias coberturas críticas y se reprodujeron algunas de las obras expuestas. A partir de entonces, la gran visibilidad de su labor posicionó a Facio Hebequer como representante del "arte social" dentro del campo artístico. Pero la relevancia de dicha exposición no radica solo en la trascendencia que supuso para el artista exponer en una de las salas más importantes del circuito artístico de la calle Florida, sino en las modificaciones que se perciben en su obra: como se adelantó, fue entonces cuando, por primera vez, la clase trabajadora se constituyó en el tema central de sus representaciones. Tal es así que la mayoría de las obras exhibidas –*La Fundición*, *El nuevo Cristo*, *Carboneros*, *Fin de jornada (Homenaje a Millet)* y *Carne cansada*, entre otras– fueron agrupadas bajo el título general de "Escenas de trabajo".

---

[23] Sin firma, "Exposición de grabados de Guillermo Facio Hebequer", *La Prensa*, 13 de septiembre de 1932 (FGFH).

Particularmente, en las obras de la serie *El Infierno,* se observa el registro de diferentes tareas cotidianas y de las consecuencias de la explotación padecida por esta clase social. Por ejemplo, en la estampa *Los carboneros* (imagen 30), Facio Hebequer expresa la fatiga de un grupo de trabajadores marcando la curvatura de sus cuerpos, producto de la carga que llevan en sus espaldas. A su vez, al ocultar sus rostros detrás de los recipientes utilizados para transportar el carbón, el artista destaca el anonimato de esos hombres, que podrían ser situados en un plano equivalente al de un animal de carga, como el que se observa en la misma imagen. Esa condición de inferioridad supone comparar al trabajador con el esclavo y, por lo tanto, entender esa tarea, tal como lo indica el título de la serie, como un infierno. Ese "infierno" se trasluce, incluso, en el único rostro a la vista, corroído por la faena que se realiza diariamente bajo el rayo del sol. Hasta podría agregarse que en esa secuencia, en que los cuerpos están casi superpuestos, subyace una idea de repetición opuesta a la capacidad creadora inherente a todo ser humano.

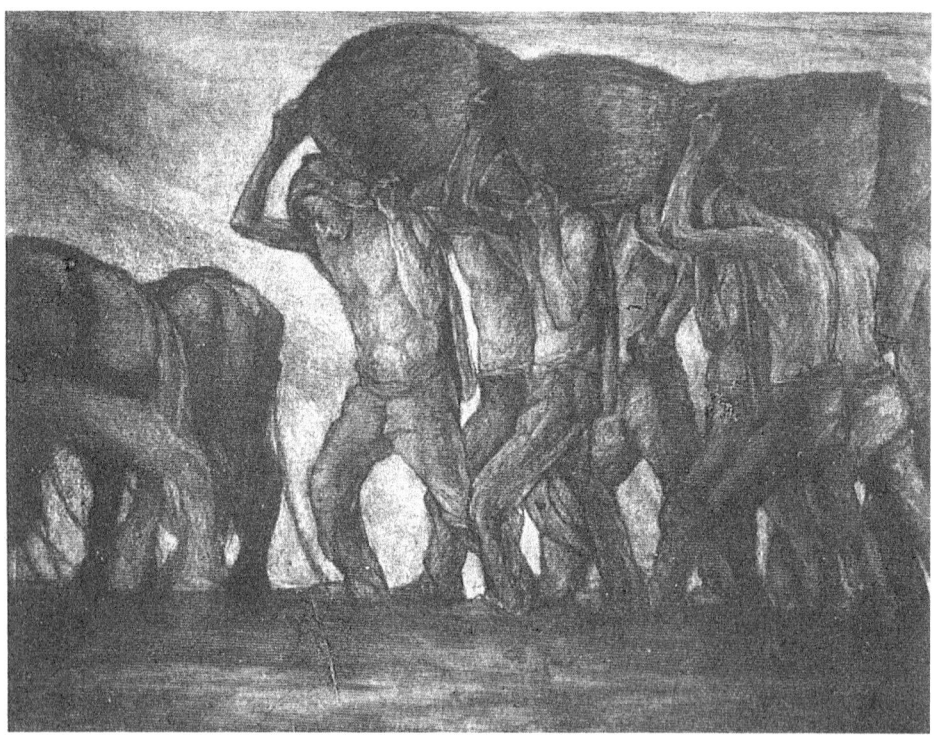

30. Guillermo Facio Hebequer, *Los carboneros*. Fondo León Pagano-MAMBA.

Esta interpretación del trabajo aparece matizada en la obra *En la fundición* (imagen 31), en la que un elemento como el fuego, símbolo purificador de la faena diaria y elemento representativo de la libertad y la liberación, irrumpe en el centro de la escena, a la vez que muestra a los obreros con otra actitud. Debe tenerse en cuenta que tanto el fuego como el sol eran dos símbolos representativos de la iconografía anarquista, que significaban el anuncio de un futuro diferente y una alegoría de la revolución.[24] También es posible advertir en esta estampa un recurso utilizado por el artista en otras oportunidades: servirse de ciertas imágenes creadas con anterioridad para insertarlas en una nueva composición y contexto; algo que puede apreciarse en la silueta ubicada a la izquierda del horno de la fundición, que es casi idéntica a la imagen de *El sangrador* (imagen 32), ya publicada en la portada de la revista *Izquierda* de 1927. Con este procedimiento, la lanza de *El sangrador* –puesta en otra escena y en diálogo con nuevos elementos– podría significar un signo de combate en esa búsqueda y anhelo de libertad.

A pesar del nuevo tono que muestra *En la fundición*, el agobio y el dolor son sin duda los sentimientos que predominan en las composiciones de Facio, como puede observarse en *El nuevo Cristo* (imagen 33). Aquí, la idea del trabajo como sufrimiento y castigo es amplificada por medio de una imagen alegórica: la del Cristo sufriente como símbolo del "calvario" cotidiano atravesado por los trabajadores; para lograrlo, el artista coloca, en un escenario fabril, a un obrero que sobre sus espaldas carga una cruz (constituida por la intersección de una viga y una pieza pesada, de madera o hierro), atributo que se refuerza con la incorporación en primer plano de la figura de un obrero, cuyo rostro fantasmagórico y desfigurado parece portar una corona de espinas.[25]

---

[24] Juan Suriano, *Anarquistas. Cultura y política libertaria en Buenos Aires, 1890-1910*, Buenos Aires, Manantial, 2001, pp. 42-43 y 306.

[25] La relación entre imágenes cristológicas y la denuncia de izquierda fue bastante frecuente en tanto la religiosidad se presenta como una alegoría del dolor humano. Uno de los ejemplos paradigmáticos puede verse en la serie *Via Crucis* de Pompeyo Audivert, realizada en 1929. Cf. Catálogo Pompeyo Audivert, *Via Crucis*, Buenos Aires, Museo del Dibujo y la Ilustración, 2009. Una caracterización de ella en Marcela Gené, "Diálogos con buriles y gubias. Realismo y surrealismo en el grabado argentino", en Diana Wechsler, *Territorios de diálogo. Entre los realismos y lo surreal. 1930-1945*, Fundación Nuevo Mundo, Buenos Aires, 2006, p. 139.

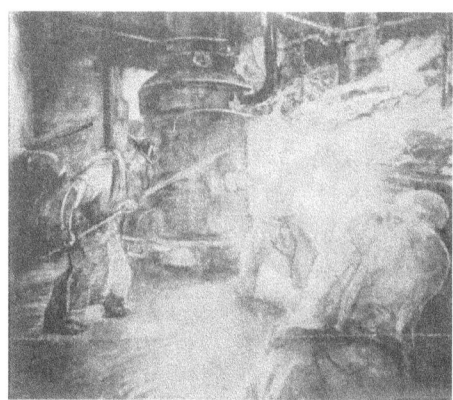

31. Guillermo Facio Hebequer, *En la fundición*, obra reproducida por *La Nación*, 1928. FGFH.

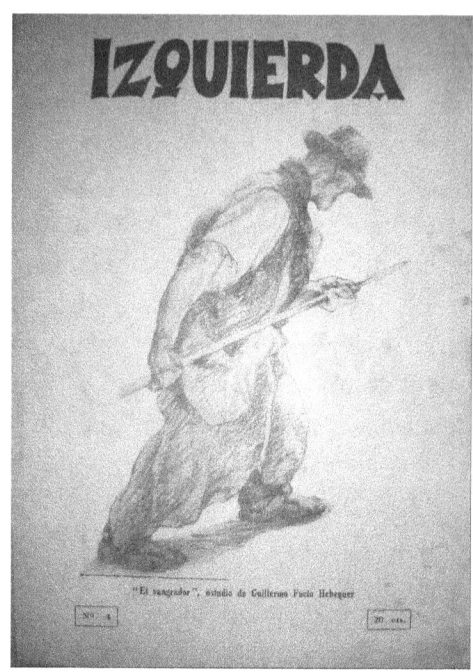

32. Guillermo Facio Hebequer, *El sangrador*, portada para *Izquierda*, año I, n° 4, 4 de abril de 1928.

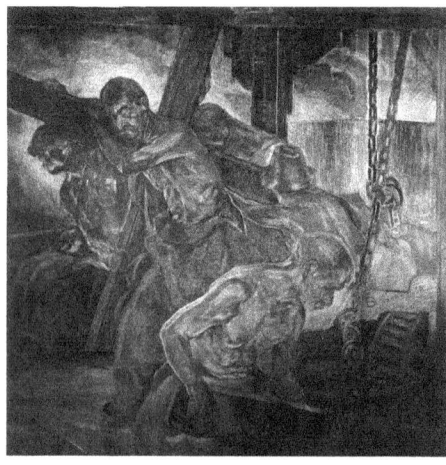

33. Guillermo Facio Hebequer, *El nuevo Cristo*. Fondo León Pagano-MAMBA.

Ahora bien, ¿cuáles fueron las repercusiones de aquella muestra individual de 1928 en las que se introducen estos cambios respecto de la obra anterior? Apenas inaugurada, una columna publicada en el diario *El Telégrafo* señalaba: "Pocos son sin duda los pintores que al margen de su obra hacen la crítica de arte. Facio Hebequer es la excepción […] Esta circunstancia ha suscitado una intensa expectativa alrededor de su obra, que debe afrontar ahora el valor de sus opiniones".[26] En efecto, las primeras críticas de los diarios más tradicionales como *La Prensa* y *La Nación* no se hicieron esperar. Las reseñas publicadas en estos dos periódicos ponderaron la maestría técnica del artista, a la que

---

[26] Sin firma, "Dos notables exposiciones en 'Amigos del Arte'", *El Telégrafo*, 10 de octubre de 1928, p. 3.

adjudicaban una profunda expresividad, pero cuestionaron firmemente los temas abordados y los modos de representación por su explícito contenido de denuncia social. De todas esas críticas, cabe destacar una nota publicada por el diario *La Prensa,* que motivó una dura réplica de Facio Hebequer en la revista *Izquierda* bajo el título "Crítica de la Crítica", y que vale la pena revisitar como punto de partida para conocer las concepciones del artista sobre su ejercicio artístico en el marco de esta exposición.

El anónimo crítico de *La Prensa* le asignaba al artista el mote de "sectario" por "hacer de la pintura conforme a las enseñanzas de Millet un instrumento de divulgación socialista y cristiana. Pintura de tesis, en una palabra, y por lo tanto falsa desde el punto de vista de la plástica pura […] los títulos de estos envíos definen ya claramente el significado de su arte".[27] Teniendo en cuenta que el crítico que habitualmente se ocupaba de las reseñas de arte en dicho periódico era Atilio Chiappori, secretario del Museo Nacional de Bellas Artes entre 1911 y 1931 y su director durante el decenio 1931- 1941, es probable que su presencia esté detrás de la reseña.[28]

Las notas de este crítico "canónico", publicadas en uno de los diarios más importantes de la ciudad, buscaban modelar el gusto del público medio y reforzar los valores estéticos tradicionales (representados, por ejemplo, en los cuadros de Fernando Fader o Jorge Bermúdez) basados en un naturalismo decimonónico característico de la academia, carente de toda mirada conflictiva de la realidad y que en términos temáticos priorizaba el paisaje y sus habitantes, estereotipados en modelos fijos y ahistóricos.[29] No obstante, a partir del análisis de Diana Wechler, puede decirse que Chiappori era consciente de las diferencias entre el lector masivo del diario y el lector de una revista especializada como *Nosotros*, más atento y empapado en los debates culturales del momento. Esto explicaría que en sus reseñas de 1927 fuera más complaciente para las páginas de *La Prensa* y más crítico para la revista, pues mientras en la primer espacio celebró la inclusión de los jóvenes "muchachos de París"

---

[27] Sin firma, "Exposición Facio Hebequer", *La Prensa*, octubre de 1928, p. 27 (FGFH).

[28] Diana Wechsler señala que muchas veces Chiappori no firmaba sus notas, aunque su impronta aparecía en casi todas ellas, lo que permite considerarlo como el crítico oficial de *La Prensa*. Cf. "Una crítica canónica: Rinaldi, Chiappori, Pagano", en Wechsler, *Papeles en conflicto. Arte y crítica entre la vanguardia y la tradición*, Buenos Aires, Facultad de Filosofía y Letras-UBA, 2003, p. 99.

[29] Ibídem, p. 101.

en los Salones Nacionales de Bellas Artes, en *Nosotros*, por el contrario, los cuestionó.[30]

Por lo tanto, la mayor receptividad frente a las novedades de la vanguardia que se confería a los lectores del mencionado diario debe ser considerada al momento de analizar la reseña del crítico de *La Prensa* sobre la exposición de Facio, en la cual el desdén por el "arte social" se contrapone con los elogios hacia el "arte por el arte". Entonces, retomando aquella crítica, especialmente el calificativo de "pintura de tesis" que Chiappori utilizó para definir su obra, Facio Hebequer inicia su réplica con una provocación:

> Llama la atención que aquellos que nos acusan de sectarios, incurren siempre en un sectarismo más cerrado que el nuestro. Ordinariamente, se entiende por sectarismo el sectarismo de los revolucionarios. Pero los conservadores también son sectarios. Porque el sectarismo no es propio de tal o cual doctrina, sino propio de tal o cual individuo. Es una especie de cerrazón íntima exclusivamente personal.[31]

De esta manera, Facio Hebequer comienza su refutación trazando una delimitación ideológica antagónica que ubica, de un lado, a los conservadores críticos de *La Prensa* ("ellos") y, del otro, a un "nosotros" (los revolucionarios). A partir de esta delimitación, invierte los términos de la crítica apelando a la ya mencionada clásica estrategia argumentativa de las fuerzas en pugna, característica de los manifiestos y las polémicas intelectuales. En primer lugar, corrige la mención sobre los títulos de sus obras al indicar que estos habían sido colocados a demanda del público y no por él, que no intervino en los detalles organizativos de su "bautismo". Además, en relación con el mismo tema, apunta contra "los vanguardistas" al afirmar que "el título de un cuadro puede ser literario más no la obra […] Recordamos, por ejemplo, que Pettoruti expuso un 'Mendigo o Ciego tocando la flauta' y Guttero le mató literariamente el punto con una 'Leda y el cisne' y una 'Eva y la serpiente'".[32] En segundo lugar, destaca que Millet nunca asumió el calificativo que le atribuía la crítica de la época, para luego afirmar:

> No hay que confundir los propósitos de un artista con los propósitos de una doctrina. Porque la tesis emana siempre de un catecismo o de una cartilla, cosa

---

[30] Ibídem, p. 99.

[31] "Crítica de la Crítica", *Izquierda* (E. T.), 15 de octubre de 1928, p. 5.

[32] Loc. cit.

que nosotros no tenemos. De toda obra de arte seria, se desprende siempre una finalidad. Quieras que no quieras, el artista, arriba a una conclusión. De otra manera, no se explica a título de qué trabaja y se rompe la cabeza. Para definir la plástica pura, nuestro crítico añade: "Ahora, que tras largas y apasionadas controversias hemos conquistado el gusto de la llamada pintura viviente […] no podemos volver a la literatura plástica de referencia". En nombre de la libertad se nos quiere aplicar la dictadura. Y sobre todo, la dictadura de la moda […] Se reniega del método que sigue uno que "hace" por su cuenta y se trae como ejemplo el método de otro que fabrica por cuenta de una tendencia determinada.[33]

Lo primero que se advierte aquí es el intento de Facio por evitar los encasillamientos que le impone la crítica de arte, la defensa de una individualidad inalienable y una polémica que subyace, la del "arte por el arte" frente al "arte para la humanidad", que, como ya fue analizado en el capítulo segundo, fue profundizada en sus sucesivas intervenciones escritas. Para el crítico de *La Prensa*, las conquistas obtenidas por la "pintura viviente", que se evidenciaban en el gusto del espectador, implicaban haber alcanzado "el documento plástico que hace amar a las cosas por ellas mismas en su forma, su calidad y su significado particulares", sin que existiera declamación alguna, como en la obra de Facio Hebequer, que, por ejemplo, presentaba una fábrica como "símbolo o pretexto de un símbolo".[34] Desde el punto de vista del crítico, aunque no dicho en estos términos, la obra de Facio representaría un retroceso respecto del paradigma modernista abierto por Paul Cézanne, quien "barrió con las teorizaciones del arte moral: la pintura, después de él quedó como un problema plástico despojado de toda otra finalidad subsidiaria".[35] Sin embargo, el artista replicó:

> Respecto al significado particular de las cosas que nos hace amarlas "en sí", diremos que las cosas no valen nada en sí, ni en sí no significan nada, sino que valen y significan por la relación que guardan con nosotros. El valor particular a que se refiere el articulista posiblemente sea el valor moral. Ese valor moral que más tarde niega al arte. Y el significado moral de una obra se confunde con el símbolo, porque el símbolo es la culminación del significado moral. El símbolo es la conjunción de muchas cosas representadas en una sola síntesis: la del sentimiento humano o su representación sintética […] ¿Para pintar a

---

[33] Loc. cit.

[34] Sin firma, "Exposición Facio Hebequer", óp. cit.

[35] Loc. cit.

un hombre, basta con pintarle la facha? En otras palabras: ¿sacarle el molde? ¿O es que el artista no debe interesarse por el alma de sus modelos? ¿Cómo puede concebirse esa fórmula de "pintarlos tal cual son" y dejar intacto lo más sobresaliente de la figura que es el contenido? ¿Es que el arte está fuera de lo humano? ¿Acaso no habíamos convenido que es la más alta expresión de la humanidad?[36]

Este párrafo evidencia la pervivencia de algunos tópicos provenientes del universo teórico del anarquismo, donde la moral es un elemento central, pero también se percibe la influencia teórica de los simbolistas europeos.[37] No obstante, es importante destacar la introducción del trabajo y del trabajador como tema en las composiciones de Facio Hebequer. En rigor, los cuadros en exhibición sugieren una convivencia de elementos iconográficos residuales y emergentes respecto de las temáticas que habían dominado gran parte de su obra hasta ese momento (los atorrantes, las prostitutas, los borrachos, etc.), lo que posibilita pensar a la muestra individual de 1928 como el inicio de un momento transicional en el itinerario del artista. En este caso, dicha convivencia se manifiesta por medio de la denuncia de la explotación que trae aparejada el desarrollo capitalista, encarnado en la representación de obreros que, en su mayoría, transmiten la pesadumbre y el sufrimiento de una jornada laboral sin descanso. Sin embargo, este replanteo temático no necesariamente implicó, como sugería el crítico de *La Prensa*, la supeditación a una doctrina, pues no es posible inferir la presencia de consignas concretas que promuevan una acción política.

El nuevo escenario represivo que se originó con el golpe cívico militar del 6 de septiembre de 1930 no excluyó el surgimiento de nuevos emprendimientos político-culturales en los sectores de izquierda. Por el contrario, frente a la nueva situación política, los intelectuales y artistas se nuclearon en torno a iniciativas muy variadas, muchas de las cuales quedaron registradas en una gran cantidad de revistas culturales de izquierda. Facio Hebequer formó parte de algunos de esos nuevos espacios de sociabilidad política e intelectual en donde se actualizaron los debates acerca del papel del intelectual y el artista

---

[36] "Crítica de la Crítica", óp. cit.

[37] Cf. Miguel Ángel Muñoz, "Guillermo Facio Hebequer: críticas y propuestas de un pintor anarquista", en *II Jornadas de Teoría e Historia de las Artes. Articulación del discurso escrito con la producción artística en la Argentina y Latinoamérica, siglos XIX y XX*, Buenos Aires, CAIA-Contrapunto, 1990, pp. 138-139.

"comprometido", la función social del arte, los cruces entre arte y política y, más específicamente, entre arte y revolución, y en los que se forjaron, a su vez, nuevas prácticas y modos de intervención artístico-política.

El artista emprendió, por esos años, una profusa labor gráfica en un conjunto de revistas culturales de izquierda. Cabe recordar que había conseguido una prensa litográfica a fines de la década de 1920, una herramienta que le permitió generar una copiosa producción de imágenes que lo consagrarían como litógrafo. En el ámbito de la cultura de izquierdas esta variante del grabado fue utilizada como un vehículo de difusión privilegiado para la denuncia social, gracias a su naturaleza multiejemplar y popular que posibilitaba realizar obras artísticas de calidad a un reducido costo económico. De este modo, la circulación de imágenes de carácter político en las revistas y periódicos obreros se erigió como un medio y una poderosa arma para transmitir mensajes políticos. En este contexto es que se abre esa nueva etapa en la trayectoria de Facio, la que marca el inicio de un gradual desplazamiento estético e ideológico –que, finalmente, culminó en la radicalización de sus concepciones artísticas, poniendo en tensión algunos de sus postulados expresados en aquella crítica de 1928–, caracterizado por la creación de un *corpus* de imágenes portadoras de un sentido revolucionario publicadas en la prensa obrera y gremial, pero sobre todo en un grupo de revistas de izquierda.

Por esos mismos años, Elías Castelnuovo emprendía un viraje similar, pues, como ya fue señalado, su viaje a la URSS produjo un cambio en sus posicionamientos estético-políticos, un apoyo explícito a la Rusia de los soviets y una mayor cercanía a la órbita cultural del PCA. Ese tránsito no fue exclusivo de Castelnuovo; por el contrario, muchos intelectuales, escritores y artistas se aproximaron al comunismo movidos por el deseo compartido de crear una cultura nueva inspirada por el modelo ruso. A la vez, hubo dirigentes del partido que intentaron acercarse a ellos a pesar de que veían un límite en los posibles desviacionismos que imponía su condición de pequeñoburgueses.

A comienzos de 1932, Rodolfo Ghioldi, uno de los dirigentes más destacados del PCA y el encargado de las cuestiones culturales, convocó a Castelnuovo y a Roberto Arlt a colaborar en *Bandera Roja*, un periódico que pretendía insertarse como órgano de prensa del partido luego de las censuras que, a raíz del golpe de Estado, había sufrido su publicación oficial: *La Internacional*. Ambos escritores se sumaron al proyecto y, al mes siguiente de su aparición, la portada para el número conmemorativo del 1° de mayo fue realizada por Facio Hebequer (imagen 34).[38]

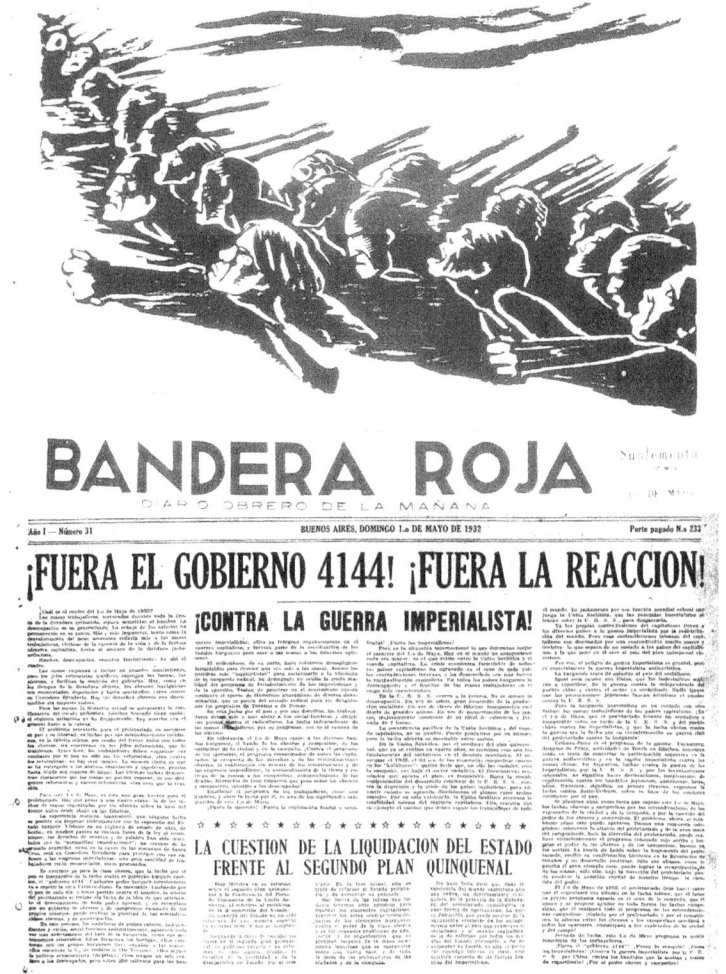

34. Guillermo Facio Hebequer, ilustración para la portada de *Bandera Roja. Diario de la mañana*, año I, n° 31, 1 de mayo de 1932, p. 1.

---

[38] *Bandera Roja. Diario obrero de la mañana*, año I, n° 31, 1 de mayo de 1932, p. 1. El PCA proscripto luego del golpe de Estado recuperó su legalidad hacia febrero-marzo de 1932, lo que motivó la reapertura de sus locales y el lanzamiento de *Bandera Roja*. Si bien este diario explicitó desde su primer número, en abril de 1932, que no se creaba como el órgano oficial del partido, afirmó que seguiría el programa de los comunistas. En julio de 1932, dio a luz el último número (n° 80) que, prohibido por el gobierno, marcó el inició de un proceso judicial a sus responsables, entre ellos, Héctor Agosti.

La estampa de media página en la parte superior de la portada anuncia el título del diario y las consignas que aparecen destacadas en primera plana: "¡Fuera el gobierno 4144!, ¡Fuera la reacción!, ¡Contra la guerra imperialista!". Todas estas frases combativas son potenciadas por la imagen que las precede, que representa una línea de avance de un grupo organizado con puños alzados y fusiles en mano, que anticipan, tal como lo indica el concepto de vanguardia política, el enfrentamiento clasista en el marco de un sombrío diagnóstico de la situación de la clase obrera argentina en mayo de 1932. Asimismo, la actitud beligerante que transmite la estampa se complementa con el editorial que, ante el interrogante sobre la coyuntura actual y la represión sufrida por la clase trabajadora, expresa: "hecha al amparo de la dictadura justo-uriburista. Hambre, desocupación y reacción fascistizante: he aquí el cuadro".[39]

Este diagnóstico desolador contrasta con el alto impacto visual que formulaba la obra de Facio Hebequer. Al representar a las masas trabajadoras organizadas y en una actitud claramente combativa, se amplificaban los significados, el mensaje político y la consigna final de la nota editorial –la lucha de los obreros organizados sobre la base del frente único surgido desde de las fábricas– como única solución para obtener "su pan y su libertad". Así, la palabra y la imagen se articulaban en consonancia con el llamado de "clase contra clase", que para el PCA implicaba no solo enfrentar a la dictadura gobernante, sino también a todos los partidos reformistas que se interpusieran en el camino para llegar a construir una nueva sociedad inspirada en la Rusia de los soviets. En consecuencia, el partido socialista fue acusado de "socialfascista".

Este momento marca la toma de distancia de Facio Hebequer con respecto a la denuncia social manifiesta en su obra gráfica de los años veinte. La miseria, las figuras marginales y los trabajadores agobiados dieron paso a un nuevo actor y a una nueva actitud, que de aquí en más ocupó gradualmente un lugar protagónico en sus composiciones: la clase obrera organizada en una posición combativa. Esta novedosa representación de los trabajadores insurrectos ejecutada *ex professo* para el número especial de *Bandera Roja* tiene un doble significado. Ante todo, de forma evidente, se constituye como una imagen portadora de una clara función política, pero también expresa

---

[39] Sobre el contexto represivo, véase Mercedes López Cantera, "Criminalizar al rojo. La represión al movimiento obrero en los informes de 1934 sobre la Sección Especial", *Archivos de historia del movimiento obrero y la izquierda*, n° 4, marzo 2014, pp. 101-122.

la radicalización en la obra del artista que daría fin a aquella percepción de Castelnuovo anterior a su viaje a Rusia, cuando afirmaba: "Yo creo que estaba escrito ya que Facio Hebequer debía pintar atorrantes, Roberto Arlt, psicópatas y proxenetas y yo... tinieblas y carne de cañón".[40] Sin excluir de plano algunos rasgos de su producción anterior, en la nueva década las características generales de su obra gráfica se ve modificada como efecto de una decisión y un nuevo modo de intervenir artística y políticamente.

Bandera Roja solo pudo salir durante cuatro meses a causa de los problemas financieros y las censuras sufridas. El paso de Facio por el diario fue efímero, puesto que no volvió a aparecer ninguna colaboración suya. En cambio, Castelnuovo escribió prácticamente hasta su último número –sobre su experiencia en Rusia, el compromiso de los intelectuales con el movimiento obrero y las inquietudes en torno a los aprendizajes de la teoría marxista–, y también Arlt, que solo dejó de publicar en *Bandera Roja* cuando polemizó con Ghioldi. Dicha polémica fue denominada por el dirigente comunista como "la cuestión Arlt". Para Ghioldi, las concepciones que aparecían en los artículos del escritor representaban un ejemplo del problema atravesado por muchos intelectuales que, interesados por confluir con el movimiento obrero, se acercaban a él pero sin lograr supeditarse a la doctrina marxista-leninista que exigía la conducción del partido. Por el contrario, según el líder del PCA, predominaba la tendencia a querer conducir a las masas a causa de su clase social, individualista y pequeñoburguesa;[41] una concepción similar, como se ha visto en el capítulo anterior, fue la que esbozó Carlos Moog hacia Barletta.

Si bien la imagen realizada para el 1° de mayo fue la única colaboración de Facio Hebequer en *Bandera Roja,* la cual probablemente haya sido motivada por su amistad con Castelnuovo y Arlt, su presencia no deja de ser sugerente al momento de observar las modulaciones en su itinerario. En efecto, el artista comenzó casi de manera simultánea a intervenir activamente en la revista

---

[40] Elías Castelnuovo, "Un pintor del bajo fondo porteño", *Metrópolis*, n° 2, primera quincena de junio de 1931, s/p.

[41] Cf. José Aricó, "La polémica Arlt-Ghioldi. Arlt y los comunistas", *La Ciudad Futura*, año I, n° 3, diciembre de 1983, pp. 22-26, y Sylvia Saítta, "Ejercicio de artillería", en *El escritor en el bosque de ladrillos. Una biografía de Roberto Arlt*, Buenos Aires, Debolsillo, 2008 [2000], pp. 164-180.

marxista *Actualidad*, ligada al diario *Bandera Roja,* a través de sus discursos visuales y textuales.[42]

Como se ha visto, fue desde las páginas de *Actualidad* que se interpeló a Facio Hebequer a convertirse en un "artista proletario", a partir de la exposición realizada por el artista en La Peña, en 1932, bajo el título "La Era Burguesa". Allí se exhibieron algunas de las obras ya presentadas en la exposición de 1928, como "Apuntes de la calle" y las series *Mala Vida, El Conventillo* y *El Infierno*. El escritor anónimo, citado en el epígrafe que introdujo este capítulo, dedicó una página a la muestra partiendo de la siguiente apreciación:

> Si nos atenemos a la costumbre de Facio Hebequer en estos últimos tiempos, de exponer en los locales obreros, sindicatos, etc., si tenemos en cuenta que es el primero y el único artista argentino que ha exhibido sus obras en la Unión Soviética y si leemos sus ideas acerca del arte y del artista, su posición frente al problema social esbozados en estas mismas páginas en su artículo sobre Fujita, tan lejos de la concepción burguesa de un Barletta o conciliadora "centrista" de un Córdova Iturburu, si todo esto significa algo, podemos decir que Facio Hebequer se orienta hacia nuestro lado.[43]

Luego añadía: "La crítica demagógica se ha satisfecho en apelarlo 'El artista del Pueblo'. Palabras vacuas y anodinas. Nosotros más bien buscaríamos en él al artista proletario". Es decir, para el autor, tanto las prácticas llevadas a cabo por el artista como las exposiciones itinerantes en espacios político-culturales ligados a la clase obrera y a la izquierda, sumadas a las ideas que escribía en la misma revista y la comparación elogiosa en contraste con las figuras mencionadas, aproximaba a Facio Hebequer a los preceptos comunistas y, por lo tanto, era posible que se convirtiera en un "artista proletario". En este sentido, la referencia a la categoría de "pueblo" era profundamente cuestionada porque daría cuenta de una reminiscencia del movimiento libertario que, a diferencia del marxismo, buscaba interpelar con su prédica a un vasto espectro contestatario a partir de una heterodoxia clasista.

---

[42] El diario y la revista no solo se publicitaban mutuamente, también intercambiaban colaboradores y notas. A pesar de esta efímera participación, en un artículo publicado en la revista *Soviet*, con motivo del fallecimiento de Facio Hebequer y las disputas por su legado (véase capítulo V), Ghioldi recordaba de una manera diferente su paso por *Bandera Roja*: "Cada atardecer, allí lo teníamos en la redacción, dispuesto a ayudar con lo que fuese: un dibujo, un suelto, una indicación, interesándose tanto por la factura del diario como por su difusión". Cf. *Soviet*, año III, n° 5, junio de 1935 (FGFH).

[43] C. D., "La muestra de Facio Hebequer", óp. cit., p. 23.

Ahora bien, en este caso, ¿qué se entiende por "artista proletario"? En la citada nota nunca se ofrece una definición categórica; no obstante, se infiere que podrían alcanzar esa condición aquellos artistas que respondieran a una serie de rasgos, como la posición asumida frente a los padecimientos de la clase trabajadora, la creación y difusión de sus obras al servicio del movimiento obrero y la claridad del mensaje de la producción visual, que no solo implicaba la elección de una estética realista, sino también un optimismo que incentivara la organización y la lucha obrera. En este sentido, si se consideran algunas de las valoraciones que surgieron en la polémica ya mencionada entre Arlt y Ghioldi, puede añadirse que era un deber ser propagandista de la causa soviética y para ello era necesario, a la vez, ser un revolucionario. Ello implicaba luchar dentro de las filas del proletariado y ser afiliado del PCA como último eslabón para lograr tal posición, proposición esta última que Facio no aceptó.

Por ello, a juzgar por la relación entre las obras expuestas en La Peña y sus prácticas, según el autor de la nota, a Facio Hebequer le faltaba cumplir con el último requisito, pero, sobre todo, debía dejar atrás aquellas representaciones que transmitían cierto escepticismo en tanto prescindían de una "visión exacta del momento que vivimos", es decir, de una visión que debía contemplar una mirada triunfalista frente al inmediato colapso del sistema capitalista, de acuerdo a la interpretación del PCA sobre el clima político y social que acompañó a la crisis de 1929. Para el escritor de la nota, solo bastaba con que Facio Hebequer sintiera el pulso de la revolución para que su obra se modificara y lo erigiera como un "artista proletario". A los pocos meses, el artista publicó *Tu historia, compañero*, una obra que marcaría definitivamente un nuevo rumbo en su trayectoria, aunque ello no significaría una supeditación a las preferencias estéticas alentadas por el PCA.

Una interpretación gráfica del Manifiesto Comunista: *la serie* Tu historia, compañero

1933 fue un año decisivo para Guillermo Facio Hebequer. Como se mencionó, fue entonces cuando publicó en esa fecha *Tu historia, compañero*, una serie de doce litografías que se destaca dentro de su producción artística, no solo por la gran circulación que alcanzaron algunas de sus estampas –reproducidas en diversos medios gráficos nacionales e internacionales–, sino también porque es allí donde se percibe un viraje estético-ideológico respecto de sus posicionamientos previos. De indudable carácter militante, *Tu historia, compañero* fue, desde que salió a la luz, ampliamente multiplicada y evocada como la creación más representativa del artista.

Si bien el álbum de litografías había sido preparado para ser lanzado el 1° de mayo en una edición popular publicada por los Cuadernos de la Unión de Plásticos Proletarios, primero fue anticipado en dos entregas en *Nervio*.[44] Esta publicación, que había surgido en mayo de 1931 como un órgano ecléctico e independiente de cualquier doctrina partidaria, pronto se declaró como una revista ácrata vinculada a la orientación "especifista". Al mismo tiempo, y a pesar de no definirse como clasista, pretendía acompañar la lucha de clases. En este sentido, una de sus características más notables fue, precisamente, la amplia recepción que brindó a "artistas comprometidos" sin importar la ideología concreta dentro de la constelación de la cultura de izquierdas; bastaba con que el artista contribuyera a la causa revolucionaria para participar de este colectivo.[45] Estos aspectos resultan relevantes para comprender el anticipo de una obra "clasista" como *Tu historia, compañero* al interior de una revista libertaria y en un momento en que la proximidad de Facio a la órbita cultural del PCA era ya evidente.

Con un promedio de cincuenta páginas y un diseño dinámico, en *Nervio* se entrelazaban editoriales, noticias de actualidad y reflexiones sobre temáticas diversas; dentro de ese arco se destacan los artículos sobre política, educación y sexualidad, además de poesías, reseñas bibliográficas, críticas de arte, teatro y cine, semblanzas biográficas, denuncias de procesos judiciales o

---

[44] Aunque no se obtuvieron datos sobre la editorial Cuadernos de la Unión de Plásticos Proletarios, es importante destacar que fue distribuida por las revistas marxistas *Actualidad* y *Soviet* (1933-1935), esta última editada por el Comité Central del PC, sección argentina de la I.C.

[45] Véase Juan Ignacio Sago, *Arte y política. La imagen del grabado y el compromiso político en una revista anarquista: Nervio. Crítica–artes–letras (1931-1936)*, tesis de licenciatura, Facultad de Ciencias Sociales-UBA, 2010. Se publicaron cuarenta y ocho números de la revista hasta noviembre de 1936. Asimismo, el colectivo ácrata contó con su propia editorial homónima, que lanzó la colección *Cuadernos AHORA*, publicaciones breves y económicas y otros libros más extensos, como *Camisas negras*, de Luce Fabbri; *La locura de la guerra en América*, de Juan Lazarte; *La lucha contra la guerra*, de Albert Einstein; *La bancarrota del capitalismo*, de Diego Abad de Santillán, etc. Véase Osvaldo Graciano, "La escritura de la realidad. Un análisis de la tarea editorial y del trabajo intelectual del anarquismo argentino entre los años '30 y el peronismo", *Revista Izquierdas. Una mirada histórica desde América Latina*, n° 12, 2012, pp. 72-110.

encarcelamientos de militantes políticos y una profusa cantidad de ilustraciones. Entre sus colaboradores se encontraban Alfonso Longuet, Samuel Kaplan, Diego Abad de Santillán, Rafael Barrett, Herminia Brumana, Juan Lazarte, Álvaro Yunque, Leónidas Barletta, Luigi Fabbri, Rudolf Rocker, Gastón Leval, José Portogalo, Enrique Pichon Rivière y Julio E. Payró, entre tantos otros.

Los artistas tuvieron un lugar destacado en *Nervio*. En primer lugar, porque la revista no solo incluía imágenes en sus páginas, sino también en sus atractivas portadas, que se constituyeron como un rasgo distintivo; y, en segundo lugar, porque con el tiempo anunció la incorporación de una nueva línea de orientación artística más definida, que tenía por objetivo mostrar la expresión de un arte contemporáneo, irradiado a través de distintas concepciones y de diversos temperamentos.[46] A su vez, el colectivo de *Nervio* se proponía dar a conocer a artistas extranjeros, especialmente europeos, sin excluir por ello a los artistas locales. Se reprodujeron así obras y semblanzas de Dirk Kerst Koopmans, Frans Masereel, Käthe Kollwitz, George Grosz, Albert Daenens y, de este otro lado del Atlántico, fueron frecuentes las colaboraciones de Facio, Pompeyo Audivert, Demetrio Urruchúa, Víctor Rebuffo, Emilio Mas, José Planas Casas y de artistas exiliados como Clément Moreau.

A fines de noviembre de 1932, la revista dedicó una nota a Facio Hebequer y todo el número fue ilustrado con sus obras. Llama la atención, entre ellas, el dibujo inédito de la portada, en el que se observan numerosos rostros anónimos entre los que sobresale una figura que se levanta y agita una bandera negra (imagen 35). La bandera negra era considerada unívocamente como el símbolo de la lucha anarquista y en el marco de una revista de clara orientación ácrata como *Nervio* puede hacerse una lectura en esa clave. No obstante, habría que tener en cuenta una serie de elementos técnicos que pueden haber condicionado la reproducción de la imagen. Si bien algunas portadas de *Nervio* fueron editadas en color, esta fue impresa en blanco y negro, y si el dibujo es un aporte inédito para la revista, podría pensarse que estaba previsto imprimirlo con esas características. Esto abre la posibilidad de señalar, al menos, una ambigüedad cromática del negro de la tinta entendido como un rojo implícito, que luego se evidenciaría en el vitraux *Primero de mayo* que Facio Hebequer realizara para el nuevo edificio de la Unión Ferroviaria (imagen 9, capítulo II), en donde, además, vuelve a aplicar un recurso ya mencionado:

---

[46] *Nervio*, año II, n° 13, mayo de 1932, p. 21.

la reutilización de dibujos anteriores situados en otro contexto que posibilita nuevos sentidos.

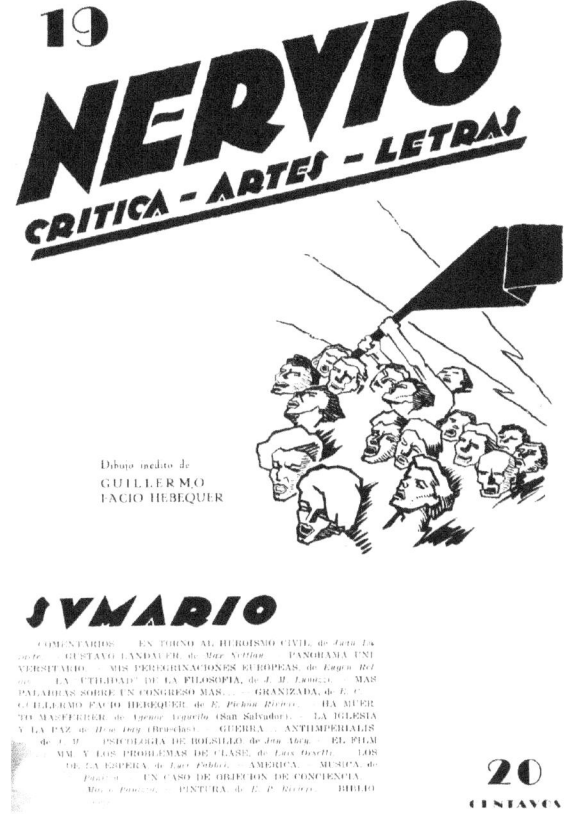

35. Guillermo Facio Hebequer, dibujo inédito para la portada de *Nervio*, año I, n° 19, mayo de 1931.

En el mismo número, Pichon Rivière caracterizaba el arte como una expresión universal, sin distinción de clases, razas o educación. El arte residía, para él, en provocar una emoción, y su función debía contemplar la socialización de los sentimientos, razón por la cual a todo artista le correspondía salir de su torre de marfil y vivir en contacto con sus semejantes y su época, participando de sus luchas, dolores y miserias como lo hacía Facio Hebequer, quien, según Pichón Rivière:

> […] es uno de los pocos artistas que ocupan su verdadero lugar en la obra del derrumbamiento de nuestro actual régimen social. Su misión es mostrar a los ojos de todos el dolor humano, no con actitud sadista, es decir buscando un goce

al pintar el dolor, como algunos han pretendido. Los sentimientos que él expresa nacen de su humanismo y de la comprensión del alma del hombre.[47]

Por ese entonces, el artista presentaba una exposición titulada "Época del dolor social" y, como el propio Pichon Rivière señalaba, ya llevaba realizadas más de una veintena de muestras en distintos centros culturales y obreros a lo largo del país. Si bien en su autobiografía Facio data el inicio de su militancia hacia 1933, de acuerdo con la documentación de su archivo personal, esos comienzos pueden rastrearse aun con anterioridad, cuando inició una intensa actividad que ha quedado registrada en los diarios y folletos que invitaban a los diversos eventos. Muchos de los centros culturales y obreros por los que peregrinaba Facio pertenecían a diferentes familias de la izquierda, sobre todo al Partido Socialista, lo que complejizaría y matizaría, una vez más, su vínculo con la órbita comunista, dado que nunca excluyó otros lugares como medios de militancia política-cultural; esto explicaría también su posterior reconocimiento y las disputas por su legado que, desde diferentes terrenos ideológicos, se dieron luego de su muerte.[48]

En las páginas de *Nervio*, Facio Hebequer fue celebrado sobre todo como el autor de la serie de grabados *Tu historia, compañero*, la cual, según Pichon Rivière, era susceptible de ser comparada con la obra *25 imágenes de la pasión de un hombre* del artista belga Frans Masereel (imagen 36), exaltado a menudo por el colectivo editor. El futuro psiquiatra, así, señalaba: "Esta obra ha de renovar y revolucionar nuestro ambiente, plagado de arte híbrido".[49] Pero *Tu historia, com-*

---

[47] Enrique Pichon Rivière, "Guillermo Facio Hebequer", *Nervio*, Año II, n° 19, noviembre de 1932, pp. 28-29.

[48] Entre los espacios, figuran la Casa del Pueblo, la Sociedad Luz, la Liga Anti-Imperialista de Avellaneda, el Ateneo Literario y Artístico de Flores, La Peña, el Club Social Bonorino, el Centro Socialista de la Octava, la Biblioteca Agustín Álvarez de Bernal, el Centro Socialista de la Sexta Municipalidad de San Fernando, la Biblioteca Claridad de Gualeguay, el Centro Socialista de Villa Paternal, la Biblioteca Germinal, el Centro Socialista de Nueva Pompeya, la Biblioteca Isla Maciel, entre muchos. A su vez, en el FGFH, se encuentra el registro de las conferencias que acompañaban a varias de estas exposiciones, como, por ejemplo, "La realidad social en la obra de Rembrandt, Callot y Goya", "El arte y su función social", "Momento del arte", "Arte proletario", etc., a cargo de Facio Hebequer y otros intelectuales que lo acompañaban, entre ellos: José Pulpeiro, Emilio Novas, Rodolfo Aráoz Alfaro, Victoria Gucovsky y Bernardo Edelman.

[49] "Tu historia compañero de Guillermo Facio Hebequer", *Nervio*, año II, n° 23, abril de 1933, p. 18. Sobre Masereel, cf. Julio Payró, "Frans Masereel", *Nervio*, año II, n° 15, julio de 1932, pp. 10-13. La obra de Masereel (1889-1972) estuvo signada por la crisis civilizatoria abierta

pañero aportaba una novedad que la diferenciaba de la obra de Masereel: además de construir un relato cuyo tema principal era la vida trágica de un obrero (desde los primeros años de su existencia hasta su muerte) y que pretendía exponer su situación y la necesidad de una rebelión, Facio acompañaba cada una de las estampas con una leyenda que hacía que la palabra y la imagen se potenciaran.

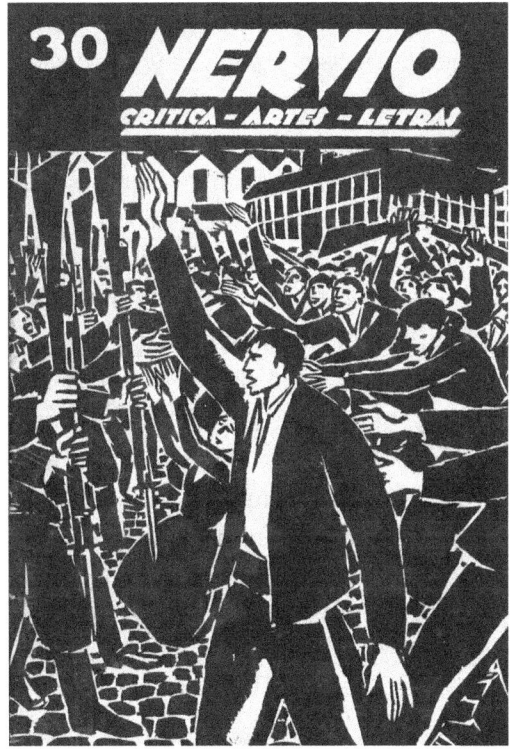

36. Frans Masereel, xilografía 16 de la serie *25 imágenes de la pasión de un hombre*, portada para *Nervio*, año III, nº 30, octubre 1933.

El propósito de Facio Hebequer era claro: utilizar la articulación entre los discursos visual y textual como una herramienta eficaz para comunicar un

---

con el estallido de la Gran Guerra. Sus obras son conocidas por ser presentadas en series de grabados en madera, reunidos en álbumes, como *25 imágenes de la pasión de un hombre*, *Mi libro de horas*, *La idea*, *Noticia policial*, *Recuerdos de mi país* y *La ciudad*. También fue conocido por el trabajo como ilustrador de renombrados escritores, entre los que se destaca la ilustración del libro *Lulilu* de Romain Rolland, un alegato pacifista en contra de la guerra. La serie *25 imágenes de la pasión de un hombre* fue también reproducida parcialmente en el tercer número de la revista *Contra*, año I, nº 3, julio de 1933, p. 8.

programa político que, por medio de la transmisión de ciertas sensaciones y sentimientos, alcanzara y movilizara a los trabajadores. En este sentido, podría decirse que subyace aquella idea pedagógica proveniente del grupo de Boedo, que utilizaba dicha estrategia para denunciar la realidad de opresión padecida por el pueblo en una sociedad dividida en clases antagónicas; ahora, sin embargo, emergía una novedad temática: las imágenes trabajaban sobre la organización específicamente obrera, la acción revolucionaria y la construcción de una sociedad igualitaria, características que parecen responder a ese llamado a sentir el "pulso de la revolución" reclamado desde las páginas de *Actualidad*.

La serie se inaugura con la silueta de un obrero de perfil que trabaja sobre la tierra con un azadón en la mano.[50] El movimiento que realiza con la herramienta y la deformación de su cuerpo, visible en sus manos y en su espalda curvada, denotan el agotamiento soportado por ese trabajador que, anónimo, parece representar a cualquier campesino u obrero, lo que se refuerza con el texto de la primera leyenda que, con un lenguaje simple y directo, señala: "En la ciudad o en el campo, burreando bolsas o escarbando la tierra, lo mismo da. Porque ni la tierra es tuya, ni es tuya la fábrica, ni tampoco es tuya la riqueza que produces. Sólo tu fatiga es tuya. ¿Cuánto hace que empezó esto? ¿Cuánto demorará? Escucha, escucha, aún hay más".

Seguida por una nota de Diego Abad de Santillán, "El trabajo en el capitalismo", aparece la segunda estampa, que retrata a una familia obrera e incluye el siguiente interrogante: "¿Qué es la vida del trabajador? Dolor y hambre… Enfermedad y sufrimiento. Un día y otro día. Desde que naces hasta que mueres. Porque cuando vienes al mundo ya la tragedia es contigo, tu padre y tu madre lloran tu aparición como un castigo, porque un hijo, para el obrero, no es un hijo: es una boca más". En medio se intercalan notas de otros autores y luego continúa la historia con una nueva imagen y una afirmación que reiteran ciertos tópicos y estilo de la escritura y de las representaciones realizadas para *Malditos*, de Castelnuovo; aquí, sin embargo, se produce un desplazamiento que conduciría hacia la lucha de clases:

---

[50] Las seis primeras estampas de la serie aparecieron en *Nervio*, año II, n° 21, enero de 1933, y las seis siguientes, en *Nervio*, año II, n° 23, abril de 1933. El análisis de la serie respeta el orden de las láminas publicadas en la revista *Nervio*, el cual altera parcialmente el orden aparecido en el cuaderno de la Unión de Plásticos Proletarios, reproducida en el catálogo de Sergio Baur (coord.), *Claridad, la vanguardia en lucha*, Buenos Aires, Asociación Amigos del Museo Nacional de Bellas Artes, 2012, s/p.

Creces y contigo es el hambre, la ignorancia, la suciedad. Así crecieron el padre, la madre. En una pieza así infecta y hedionda. Respirando el mismo aire deletéreo y podrido. Comiendo la misma bazofia inmunda. Así crece y se desarrolla toda la clase trabajadora. Por eso te digo que hay dos clases...

Así, en estas tres primeras estampas, Facio se detiene en la descripción de las condiciones de vida de una familia obrera, en sus padecimientos y en la impotencia frente a una situación trágica a cuyo destino inexorable los personajes no podrán escapar. Y aunque la serie se elaboraba cuando el artista se hallaba más próximo a las redes de militancia y sociabilidad cultural ligadas a la órbita del PCA, pervive en las estampas el predominio de ciertos rasgos de la estética pesimista que caracterizó a su producción de los años veinte. En efecto, este diagnóstico sobre los padecimientos de los trabajadores podría vincularse tanto a la literatura de Castelnuovo como a la estética de Käthe Kollwitz; de hecho, el diálogo entre los tres irrumpe con fuerza en la tercera litografía, en la cual la leyenda y la imagen elaborada por Facio Hebequer presentan, respectivamente, notorias similitudes con las descripciones de su amigo escritor y con los grabados de la artista alemana, por ejemplo, con la obra *Caídos*, reproducida en un número posterior de *Nervio* (imágenes 37 y 38).[51]

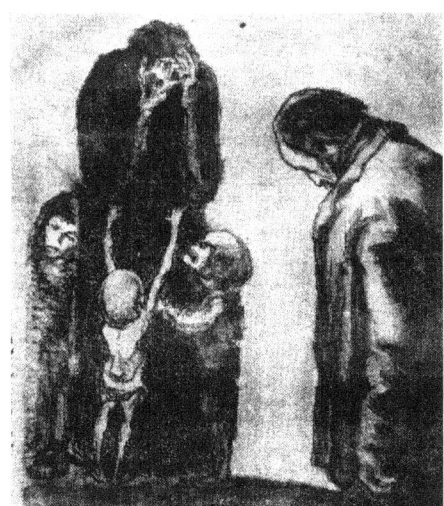

37. Guillermo Facio Hebequer, estampa de la serie *Tu historia, compañero*, reproducida en *Nervio*, año II, n° 21, enero 1933, p. 11.

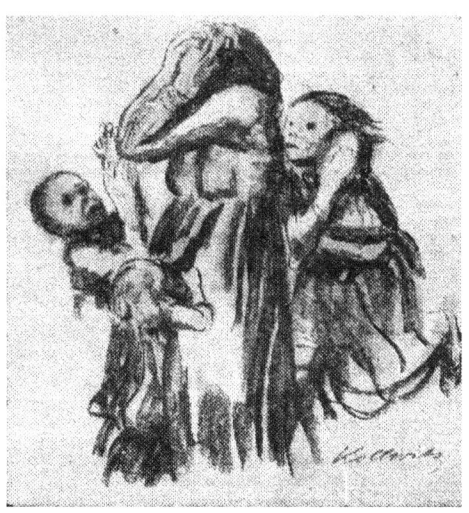

38. Käte Kollwitz, *Caídos*, reproducida en *Nervio*, año III, n° 25, junio de 1933, p. 6.

---

[51] Cabe destacar que los grabados de Käthe Kollwitz expuestos en la galería Müller fueron

En esa litografía, Facio expresa la angustia y el desconsuelo de los padres trabajadores frente a la situación irreversible que les toca padecer a sus hijos por el solo hecho de haber nacido en una determinada clase social. Los rostros de esos niños se diluyen hasta confundirse con rasgos cadavéricos, los que representan el peso de la muerte en vida. Asimismo, se percibe la angustia de una madre que prefiere tapar su cara ante el dolor que le produce ver a sus hijos desfigurados. Hasta aquí, imperan el desánimo y la falta de expectativas respecto de un futuro mejor. El objetivo de Facio es (re) presentar el dolor y denunciar el "infierno" cotidiano atravesado por la clase trabajadora.

Ese pesimismo se profundiza en la cuarta estampa, en la que una familia, ubicada en una especie de callejón sin salida, parece suplicar por su desgracia. La imagen es coronada por la siguiente leyenda: "El viejo va y viene, un día y otro día, de la fábrica al conventillo y del conventillo a la fábrica, hasta que una mañana o una tarde, en que reclamó más pan o más salario, lo tumbaron los balazos". La serie continúa con otra litografía en la que se destaca, en un primer plano, a un proletario con overol que se separa de la marcha de otro grupo de trabajadores. Parado de frente, y como si dirigiera su mirada al observador de la estampa, ese sujeto parece escuchar con atención aquellas palabras que el epígrafe dejó resonando:

> Entonces tú lo substituyes. Escucha, escucha... La historia del trabajador no empieza ni termina con el trabajador. Porque no es la historia de un hombre. Es la historia de una clase. Muere uno y nace otro. Se lastima éste y lo suplanta aquél. Y el hijo sigue el mismo derrotero del padre, un día y otro día...

Es de notar que, más allá del tono sombrío que tiñe las estampas, que por momentos deviene en un franco derrotismo, comienza a advertirse el uso de una terminología revolucionaria propia del marxismo. Ya no son el pueblo o un individuo particular los que sufren sino una clase entera. Esta idea se reitera en la lámina siguiente, que ilustra a un grupo de cargadores en un puerto y remarca: "En la fábrica o en el puerto, padre o hijo, para ti siempre el mismo dolor y sudor, la misma amargura y enfermedad. En la fábrica o en el puerto el mismo trabajo rudo y esclavo. Cambia el lugar, pero no tu

---

elogiados por Demetrio Urruchúa, para quien su obra ocupaba, junto con la de Grosz y Masereel, "un puesto de combate en la avanzada contemporánea del arte, con el espíritu y las fuerzas renovadoras de la causa revolucionaria". "Artes plásticas", *Nervio*, año III, n° 30, diciembre de 1933, p. 46.

suerte. Aquí o allí, padre o hijo, nunca trabajas para ti. Siempre trabajas para ellos". Es interesante señalar la concordancia temporal entre esta perspectiva y aquellas modificaciones que, como fue analizado, podían verse en los últimos textos publicados en *Actualidad*, en los que Facio intentó conjugar la doctrina marxista con sus propios postulados. Las imágenes de la serie parecen poner en práctica una concepción de la creación artística que no se supedita absolutamente a una teoría.

En estas primeras seis litografías, el artista deja, entonces, al descubierto los tormentos sufridos por los trabajadores y sus familias, y genera una sensación que oscila entre la piedad y el espanto, aunque su propósito principal es denunciar una situación de opresión causada por el antagonismo de clases, lo que se anuncia en la sentencia de la sexta lámina: "siempre trabajas para ellos". A partir de aquí comienza a vislumbrarse un giro en la narración del artista, que abrevaría en el programa político marxista, pues, a diferencia de las primeras, el segundo grupo de litografías tiene por objeto promover una actitud crítica en el espectador e incitarlo a la acción. Más que a cualquier espectador, es a la clase obrera a la que se dirige Facio Hebequer y a la que construye como el referente privilegiado; ese es el público al que dirige ese cuaderno de litografías, que se vendería a precios populares, y es a esa clase a la cual le hablan sus estampas con sus reiteradas invitaciones a "escuchar".

La segunda parte de la serie fue publicada en *Nervio* en el marco de un conjunto de notas que analizaban la situación internacional y manifestaban su preocupación ante el ascenso de Hitler como canciller y las posibles repercusiones de los avances fascistas en el ámbito local. En ese contexto, en una nueva nota dedicada a la serie *Tu historia, compañero* se afirmaba que "no basta sólo el libro y la arenga para que las conciencias despierten ante el problema social que entraña la hora; el individuo en sí y la masa en común, reclaman de todas las formas de expresión se pongan de concierto porque el clamor que arrecia refleje en ellas".[52] Así se presentaba esta historia, que fue realizada para "el pueblo" y que saldría como cuaderno el 1° de mayo. La portada de este nuevo número de la revista abre con la séptima lámina de la serie que, sin lugar a dudas, esboza un programa a seguir por el proletariado que remite a un célebre pasaje del *Manifiesto comunista*:

---

[52] Sin firma, "Tu historia compañero de Guillermo Facio Hebequer", *Nervio*, año II, n° 23, abril de 1933, p. 21.

No importa cuándo empezó. Sólo importa cuándo terminará. Porque esto no puede seguir más. Ha sido muy largo tu calvario. Generaciones enteras nacieron y murieron en la oscuridad. Nacieron y murieron en la ignorancia. Agotadas por el cansancio y embrutecidos por el alcohol. Pero pronto comenzará la mañana de la libertad. La clase trabajadora despierta. Un grito enorme sacude la tierra: "TRABAJADORES DEL MUNDO, UNÍOS".

A partir de aquí, se hace más evidente en la producción de Facio Hebequer la yuxtaposición de aquellos elementos provenientes de sus creaciones de los años veinte con el tono militante que venía buscando desde inicios de los años treinta. Así, en la misma portada, el cuerpo abatido de un hombre en un callejón (imagen 39, parte inferior) se contrapone con otra estampa en la cual, de un conjunto de trabajadores, sobresale uno de ellos, que realiza un claro gesto con las manos en una actitud que oscila entre la súplica y la prédica organizada (imagen 39, parte superior). Denuncia, concientización e insurrección eran los caminos propuestos por el artista para alcanzar la sociedad futura, lo que se ve en la imagen y también en su leyenda, que encuentra en la lucha de clases la única vía para superar la opresión capitalista: "Escucha, escucha… Estalló la guerra de clases… los pobres se alzan contra los ricos… Hay revolución y reacción… A la fuerza de los opresores se opone la fuerza de los oprimidos… La misma bala que tumbó al padre, tumba después al hijo".

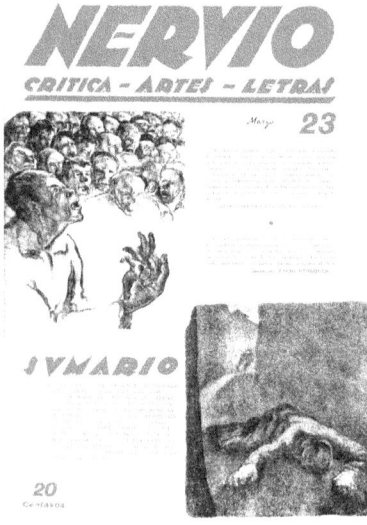

39. Guillermo Facio Hebequer, estampas de la serie *Tu historia, compañero*, reproducida en *Nervio*, año II, n° 23, abril 1933, portada.

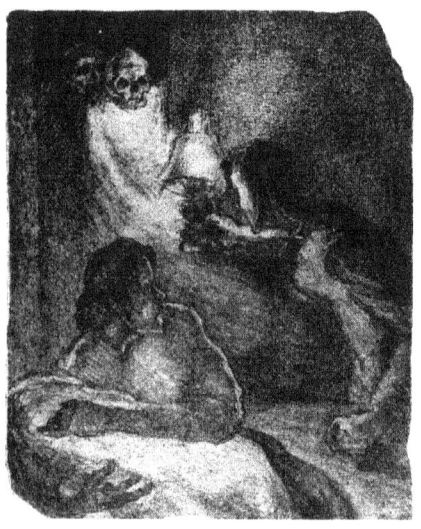

40. Guillermo Facio Hebequer, estampa de la serie *Tu historia, compañero*, reproducida en *Nervio*, año II, n° 23, abril 1933, p. 6.

La novena lámina (imagen 40) recuerda que "Sólo es tuya tu fatiga, tu dolor y tu sudor y tu enfermedad. Son contigo en los días y en las noches… ¿Cuánto hace que empezó esto? Escucha, escucha…", con el objetivo de producir un punto de inflexión en la historia hacia un único desenlace posible, la revolución, proclamada en la siguiente estampa: "Y el hijo del hijo clama y se encrespa como una marea. Clama por el dolor del padre y por el dolor del hijo, que es el dolor de toda una clase. La tierra arde en un solo anhelo: '¡Revolución o muerte!'".

Esta décima litografía, que exhibe el grito de un obrero con su puño alzado (y que alcanzó una gran circulación en diversos periódicos), es seguida por la decimoprimera estampa, en la que un tumulto de hombres avanzan acompañados de la siguiente sentencia: "Y como una marea, los hijos de los hijos marchan hacia la conquista del mundo. Si la tierra es del que ya la trabaja, tuya es la tierra, la fábrica es tuya y toda la riqueza social también es tuya, porque tú solamente la produces. ¡Compañero… Arriba los corazones! ¡Tuya es la tierra y el mundo es tuyo!". Finalmente, en la decimosegunda estampa concluye la historia con las siguientes palabras: "Después… Por encima de los muertos, por sobre las ruinas del capitalismo, el proletariado, finalmente, echará los cimientos de una nueva sociedad, sin clases, donde la explotación del hombre sea imposible, sea imposible la guerra, la ignorancia y la inequidad".

La imagen que acompaña este último epígrafe muestra a un grupo de obreros que, entrelazados, tiran de una viga o de algún mecanismo al interior de una fábrica. Aquí, el artista ofrece una apertura hacia la historia, pues, ahora, plantea la posibilidad de una clase obrera (consciente) que busca dejar atrás su padecimiento, porque ese trabajador anónimo de la primera estampa puede ser también un colectivo vigoroso capaz de forjar el camino hacia la transformación social. Así, se evidencia que Facio concibe la fábrica ya no como el espacio en que se concentran todos los males, sino como el punto de partida para que el proletariado unido alcance una conciencia de clase, se organice, se libere y ponga en marcha su capacidad creadora en una nueva sociedad igualitaria. De aquí que los cuerpos de los obreros, dotados de una fuerza transformadora, difieran de los representados en estampas previas y los desplacen. Esta idea se refuerza si se considera que, entre los vitrales que realizó para la Unión Ferroviaria, hay uno muy similar, *La Huelga*, que se asemeja a lo planteado en las litografías no solo desde el punto de vista compositivo, sino también narrativo: en la serie de vitrales, la huelga es situada como un precedente necesario para la victoria final (véase imagen 10, capítulo II).[53]

Hace algunos años, en un estudio introductorio al célebre libro de Karl Marx y Friedrich Engels, Eric Hobsbawm señalaba que, dada su irresistible potencia literaria, "el *Manifiesto Comunista* como retórica política tiene una fuerza casi bíblica".[54] Podría añadirse que, llevada al plano visual, la retórica revolucionaria se amplifica redoblando esa fuerza. En efecto, luego de este recorrido por las doce litografías que componen la serie *Tu historia, compañero*, puede afirmarse que Facio Hebequer se apropió de ciertos pasajes del *Manifiesto Comunista* para ensayar una nueva síntesis significativa y una versión propia de aquel. El objetivo del artista era concientizar y movilizar a las masas por medio de una fusión entre discurso visual y discurso textual que enfatizara aquella idea final de que los proletarios no tienen nada que perder más que sus cadenas y "tienen, en cambio, un mundo que ganar".

Para ese entonces, el *Manifiesto Comunista* había adquirido una gran difusión en lengua castellana. Su primera traducción al español, realizada en 1872, comenzó a circular en Buenos Aires a partir de la década de 1890 y sirvió de base para reediciones locales.[55] Gracias a la iniciativa de Domingo Russo, un carpintero autodidacta, en 1893 se publicó la primera edición argentina, que salió como un folleto de la Biblioteca de Propaganda Socialista, y desde ese momento hasta el presente se registran, al menos, unas cincuenta ediciones argentinas. Entre ellas, es importante destacar las que realizaron Claridad y Actualidad en 1932 por la cercanía de Facio Hebequer a dicho círculo.

---

[53] El planteo de Facio Hebequer a partir de una narración en donde la tragedia individual de un obrero y su familia no limita ni excluye la lucha colectiva de la clase y un posible triunfo final es susceptible de ser comparado con la poética de Raúl González Tuñón, quien transitó un camino similar desarrollando lo que María Fernanda Alle ha denominado como "poética de la convocatoria", es decir, una poética que "desde el ejercicio de una práctica literaria confinada en su capacidad de transformación del mundo, tiene por fin exhortar a la lucha, sumar voluntades a las causas partidarias y ponderar las acciones del partido frente a cada enemigo ocasional". Cf. *Imágenes de escritor de Raúl González Tuñón (1930-1970): vínculos entre literatura y política partidaria*, Tesis de doctorado de la Facultad de Humanidades y Artes de la Universidad Nacional de Rosario, 2015, pp. 31 y 251.

[54] Eric Hobsbawm, "Introducción al *Manifiesto Comunista*", en Karl Marx y Friedrich Engels, *Manifiesto Comunista*, Barcelona, Crítica, 1998, p. 20.

[55] Véase Horacio Tarcus, *Marx en la Argentina. Sus primeros lectores obreros, intelectuales y científicos*, Buenos Aires, Siglo XXI, 2007, pp. 302-317.

Concretamente, la serie *Tu historia, compañero* se estructura siguiendo el primer apartado del *Manifiesto Comunista*, "Burgueses y proletarios", en el que, por un lado, se revela la explotación del hombre por el hombre y la inevitabilidad de la lucha de clases y, por el otro, se incita a la organización y a la acción colectiva de la clase trabajadora. La influencia más evidente es, por supuesto, el uso de la máxima que condensa todo el sentido del *Manifiesto* y llama a la organización internacional del proletariado: "Trabajadores del mundo, uníos". Pero más allá de los cambios señalados en cuanto a los virajes estéticos presentes en la serie, el hilo narrativo de *Tu historia, compañero* también parece acompañar el cuadro presentado por Marx y Engels en las páginas de su escrito: fundamentalmente, el planteo de la precarización extrema que conduce a la proletarización, en donde subyacen ciertos pasajes dedicados al desgarro de la unidad familiar –"La burguesía ha arrancado a las relaciones familiares su velo emotivamente sentimental, reduciéndolas a meras relaciones dinerarias"–[56] y la inevitable radicalización política de una clase obrera consciente de su condición y portadora del potencial liberador de los males del capitalismo.

Las frases del *Manifiesto* que Facio selecciona e incorpora en la serie *Tu historia, compañero* se fusionan en algunas de las estampas, que se convierten, de este modo, en "imágenes-manifiesto", en tanto responden a la demanda de la historia y expresan una evaluación, una toma de posición y una propuesta estético-política.[57] Este estatus de imágenes-manifiesto que adquieren algunas de las estampas de la serie *Tu historia, compañero* explica la gran circulación que tuvieron en diferentes revistas y periódicos de la izquierda local, en las que se erigieron como un medio de expresión capaz de multiplicar el alegato político marxista en busca de adhesiones. Por ejemplo, cuando en abril de 1933 salió a la venta *Contra*, el colectivo editor eligió como imagen de portada para el primer número la décima litografía de *Tu historia, compañero* (imagen 41).

---

[56] Marx y Engels, óp. cit., p. 42.

[57] El término "imágenes-manifiesto" es utilizado por Andrea Giunta en *Vanguardia, internacionalismo y política: arte argentino en los años sesenta*, Buenos Aires, Siglo XXI, 2008, pp. 41-42.

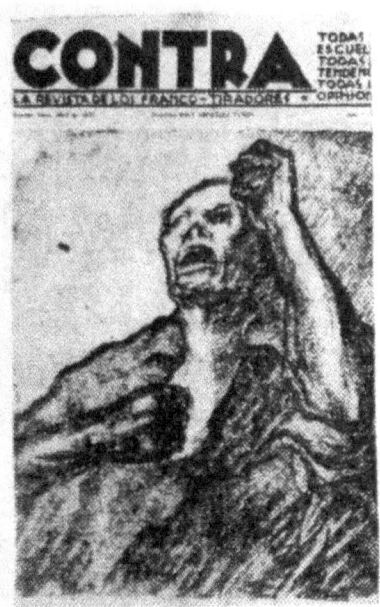 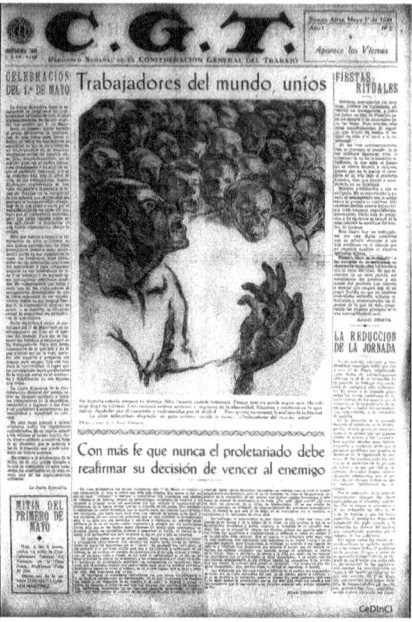

41. Guillermo Facio Hebequer, estampa de la serie *Tu historia compañero*, reproducida en *Contra*, n° 1, abril de 1933, portada.

42. Guillermo Facio Hebequer, estampa de la serie *Tu historia compañero*, reproducida en *Periódico Semanal de la CGT*, año I, n° 2, 1 de mayo 1934, portada.

En esta publicación, que proponía articular la actividad intelectual y la militancia política, la imagen seleccionada cumple una clara función, la de manifestar y condensar un espacio de enunciación, un lugar de pertenencia y el carácter polémico de la propuesta, pues, como señaló Saítta, debajo de su título y del lema "Todas las escuelas, todas las tendencias, todas las opiniones" emerge con otro sentido una de las litografías más combativas de la serie de Facio Hebequer. Esta opción estética y política para la portada sitúa, sin dudas, a la revista en la izquierda del campo cultural.[58] En esta línea, la litografía decimoprimera de la serie se publicó como portada de *Actualidad*, de la cual Facio Hebequer era un colaborador activo.

---

[58] "Polémicas ideológicas, debates literarios en *Contra. La revista de los franco-tiradores*", en *Contra, la revista de los franco-tiradores*, Buenos Aires, UNQUI, 2005, p. 14. A comienzos de 1933, Raúl González Tuñón, director de la revista, envió una misiva a Cayetano Córdova Iturburu en la que afirmaba que "[*Contra*] tiene la pretensión de parecerse a *Monde*. Por lo menos el mismo formato e idéntica libertad para decir las cosas" (FCCI); una revista emblemática del antifascismo francés.

Además de circular en revistas culturales de izquierda, estas estampas fueron publicadas en otro tipo de medios impresos, por ejemplo, la prensa gremial, lo que acercaba al artista de izquierda a su destinatario privilegiado, el trabajador. Ejemplo de ello es la imagen de *Tu historia, compañero* elegida para el número conmemorativo del 1° de mayo de 1934 (imagen 42) del *Periódico semanal de la Confederación General del Trabajo (CGT)*, que también incluye el epígrafe correspondiente y los datos de su autoría. Gracias a ciertas características específicas de la prensa gremial –el formato tabloide, la tipografía, el orden de la información y una reducida cantidad de páginas–, el trabajador-lector podía informarse en cualquier lado y de manera rápida,[59] por lo tanto, era un espacio ideal para los intelectuales y artistas que pretendían llegar a esta clase social. Asimismo, estas particularidades en términos de diseño y circulación que ofrecía el periódico dirigido a los trabajadores se articulaban con el grabado, técnica exaltada y considerada por Facio como una opción estética con un doble significado: como un arma política por su naturaleza multiejemplar y como una forma de democratizar el arte por fuera de los museos u otras instituciones ligadas a otras franjas de la sociedad.

Para entonces, la CGT, creada en 1930, era la central obrera más poderosa y con mayor cantidad de afiliados. Hacia 1934 había iniciado un nuevo período en el que se proponía dejar atrás la actitud defensiva y moderada de sus primeros años para dar paso a la acción colectiva; prueba de ello fue el lanzamiento de un "Plan de Emergencia", cuyas demandas ya podían vislumbrarse en la tapa del periódico citado.[60] Allí, se bregaba por la reducción de la jornada laboral, una demanda que era potenciada por dos consignas –"¡Trabajadores del mundo uníos!" y "Con más fe que nunca el proletariado debe reafirmar su decisión de vencer al enemigo"– que acompañaban la estampa de Facio Hebequer.[61] De este modo, la imagen situada en el centro de la página, con su leyenda correspondiente, tenía el claro objetivo de estimular la organización y la acción obrera como parte de otro mensaje político: los reclamos en el plano gremial debían ser acompañados por la acción política, línea sostenida por la fracción izquierdista de los socialistas en pugna con la orientación sindicalista. Estas tensiones en torno a la denominada "prescindencia política" o aceptación de la política se

---

[59] Véase Mirta Zaida Lobato, *La prensa obrera. Buenos Aires y Montevideo, 1890-1958*, Buenos Aires, Edhasa, 2009, pp. 61-98.

[60] Hernán Camarero, *A la conquista de la clase obrera. Los comunistas y el mundo del trabajo en la Argentina 1920-1935*, Buenos Aires, Siglo XXI, 2007, p. 207.

[61] Cf. *Periódico Semanal de la CGT*, año I, n° 2, 1 de mayo de 1934.

GUILLERMO FACIO HEBEQUER. ENTRE EL CAMPO ARTÍSTICO Y LA CULTURA DE IZQUIERDAS

profundizaron cada vez más frente al avance de los fascismos, en un contexto en el cual se interpretaba que el avasallamiento se producía sobre el movimiento obrero argentino y también sobre el sistema democrático, lo que desencadenó una ruptura definitiva al interior de la CGT en diciembre de 1935.[62]

Por último, cabe destacar que otra de las litografías de *Tu historia, compañero* trascendió la esfera local y fue portada de la revista francesa pro-comunista *Monde. Hebdomadaire internationale* (imágenes 43 y 44). Su reproducción en la publicación parisina dirigida por Henri Barbusse, uno de los principales referentes del grupo *Clarté* y de los intelectuales antifascistas europeos, abre un interrogante sobre los alcances de las redes intelectuales que conformaron estas revistas culturales allende las fronteras argentinas y, por lo tanto, sobre la articulación de proyectos culturales compartidos, los que se intensificarán frente al avance de los fascismos y la constitución de la "internacional antifascista".

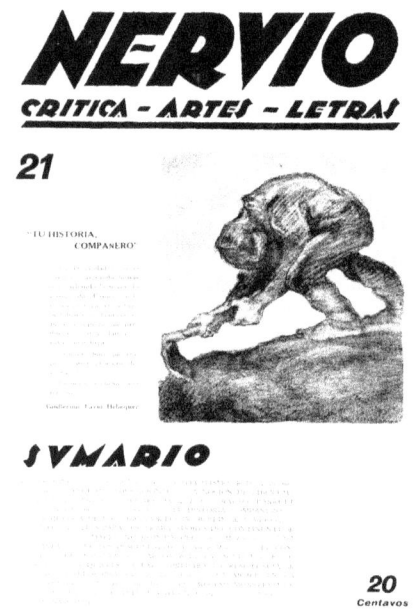
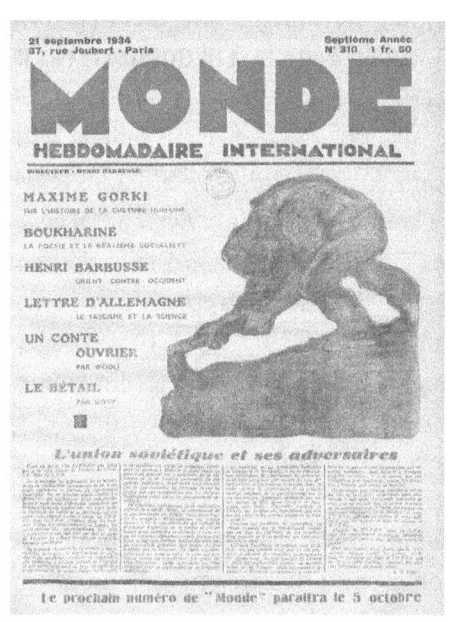

43. Guillermo Facio Hebequer, estampa de la serie *Tu historia, compañero*, reproducida en *Nervio*, año II, n° 21, enero 1933, portada.

44. Guillermo Facio Hebequer, estampa de la serie *Tu historia compañero*, reproducida en *Monde. Hebdomadaire internationale*, año VII, n° 310, septiembre de 1934, portada.

---

[62] Sobre los conflictos en el seno de la CGT puede consultarse el libro de Hiroshi Matsushita, *Movimiento obrero argentino. 1930-1945. Sus proyecciones en los orígenes del peronismo*, Buenos Aires, Hyspamérica, 1986, pp. 99-119.

Lo más probable es que la llegada de esa litografía a las páginas de *Monde* haya sido por intermedio de Raúl González Tuñón, quien, desde la fundación de *Contra*, mantenía contactos con la revista de Barbusse, en la que había colaborado en enero del mismo año con un artículo sobre la guerra del Chaco, un conflicto bélico que cubrió como corresponsal del diario *Crítica*.[63] La imagen también podría haber llegado de manos de Aníbal Ponce, otro de los intelectuales que colaboró con las diferentes revistas mencionadas y que mantenía fluidos vínculos con la intelectualidad francesa. No obstante, cabe señalar que, en este caso –dado el hecho inherente a todo proceso de intercambio internacional de ideas, donde los textos e imágenes circulan separados de sus contextos de producción–, la estampa de Facio Hebequer carece de firma o de otro tipo de referencia sobre su procedencia y, en consecuencia, adquiere una función meramente ilustrativa a diferencia de las portadas ya citadas.

Todos estos elementos permiten sostener que la serie *Tu historia, compañero* constituye una bisagra en la producción artística de Facio Hebequer y fue, sin duda, su obra de mayor trascendencia en el seno de la cultura de las izquierdas del ámbito local y un nuevo punto de partida para seguir sus exploraciones en su propósito de articular arte y política. En efecto, sus nuevas búsquedas se caracterizaron por la incorporación de elementos modernos que provenían de los montajes fotográficos de las revistas, del ritmo de la nueva imagen del cinematógrafo y, por supuesto, de las experiencias teatrales de las cuales formaba parte.[64]

En simultáneo con la elaboración de *Tu historia, compañero*, Facio dio a conocer la serie *Buenos Aires*, un trabajo en el que se observa cierta influencia temática de la obra *Metrópolis*, de George Grosz, y de la serie *La ciudad*, de Masereel, que abordan la relación entre el hombre y la arquitectura en el marco

---

[63] González Tuñón, "La guerre dans le Chaco Boréal", *Monde*, año VII, n° 290, 6 de enero de 1934, p. 14. En el libro *El otro lado de la estrella* fue reproducida una misiva dirigida a González Tuñón y firmada por M. Alfred Kurella como representante de *Monde*, en la que expresaba: "Siendo que tenemos la intención de hacer conocer a nuestros lectores europeos las artes y las letras de América Latina, estamos dispuestos a publicar con cierta regularidad, noticias, cuentos, reportajes y artículos que traten temas sociales, culturales y científicos de países sudamericanos [...] Si en principio, usted acepta esta colaboración, nosotros le pedimos tenga a bien hacernos proposiciones e indicarnos las direcciones de otros colaboradores posibles [...] Desearíamos, por otra parte, recibir la revista *Contra*, que Usted dirige, por canje de *Monde*". Cf. González Tuñón, *El otro lado de la estrella*, Buenos Aires, Sociedad Amigos del Libro Rioplatenses, 1934, pp. 223-224.

[64] Véase Miguel Ángel Muñoz y Diana Wechsler, "La ciudad moderna en la Serie 'Buenos Aires', de Guillermo Facio Hebequer", *Demócrito, Artes, Ciencias, Letras*, año I, n° 2, octubre de 1990, p. 52.

de una metrópolis capitalista moderna y los conflictos que la habitan. La serie *Buenos Aires*, realizada en 1932, está formada por diez litografías: *Puente Brown*, *Mediodía en el puerto*, *La Quema*, *El refugio*, *La feria*, *Parque Saavedra*, *Retiro*, *Calle Corrientes*, *Paseo de Julio* y *Chacarita*. El impacto de la crisis económica de 1929, la ciudad y sus márgenes constituyen los temas centrales de esta serie, por medio de la cual Facio Hebequer se propone denunciar la "otra" cara de la modernidad encarnada en la metrópolis.

Esta obra se destaca por una gran maestría en el uso de diferentes recursos plásticos, que buscan resaltar las contradicciones del "progreso indefinido" proclamado por el liberalismo. Por ejemplo, sin apelar a ninguna leyenda, los efectos del "progreso" son exaltados por el autor a través de una superposición de planos que evidencian una colisión entre la magnificencia de la arquitectura de la estación *Retiro* (imagen 45) y el arribo de la inmigración interna característica de los años treinta. En la estampa puede observarse cómo aquella arquitectura, símbolo del modelo civilizatorio impulsado por la generación del ochenta, se fusiona con una gran cantidad de inmigrantes dispersos en la estación que llegan del campo a la ciudad en busca de nuevas oportunidades. En la misma composición, y en el centro de la escena, surgen otros personajes: los desocupados que, aglomerados en los bancos, leen el diario en busca de trabajo.

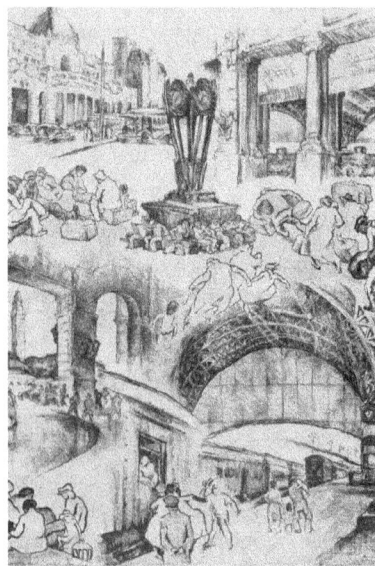
45. Guillermo Facio Hebequer, *Retiro*, serie *Buenos Aires*, litografía 44,5 x 58,5. FGFH.

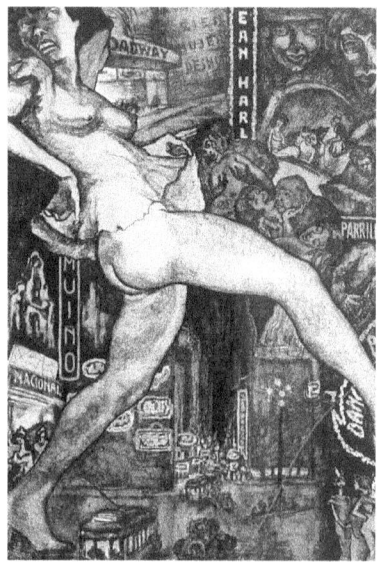
46. Guillermo Facio Hebequer, *Calle Corrientes*, serie *Buenos Aires*, litografía 44,5 x 58,5. FGFH.

Esa escena de los desocupados también irrumpe en la escritura de su amigo Arlt, quien en esa misma época politiza su mirada sobre la ciudad y constituye a sus aguafuertes en un medio de denuncia frente a la situación vivida: "Me fijo en las plazas públicas. Es sencillamente catastrófica la cantidad de gente que ocupa los bancos. En Plaza Once, a las cuatro de la tarde, no hay un solo asiento desocupado. En Congreso, ídem (…) Hay una realidad… la realidad son las plazas repletas de desocupados".[65] La sensibilidad que se pone de manifiesto en las obras de Facio y Arlt, que perciben esta doble cara de la modernidad y visibilizan al desocupado como parte del paisaje urbano, no deja de recordar el registro fotográfico de Liborio Justo en su viaje a Nueva York, el centro neurálgico de la crisis del 29. Allí, los desocupados, mezclados entre los rascacielos neoyorquinos, fueron retratados en distintas situaciones: leyendo el diario, durmiendo en los bancos o en las largas filas para ingresar a un comedor público.[66]

La exclusión y la marginalidad emergen en otras litografías de Facio Hebequer, como *Calle Corrientes* y *Paseo de Julio*. El discurso que articulan estas dos imágenes muestra una ciudad ajena a la racionalidad y al orden a partir de la sensación caótica y desbordante que genera sobre la vida nocturna porteña. El efecto que logra causar en el espectador, como han señalado Miguel Ángel Muñoz y Diana Wechsler, se apoya en recursos visuales modernos que parecen tomar procedimientos del cine: el artista presenta un espacio fracturado mediante el montaje de distintas perspectivas y combina las vistas generales y las figuras casi con el mismo desorden perceptivo del que transita por una gran ciudad.[67]

Calle Corrientes (imagen 46) se distingue del resto de la serie, pues en ella sobresale la silueta amplificada de una prostituta que flota entre los carteles luminosos de la "calle que nunca duerme", lo que podría vincularse con otra de las aguafuertes de Arlt:

> Caída entre los grandes edificios cúbicos, con panoramas de pollos a "lo spiedo" y salas doradas, y puestos de cocaína, y vestíbulos de teatros ¡qué maravillosamente atorranta es por la noche la calle Corrientes! ¡Qué linda y qué vaga! Más

---

[65] Arlt, óp. cit., p. 11.

[66] Cf. *Liborio Justo. Pasión y lucha. 100 años de historia argentina*, catálogo muestra documental y fotográfica, Buenos Aires, Biblioteca Nacional de la República Argentina, 2007, s/p. Algunas de estas fotografías circularon en el ámbito local. A modo de ejemplo, véase *Unidad. Por la defensa de la cultura*, año I, n° 1, enero de 1936, p. 15.

[67] Muñoz y Wechsler, óp. cit., p. 58.

que calle parece una cosa viva, una creación que rezuma cordialidad por todos sus poros; calle nuestra, la sola calle que tiene alma en esta ciudad, la única que es acogedora, amablemente acogedora, como una mujer trivial, más linda por eso. ¡Corrientes, por la noche! Mientras las otras calles honestas duermen para despertarse a las seis de la mañana, Corrientes, la calle vagabunda, enciende a las siete de la tarde todos sus letreros luminosos y, enguirnaldada de rectángulos verdes, rojos y azules, lanza a las murallas blancas sus reflejos de azul de metileno, sus amarillos de ácido pícrico, como el glorioso desafío de un pirotécnico. Bajo estas luces fantasmagóricas, mujeres estilizadas como las que dibuja Sirio, pasan encendiendo un volcán de deseos en los vagos de cuellos duros que se oxidan en las mesas de los cafés saturados de jazzband.[68]

Ambas imágenes, la de Facio y la de Arlt, parecen complementarse la una con la otra haciendo palpable aquella descripción de Marshall Berman de la modernidad como "la experiencia del tiempo y el espacio, de uno mismo y de los demás, de las posibilidades y los peligros de la vida".[69] La composición de Facio —saturada de letreros luminosos, rostros que sobrevuelan, tranvías y automóviles que cruzan la avenida, elementos superpuestos en diferentes planos que rodean a la prostituta— trae a la escena esa sensación de "vorágine de perpetua desintegración y renovación, de lucha y contradicción, de ambigüedad y angustia" condensada en la célebre frase de Marx retomada por Berman: "Todo lo sólido se desvanece en el aire; todo lo sagrado es profanado, y los hombres, al fin, se ven forzados a considerar serenamente sus condiciones de existencia y sus relaciones recíprocas".[70] El "progreso" y la "civilización", ideas que se manifiestan en las imponentes estructuras urbanas y en el retrato de sus habitantes, interpelan a un presente en el que la modernización y la modernidad son exaltadas por Facio a partir de los estertores de la crisis del treinta.

En *Paseo de Julio* (imagen 47), que remite a esa calle cercana al puerto en la que abundaban prostíbulos, fondas y cafetines, se observa, otra vez, la reutilización de diversas estampas que se insertan dando forma a una nueva y compleja composición. Así puede apreciarse, en el borde superior derecho, un fragmento de la estampa *Prostíbulo* y, en el borde inferior derecho, la estampa *Cafetín*

---

[68] Roberto Arlt, "Corrientes, por la noche", reproducido en *Aguafuertes Buenos Aires, vida cotidiana*, óp. cit., pp. 43-44.

[69] Marshall Berman, *Todo lo sólido se desvanece en el aire. La experiencia de la modernidad*, Buenos Aires, Siglo XXI, 2006 [1986], p. 1.

[70] Ibídem, p. 83.

(imagen 48), ambas publicadas antes en *Metrópolis*.[71] Estas yuxtaposiciones de imágenes, que caracterizan la producción de Facio Hebequer en los años treinta, pueden comprenderse como una de las tantas experimentaciones con el fotomontaje que proliferaron en el período de entreguerras, que se basaban en la "fortuna artística y política" de la técnica del "collage". Pues el encuentro de elementos heterogéneos y conflictivos –como, por ejemplo, la arquitectura fastuosa que se contrapone a los desocupados y a la emergencia de las villas miseria en la década de 1930– provoca un conflicto en la percepción del espectador a partir de un juego de contrarios que tiene por objetivo revelar las relaciones de dominación ocultas en la vorágine cotidiana.[72]

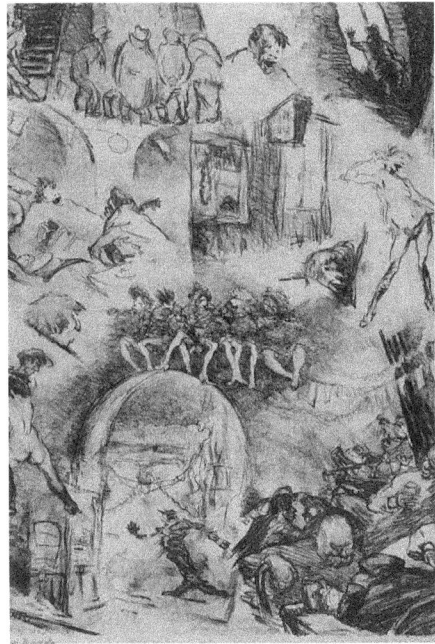 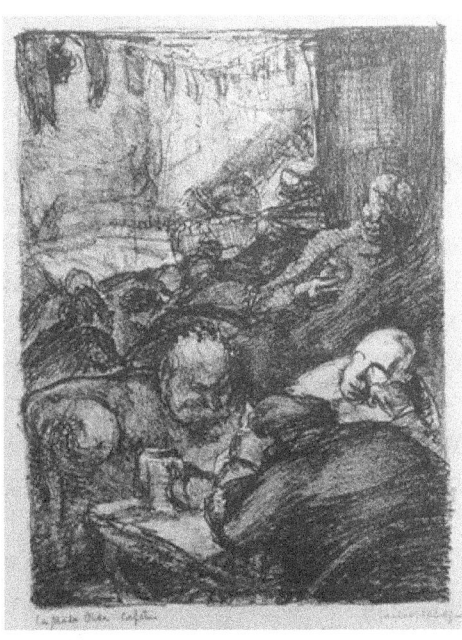

47. Guillermo Facio Hebequer, *Paseo de julio*, serie *Buenos Aires*, litografía 44,5 x 58,5. FGFH.

48. Guillermo Facio Hebequer, *Cafetín*, serie *Mala Vida*, *Metrópolis*, n° 2, primera quincena de junio de 1931, s/p.

---

[71] Ilustraciones de Facio Hebequer (*Cafetín*, *Prostíbulo*, *Tango*), *Metrópolis*, n° 2, primera quincena de junio de 1931, s/p.

[72] Véase Jacques Rancière, *El espectador emancipado*, Buenos Aires, Manantial, 2010, pp. 31-32. A propósito de estos planteos visuales, el autor señala: "En la época del surrealismo, el procedimiento servía para manifestar, bajo el prosaísmo de la cotidianeidad burguesa, la realidad reprimida del deseo y del sueño. El marxismo lo cooptó después para hacer perceptible, por el encuentro incongruente de elementos heterogéneos, la violencia de la dominación de

A su vez, estas imágenes incorporan elementos de la cultura popular que pueden estudiarse con los que forman parte de los "incómodos" tangos de Enrique Santos Discépolo, amigo del artista desde los tiempos de la bohemia. En sus letras pueden rastrearse tópicos que también aparecen en la obra de Facio Hebequer, por ejemplo, la figura de "la mujer de la noche" protagonista de *Esta noche me emborracho* (1928), mujer que, como destaca Sergio Pujol, encarna "el pecado", pero también es una "víctima de la degradación con la que los tiempos modernos castigan el derroche libidinal" dentro de una sociedad que es una "maquinaria infernal que devora a sus hijos más débiles".[73] Los significados de ciertos tópicos de aquellas letras dialogan con las litografías de Facio, como puede observarse en *Cafetín* o en *Tango*, imágenes en las cuales la bebida en exceso expresa la evasión y amargura que generan los males de la sociedad profundizados en la década de 1930.[74]

Las litografías de la serie *Buenos Aires* aquí analizadas fueron publicadas en revistas como *Actualidad*, pero es de notar que otras, menos críticas en su contenido, circularon en la prensa de gran tirada. Tal es el caso de *Puente Brown*, reproducida en el diario *La Prensa* el 30 de julio de 1933 con motivo del Primer Salón Municipal de Grabadores realizado en el Concejo Deliberante. A partir de esta publicación es posible matizar y cuestionar la distancia que Facio asumía en relación con ciertos espacios oficiales del mundo del arte, sin por ello negar sus preferencias por otros ámbitos y circuitos alternativos. En este sentido, y teniendo en cuenta aquellas valoraciones sobre la prensa "oficial", que ya han sido destacadas aquí, es aun más llamativa su expresa colaboración –con otras estampas de la serie *Buenos Aires*– para el mismo diario, con el objetivo de ilustrar los textos publicados por Leónidas Barletta, poco antes de su distanciamiento con el dramaturgo, producido en julio de 1932.

Sobre este punto, es interesante observar cómo las litografías *Parque Saavedra* (imagen 49) y *La Feria*, puestas al servicio de los textos de Barletta y fuera del marco de toda la serie *Buenos Aires*, pierden gran parte de la potencia política

---

clase oculta bajo las apariencias de lo ordinario y cotidiano, y de la paz democrática. Ése fue el principio de la extrañeza brechtiana".

[73] Sergio Pujol, *Discépolo. Una biografía argentina*, Buenos Aires, Planeta, 2017, p. 118.

[74] Véase el análisis que hace Pujol sobre el montaje literario utilizado por Discépolo con el celebérrimo tango *Cambalache*, interesante para trazar relaciones y articulaciones de las estrategias de intervención y tópicos que emergen con fuerza en la década de 1930. Pujol, óp. cit., pp. 228-229.

que les otorga su pertenencia al conjunto. A diferencia de lo que ocurre con la serie, en las notas del escritor predomina un carácter más anecdótico, y basta con observar cómo las imágenes se entrelazan con esos textos para advertir que las litografías se incluyen con un propósito meramente ilustrativo. En el mismo sentido, también es fácil percibir que, tal como fueron publicadas en *La Prensa*, las estampas cumplen una función que ya no es la de denuncia y aunque fueron realizadas en un contexto diferente, guardan una gran similitud con el carácter de aquellas que el artista había publicado en el semanario popular *PBT*, señaladas al inicio del capítulo. Esta no fue, sin embargo, la única actuación de Facio Hebequer en la prensa masiva; también realizó algunas ilustraciones para el suplemento literario del diario *Crítica*, la *Revista Multicolor de los Sábados* (1933-1934). En este marco, las relaciones entre la prensa masiva y los intelectuales y artistas de la izquierda local abren, de cara a futuras investigaciones, una serie de interrogantes sobre las peculiaridades que adquieren las colaboraciones de estas figuras en la prensa de gran tirada y sus posibles relaciones con los modos de intervención verificados en las revistas culturales.

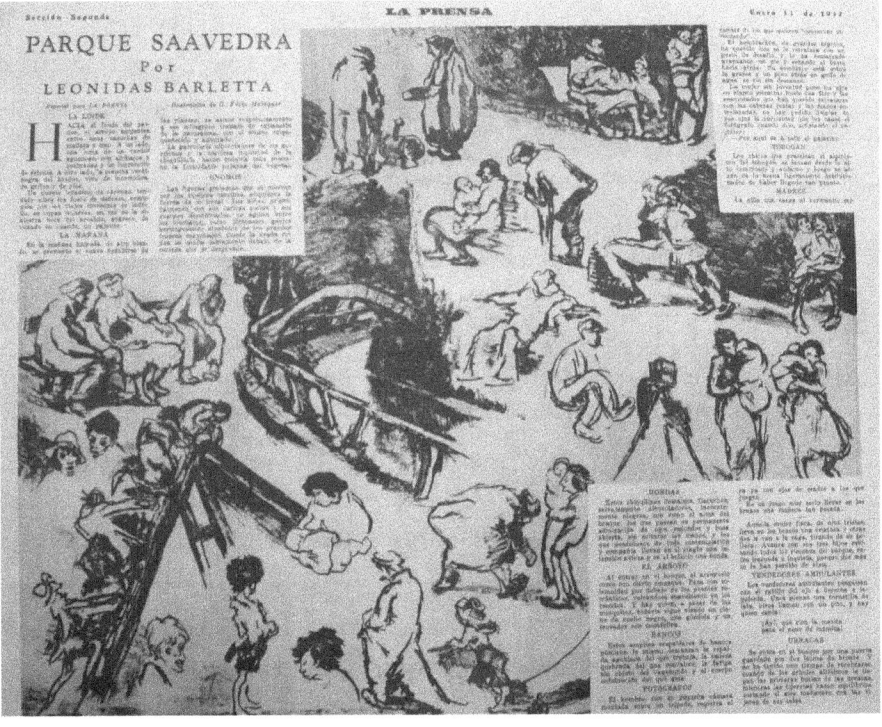

49. Guillermo Facio Hebequer, *Parque Saavedra*, *La Prensa*, 31 de enero de 1932, s/p.

Por último, cabe destacar que a pesar de las diferencias estilísticas que distancian a *Buenos Aires* de la gráfica combativa de *Tu historia, compañero*, ambas series se encuentran articuladas por un mismo hilo conductor: la denuncia contra el capitalismo. Y en algunas estampas de la serie *Buenos Aires* se suman, incluso, otros aspectos como la crítica a la mercantilización de la vida cotidiana y a la cosificación del ser humano.

Los himnos proletarios: un proyecto trunco

Hacia finales de 1928, una nota publicada en la primera plana del diario *El Telégrafo* informaba: "[un] pasajero de 3ª clase entretenía a los demás con un acordeón, tocando bailables de la tierra italiana. De pronto se le ocurrió ejecutar la vieja canción socialista, suficiente motivo para que dos cabos fascistas de la tripulación se arrojaran sobre él".[75] La canción a la que allí se hacía referencia era *Bandiera Rossa*, célebre himno popularizado por el Partido Comunista Italiano. Y dado que la noticia había sido publicada un lunes, día en el que *Izquierda* salía como suplemento cultural y semanal de *El Telégrafo*, es muy probable que Facio Hebequer, como parte del comité redactor del suplemento, haya tenido en sus manos aquel número del periódico. Casualidad o no, siete años más tarde esa misma canción fue incorporada por el artista en una nueva serie de estampas que, aunque similar en algunos aspectos a *Tu historia, compañero*, ahora no solo fusionaba palabra e imagen, sino que también aludía a la música del himno proletario.

La temprana muerte de Facio, sin embargo, dejó inconcluso este proyecto. El diario *Crítica* logró registrar las últimas obras que el artista tenía sobre su tablero de trabajo el mismo día de su deceso: una estampa de la serie *Bandera Roja* (¿sería la última o tendría planificado realizar algunas más?) y *La Internacional*. Esta referencia fue luego confirmada por José Manuel Pulpeiro en el homenaje llevado a cabo por la Agrupación Artística "Juan B. Justo" el 29 de mayo de 1935. En esa ocasión, Pulpeiro destacó que era oportuno realizar un recordatorio en dicha sede, pues Facio Hebequer "tenía sobre su mesa de trabajo, con las anotaciones promisorias de las nuevas planchas, un

---

[75] "¿Está secuestrado un antifascista a bordo del *Conte Verde*? Trátase de un obrero a quien se encerró en el calabozo por haber ejecutado 'Bandiera Rossa'", *El Telégrafo*, año VIII, n° 2662, 22 de octubre de 1928, p. 1. Esta misma noticia fue publicada en la portada del órgano del PCA. Cf. "Los fascistas del 'Conte Verde' quisieron secuestrar a un obrero porque ejecutó 'Bandiera Rossa'", *La Internacional*, año IX, n° 3263, 27 de octubre de 1928, p. 1.

cancionero proletario editado precisamente por la Agrupación que hoy le recuerda", el que, podría añadirse, seguramente funcionó como la fuente que sirvió de base para la inclusión, en su gráfica, de cantos obreros.[76] De la serie *Bandera Roja,* terminó cinco de las litografías, algunas de las cuales fueron reproducidas luego en la revista *Izquierda. Crítica y Acción Socialista.*[77]

Ahora bien, ¿qué contenidos de *Bandiera Rossa* habían sido seleccionados por Facio Hebequer para ser recreados en una nueva versión plástica? La letra de la canción dice así:

> Compagni, avanti alla riscossa,
> Bandiera rossa, bandiera rossa,
> Compagni, avanti alla riscossa,
> Bandiera rossa trionferà.
>
> Bandiera rossa trionferà
> Bandiera rossa trionferà
> Bandiera rossa trionferà
> Evviva il Socialismo e la libertà.
>
> Degli sfrutatti l'inmensa schiera
> La pura inalzi rossa bandiera.
> O prolettari, alla riscossa,
> Bandiera rossa trionferà.
>
> Bandiera rossa trionferà (3 veces)
> Il frutto del lavoro a chi lavora andrà
>
> Dai campi al mare, alla minera,
> Alla offinina chi soffre e spera.
> Sia pronto l'ora della riscossa.
> Bandiera rossa trionferà
>
> Bandiera rossa trionferà (3 veces)
> Evviva il Socialismo e la libertà.

---

[76] Discurso de José Manuel Pulpeiro para el acto homenaje realizado en la sede de la Agrupación Artística "Juan B. Justo", mimeo, p. 2 (FGFH).

[77] *Izquierda. Crítica y Acción Socialista*, año I, n° 6, junio-julio de 1935, pp. 20-22. Cabe destacar que el colectivo que conformaba esta revista rechazaba las políticas conciliatorias del PS, pues consideraba que se alejaba de los ideales revolucionarios marxistas. La serie completa, incluso con la sexta litografía que estaba realizando el artista, puede consultarse en Magalí Devés, "Hacia una gráfica revolucionaria: derivas de Guillermo Facio Hebequer en la Buenos Aires de entreguerras", *Aletheia. Revista de la Maestría en Historia y Memoria de la FaHCE*, vol. 8, n° 15, octubre de 2017, pp. 13-14.

Non più nemici, non più frontiere,
Sono i confini rossa bandieri.
O socialista, alla riscossa.
Bandiera rossa trionferà.[78]

Puede observarse que en ciertas estampas de la serie (imágenes 50-52) aparecen reproducidas en español algunas de las frases de la canción italiana: "en los campos", "y los mares", "y las minas", "aguardamos con ansia la hora de la revancha", "Bandera roja triunfará", con la incorporación de una nueva: "en las fábricas", lo que podría vincularse, por un lado, con el proceso de industrialización por sustitución de importaciones que, como consecuencia de la crisis, se había profundizado en la década de 1930 en Argentina, y, por otro lado, con que era allí, en el seno de las fábricas, donde se situaba el sujeto revolucionario por antonomasia. Como ya ha sido señalado para la última estampa de *Tu historia, compañero,* la fábrica fue resignificada por Facio Hebequer, quien le otorgó un contenido liberador.

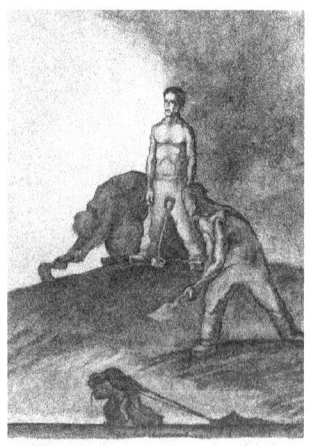 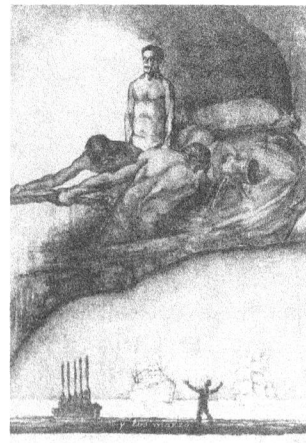 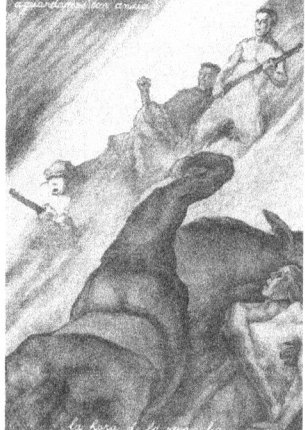

50. Guillermo Facio Hebequer, estampa de la serie *Bandera Roja*. FGFH.   51. Guillermo Facio Hebequer, estampa de la serie *Bandera Roja*. FGFH.   52. Guillermo Facio Hebequer, estampa de la serie *Bandera Roja*. FGFH.

Al igual que en aquella serie, se observan hombres trabajando en distintos ambientes y tareas, aunque en este caso el mensaje es triunfalista. La mayoría de los proletarios son representados con cuerpos vigorosos, producto de una nueva actitud que claramente simbolizaba la fuerza puesta al servicio tanto del

---

[78] "Bandiera Rossa", Folleto *Cancionero Socialista*, Buenos Aires, La Vanguardia, *ca.* 1930, pp. 19-20.

trabajo como de la lucha organizada. En particular, en cinco de ellas, se reconoce la presencia de un mismo sujeto que, como si emulara el estribillo (en los mares, en las minas, en los campos y en las fábricas…), se reproduce de forma casi idéntica en los distintos escenarios; este énfasis en la repetición puede ser interpretado como el intento de construcción de una suerte de elemento genérico del trabajador, un ícono de la clase obrera más que un individuo en sí mismo y, sobre todo, la personificación de la insurrección.[79] En este sentido, ese sujeto se destaca del resto de las figuras por su postura erguida, mientras que "observa" ese porvenir posible de alcanzar si los trabajadores unidos se lanzan al combate, como lo expresa la quinta estampa.

En esta nueva serie, entonces, la acción colectiva ya no es un anhelo sino un hecho concreto. Como puede observarse en las dos últimas escenas que llegó a realizar el artista, los trabajadores dejan a un lado sus herramientas para tomar los fusiles y la bandera roja que los guiará a la revolución, dado que, como indica la letra, la "bandera roja triunfará". Asimismo, en la serie *Bandera Roja* se evidencia la búsqueda de Facio por articular arte y política a través de la fusión entre la representación de temas revolucionarios y el uso de aquellos recursos plásticos derivados de la serie *Buenos Aires* –como la aplicación de planos superpuestos, la amplificación o distorsión de los cuerpos y el uso de diagonales– con el objetivo de imprimir a las estampas movimiento y vitalidad, que se asocian a la dinámica de la lucha de clases como único medio para lograr la emancipación social. En otras palabras, el viraje estético e ideológico de Facio Hebequer continuó con una clara opción por el realismo, pero asociado a nuevas apuestas formales.[80]

---

[79] Como sostiene Judith Butler: "las revueltas tienden a basarse en una metáfora que las organiza: la imagen de alguien que se yergue, alguien para el cual erguirse significa una forma de liberación, alguien con la fuerza física para liberarse de las cadenas, de los grilletes, de los signos de esclavitud, de la servidumbre contratada. De hecho, es posible que en una revuelta no encontremos a nadie que se aproxime a esta figura, y, sin embargo, la figura está ahí, proyectando la sombra de su presencia física en el grupo". Véase Judith Butler, "Revuelta", en Georges Didi-Huberman, *Insurrecciones*, Barcelona, Museu Nacional D' Art de Catalunya, 2017, p. 23.

[80] La complejidad del término "realismo" y sus alcances es desarrollado por Paul Wood: "Realismo y realidades", en Briony Fer, David Batchelor y Paul Wood, *Realismo, racionalismo, surrealismo. El arte de entreguerras (1914-1945)*, Madrid, Akal, 1999, pp. 255-338. Sobre otras apuestas artísticas que conjugan el realismo con otros recursos visuales modernos, puede consultarse Annateresa Fabris, "Portinari y el arte social", en Andrea Giunta (comp.), *Candido Portinari y el sentido social del arte*, Buenos Aires, Siglo XXI, 2005, pp. 99-123 y Guillermo Fantoni, *Berni entre el surrealismo y Siqueiros. Figuras, itinerarios y experiencias de un artista entre dos décadas*, Rosario, Beatriz Viterbo editora, 2014, pp. 205-273.

La preferencia por un recurso proveniente del montaje podría interpretarse como un gesto estético-político del artista, una "toma de posición". Sobre todo si se tiene en cuenta que tomar posición, como señala Didi-Huberman, "es desear, es exigir algo, es situarse en el presente y aspirar a un futuro. Pero todo esto no existe más que sobre el fondo de una temporalidad que nos precede, nos engloba, apela a nuestra memoria hasta en nuestras tentativas de olvido, de ruptura, de novedad absoluta".[81] Facio, en efecto, trabaja con una complejidad visual que condensa la convivencia de distintas temporalidades y que se expresa en la yuxtaposición de planos, que manifestarían, por un lado, la ruptura con un pasado basado en la explotación; y, por el otro, la utopía revolucionaria situada en un tiempo presente que plantea la unión y la acción de los trabajadores para construir una sociedad futura fundada en la igualdad social.

De esta manera, Facio Hebequer traza en cada una de las estampas de *Bandera Roja* un procedimiento visual que articularía la simultaneidad de temporalidades como forma de expresar su horizonte de expectativas ideológico-político y lograr un pensamiento asociativo que conduzca a la utopía revolucionaria.[82] Como parte de dicho recurso es elocuente, una vez más, la tendencia a la reutilización de ciertas figuras tomadas de otras composiciones previas e insertas en un nuevo contexto. En la primera estampa (véase imagen 50) se observa la silueta que inauguraba la serie *Tu historia, compañero* –el hombre con el azadón–, pero, en este caso, podría interpretarse, siguiendo a Georges Didi-Huberman, como un "destiempo", en tanto su presencia produce un nuevo sentido.[83]

Aquella figura deformada por el agotamiento permite complejizar la perspectiva "miserabilista", señalada por la historiografía tanto a los escritores de Boedo como a los "Artistas del Pueblo". La conservación y la reutilización de este tipo de figuras en la obra madura de Facio Hebequer produce la superposición de

---

[81] *Cuando las imágenes toman posición*, Madrid, Antonio Machado Libros, p. 11.

[82] Por entonces, la técnica del fotomontaje era utilizada con frecuencia en las portadas de algunas de las revistas en donde Facio Hebequer colaboró, como *Nervio* y *Actualidad*. Asimismo, como ya se señaló en el capítulo anterior, la recepción del cine europeo fue profusa y el cine soviético ocupó sin duda un lugar preponderante. De hecho, la proyección de películas y la exaltación del cine soviético, en especial el de Einsenstein, fue una de las actividades propuestas por el Teatro del Pueblo. Cf. Luis Orsetti, "Incorporación de la cinematografía al Teatro del Pueblo", *Metrópolis*, n° 8, diciembre de 1931, s/p.

[83] Cf. Georges Didi-Huberman, "Apertura. La historia del arte como disciplina anacrónica", en *Ante el tiempo. Historia del arte y anacronismo de las imágenes*, Buenos Aires, Adriana Hidalgo, 2008, pp. 31-97.

dos imágenes, la del hercúleo obrero-combatiente (que, originada en el pueblo, se ha apropiado el capital al instarlo a ser, al obrero fatigado y dolido) y la del sufrimiento que la imagen combatiente oculta, que es la condición real del obrero. Por eso, esta estampa permitiría matizar la concepción del pesimismo como mera denuncia de los males del capitalismo pero carente de apertura política hacia el futuro. Desde otro punto de vista, podría pensarse que el padecimiento y el dolor de los trabajadores conllevan una fuerza transformadora y liberadora que no se agota en la denuncia mórbida de sus condiciones de existencia.[84] Este caso revela que no es necesario desechar una estética en pos de una nueva (la que surgiría a partir del acercamiento de Facio a la órbita cultural comunista), sino ponerlas en juego en la tensión propia –la del trabajador/proletario que quiere dejar de serlo–, por medio de una obra que podría ser interpretada dentro de los marcos de un "pesimismo revolucionario".[85]

Por otra parte, *Bandera Roja* descubre otra faceta del artista, señalada en el capítulo anterior. Según una nota publicada en *Actualidad*, a Facio Hebequer "Le gustaba cantar. Formaba parte del coro del Teatro Proletario. Su ilustración 'Bandiera Rossa' es una prueba gráfica de su devoción por el canto".[86] En efecto, Facio era amigo del músico Rodolfo Kubick, con quien entonó como integrante de su coro algunos himnos proletarios. La atracción de Facio por la música, sumada a la incorporación de dos himnos proletarios emblemáticos en sus estampas tituladas de igual modo (*Bandiera Rossa* y *La Internacional*), podría ser pensada también como un componente estético que desplegaba con el objetivo de interpelar, involucrar y movilizar a un público específico: los trabajadores. La música, que invade el espacio público y que puede llegar a todas partes, funcionaría como una variable de identificación en la memoria compartida por los trabajadores, lo que potenciaría el mensaje final: la organización y el sacrificio en pos de la sociedad futura. Podría añadirse, en este sentido, que en la exploración que Facio Hebequer realizaba sobre las percepciones y las emociones del espectador, la música –más específicamente, estas canciones populares– parecían actuar como un componente cohesionador y multiplicador de los efectos de sentido entre imagen y palabra.

---

[84] Véase Roberto Pittaluga, *Soviets en Buenos Aires. La izquierda de la Argentina ante la revolución en Rusia*, Buenos Aires, Prometeo, 2015, pp. 306-307.

[85] Michael Löwy, *Walter Benjamin. Aviso de incendio. Una lectura de las tesis "Sobre el concepto de la historia"*, Buenos Aires, Fondo de Cultura Económica, 2005, pp. 24-25 y 138-142.

[86] "Guillermo Facio Hebequer", *Actualidad*, año IV, n° 2, junio de 1935, p. 2.

Por último, cabe señalar que en esta nueva etapa de la obra del artista, las banderas rojas se constituyeron como un símbolo omnipresente de la nueva apuesta estética e ideológica que marcaba un cambio en relación con sus obras de los años veinte. Fue de su mano que las banderas rojas se hicieron presentes en las páginas de *Actualidad*, *Vida Femenina*, *Mundo Nuevo* y *Claridad*, entre otras.[87]

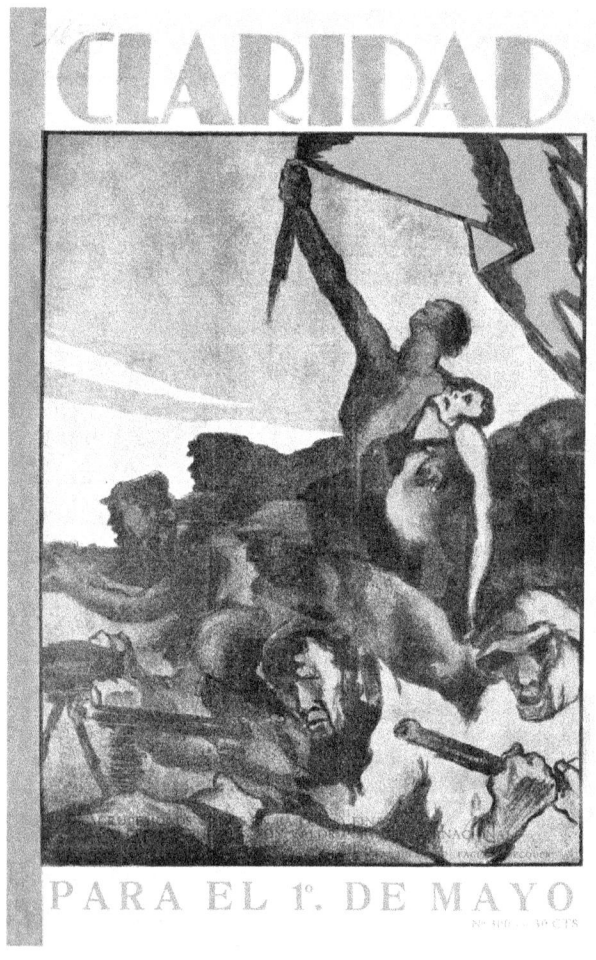

53. Guillermo Facio Hebequer, *La Internacional, Claridad*, año XV, n° 300, abril de 1936, portada.

---

[87] En la portada publicada en la revista *Vida Femenina*, Facio Hebequer reformula parcialmente la primera oración de la nueva versión de *La Internacional* ("¡De pie, condenados del mundo!") presentada como "¡De pie, constructores del mundo!". Cf. La Internacional (Antigua y Nueva), Folleto *Cancionero Socialista*, óp. cit., pp. 6-7. Otra estampa de Facio Hebequer para la revista fue publicada unos días antes de su fallecimiento, Guillermo Facio Hebequer, "La mujer contra la guerra", *Vida Femenina*, año II, n° 21, 15 de abril de 1935, portada.

Su última litografía, *La Internacional* (imagen 53), fue publicada en *Claridad* en ocasión del primer aniversario de su fallecimiento y fue reproducida tal como el artista la había diseñado, utilizando la frase final de la versión antigua del himno homónimo: "Agrupémonos todos en la lucha final y se alcen los pueblos por la Internacional".

V
(Pos) Facio

> *Difícil es prever cuánto hubiera logrado este artista, al alcanzar la cabal madurez –asegurada por su maestría técnica–; madurez que se estaba concretando admirablemente en el destino cierto de sus últimas planchas, al no referir ya el dolor estacionado y negativo, sino la rebeldía en marcha, el avance unido, la fuerza potente que transformará al mundo [...] Y nosotros que vivimos y trabajamos a su lado durante un período inolvidable agitamos su recuerdo, incitando tomar de él lo que de ejemplar tiene, para aplicarlo a este tiempo inquietante que vivimos.*
>
> Emilio Novas[1]

En el número conmemorativo del 1° de mayo de 1936, *Claridad* eligió como ilustración para su portada la litografía *La Internacional* de Guillermo Facio Hebequer (imagen 53). Con esa decisión, el colectivo editor rendía homenaje a los trabajadores en su día, pero también al artista en el primer aniversario de su fallecimiento. Esta estampa, de un alto impacto visual, representa a un grupo de trabajadores que, atrincherados en una barricada, combaten bajo una bandera roja, agitada por un hombre que sostiene con su otro brazo a un compañero herido. Una vez más, aparece en ella el contraste entre el cuerpo abatido de un obrero y el cuerpo de otro erguido; la imagen representa el inexorable vínculo entre sacrificio y lucha como una misma instancia para construir la sociedad futura con la que Facio soñaba. Acompañada por una de las frases del himno proletario *La Internacional* que funcionó como

---

[1] "Notas para el primer Aniversario de la Muerte de Guillermo Facio Hebequer", *Claridad*, año XV, n° 300, abril de 1936, s/p.

estímulo ("Agrupémonos todos en la lucha final. Se alcen los pueblos con valor por la internacional"), la litografía de Facio Hebequer constituía una "imagen-manifiesto" que reactivaba y amplificaba los sentidos del editorial escrito por Antonio Zamora en favor de la "unidad", la resistencia y la lucha proclamada en el contexto antifascista.[2]

Asimismo, en el interior de la publicación, Emilio Novas dedicaba una extensa nota al artista. Ciertamente, como expresaba el escritor en 1936, es difícil conjeturar cómo podría haber continuado la producción artística de un hombre como Facio Hebequer, quien imprimió un dinamismo a su vida y a su obra difícil de "clausurar" al momento de su muerte. La pregunta (y la imaginación) acerca de lo que podría haber sucedido si este artista no hubiera fallecido surgió entre sus compañeros con una fuerza extraordinaria y perduró al menos hasta el primer aniversario de su fallecimiento, período en el que una gran cantidad de homenajes y ejercicios recordatorios lo erigieron como un ejemplo de militancia político-cultural.

En efecto, los homenajes dedicados a la memoria de Facio Hebequer fueron múltiples. Por un lado, habilitaron lecturas sobre su vida y su obra que lo situaron como un referente clave y un agente aglutinador para activar la movilización de los intelectuales y artistas en el contexto de la configuración de una cultura antifascista en Argentina; por el otro, en las representaciones y los usos políticos que emergieron en torno a su figura, se superponen los debates de la izquierda local sobre el papel del artista en el marco del cambio de estrategia dictaminado por la Internacional Comunista, lo que significaba abandonar el período de "clase contra clase" para promover la constitución de Frentes Populares. En efecto, la puesta en marcha de la estrategia frentista emanada del VII Congreso de la Internacional Comunista (1935) abría una nueva etapa en la relación del partido con los artistas y escritores, que permitiría saldar momentáneamente las profundas tensiones del período "obrerista" que había obturado o restringido la participación de los intelectuales, sospechados de pequeñoburgueses.

En ese contexto, teñido por una sensibilidad antifascista, la figura de Facio Hebequer fue proclamada como un modelo de artista-militante, lo que se percibe en la construcción de esa imagen que osciló entre la pervivencia de una representación residual como "artista proletario" y la emergencia de una

---
[2] Antonio Zamora, "El perfil de una esperanza", Ibídem.

nueva lectura como artista "comprometido" con la humanidad frente a los avances de los fascismos y, en el ámbito local, de la posible emergencia de un "fascismo criollo".[3] Esta operación simultánea, que se registra en los diversos recordatorios dedicados al artista al interior de la cultura de las izquierdas, lo erigió como un catalizador del compromiso artístico-político que, a mediados de los años treinta, proclamaba la intervención de intelectuales y artistas en el marco de la creación de agrupaciones antifascistas, como, por ejemplo, la ya mencionada AIAPE. Al mismo tiempo, es posible advertir una disputa en torno a su legado artístico y su filiación política que, en gran medida, es el resultado de la activa participación de Facio en diversos ámbitos político-culturales vinculados a la izquierda.

Los homenajes institucionales

Al día siguiente del fallecimiento del artista, ocurrido el 28 de abril de 1935, Fernando J. Ghío, Andrés Justo, Vicente Russomanno y Bartolomé A. Fiorini presentaron un proyecto ante el Honorable Concejo Deliberante (HCD) porteño para realizar una exposición homenaje en dicha institución, que por entonces estaba controlada por el Partido Socialista Argentino (PSA) y era conocida como el "Concejo rojo".[4] El proyecto fue aprobado y el 22 de julio se abrieron las puertas del Salón de Bellas Artes del Concejo Deliberante de la ciudad de Buenos Aires para la inauguración de la muestra homenaje a

---

[3] Véase Andrés Bisso, "El antifascismo latinoamericano: usos locales y continentales de un discurso europeo", *Asian Journal of Latin American Studies*, Seúl, vol. 3, 2000, pp. 91-116.

[4] Silvia Dolinko, "Guillermo Facio Hebequer, entre la militancia y el mito", en Fernando Guzmán, Gloria Cortés y Juan Manuel Martínez (comps.), *Arte y crisis en Iberoamérica. Jornadas de Historia del Arte en Chile*, RIL editores, Santiago de Chile, 2004, p. 290. La autora señala que el 22 de diciembre de 1933 se había sancionado la creación del Museo Municipal de Bellas Artes, Artes Aplicadas y Anexo de Artes Comparadas, con sede en el subsuelo del Concejo Deliberante y que, posteriormente, Luis Falcini fue designado como su director en 1935. Cabe recordar que Falcini, en 1933, realizó los bajorrelieves de la Unión Ferroviaria mientras que Facio Hebequer se ocupaba de los vitrales de la misma institución como parte del mismo proyecto, impulsado por el socialista Andrés Justo. Un detallado estudio sobre los resultados electorales del PS en la primera mitad de la década del 30 que excede ampliamente a la Capital Federal puede ser consultado en Nicolás Iñigo Carrera, "La clase obrera y la alternativa parlamentaria (1932-1936): el Partido Socialista", en Hernán Camarero y Carlos Miguel Herrera (eds.), *El Partido Socialista en Argentina. Sociedad, política e ideas a través de un siglo*, Buenos Aires, Prometeo, 2005, pp. 255-258.

Guillermo Facio Hebequer.⁵ La profusa difusión del evento y la inclusión de dos actos musicales, los días 26 y 31 de julio, para evocar el ambiente de la bohemia en el que se había formado Facio, garantizaron su éxito.⁶ En el primero de los actos se presentó la Orquesta de Juan de Dios Filiberto junto con Azucena Maizani y Yola Grete (viuda del artista); en el segundo, la Orquesta Internacional Kubik, la soprano Madeleine Laurent y el tenor Ricardo Ferrero, lo que supone la incorporación de diversos géneros musicales.

El discurso de inauguración, a cargo del concejal socialista Fernando Ghío, aludía al texto autobiográfico de Facio Hebequer para justificar la importancia de homenajear a un artista surgido del pueblo en un recinto que era "el hogar y propiedad colectiva de todo el pueblo de la ciudad".⁷ Con el mismo argumento, explicaba también la importancia y el sentido que tenía el exhibir un conjunto de obras que transmitían el sufrimiento de los desheredados en lugar de la belleza preferida por otros, pues, para Ghío, si el Concejo Deliberante era la "casa del pueblo", también era un deber bregar por la erradicación de las desigualdades, causa por la que luchaba Facio Hebequer.

De este modo, la elección de su figura para inaugurar la temporada oficial de las exposiciones en el Salón de Bellas Artes del Concejo Deliberante porteño constituía un cabal gesto político, que propiciaba la democratización del arte al cuestionar el canon estético predominante en los espacios oficiales. Dado que para el PSA la lucha política y la transformación social debían propiciarse a través de la vía electoral, el parlamento y las instituciones oficiales –junto con la promoción de políticas educativas y culturales–,⁸ el discurso del concejal Ghío formulaba la necesidad de crear una "cultura propia", basada en el "amparo oficial" y conformada por artistas de la talla de Facio Hebequer. Colocados como el último eslabón de una breve genealogía de obras de

---

⁵ Según informa el diario *Crítica*, gracias a la colaboración de su familia y de los coleccionistas particulares, la exposición había reunido 174 obras en total, entre las cuales pueden apreciarse apuntes, grabados, litografías y óleos, que fueron organizadas en tres períodos: 1914-1919, 1919-1929 y 1929-1935. Cf. "Facio Hebequer amó a los humildes y quiso sacarlos de su destino sombrío", *Crítica*, n° 7643, 22 de julio de 1935, p. 8.

⁶ "Una evocación musical de bohemia artística hubo en el Concejo Deliberante", *La Razón*, 27 de julio de 1935 y "Un interesante acto musical", *El Diario*, 25 de julio de 1935 (FGFH).

⁷ Discurso de Fernando Ghío, mimeo, p. 1 (FGFH).

⁸ Cf. Ricardo González Leandri, "La nueva identidad de los sectores populares", en Alejandro Cattaruzza (dir.), *Nueva Historia Argentina. Crisis económica, avance del Estado e incertidumbre política (1930-1943)*, tomo VII, Buenos Aires, Sudamericana, 2001, p. 222.

contenido social –la que incluía *La sopa de los pobres* de Reynaldo Giudice, *Sin pan y sin trabajo* de Ernesto de la Cárcova y *Descanso de los obreros* de Pío Collivadino–, los cuadros de Facio representaban para Ghío "la vida rebelde" de los que "miran altivos hacia el sol del porvenir". Por ello, según el concejal, "cada dibujo, cada gesto, cada expresión es una parábola; aprendamos de esta parábola y de estos gestos a ser dignos de esta época de transición tan fielmente interpretada por el artista; aprendamos a ser dignos y capacitados para avanzar en el camino que nos ha trazado".[9]

Esta evocación del artista y de su obra como la enseñanza de una "época de transición" redunda en una operación que tiene por objetivo recuperar su legado como guía hacia la emancipación social, al tiempo que deja planteados algunos de los tópicos que se reiteraron en los diversos homenajes, como la rebeldía del artista y sus cuadros de contenido social, pero, sobre todo, el llamado a "nuevos artistas" a continuar la lucha ya emprendida por el artista fallecido. De esta manera, el discurso de Ghío, que se inicia con el recuerdo del "artista social", deviene en un alegato político.

Además del homenaje oficial realizado en el Concejo Deliberante,[10] la memoria de Facio Hebequer fue celebrada en otros espacios e instituciones, entre los que se destacan, por su difusión, la cobertura y los sentidos políticos puestos en juego, la exposición-homenaje organizada por la Agrupación Artística "Juan B. Justo", el homenaje "popular" llevado a cabo en la Unión Tranviarios y el acto inaugural del Primer Salón de la AIAPE.

El recordatorio desarrollado en el ámbito oficial del Concejo Deliberante había sido precedido, en efecto, por el homenaje llevado a cabo por la Agrupación Artística "Juan B. Justo", ubicada en la calle Venezuela 1051, el 29 de mayo de 1935. Allí, había tomado la palabra José Manuel Pulpeiro, quien se presentaba como un compañero de Facio Hebequer.[11] En el acto inaugural, en el cual tampoco faltó música y se incluyó una exposición con

---

[9] Discurso de Fernando Ghío, mimeo, p. 6 (FGFH).

[10] A partir del homenaje oficial realizado en el Concejo Deliberante de la Ciudad de Buenos Aires, Silvia Dolinko realizó un estudio sobre las apropiaciones posteriores que se hicieron del artista en los años sesenta y setenta. Cf. "De la revisión del artista del pueblo al cuestionamiento institucional. Lecturas sobre Guillermo Facio Hebequer", *A contracorriente. Una revista de historia social y literatura de América Latina*, vol. VIII, n° 2, 2011, pp. 96-128.

[11] "Recordóse anoche a Guillermo F. Hebequer. Con un acto celebrado en la Agrupación Artística 'Juan B. Justo'", *La Vanguardia*, 30 de mayo de 1935 (FGFH).

algunas de sus obras, el orador trazó una valoración sobre la trayectoria de Facio y, al igual que en el discurso de Ghío, su figura fue leída como un modelo a seguir, aunque en este caso el artista era considerado como el "primero en orden y méritos de los artistas proletarios argentinos".[12]

Con un tono más radicalizado, Pulpeiro exaltaba la obra del artista por su valor documental, dado que había logrado registrar el dolor de la clase trabajadora en sus grabados. Asimismo, la predilección por esa técnica gráfica fue destacada por Pulpeiro en relación con dos aspectos: en primer lugar, por su carácter de oficio artesanal, lo que le permitía caracterizar a Facio como un artista-trabajador y, por lo tanto, como un "artista proletario"; y en segundo lugar, por sus posibilidades de reproducción y difusión que redundarían en la amplificación de un discurso político. Para el orador, el uso del grabado, junto con otros atributos que le asignaba al artista (como el esfuerzo y la exigencia para superar su propia obra como valor moral a destacar), fueron articulados con el elogio de una visión de futuro que se arrogaba a Facio Hebequer y que había logrado plasmar en la serie *Tu historia, compañero*. Como en aquella obra el artista vislumbraba el advenimiento de la "era socialista", para Pulpeiro no había dudas de que representaba al primer "artista proletario" del ámbito local y que, en consecuencia, se constituía como el ejemplo a seguir.[13]

El tercer acto-homenaje, que fue ampliamente difundido por la prensa, tuvo lugar el 25 de agosto en el teatro de la Unión Tranviarios, en la calle Moreno 2967 (imagen 54). Presentado como un "homenaje popular", este recordatorio se destacó por una particularidad: en el primer piso de dicha institución Facio había realizado una de sus últimas obras, una serie de vitrales que fueron fotografiados por la revista *Vida Femenina*.[14]

---

[12] José Manuel Pulpeiro, "Acto homenaje Agrupación Artística 'Juan B. Justo'", mimeo, p. 1 (FGFH).

[13] Ibídem, p. 2.

[14] Ernesto Mario Barreda, "Guillermo Facio Hebequer. Su última obra: los vitraux del edificio de la Unión de Tranviarios", *Vida Femenina*, año II, n° 22, 15 de mayo de 1935, p. 26.

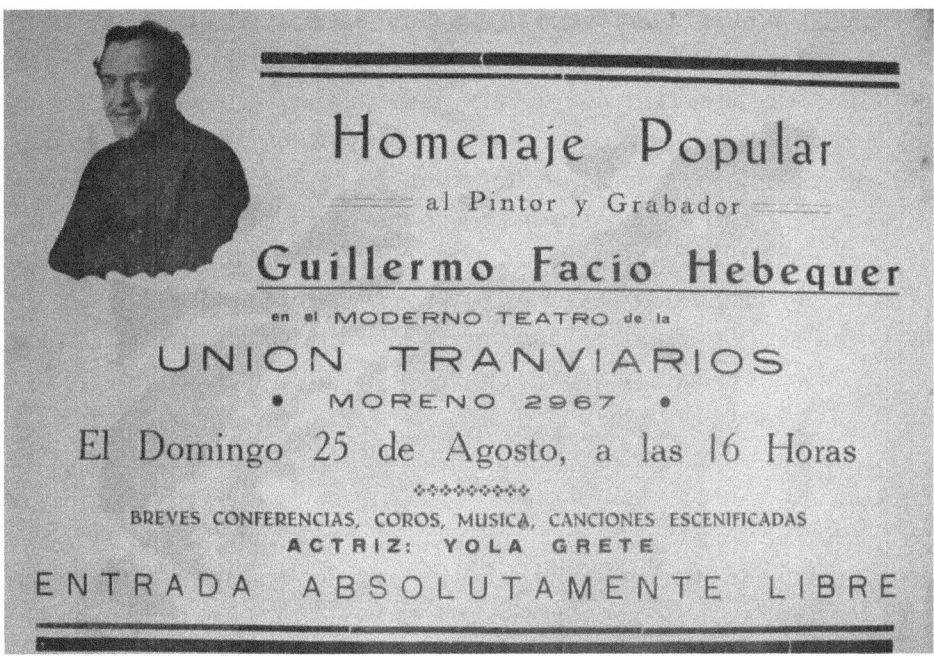

54. Invitación al "Homenaje Popular a Facio Hebequer". FGFH.

El acto en la Unión Tranviarios fue ampliamente anunciado y luego reseñado por algunos periódicos que señalaron la gran concurrencia de público y la participación de varios compañeros del artista, que ofrecieron breves intervenciones.[15] Entre ellos se menciona a Rodolfo Aráoz Alfaro, Elías Castelnuovo, Cayetano Córdova Iturburu, Alberto Márquez, Sixto Pondal Ríos, Álvaro Yunque, Celina Munín Iglesias, Julio Marsagot, Alfredo Varela, Nicolás Olivari y Emilio Novas, entre otros.

A juzgar por los relatos sobre el evento, uno de los momentos más significativos fue el tributo que le rindió el coro de Kubik, cuando entonó una serie de canciones proletarias que fueron a su vez escenificadas por Yola Grete, mientras los artistas Sigfredo Pastor y Emilio Saraco ejecutaban una nueva

---

[15] Cf. "Recordarán a G. Facio Hebequer", *El País*, Córdoba, 24 de agosto de 1935; "Hoy se realizará un acto homenaje a la memoria de Guillermo Facio Hebequer", *La Prensa*, 25 de agosto de 1935; "Un homenaje a Hebequer", *El Diario*, 25 de agosto de 1935; "Recordaron la memoria de Facio Hebequer los artistas proletarios", *La Razón*, 26 de agosto de 1935, entre otros (FGFH).

interpretación plástica de la serie *Tu historia, compañero*.[16] La fusión de las diferentes disciplinas en un solo escenario parecería recrear las múltiples facetas que compusieron el itinerario de Facio Hebequer: los cantos proletarios no solo evocarían sus últimas obras –*Bandera Roja* y *La Internacional*–, sino también su deleite por el canto, el teatro y su deseo por confluir con la clase trabajadora, todo esto condensado en un acto que se realizaba en la sede de uno de los gremios más relevantes de entonces. Tampoco faltó lugar para la poesía, pues fue por medio de ella que Julio Marsagot, seudónimo de Julio Porter, recordó la serie *Tu historia, compañero* con un objetivo: proclamar la fuerza conjunta de los camaradas para continuar la lucha ya iniciada por el artista, que había dejado planteado un balance del "pasado, presente y porvenir".[17]

Por su parte, el discurso que Emilio Novas ofreció en dicho homenaje fue reproducido por la revista *Rumbo*.[18] El autor exaltaba el sacrificio realizado por Facio Hebequer y enfatizaba que había elegido renunciar a una serie de privilegios que le ofrecía el campo artístico para desarrollar un "arte proletario", que había alcanzado gracias a la capacitación ideológica marxista; prueba de ello eran sus últimas estampas, que llamaban a la lucha de clases. Con el objetivo de exponer ese tránsito de Facio, Novas contaba que, junto a la serie inconclusa de *Los Himnos*, el artista había dejado preparados unos escritos que la acompañarían, entre los cuales valía la pena reproducir uno sus pasajes:

---

[16] Cf. "Homenaje a Facio Hebequer. Notas para la reivindicación", *Rumbo*, año I, n° 1, septiembre de 1935, pp. 12-14.

[17] "'Tu historia, compañero', más que nunca, despierta. Cantar de los cantares. Hablan las doce láminas con sus doce verdades. Acudid, camaradas! Se adivina el pasado, el presente, el porvenir a todas las conciencias […] Todos los hombres juntos son una sola fuerza. Arrasan como el mar, y como el mar, no esperan. Y va alzando su luz la estrella roja […] Guillermo Facio Hebequer: es esta nuestra ofrenda. El poeta no encuentra para ti un epicedio –nunca existieron tumbas para las almas épicas–. Estás siempre en nosotros, con nosotros. Mucho más cerca que cualquier estrella". Poesía de Marsagot, 20 de agosto de 1935, FGFH.

[18] *Rumbo* estuvo dirigida por Álvaro Yunque y fue publicada entre septiembre y diciembre del año 1935. Desde su primer editorial se define como una publicación artística, pero añade: "es una publicación artística de este siglo y de este año […] La lucha social se ha agudizado y poláriza con violencia a los hombres. El artista puro, tipo principios del siglo XX, ya no existe. En los que así se proclaman basta rozar el brillante barniz para que aparezca de inmediato el hombre de partido y de clase. Los que se cruzan de brazos y sonríen, escépticos, no están cruzados de brazos ni sonríen. Luchan. Porque es una manera de luchar servir de cariátide a lo ya establecido y sonreír con desprecio a la masa que en su dolor trae fermentos de futuro", *Rumbo*, año I, n° 1, septiembre de 1935, p. 1.

> ¡Unámonos! En esta hora grave para la civilización trabajemos pecho a pecho por una gran muralla arrolladora. Pensemos en lo que representa el avance bravío e invencible de un frente de lucha –las manos aferradas al timón de la voluntad, *unida la acción*–. Trabajemos día y noche en la fundición de un gran movimiento multitudinario y majestuosamente nuevo que se adelante venciendo cuanto nos oprime. Porque en nuestras manos creadoras –compañeros de todas partes– están todas las palancas del mundo.[19]

Este fragmento, que se complementaba con la producción artística de Facio Hebequer, significaba para Novas una prueba de la honestidad, firmeza y compromiso asumido por el artista en los últimos años de su vida, el cual debía ser valorado y continuado por otros. A su vez, aquella "unidad" proclamada era un enunciado que emergía con fuerza en el contexto de la consolidación de un movimiento antifascista, y debía ser leído en un marco más amplio, del cual da cuenta el escritor al finalizar la exposición con la siguiente frase:

> Y aquí estamos, sobre la ruta de sus deseos, *sustituyendo el luto por el rojo vivo que preside el avance áspero, decidido, creciente, triunfal*. El avance de todos los que se solidarizan –sin distinción de creencias religiosas, particulares, secundarias– contra la amenaza de la reacción; contra el retorno de la más negra barbarie.[20]

De esta manera, a partir de una apropiación selectiva del itinerario de Facio, a quien consideraba un "converso" al marxismo, el discurso de Novas derivaba en un llamado "sin distinción de credos" a los intelectuales y artistas para organizarse en la lucha contra el avance de los fascismos. Este tipo de proclamas eran muy corrientes en la época; de hecho, la firma de Facio Hebequer ha quedado registrada en el "Manifiesto de los Intelectuales en adhesión al Congreso Contra el Fascismo y la Guerra", publicado en la revista *Claridad*.[21] Allí, en nombre de Henri Barbusse, una de las figuras más representativas del

---

[19] Novas, "Notas para la reivindicación de Guillermo Facio Hebequer", *Rumbo*, año I, n° 1, septiembre de 1935, p. 12. El destacado es del original.

[20] Ibídem, p. 14. El destacado es del original.

[21] "Manifiesto de los Intelectuales en adhesión al Congreso Contra el Fascismo y la Guerra", *Claridad*, año XIII, n° 279, julio de 1934, s/p. Además de Facio Hebequer, entre los nombres que firmaron el manifiesto se encuentran Aníbal Ponce, Elías Castelnuovo, Roberto Arlt, Horacio Trejo, Rodolfo Aráoz Alfaro, Gregorio Berman, Carlos Moog, Deodoro Roca, Edmundo Guibourg, Sixto Pondal Ríos y Ángelica Mendoza, entre otros.

movimiento antifascista mundial, convocaba a los intelectuales de América Latina a organizarse en contra del fascismo:

> La política de persecución y muerte seguida contra los auténticos pensadores de la cultura contemporánea de parte del terror fascista italiano y alemán, obliga a la solidaridad combativa de todos los hombres dedicados al quehacer intelectual. Respondemos, pues, al llamado de la juventud argentina y a nuestra vez instamos a los intelectuales que no están corrompidos por la comodidad de las posiciones ni por la ambición inmediata de los bienes fáciles a que se alisten en el frente que ha de combatir el esfuerzo de una clase social que intenta subsistir.[22]

Este llamado a los intelectuales coincidía con la imagen que surgía en los diversos homenajes, en los que Facio Hebequer encarnaba el ejemplo de artista "comprometido" que había optado, en oposición al individualismo, por salir de la torre de marfil para luchar de manera colectiva y solidaria frente al avance fascista. Otros, portadores de una sensibilidad comunista, como Novas y Pulpeiro, también enfatizaban su carácter de "artista proletario" en pos de la lucha de clases y como vehículo hacia la sociedad futura. De esta manera, el homenaje póstumo y celebratorio vira hacia otros usos políticos que tienen por objeto, principalmente, congregar y movilizar a intelectuales y artistas. Esta convocatoria coincide con la progresiva formación de agrupaciones políticas y culturales de carácter antifascista, cuya constitución estuvo catalizada por los acontecimientos de la política local pero que también, en gran medida, reivindicaron como propios los combates del antifascismo europeo, conformando una trama de manifestaciones y agrupaciones, entre las cuales se destacó la AIAPE.[23]

Esta asociación, fundada el 28 de junio de 1935 en Buenos Aires, ocupó un lugar central en la configuración de una red de militancia antifascista en

---

[22] "Manifiesto de los Intelectuales en adhesión al Congreso Contra el Fascismo y la Guerra", óp. cit. El discurso de Barbusse pronunciado el 30 de diciembre de 1934 en el Congreso Mundial de Estudiantes contra la guerra y el fascismo, celebrado en Bruselas, fue editado como folleto por la editorial de la AIAPE. Cf. Henri Barbusse, *Llamado a los estudiantes e intelectuales de la nueva generación*, Buenos Aires, Ediciones AIAPE, s/f.

[23] Cabe señalar que desde las páginas de *Rumbo* se convocaba a los lectores a inscribirse en la AIAPE, motivo por el que se reproducía la ficha correspondiente de afiliación. Sobre la agrupación y sus vínculos internacionales, véase Ricardo Pasolini, "El nacimiento de una sensibilidad política. Cultura antifascista, comunismo y nación en Argentina: Entre la AIAPE y el Congreso Argentino de la Cultura, 1935-1955", *Desarrollo Económico*, n° 179, 2005, pp. 403-433.

el ámbito de la cultura. De acuerdo con los intercambios epistolares entre la incipiente filial de Tandil y la sección Buenos Aires, la AIAPE habría comenzado a gestarse en el mes de febrero, motivo por el cual podría conjeturarse que Facio Hebequer llegó a formar parte de ella, sobre todo si se tiene en cuenta la afiliación de su amigo Castelnuovo, de la mayoría de los integrantes de *Actualidad* y de Yola Grete.[24]

A pesar de que no es posible saber con certeza si Facio Hebequer formó parte de la AIAPE en sus inicios, lo cierto es que dentro de la agrupación surgieron diferentes comisiones, entre las que se destacó, por su intensa actividad, la de Artes Plásticas, dirigida por Lino Enea Spilimbergo y la escultora Cecilia Marcovich. Esta comisión llevó adelante diversas acciones de difusión y propaganda, que abarcaron desde la elaboración de imágenes gráficas de denuncia y concientización, y la promoción de debates estético-políticos para los órganos de la agrupación hasta el dictado de conferencias, la realización de talleres de dibujo y pintura y la organización de salones de arte.

En efecto, cuando aún la agrupación no poseía su propio órgano de difusión –luego sería la revista *Unidad*–, el diario *Crítica* ya anunciaba que en la asamblea de la subcomisión de artistas se había resuelto organizar un salón de artes plásticas a inaugurarse en la segunda quincena de octubre, en la sala de exposiciones del Honorable Concejo Deliberante.

Con tal propósito, se convocaba a todos los artistas que quisieran participar a presentar sus obras, siempre y cuando estuviesen afiliados a la agrupación o dispuestos a afiliarse hasta la fecha de entrega de las obras en el taller de Carlos Calvo 1770. Asimismo, la noticia destacaba dos cuestiones: por un lado, que los jurados serían votados por los mismos expositores y la exposición sería acompañada por una serie de conferencias sobre los problemas que atravesaba el artista contemporáneo; y, por el otro, que la inauguración estaría precedida por un acto-homenaje a la memoria de Guillermo Facio Hebequer, recientemente fallecido.[25] Estas aclaraciones permiten trazar una genealogía y ciertos rasgos de continuidad entre el Salón de los Rechazados, de 1914, el

---

[24] Cf. Misivas de Juan Antonio Salceda a Cayetano Córdova Iturburu (FCCI); carta de Castelnuovo a Córdova Iturburu con fecha 17 de noviembre de 1937, en la cual el escritor uruguayo agradecía el lanzamiento de su candidatura para formar parte de la comisión directiva de la AIAPE, más allá del rechazo a tal ofrecimiento (FCCI); y "Comité de Ayuda Antifascista", *Claridad*, año XIV, n° 296, diciembre de 1935.

[25] "Exposición de la AIAPE", *Crítica*, 21 de julio de 1935 (FGFH).

Salón de los Independientes –"sin jurado y sin premios"–, de 1918, y el Salón de la AIAPE, sobre todo porque muchas de las obras presentadas en este último también habían sido rechazadas por el Salón Nacional.

El Primer Salón de la AIAPE se llevó a cabo entre el 24 de octubre y el 5 de noviembre de 1935. Fueron exhibidas alrededor de ochenta y ocho obras de cuarenta artistas y, según *Crítica*, entre ellas había una serie de grabados de Facio Hebequer que lograban transmitir "un soplo amplio de vida, de drama de vida, de intensidad de destinos". El periódico acotaba, en el mismo texto, que ese soplo se respiraba en el salón de la AIAPE, en donde "se siente este hálito vivo como un impulso generoso, como si el artista olvidara su individualidad de tal y se sumara al anonimato de los seres grises que elevan sus voces en una sola de protesta".[26] Otro anuncio publicado en el diario *La Nación* indicaba que el discurso homenaje a Facio Hebequer estuvo a cargo de Cayetano Córdova Iturburu.[27] Si bien no se ha podido hallar dicho discurso, la "presencia" de Facio parecía gravitar en los inicios de la agrupación antifascista no solo por su evocación en el acto de inauguración o por sus obras expuestas en el salón, sino también por ciertas elecciones que parecen remitir a determinados rasgos y representaciones que aludían a la figura del artista. Basta con observar el afiche de la AIAPE para trazar una continuidad con las palabras pronunciadas por Novas, en las que se adjudicaba al artista fallecido el llamado a los artistas con la frase "¡Unámonos! […] Porque en nuestras manos creadoras –compañeros de todas partes– están todas las palancas del mundo" (imagen 55).

---

[26] Sin firma, "La exposición de la AIAPE atrae a mucho público", *Crítica*, n° 7740, 27 de octubre de 1935, p. 11. Algunos de los nombres presentes fueron Facio Hebequer, Pompeyo Audivert, María del Carmen Aráoz Alfaro, Juan Batlle Planas, Barragán, Juan Berlengieri, Francisco Blanco, Antonio Berni, Raúl Castro, Enrique Chelo, Ángel Cairoli, Juan Carlos Castagnino, Clément Moreau, León Dourge, Di Bitetti, Oscar Ferrari, Homme, Liborio Justo, Martínez Rivera, Lipietz Aron, César López Claro, Mauricio Lasansky, Celia Maldonado, Horacio March, Antonio Micelli, Ricardo Marre, Manuel Pennissi, Clemente Pasaron, Pierri, Sigfredo Pastor, José Planas Casas, Tito Rey, Lino Enea Spilimbergo, Anatole Sadermann, Demetrio Urruchúa y Abraham Vigo, entre otros. Cf. "Primer Salón de la AIAPE", *Unidad*, año I, n° 1, enero de 1936, p. 13.

[27] Sin firma, *La Nación*, 24 de octubre de 1935 (FGFH).

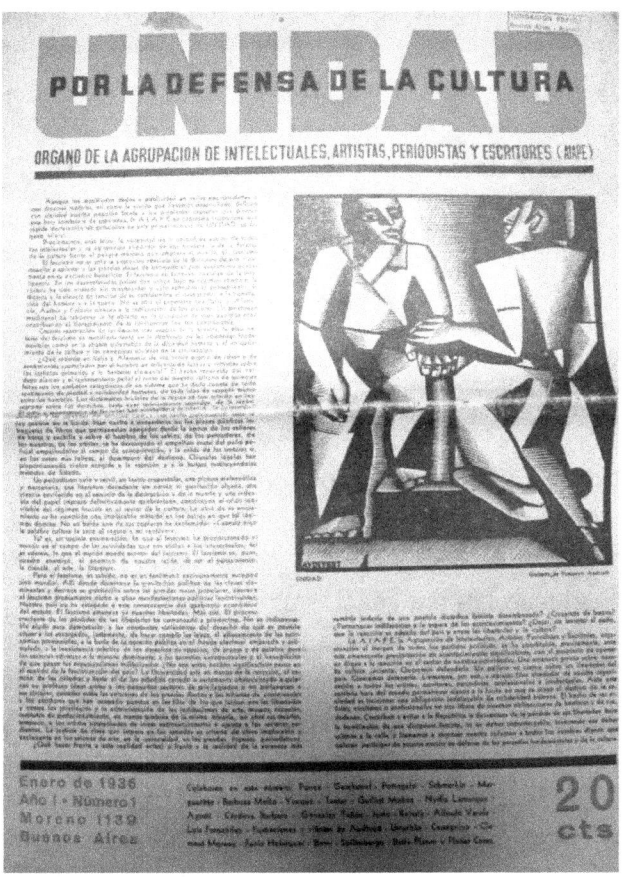

55. Pompeyo Audivert, logotipo de la AIAPE para *Unidad. Por la defensa de la cultura*, año I, n° 1, enero de 1936.

El afiche, diseñado por Pompeyo Audivert y luego reproducido en la portada del primer órgano oficial de la agrupación, *Unidad. Por la defensa de la cultura* (1936-1938), expresa una de las principales líneas programáticas de la agrupación: la alianza de los artistas e intelectuales "por la defensa de la cultura". El foco del grabado de Audivert está puesto en las grandes manos de dos obreros de contextura maciza que se unen y apoyan una arriba de la otra sobre una plataforma que acapara el centro de la escena; esto es, el símbolo de la unidad proclamada pero con un nuevo sentido: la necesidad de constituir un Frente Popular que articule en torno al movimiento obrero a sectores más amplios del arco político nacional.

Esta imagen, que complementaba y potenciaba el manifiesto publicado en el primer número del órgano oficial –el cual incorporaba el caso argentino dentro del entramado mundial al constatar la presencia de un fuerte clima represivo que evidenciaba una progresiva "fascistización" de la sociedad argentina–, interpelaba a los intelectuales y artistas para constituir un frente antifascista:

> El hecho de ser artistas, escritores o profesionales no nos libera de nuestras obligaciones de hombres y de ciudadanos. Contribuir a evitar a la república la desventura de la pérdida de sus libertades bajo la humillación de una dictadura fascista, es un deber impostergable. Invocando ese deber salimos a la calle y llamamos a engrosar nuestra columna a todos los hombres dignos que quieran participar de nuestra acción en defensa de las garantías fundamentales y de la cultura.[28]

Desde la AIAPE, Facio también fue erigido como un ejemplo de militancia político-cultural a seguir. En el marco del clima generado por el discurso de Georgi Dimitrov, que proclamaba la necesidad de constituir Frentes Populares para enfrentar no solo a Mussolini y a Hitler, sino también a cualquier posible nuevo representante del fascismo, la AIAPE, atenta a la posibilidad de la emergencia de un "fascismo criollo", adhirió inmediatamente a dicha línea.[29] Dado que el fascismo era interpretado no solo como una dictadura de clase, sino también como un enemigo de la inteligencia y de la cultura, este diagnóstico operó como un aglutinador para la movilización de intelectuales y artistas en el campo cultural. De esta manera, es comprensible que, en el marco de la constitución de un movimiento antifascista en Argentina, muchos de los homenajes a Facio Hebequer fueran un pretexto para realizar una reflexión más amplia sobre el papel de los artistas e intelectuales en dicho contexto.

---

[28] *Unidad*, año I, n° 1, enero de 1936, p. 1. Esta revista publicó ocho números entre enero de 1936 y enero de 1938. Editada en formato tabloide, con una cantidad de veinte páginas en los tres primeros números y un promedio de quince en los números siguientes, presenta un diseño dinámico en donde el discurso textual se entrelaza con el visual a través de ilustraciones, grabados, fotografías, afiches y la reproducción de obras presentadas en los salones de arte organizados por la Comisión de Artes Plásticas de la agrupación.

[29] Cf. Gervasio Guillot Muñoz, "Precedentes históricos del Frente Popular en Francia"; Nydia Lamarque, "Mitín de Frente Único en París"; Raúl González Tuñón, "Los escritores católicos en el Frente Popular"; "La AIAPE apoya al Frente Popular", *Unidad*, óp. cit., pp. 9, 10-11, 14 y 15 respectivamente.

Ejercicios recordatorios en las revistas culturales de izquierda

Junto con estos diferentes homenajes institucionales, la figura de Facio Hebequer fue ampliamente conmemorada en un conjunto de revistas culturales de izquierda. Esos recordatorios permiten identificar una serie de líneas interpretativas y ciertos rasgos recurrentes en la composición de la imagen del artista como exponente del compromiso artístico y político; a su vez, también es posible advertir algunos matices en la construcción de ese "tipo ideal" según cuál sea el colectivo o la persona que realice dicho ejercicio. Entre los atributos más comunes, algunos ya mencionados en los homenajes institucionales, pueden señalarse la preferencia por el grabado como una herramienta privilegiada para la difusión de sus mensajes, la opción por un arte realista y de contenido político, el antiacademicismo y el contacto con la clase obrera. Facio también había colaborado en la construcción de algunas de estas representaciones sobre su figura, tal como se ha podido constatar en sus polémicas intervenciones escritas.

El recordatorio de la revista en cuyo *staff* había participado activamente en los últimos años, *Actualidad*, se apropiaba de inmediato de su figura al afirmar que "se formó con nosotros", para luego destacar que su pasado anarquista había culminado gracias a una nueva educación política. Así, Facio Hebequer era representado como un artista revolucionario y proletario que había logrado distanciarse de su grupo originario y, a partir de su propio esfuerzo, "evolucionar" hacia nuevos rumbos políticos. Basado en el aprendizaje de la doctrina marxista, este viraje redundó en su deriva como "artista proletario", pues "a medida que la lucha social se hacía cada vez más nítida y amplia Facio Hebequer crecía ideológicamente, como [Abraham] Vigo". De allí que el autor anónimo de la nota añadiera: "De no haber muerto, Facio Hebequer habría ido mucho más allá aún. Porque junto a su acción colocaba su cultura. Actuaba y leía con el mismo tesón".[30]

El tono intimista, que intentaba mostrar la existencia de un vínculo fluido y cotidiano con el artista fallecido, se reforzaba cuando el redactor de la nota comentaba que la obra en proceso, *Bandiera Rossa*, estaba siendo elaborada para ser publicada en *Actualidad*. Al mismo tiempo, esta composición se presentaba como una prueba irrefutable de que Facio Hebequer había alcanzado la condición de artista proletario, que "se despoja de su corteza de genio y se arremanga

---

[30] "Guillermo Facio Hebequer", *Actualidad*, año IV, n° 2, junio de 1935, p. 7.

y suda y se desploma mano a mano con el proletariado. Por eso, creemos que no solamente ha muerto un artista, un trabajador infatigable, ha muerto, también, un compañero. Hermano de dolor y hermano de causa".[31]

Otra de las revistas que homenajeó a Facio Hebequer fue *Claridad*, cuyo colectivo editor eligió colocar una fotografía del artista en la portada del primer número que se publicó luego de su fallecimiento, con el siguiente epígrafe: "El artista proletario Guillermo Facio Hebequer. Recientemente fallecido. Fue el más genial de los aguafuertistas modernos, inmortalizado con su serie 'Tu historia, compañero'. *Claridad*, que lo contó entre sus colaboradores, le rinde homenaje en su memoria".[32]

En ese número, Álvaro Yunque le dedicó una extensa nota en la que partía del siguiente interrogante: "¿Hizo Facio Hebequer arte proletario?". Su respuesta era taxativa: para tener un "verdadero arte proletario" era premisa tener antes una sociedad proletaria, "qué es arte proletario no lo podemos decir nosotros, desdichados ilusionistas de futuro".[33] A juicio de Yunque, el arte de Facio era característico de una época de transición, el arte de los hombres que aspiran a una nueva era y "luchan por él mostrando cómo vive hoy y cómo la sacrifican", y por ese motivo consideraba más adecuado concebir a Facio Hebequer como un "artista del proletariado" y no "proletario". De todos modos, al igual que la nota de *Actualidad*, el autor enfatizaba ese calificativo como una consecuencia de la maduración política transitada por el artista a la luz de la experiencia soviética, que le había permitido expurgar los pecados de juventud.

Ambos términos, sin embargo, fueron cuestionados en los artículos provenientes de la dirigencia partidaria. Rodolfo Ghioldi, uno de los dirigentes más importante del PCA, se ocupó del recordatorio de Facio Hebequer en las páginas de *Soviet*, editada por el Comité Central del PCA entre 1933 y 1935. Si bien destacaba y valoraba su compromiso asumido con la causa soviética, Ghioldi también señalaba que, a pesar del esfuerzo "heroico" por vencer su formación cultural previa y su posición social –que no era burguesa pero tampoco obrera–, no había logrado trascender su condición pequeñoburguesa, cristalizada en una obra que no pudo llegar a encarnar un "arte proletario" en la medida en que no

---

[31] Ibídem, p. 8.

[32] *Claridad*, año XIV, n° 289, mayo de 1935, s/p.

[33] Álvaro Yunque, "Facio Hebequer y el arte proletario", *Claridad*, año XIV, n° 289, mayo de 1935, s/p.

enseñó "la victoria" revolucionaria. Aunque no refería a las últimas producciones del artista, esta operación ubicaba a Facio Hebequer como un artista en transición y como modelo a seguir siempre y cuando no dejaran de observarse estas falencias. Para el dirigente comunista, un "verdadero" artista proletario:

> Debe enfocar al proletariado no con un cierto sentimiento filantrópico por sus miserias y penurias, sino con la persuasión consciente de que se trata de una clase de vanguardia de la humanidad, la clase que se encamina a través de las luchas grandiosas y terribles, a través del hambre, de la guerra, del fascismo, de la opresión hacia la nueva sociedad. Y eso: el proletariado combatiente, el proletariado como obrero destructor de la sociedad de infamia y como destructor de la sociedad emancipada, el proletariado como dueño de la victoria de mañana, el proletariado, el proletariado como liberador de toda la humanidad, el proletariado como el personaje más colosal y magnífico de la sociedad de todos los tiempos, eso no se ve en los trabajos de Facio, ni en las producciones de los escritores y artistas de avanzada [...] El arte puede jugar una función revolucionaria no limitándose a reflejar las tristezas de la opresión, sino deviniendo, él mismo, un instrumento más en la lucha de masas contra la opresión. Así será, el arte, revolucionario, nacional por excelencia y, a la vez, universal.[34]

A diferencia de las intervenciones de otros intelectuales compañeros de ruta del PCA, las palabras de Ghioldi se alzan como la voz oficial del partido sobre la figura de Facio Hebequer y, en términos más amplios, de los artistas en general. De este modo, su figura era utilizada para representar lo que debería (y no debería) ser un "verdadero" artista proletario. Detrás de imágenes como la del "proletariado como el personaje más colosal", "magnífico" y "combatiente", resuena un clasismo residual que respondía a la línea partidaria moscovita que por entonces había dictaminado el Realismo Socialista, en el cual primaba la demanda de una representación optimista e idealizada de los trabajadores victoriosos. Si bien no se ejerció ningún tipo de control directo sobre las creaciones artísticas durante este período, porque esta doctrina estética recién desembarcaría con fuerza en la segunda posguerra, lo cierto es que algunos de sus preceptos, avalados por la dirigencia partidaria, ya sobrevolaban en el ámbito local, como se advierte en las palabras de Ghioldi.

De aquí se comprende que la resistencia y la mirada crítica sobre las limitaciones y la falta de optimismo de la obra de Facio Hebequer dejan entrever el riesgo político que este artista y sus producciones gráficas implicaban para el

---

[34] *Soviet*, año III, n° 5, junio de 1935 (FGFH).

PCA. Como se ha analizado, sus creaciones, signadas por un profundo pesimismo –basado en una reflexión crítica de la realidad del obrero como paso necesario para la toma de conciencia–, alcanzaron un grado de complejidad no acorde a los dictámenes del partido. En este sentido, podría afirmarse que esa incomodidad era mutua, pues, más allá de su indudable sensibilidad comunista de los últimos años, Facio conservó su autonomía respecto del partido, lo que explica no solo que el representante del PCA en asuntos culturales no lo presentara como un completo "artista proletario", sino también que este artista mantuviera abierto el diálogo y la colaboración con otras familias políticas de la izquierda local.

En esta misma línea, una nota de Héctor Agosti para la revista *Unidad* señala las limitaciones y fortalezas de Facio Hebequer como forma de construir su "tipo ideal". Agosti lo presenta, sin dudas, como el "portavoz de una corriente social en la pintura", pero, más allá de todos los elogios que vierte sobre su figura, que coinciden en gran parte con los ya mencionados, el escritor comunista advierte una "reminiscencia anarquista" en su "formación mental" que se trasladada a sus grabados –tan sombríos como pesimistas– y lo alejaría del "modelo perfecto" de artista proletario. En palabras de Agosti:

> Entregado con fervor a la causa del proletariado, su actitud tiene, empero, una limitación tonal, para definirla en una dirección. Las reminiscencias traducidas en sus grabados revelan las influencias anarco-cristianas que actuaron en su formación mental […] su socialismo era más evangélico que militante. Y semejante estado fluye de sus estampas: contémplese "Tu historia, compañero". Facio Hebequer captaba los tonos sombríos de la vida obrera. El suyo era un proletariado doliente, aplastado por la carga trágica de la maldición bíblica […] No es su acento, sin duda, el que corresponderá a un arte cualitativamente proletario. El arte del proletariado habrá de tener una sobresaliente nota de optimismo, del consciente optimismo de una clase dueña del porvenir.[35]

No deja de ser sugestivo que, al igual que Ghioldi, el escritor comunista omitiera la intensificación del carácter combativo de Facio Hebequer. Como puede apreciarse, los escritos de Ghioldi y Agosti dedicados a evaluar desde el prisma del partido los alcances de la obra de Facio retoman gran parte de los argumentos esgrimidos en las ya mencionadas polémicas entre Arlt y Ghioldi en *Bandera Roja*, entre Raúl González Tuñón y Carlos Moog en las páginas de *Contra* y el intercambio entre Moog y Barletta en *Metrópolis* y *Actualidad*. La utilización de

---

[35] Héctor Agosti, "Facio Hebequer, artista del proletariado", *Unidad*, año 1, n° 1, enero de 1936, p. 12.

estos mismos argumentos revela la pervivencia de un obrerismo en las esferas del partido, que se traducía en una exigencia de claridad ideológica hacia los intelectuales y también en un cuestionamiento de la autonomía de la cultura de las izquierdas y de las funcionalidades que estos intelectuales pretendían otorgarle.

No obstante, al considerar los casos de Agosti y Ghioldi, podría hipotetizarse que aún predominaba, en el seno de la órbita comunista, un discurso ligado al *tercer período*. Pero, también, y en un sentido contrario, podría pensarse que al menos la nota de Agosti, publicada en el órgano oficial de la AIAPE, tenía por objeto situar a Facio Hebequer como el antecesor de un "arte nuevo" promovido por la agrupación antifascista, como quedó de manifiesto en una serie de notas publicadas inmediatamente, entre ellas, la que aparecía en la página consecutiva, titulada "Hacia una plástica revolucionaria" y firmada por Córdova Iturburu.

Ambas notas también abrían el interrogante sobre quién debería ser el heredero de Facio Hebequer. Curiosamente o no, la de Córdova Iturburu era acompañada por la reproducción de *Desocupación*, de Antonio Berni, la obra más elogiada de las expuestas en el Salón de la AIAPE. Recuérdese que este artista había lanzado, en 1935, un manifiesto sobre el "Nuevo realismo" que iba en una línea similar al manifiesto "Incitación al grabado" de Facio Hebequer, publicado en 1933.

Por su parte, la revista *Izquierda* (1934-1935), que reprodujo algunas de las litografías de la serie *Bandera Roja*, también brindó su homenaje al artista. Esta revista había surgido como una escisión dentro del socialismo y proponía revalorizar el marxismo revolucionario en oposición al reformismo.[36] Además de reiterar muchos de los tópicos ya señalados, la propuesta de *Izquierda* era concreta, en la medida en que afirmaba que se asumía el compromiso de retomar el material "de agitación" del artista (y amigo) para continuar la lucha.[37] Por ello, luego de un balance extenso sobre la obra y las prácticas del artista, el autor de la nota concluía:

> En todos los rincones del país, grupos de jóvenes artistas se formaron para defender la causa de los trabajadores. Al trabajo individual sucedió el trabajo por equipos. Al artista aislado, la solidaridad gremial; y finalmente, rompiendo el

---

[36] Véase Ilana Martínez, "Un acercamiento a la izquierda del Partido Socialista a través de su prensa periódica. La revista *Izquierda. Crítica y Acción Socialista*, 1934-1935", *Papeles de Trabajo. Revista electrónica del IDAES*, año II, n° 3, 2008, pp. 1-16.

[37] R. A. A. [Rodolfo Aráoz Alfaro], "Arte proletario. Balance de la obra de Facio Hebequer", *Izquierda. Crítica y Acción Socialista*, año I, n° 6, junio-julio de 1935, p. 20.

marco estrecho del gremialismo prescindente, la organización de plásticos revolucionarios se deslizó como un torrente para unirse al mar agitado de la clase trabajadora de la clase organizada. Ya están unidos en nuestro país los trabajadores manuales e intelectuales. Ya están los artistas de más personalidad cerrando filas, codo con codo, junto con el obrero, con el campesino y con el estudiante. Se lo debemos a Facio Hebequer.[38]

Este fragmento no solo volvía visible la continuación del legado de Facio Hebequer, sino que también añadía otros elementos a esa construcción, como, por ejemplo, la importancia de la organización gremial y política, en sintonía con la estrategia frentista que proclamaba la unidad entre intelectuales, artistas, estudiantes y trabajadores. Este aspecto refuerza la propuesta de pensar los homenajes de Facio Hebequer al calor del nuevo clima de ideas que acompañó la organización del movimiento antifascista local. En este sentido, otro tópico novedoso de la nota es el llamado a los "jóvenes artistas", el cual se complementa con el balance ya citado de *Rumbo* donde Novas representaba a Facio como un maestro de la juventud, ya que se acercaba a ella "para asimilar de ésta su entusiasmo y proporcionarle en cambio el múltiple e inapreciable acervo de su auténtica experiencia".[39]

Esta representación de Facio como un "maestro de la juventud" fue reiterada por el mismo escritor en un homenaje publicado en la revista *Nueva Vida* a un año de su fallecimiento. En este caso, exhortaba a tres jóvenes artistas que lo frecuentaban, Sigfredo Pastor, Arrigo Todesca y Emilio Saraco, a continuar su labor bajo la consigna que dejó "el camarada": "creer, estudiar y trabajar".[40] Como en varios de los pasajes surgidos de los diversos homenajes, Novas apelaba a un tono sentimental para escenificar los encuentros con el "maestro", representados

---

[38] Ibídem, p. 22.

[39] "Homenaje a Facio Hebequer. Notas para la reivindicación", *Rumbo*, óp. cit., p. 14.

[40] "Exhortación para tres artistas plásticos jóvenes. Sigfredo Pastor, Arrigo Todesca, Emilio Saraco", *Nueva Vida*. Recorte proveniente del FGFH, con fecha manuscrita 18 de junio de 1936, p. 23. Allí se recordaba: "El taller del maestro Guillermo Hebequer se llenaba de rumores juveniles. Había una cordial demanda los domingos por la noche del año 1934: visitar a Facio. Escuchar su palabra aleccionante y serena. Sentirlo nuestro –sin distancias entre su extraordinaria personalidad y nuestra esperanza de iniciación […] asombrarnos ante el dinamismo de su inquietud agitada en cien sentidos: El acontecimiento social y su justa interpretación política […] ¿Quiénes éramos nosotros? […] Jóvenes plásticos y escritores entregados instintivamente al movimiento del tiempo presente […] Facio Hebequer sabía comprender y respondernos". Cabe destacar que, por entonces, Sigfredo Pastor ya estaba asociado a la AIAPE, y que desarrolló su labor gráfica primero en *Rumbo* y luego en *Unidad*.

como una suerte de ritual en el que las jerarquías se diluían, lo que lo diferenciaba del "artista académico" e "individualista". Lo más importante del relato era, sin embargo, el mensaje: llamar a los jóvenes a comprometerse artística y políticamente con el "rumbo inevitable para el porvenir del mundo".

Asimismo, no deja de ser llamativo el hecho de que la revista ácrata *Nervio*, en donde se había publicado la serie más evocada del artista, *Tu historia, compañero*, no le haya rendido homenaje alguno. A esa omisión puede agregarse una breve nota publicada pocos meses después del deceso del artista. Bajo el título "En torno al imperialismo", que hacía alusión al cambio de estrategia de la Internacional Comunista, el comentario era acompañado por un recuadro que afirmaba: "G. Facio Hebequer obligado a Dibujar al Tío Sam y a John Bull", como introducción a una furibunda crítica del materialismo histórico y, más específicamente, de las políticas del PCA, que vale reproducir *in extenso*:

> RECORDAMOS ahora, con motivo del viraje táctico bolchevique, una anécdota que nos ha narrado el artista fallecido [...] Era a fines de 1932; él trabajaba febrilmente en una serie de grabados, titulada "Tu historia, compañero", que luego entregó como primicia a NERVIO para su publicación. Discutíamos frecuentemente nuestra interpretación revolucionaria de la lucha social, la supeditación marxista del arte, etc. En una de esas oportunidades, cuando le señalamos el fuerte contenido antimarxista de las leyendas que él mismo redactó para los 12 grabados, evidentemente molesto porque pretendíamos encasillarlo en determinado dogma, nos relató lo que había sucedido con una delegación de un Comité denominado antiguerrero, bolchevique. Le solicitaron un dibujo para el periódico, que sería insertado como afiche en la primera plana. Facio Hebequer concibió inmediatamente el motivo: una montaña de cadáveres, no en exhibición repugnante de mutilamiento, sino produciendo una expresiva y potente impresión de la magnitud del crimen de la guerra. –No – dijeron los ortodoxos marxistas–; eso no puede ser. Usted debe pintarnos un cuadro que refleje la única causa de la guerra actual, de acuerdo a la interpretación materialista de la historia: por un lado al Tío Sam, en la actitud que su ingenio resuelva, y por el otro a John Bull. No hay ninguna cuestión ajena a esta lucha entre los dos imperialismos, que se disputan la hegemonía del mundo. Guillermo Facio Hebequer tuvo un gesto: se negó a hacerlo.[41]

Es imposible comprobar la veracidad de esta anécdota, pero aun así logra traslucir nuevamente la incomodidad manifiesta y el franco disgusto de este

---

[41] Raúl Ador Luch, "En torno del imperialismo…", *Nervio*, año IV, n° 42, noviembre de 1935, p. 27.

espacio anarquista respecto de las nuevas amistades y proyectos de Facio, lo que explicaría, al menos en parte, la ausencia de un homenaje en la revista. Lo cierto es que una litografía de idénticas características a la mencionada en *Nervio* fue publicada en *Actualidad*, pero luego del fallecimiento de Facio Hebequer y a cargo de su amigo Vigo (imagen 56), quien fuera mencionado por la publicación comunista como el otro artista que crecía ideológicamente al dejar atrás el pasado libertario. A juzgar por las críticas vertidas en dicha anécdota publicada por la revista ácrata, lo que estaba en juego era una disputa respecto del lugar que debía ocupar la autonomía del artista frente a los dictámenes y las presiones provenientes de la política partidaria y también respecto de lo que debería ser o entenderse como una imagen eficaz en materia política.

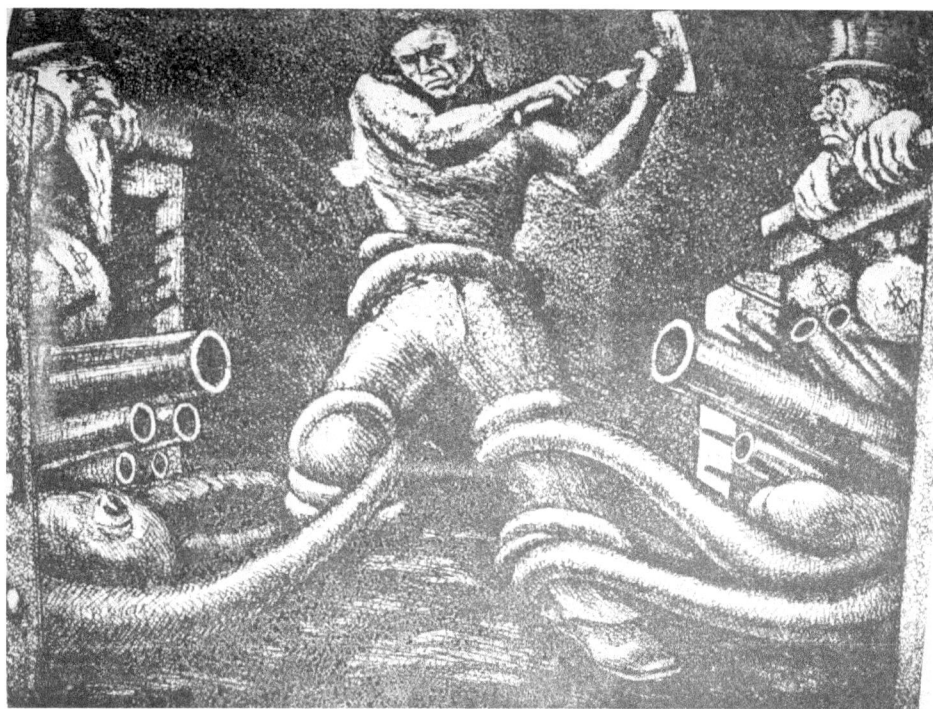

56. Abraham Vigo, *Imperialismo, Actualidad,* año V, n° 1, enero-abril de 1936, contratapa.

Este repaso de los diversos homenajes a Facio Hebequer muestra que las representaciones en torno a su figura iluminan también un fragmento de los debates de un momento transicional en la cultura de la izquierda local del período: el que marca el pasaje de la "clase contra clase" al llamado de la constitución de Frentes Populares. A su vez, la búsqueda de un modelo de artista ligado al clima antifascista se corresponde, por lo tanto, con rasgos y prácticas concretas que no necesariamente eran admitidas de manera unívoca, sobre todo en relación con el grado de aceptación o supeditación de la labor y la autonomía del arte a una doctrina política. No obstante, la elección del grabado como la técnica privilegiada para obtener un mayor grado de circulación y difusión de las ideas políticas, la comprensión de la realidad social a la hora de seleccionar los temas representados para poder dar cuenta del dramatismo de la época, la importancia de la organización entre artistas para lograr defender la cultura y la necesaria confluencia con la clase obrera son algunos de los principales rasgos compartidos para emprender un compromiso artístico y político en la lucha antifascista. En consecuencia, puede advertirse a partir de las diversas lecturas de los ejercicios recordatorios dedicados a la memoria de Facio Hebequer un recurrente y significativo desplazamiento del homenaje hacia la configuración de un modelo de artista que, a partir del camino abierto por él, debía ser retomado por los creadores "antifascistas", fueran o no comunistas, a la vez que se reabrían nuevos debates estético-políticos.

Queda claro que los homenajes motivados por la muerte temprana de Facio Hebequer dieron asimismo lugar a una suerte de disputa en torno al legado artístico y la filiación política del artista, lo que da cuenta de las diferentes estrategias y los diversos ámbitos de participación de Facio, que más allá de su sensibilidad comunista nunca dejó de colaborar en revistas culturales de izquierda de distinto signo político e ideológico. Este hecho explica la posterior compilación de algunos de sus escritos (*Sentido Social del Arte*) editada por La Vanguardia, la cual también se adjudicaba, en su presentación, una estrecha relación con el "artista social".

Es posible que surja al fin el interrogante sobre qué fuerza política capitalizó el legado de Facio Hebequer luego de su muerte. La respuesta no es taxativa. Puede decirse que tanto su dinámica trayectoria y sus posicionamientos como la riqueza lograda en su obra excluyen cualquier tipo de encasillamiento doctrinario y, en definitiva, cualquier tipo de apropiación categórica.

Palabras finales

> *Facio Hebequer se acercaba a la realidad con la crueldad de un investigador implacable y ascendía de ella, hasta las atmósferas de sus realizaciones, empujado por su incontenible pasión de la hermosura. Era un artista que no dejó jamás de ser un hombre, es decir, un corazón y una mentalidad movidos por un orgánico sentimiento de solidaridad con los otros hombres.*
>
> Cayetano Córdova Iturburu[1]

La densa trama de revistas culturales de izquierdas que irrumpió en Buenos Aires en el contexto de las resonancias de la Revolución Rusa y el avance de los fascismos testimonia las polémicas protagonizadas por un sinfín de intelectuales, artistas, escritores y militantes que, atraídos por la utopía revolucionaria, se vieron llamados a intervenir de diversos modos en la esfera pública. Este libro se propuso transitar transversalmente la cultura de las izquierdas a partir del itinerario de Guillermo Facio Hebequer y mostrar, así, la pluralidad de algunas de sus voces y tensiones.

La búsqueda incesante de este artista por hallar un punto de intersección entre el arte, la política y la revolución modeló un perfil intelectual complejo y polifacético. Escurridizo a los rótulos, Facio Hebequer atravesó diferentes ámbitos y escenarios de la cultura de las izquierdas, entendida esta última en un sentido amplio, no acotado a los emprendimientos "oficiales" de los partidos y agrupaciones. En este sentido, la apuesta "biográfica" y el "juego de escalas" en torno a un artista que situó sus exploraciones en una frontera

---

[1] "Nuestros artistas: Guillermo Facio Hebequer", *Nueva Gaceta. Revista de la Agrupación de Intelectuales, Artistas, Periodistas y Escritores (AIAPE)*, n° 16, julio de 1942, p. 12.

difícil de encasillar posibilitó ingresar a una zona rica en matices, que complejiza los contornos y atributos del denominado arte "social", de "vanguardia" o "proletario".

El análisis de las constantes (y oscilantes) búsquedas estético-políticas de Facio, que se radicalizaron en los años treinta con su acercamiento a la órbita cultural comunista, permitió observar las tensiones e incomodidades de un artista que se desplazó entre el campo artístico y el campo político sin hallar una clausura definitiva a sus interrogantes, pues no debe olvidarse ese espacio inalienable reservado a la individualidad que siempre atesoró. Desde su formación en los tiempos de la bohemia, Facio defendió la necesidad de lograr una obra original que fuera producto del talento particular, una premisa que, como se ha visto, entró en conflicto directo con las ideas de "artista proletario" y de un posible "arte proletario", que él mismo cuestionó.

De esta manera, el abordaje de su itinerario puso de manifiesto que los vínculos de los intelectuales, escritores y artistas con la sensibilidad comunista motivaron respuestas variadas frente a diversos interrogantes (por ejemplo, acerca de la realización de sus producciones, el compromiso con la sociedad y la relación con el partido); respuestas que se articularon no solo en función de su grado de cercanía con ese universo ideológico, sino también de sus trayectorias y procedencias previas. En el caso de Facio Hebequer, su innegable acercamiento a la órbita cultural comunista no implicó una supeditación de su obra al optimismo reclamado por el partido, que en la segunda posguerra, con la imposición efectiva del Realismo Socialista, adquiriría contornos más definidos. Como se ha mostrado, su compromiso no se reducía a la ejecución de relatos visuales que fueran fáciles de "leer" para la clase obrera. En efecto, el desarrollo de múltiples facetas hizo que su obra se complejizara, y ese "pesimismo" que cargaron sus creaciones, en yuxtaposición con otros elementos, conformó un aspecto clave de su producción, que se mantiene y resitúa a lo largo de diversas coyunturas para dar lugar a nuevos significados emancipatorios, inasibles para cualquier política partidaria.

Facio Hebequer buscó mezclarse con los excluidos, en un primer momento para retratarlos y luego para compartir sus producciones e ideas por medio de conferencias y exposiciones itinerantes. Ese deambular por los bajos fondos porteños y después por el interior del país estuvo signado por una responsabilidad moral devenida en intervención político-cultural, la que abre nuevos senderos y puentes para reflexionar no solo acerca del compromiso artístico de los años veinte y treinta, sino también sobre los posteriores debates que retomaron algunas de estas ideas en contextos de mayor radicalización de la sociedad y de la izquierda intelectual, entre tantos otros problemas que han surgido al seguir sus pasos.

Rescatar la singularidad de este artista a lo largo de diversos contextos y escenarios permitió a su vez comprender cabalmente el papel que le fue asignado como ejemplo de militancia cultural y, al mismo tiempo, reveló las múltiples representaciones y sentidos surgidos en el marco de la apelación antifascista. Pero las reflexiones en torno al itinerario del artista no se agotan aquí. Por el contrario, es parte de un extenso debate sobre el papel de los artistas, intelectuales y el universo de las izquierdas que se ha reactualizado en diversos momentos de la historia contemporánea.[2] Sin ir más lejos, al poco tiempo del primer aniversario del fallecimiento de Facio Hebequer estallaría la Guerra Civil Española, un conflicto de profundas repercusiones en el ámbito local. La guerra de España intensificó la acción de los artistas, escritores e intelectuales por medio de nuevos modos de intervención. A la profusa publicación de revistas y periódicos, el dictado de conferencias, la realización de salones de arte y los congresos antifascistas "por defensa de la cultura" que caracterizó la militancia cultural de aquellos años, se sumó la decisión de algunos intelectuales que se vieron impelidos a ser testigos oculares de la contienda. Por ejemplo, Raúl González Tuñón y Cayetano Córdova Iturburu, elegidos como los representantes de la AIAPE para participar del II Congreso Internacional de Escritores Antifascistas que se realizaría en julio de 1937 en Valencia, Madrid, Barcelona y París, decidieron embarcarse unos meses antes en el buque *Florida* con el objetivo de desempeñarse como corresponsales de guerra en el campo de batalla. De allí, Córdova Iturburu afirmaba "no soy un espectador. Soy un combatiente", y como tal ponía su pluma al servicio de la causa republicana y de la revolución.[3] Al mismo tiempo, el artista rosarino Gustavo Cochet, que se encontraba en Barcelona cuando se inició la guerra, narraba en su diario:

---

[2] Véase, entre otros, Claudia Gilman, *Entre la pluma y el fusil. Debates y dilemas del escritor revolucionario en América Latina*, Buenos Aires, Siglo XXI, 2003; y Ana Longoni, *Vanguardia y revolución. Arte e izquierdas en la Argentina de los sesenta y setenta*, Buenos Aires, Ariel, 2014.

[3] Cayetano Córdova Iturburu, *España bajo el comando del pueblo*, Buenos Aires, Acento, 1938, pp. 7-8.

El 19 de julio de 1936 cerré las puertas de mi taller en Barcelona y allí quedaron inconclusas las obras que estaban en curso de ejecución; ¿en qué podían servirles mis pinturas al pueblo en armas en su magna lucha? En nada absolutamente. Me consideré entonces un miliciano más y si nunca tiré un solo tiro, fue únicamente porque para eso sobraban valientes, si no también lo habría hecho; pero no rehuí nunca ningún peligro contribuyendo con todo lo que estaba a mi alcance y con las mismas esperanzas para conseguir el triunfo final.[4]

Con el propósito de defender a la República, Cochet formó parte de la Confederación Nacional del Trabajo (CNT), perteneciente a la Federación Anarquista Ibérica (FAI), y fue Secretario de Propaganda y Organización del Casal de la Cultura de Barcelona.[5] Llevó a cabo varias exposiciones de arte y luego dejó testimonio de los horrores de la guerra en una serie de grabados titulada *Caprichos*. Devoto de la misma técnica utilizada y proclamada por Facio Hebequer, su compromiso adquiriría diversas formas de intervención mientras se preguntaba cuál debía ser su función en aquella coyuntura.

Con la Guerra Civil Española, infinidad de artistas y escritores enfrentaron diferentes dilemas que reactualizaban una y otra vez aquel interrogante acerca del compromiso intelectual. La necesidad de denunciar y luchar arrinconaba a muchos intelectuales de la izquierda. Córdova Iturburu lo expresó así en su libro: "Yo vacilé muchas veces frente al dilema que mis impulsos me planteaban. No sabía si mi deber consistía en quedarme allá para correr con el pueblo de España la suerte de la República o volver a mi tierra para contribuir con mi voz".[6] A su regreso de España, su combate en la arena cultural fue muy activo. Entre las tantas labores de las que se hizo cargo, Córdova Iturburu se ocupó de la sección "Nuestros artistas", publicada en *Nueva Gaceta*, el segundo órgano de la AIAPE, en la cual recordó a Facio Hebequer para reivindicar su acercamiento con la realidad y su sentimiento de solidaridad con los otros hombres.

Si Facio Hebequer todavía gravitaba en el clima antifascista, el escenario abierto por la Guerra Civil Española, el llamado a la constitución de Frentes Populares y la defensa por la cultura abrieron nuevos horizontes para el

---

[4] Gustavo Cochet, *Diario de un pintor*, Buenos Aires, Ediciones Conducta, 1941, p. 153. Sobre el itinerario de esta artista, véase Sabina Florio, "Cerca de la vida y del sentir del pueblo. Gustavo Cochet (1894-1979)", *Avances del Cesor*, año VIII, n° 8, 2011, pp. 9-29.

[5] Florio, Ibídem, p. 19.

[6] Córdova Iturburu, óp. cit., p. 8.

compromiso intelectual que todavía pueden enriquecer nuestras reflexiones en torno a las izquierdas en este y otros períodos de la historia. La puesta en consideración de un tránsito como el de Facio Hebequer, y del interrogante que lo acompañó a lo largo de su vida acerca de la especificidad del autor y la autonomía del arte, nos interpela a seguir indagando sobre los complejos vínculos entre el arte y la vida a partir de la utopía revolucionaria que impulsó a muchos individuos a ser parte de un proyecto emancipatorio, en el que tanto las contradicciones como las potencias se activaron para dar fruto a experiencias colectivas que buscaban transformar la cultura y la sociedad detrás de un ideal igualitario.

Bibliografía

Archivos y bibliotecas consultadas:

Archivo de Arte Argentino y Latinoamericano, Museo de Artes Plásticas Eduardo Sívori.

Archivo Alfredo Seoane, Biblioteca Popular José Ingenieros

Archivo Instituto de Investigaciones en Arte y Cultura Dr. Norberto Griffa, Universidad Nacional de Tres de Febrero

Archivo y Biblioteca del Instituto Nacional de Estudios de Teatro

Archivo de Documentos, *Palais de Glace*, Palacio Nacional de las Artes

Biblioteca Central de la Facultad de Filosofía y Letras Prof. Augusto Raúl Cortazar, Universidad de Buenos Aires

Biblioteca del Instituto de Historia Argentina y Americana Dr. Emilio Ravignani, Facultad de Filosofía y Letras, Universidad de Buenos Aires

Biblioteca del Instituto de Teoría e Historia del Arte Julio E. Payró, Facultad de Filosofía y Letras, Universidad de Buenos Aires

Biblioteca Museo Nacional de Bellas Artes

Biblioteca Nacional Mariano Moreno

Biblioteca de la Junta de Estudios Históricos del Barrio de Boedo

Biblioteca de la Unión Ferroviaria

Biblioteca y archivo documental del Museo de Arte Moderno de Buenos Aires

Centro de Documentación e Investigación de la Cultura de Izquierdas en la Argentina

Departamento de Archivo y Documentación del Museo Benito Quinquela Martín

Fundación Espigas

1. Fuentes primarias

1.1. Revistas culturales
(Entre paréntesis figuran los años consultados)

ACTUALIDAD *artística-económica-social. Publicación ilustrada* (1932-1936)

AHORA! Edición de la Unión de Escritores Proletarios (1932)

AUGUSTA. *Revista de arte* (1918-1920)

BRÚJULA. *Revista independiente de arte e ideas* (1932)

COMOEDIA PARA TODOS (1926-1933)

CLARIDAD. *Revista quincenal socialista de Crítica, Literatura y Arte* (1920)

CLARIDAD. *Revista de Arte, Crítica y Letras. Tribuna del pensamiento izquierdista* (1926-1941)

CLASE (1933)

CONTRA. *La revista de los franco-tiradores* (1933)

ESTUDIANTINA. *Letras, crítica y arte* (1927)

FRENTE. *Letras, artes, ciencias. Órgano del Centro Cultural y Artístico "Ideario"* (1933)

GERMINAL (1920)

GERMINAL. *Revista de ciencia y de arte* (1916)

INICIAL. *La revista de la nueva generación* (1923-1926)

IZQUIERDA (1927)

IZQUIERDA. *Crítica y acción socialista* (1935-1936)

IZQUIERDA. *Suplemento cultural de El Telégrafo* (1928)

LA CAMPANA DE PALO (1925)

LOS PENSADORES (1922-1926)

MARTÍN FIERRO. *Periódico quincenal de arte y crítica libre* (1924-1927)

METRÓPOLIS. *De los que escriben para decir algo* (1931-1932)

MONDE. *Hebdomadaire internationale* (1928-1935)

MUNDO NUEVO (1932-1933)

NERVIO. *Crítica, Artes y Letras* (1931-1936)

NOSOTROS. REVISTA MENSUAL DE LETRAS, ARTE, HISTORIA, FILOSOFÍA Y CIENCIAS SOCIALES (1917-1935)

NUEVA GACETA. *Revista de la AIAPE* (1941-1943)

NUEVA REVISTA (1935)

NUESTRA ARQUITECTURA (1933)

PROMETEO. *Revista quincenal* (1919)

PROPÓSITOS (1951-1976)

PROTEO. *Revista semanal* (1916-1917)

REVISTA DE ORIENTE. *Órgano de la Asociación Amigos de Rusia* (1925-1926)

RUMBO (1935)

SOVIET (1933-1935)

TEATRO LIBRE. *Publicación mensual* (1927)

UNIDAD. *Por la defensa de la cultura. Órgano oficial de la AIAPE* (1936-1938)

VIDA FEMENINA. *La revista de la mujer inteligente* (1933-1943)

1.2. Diarios y semanarios populares

BANDERA ROJA. *Diario obrero de la mañana*

CARAS Y CARETAS

CRÍTICA

EL MUNDO

EL TELÉGRAFO

LA MONTAÑA

LA NACIÓN

LA PRENSA

LA PROTESTA

LA RAZÓN

LA VANGUARDIA

LA INTERNACIONAL

NUEVA ERA. SEMANARIO DE LA VIDA ARGENTINA

PBT

PERIÓDICO SEMANAL DE LA CGT

1.3. Autobiografías, memorias, folletos y otros documentos:

AA. VV., *Abel Cháneton: estudios sobre su vida y su obra*, Buenos Aires, Sociedad de Historia Argentina, 1944.

ANÓNIMO, CANCIONERO SOCIALISTA, Buenos Aires, La Vanguardia [ca. 1930].

ARÁOZ ALFARO, Rodolfo, *El recuerdo y las cárceles (memorias amables)*, Buenos Aires, Ediciones de La Flor, 1967.

ARLT, Roberto, *Aguafuertes porteñas: cultura y política*. Selección y prólogo de Sylvia Saítta, Buenos Aires, Losada, 2008.

–, *Aguafuertes porteñas: Buenos Aires, vida cotidiana*. Selección y prólogo de Sylvia Saítta, Buenos Aires, Losada, 2013.

BARBUSSE, Henri, *Llamado a los estudiantes e intelectuales de la nueva generación*, Buenos Aires, Ediciones AIAPE, s/f.

BARLETTA, Leónidas, *Los Pobres* (con ilustraciones de José Arato), 1925.

–, *Viejo y nuevo teatro. Crítica y teoría*, Buenos Aires, Futuro, 1960.

BELLOCQ, Adolfo, "Las memorias", en Francisco Corti, *Vida y obra de Adolfo Bellocq*, Buenos Aires, Tiempo de Cultura, 1977 [1961], pp. 123-151.

BOGDANOV, *El arte y la cultura proletaria*, Madrid, Comunicación-Alberto Corazón Editor, 1979.

CASTELNUOVO, Elías, *Memorias*, Buenos Aires, Ediciones Culturales Argentinas, 1974.

–, *Malditos (ilustraciones de Guillermo Facio Hebequer)*, Buenos Aires, Colección Los Nuevos, Claridad, 1924.

–, *Teatro. Ánimas benditas. En nombre de Cristo. Los señalados*, Buenos Aires, El Inca, 1929.

–, *Vidas Proletarias*, Buenos Aires, Victoria, 1934.

–, *El arte y las masas*, Buenos Aires, Claridad, 1935.

COCHET, Gustavo, *Diario de un pintor*, Buenos Aires, Ediciones Conducta, 1941.

CÓRDOVA ITURBURU, Cayetano, *España bajo el comando del pueblo*, Buenos Aires, Acento, 1938.

FACIO HEBEQUER, Guillermo, "Autobiografía", *Catálogo de la Exposición Retrospectiva 1914-1935*, Honorable Concejo Deliberante de la Ciudad de Buenos Aires, Buenos Aires, 1935.

–, "Memorias de Facio Hebequer", *Pluma y Pincel. Para la difusión del arte y la cultura latinoamericanos*, año I, n° 17 al 24, diciembre de 1976 a marzo de 1977.

–, *Memorias*, Fondo Guillermo Facio Hebequer, Museo de Artes Plásticas "Eduardo Sívori" [memorias mecanografiadas, *ca.* 1921].

–, *Sentido social del arte,* Buenos Aires, La Vanguardia, 1936.

FALCINI, Luis, *Itinerario de una vocación. Periplo por tierras y hombres*, Buenos Aires, Losada, 1975.

FERNÁNDEZ, Manuel F., *La Unión Ferroviaria a través del tiempo. Veinticinco años al servicio de un ideal 1922-1947*, Buenos Aires, 1947.

GONZÁLEZ TUÑÓN, Raúl, *El otro lado de la estrella*, Buenos Aires, Sociedad Amigos del Libro Rioplatenses, 1934.

GUASTAVINO, Juan M., *Santiago Stagnaro hombre*, Buenos Aires, Ediciones López Negri, 1952.

GUIBOURG, Edmundo, *Calle Corrientes*, Buenos Aires, Plus Ultra, 1978.

–, *Conversaciones de Mona Moncalvillo con Edmundo Guibourg. El último bohemio*, Buenos Aires, Celta, 1983.

GUYAU, Jean Marie, *El arte desde el punto de vista sociológico*, Buenos Aires, Suma, 1943.

LARRA, Raúl, *Leónidas Barletta. El hombre de la campana*, Buenos Aires, Conducta, 1978.

–, "La AIAPE, una agrupación de intelectuales", en *Etcétera*, Buenos Aires, Ánfora, 1982, pp. 17-28.

–, *Con pelos y señales*, Buenos Aires, Futuro, 1986.

MAISONNAVE, Luis, "El periodismo en la República Argentina", en *Anuario industrial de la nación argentina*, Buenos Aires, Benet editor, 1920.

PETTORUTI, Emilio, *Un pintor frente al espejo*, Buenos Aires, Solar Hachette, 1968.

PISCATOR, Erwin, *Teatro Político*, Buenos Aires, Editorial Futuro, 1957.

RESNIK, A., *Teatro Soviético*. Con prólogo de Álvaro Yunque, Buenos Aires, Plus Ultra, 1929.

ROLLAND, Romain, *El Teatro del Pueblo. Ensayo de estética de un teatro nuevo*, Buenos Aires, El Ateneo, 1927 [1903].

TIBOL, Raquel, *Textos de David Alfaro Siqueiros,* México, Fondo de Cultura Económica, 1974.

TROTSKY, León, *Literatura y revolución*, Buenos Aires, Ediciones ryr, 2014.

VIGO, Ariel (comp.), *Abraham Regino Vigo: 1893-1957*, tomo I, s/d. Carpeta de recortes hemerográficos y catálogos (CeDInCI).

YUNQUE, Álvaro, *La Literatura Social en la Argentina. Historia de los movimientos literarios desde la emancipación nacional hasta nuestros días,* Buenos Aires, Claridad, 1941.

–, "Renacimiento del teatro", en *Síntesis Histórica de la Literatura Argentina,* Buenos Aires, Claridad, 1957, pp. 127-135.

Bibliografía general:

AA.VV., *Annemarie Heinrich. Intenciones secretas*, Ciudad Autónoma de Buenos Aires, MALBA-Fundación Eduardo F. Constantini, 2015.

ABÓS, Álvaro, *Crítica. Arte y sociedad en un diario argentino (1913-1941)*, Ciudad Autónoma de Buenos Aires, Fundación OSDE, 2016.

–, "Vínculos de Arlt con el pintor Hebequer. El amigo uruguayo", *Revista Ñ, Clarín,* 2 de abril de 2000, pp. 10-11.

ALLE, María Fernanda, *Imágenes de escritor de Raúl González Tuñón (1930-1970): vínculos entre literatura y política partidaria*, tesis de doctorado, Facultad de Humanidades y Artes, Universidad Nacional de Rosario, 2015.

ALTAMIRANO, Carlos, *Intelectuales. Notas de investigación*, Bogotá, Norma, 2006.

ANSOLABEHERE, Pablo, *Literatura y anarquismo en Argentina (1879-1919)*, Rosario, Beatriz Viterbo Editora, 2011.

–, "La vida bohemia en Buenos Aires (1880-1920): lugares, itinerarios y personajes", en Paula Bruno (dir.), *Sociabilidades y vida cultural. Buenos Aires, 1860-1930*, Bernal, UNQUI, 2014, pp. 155-185.

ARICÓ, José, "La polémica Arlt-Ghioldi. Arlt y los comunistas", *La Ciudad Futura*, año I, n° 3, diciembre de 1983, pp. 22-26.

ARTUNDO, Patricia (dir.), *Arte en revistas. Publicaciones culturales en la Argentina. 1900-1950*, Rosario, Beatriz Viterbo Editora, 2008.

–, *Xul Solar. Visiones y revelaciones*, Buenos Aires, MALBA-Fundación Costantini, 2005.

–, (introducción, investigación, selección y organización), *Atalaya. Actuar desde el arte. El Archivo Atalaya*, Buenos Aires, Fundación Espigas, 2004.

–, *Leer las artes: las artes plásticas en ocho revistas culturales argentinas. 1878-1951*, Buenos Aires, Instituto de Teoría e Historia del Arte Julio E. Payró, Facultad de Filosofía y Letras, Universidad de Buenos Aires (serie monográfica n° 6), 2002.

–, "Los años veinte en la Argentina: el ejercicio de la mirada", *Ciberletras. Revista de crítica literaria y de cultura*, n° 3, 2000, s/p.

– y Marcelo E. Pacheco, *Amigos del Arte. 1924-1942*, Buenos Aires, MALBA-Fundación Costantini, 2008.

AZUELA, Alicia, "Militancia política y labor artística de David Alfaro Siqueiros: de Olvera Street al Río de la Plata", *Estudios de Historia Moderna y Contemporánea de México*, n° 35, Instituto de Investigaciones Estéticas-UNAM, México D.F., 2008, pp. 109-144.

BALANZA, Vittorio, *Rodolfo Kubik. Compositor y músico*, Buenos Aires, Asociación Dante Alighieri, 1993.

BAUR, Sergio (coord.), *El periódico* Martín Fierro. *En las artes y en las letras, 1924-1927*, Buenos Aires, Amigos del Museo Nacional de Bellas Artes, 2010.

–, *Claridad, la vanguardia en lucha*, Buenos Aires, Amigos del Museo Nacional de Bellas Artes, 2012.

BELEJ, Cecilia, "Benito Quinquela Martín y el muralismo argentino. Imágenes del Riachuelo y sus trabajadores portuarios", *Historia y espacio,* n° 42, Universidad del Valle - Ciudadela Universitaria Meléndez, 2014, pp. 11-31.

BENJAMIN, Walter, *La obra de arte en la era de su reproducción técnica*, Buenos Aires, El Cuenco de Plata, 2011 [1936].

BERMAN, Marshall, *Todo lo sólido se desvanece en el aire. La experiencia de la modernidad*, Buenos Aires, Siglo XXI, 2006 [1986].

BISSO, Andrés, *El antifascismo argentino. Selección documental y estudio preliminar*, Buenos Aires, CeDInCI Editores / Buenos Libros, 2007.

–, "El antifascismo latinoamericano: usos locales y continentales de un discurso europeo", *Asian Journal of Latin American Studies*, Seul, 2000, vol. 3, pp. 91-116.

BOURDIEU, Pierre, *Las reglas del arte. Génesis y estructura del campo literario*, Barcelona, Anagrama, 1995 [1992].

–, *Intelectuales, política y poder*, Buenos Aires, Eudeba, 1999.

BUCK-MORSS, Susan, *Mundo soñado y catástrofe. La desaparición de la utopía de masas en el Este y el Oeste*, Madrid, La Balsa de la Medusa, 2004.

BUONOCORE, Domingo, *Abel Cháneton, escritor, jurista y bibliófilo*, Buenos Aires, El Aljibe, 1984.

BÜRGER, Peter, *Teoría de la vanguardia*, Barcelona, Península, 1980.

BURUCÚA, José E. (dir.), *Nueva Historia Argentina. Arte, sociedad y política*, vols. I y II, Buenos Aires, Sudamericana, 1999.

CAMARERO, Hernán, *A la conquista de la clase obrera. Los comunistas y el mundo del trabajo en la Argentina 1920-1935*, Buenos Aires, Siglo XXI, 2007.

–, "Consideraciones sobre la historia social de la Argentina urbana en las décadas de 1920 y 1930: clase obrera y sectores populares", *Nuevo Topo. Revista de historia y pensamiento crítico*, n° 4, septiembre-octubre de 2007, pp. 35-60.

– y Carlos Miguel Herrera (eds.), *El Partido Socialista en Argentina. Sociedad, política e ideas a través de un siglo*, Buenos Aires, Prometeo, 2005.

CAMPIONE, Daniel, López Cantera, Mercedes y Maier, Bárbara (comps.), *Buenos Aires – Moscú – Buenos Aires. Los comunistas argentinos y la Tercera Internacional. Primera Parte (1921-1924)*, Buenos Aires, Ediciones del Centro Cultural de la Cooperación, 2007.

CANDIANO, Leonardo y Peralta, Lucas, *Boedo: orígenes de una literatura militante. Historia del primer movimiento cultural de la izquierda argentina*, Buenos Aires, Ediciones del Centro Cultural de la Cooperación, 2007.

CANE, James, "'Unity for the Defense of Culture': The AIAPE and the Cultural Politics of Argentine Antifascism, 1935-1943", *Hispanic American Historical Review*, vol. 77, n° 3, Duke University Press, 1997, pp. 443-482.

CATTÁNEO, Liliana, "La revista *Claridad*: una tribuna latinoamericana de la izquierda argentina", en AA.VV., *Historia de revistas argentinas*, tomo II, Buenos Aires, A.A.E.R., 1997, pp. 169-196.

CATTARUZZA, Alejandro (dir.), *Nueva Historia Argentina. Crisis económica, avance del Estado e incertidumbre política (1930-1943)*, tomo VII, Buenos Aires, Sudamericana, 2001.

CAUTE, David, *El comunismo y los intelectuales franceses (1914-1966)*, Barcelona, oikos-tau, 1968.

CIPOLLINI, Rafael, *Manifiestos argentinos. Políticas de lo visual 1900-2000*, Buenos Aires, Adriana Hidalgo Editora, 2003.

COLLAZO, Alberto H., *Facio Hebequer*, Buenos Aires, CEAL, Colección Pintores Argentinos del Siglo XX. Serie complementaria: Grabadores Argentinos del Siglo XX/4, n° 84, 1982.

CUTOLO, Vicente Osvaldo, *Nuevo diccionario biográfico argentino: 1750-1930*, vol. III, Buenos Aires, Elche, 1968.

CHARTIER, Roger, *Escribir las prácticas. Foucault, De Certeau, Marin*, Buenos Aires, Manantial, 2006.

DAVID-FOX, Michael, "What is a Cultural Revolution?", *Russian Review*, vol. 58, n° 2, 1999, pp. 181-201.

DEBROISE, Oliver (ed.), *Otras rutas hacia Siqueiros*, México, INBA-Munal-Curare, 1996.

DE MICHELI, Mario, *Las vanguardias artísticas del siglo XX*, Madrid, Alianza, 2000 [1966].

DEVÉS, Magalí A., "Hacia una gráfica revolucionaria: derivas de Guillermo Facio Hebequer en la Buenos Aires de entreguerras", *Aletheia. Revista de la Maestría en Historia y Memoria de la FaHCE*, vol. 8, n° 15, octubre de 2017, pp. 13-14.

–, "Arte y antifascismo en la revista *Monde* (1928-1935)", *Políticas de la Memoria. Anuario de investigación del CeDInCI*, n° 17, verano 2016-2017, Buenos Aires, CeDInCI-UNSAM, pp. 180-193.

–, "Guillermo Facio Hebequer: un artista polifacético", *Políticas de la Memoria. Anuario de investigación del CeDInCI*, n° 16, verano 2015-2016, CeDInCI-UNSAM, pp. 279-293.

DIDI-HUBERMAN, Georges, *Insurrecciones*, Barcelona, Museu Nacional D'Art de Catalunya, 2017.

–, *Ante el tiempo. Historia del arte y anacronismo de las imágenes*, Buenos Aires, Adriana Hidalgo, 2008.

–, *Cuando las imágenes toman posición,* Madrid, Antonio Machado Libros, 2008.

DOESWIJ, Andreas, *Los anarco-bolcheviques rioplatenses*, Buenos Aires, CeDInCI, 2014.

DOLINKO, Silvia, *Arte plural. El grabado entre la tradición y la experimentación, 1955-1973*, Buenos Aires, Edhasa, 2012.

–, "De la revisión del artista del pueblo al cuestionamiento institucional. Lecturas sobre Guillermo Facio Hebequer", *A contracorriente. Una revista de historia social y literatura de América Latina*, vol. VIII, n° 2, 2011, pp. 96-128.

–, "Guillermo Facio Hebequer, entre la militancia y el mito", en Fernando Guzmán, Gloria Cortés, Juan Manuel Martínez (comps.), *Arte y crisis en Iberoamérica. Jornadas de Historia del Arte en Chile*, RIL editores, Santiago de Chile, 2004, pp. 287-293.

DORT, Bernard, "La representación emancipada", *Boletín del Instituto de Teatro*, n° 5, Facultad de Filosofía y Letras de la Universidad de Buenos Aires, 1987, pp. 11-17.

DOSSE, François, *La marcha de las ideas. Historia de los intelectuales, historia intelectual*, Valencia, Universidad de Valencia, 2007.

–, *El arte de la biografía: entre historia y ficción*, México D. F., Universidad Iberoamericana-Departamento de Historia, 2007.

DROZ, Jacques, *Histoire de l'antifascisme en Europe, 1923-1939*, París, La Découverte, 1985.

DUBATTI, Jorge, "Modernización teatral y crítica en la década del veinte: una carta de Elías Castelnuovo a Francisco Defilippis", en *Arte y recepción. VII Jornadas de Teoría e Historia de las Artes*, Buenos Aires, CAIA, 1997, pp. 85-92.

–, "Circulación y recepción del teatro expresionista alemán en Buenos Aires (1926-1940)", en Osvaldo Pelletieri (ed.), *De Bertolt Brecht a Ricardo*

Monti. Teatro en lengua alemana y teatro argentino 1900-1994, Buenos Aires, Galerna, 1994, pp. 27-35.

EGBERT, Donald Drew, *El arte y la izquierda en Europa. De la revolución francesa a Mayo de 1968*, Barcelona, Ed. Gustavo Gili, 1981 [1969].

FANTONI, Guillermo, *Berni entre el surrealismo y Siqueiros. Figuras, itinerarios y experiencias de un artista entre dos décadas,* Rosario, Beatriz Viterbo editora, 2014.

FER, Briony, David Batchelor y Paul Wood, *Realismo, racionalismo, surrealismo. El arte de entreguerras (1914-1945)*, Madrid, Akal, 1999.

FERREIRA DE CASSONE, Florencia, *Claridad y el internacionalismo americano,* Buenos Aires, Claridad, 1998.

–, "Pensamiento y acción socialista en *Claridad*", en Diana Quattrochi-Woisson y Noemí Girbal Blacha (dir.), *Cuando opinar es actuar. Revistas argentinas del siglo XX*, Buenos Aires, Academia Nacional de Historia, 1999, pp. 93-129.

–, "Boedo y Florida en las páginas de *Los Pensadores*", *Revista Cuyo*, vol. 25, 2008, pp. 11-74.

FITZPATRICK, Sheila, *Lunacharski y la organización soviética de la educación y de las artes (1917-1921)*, Madrid, Siglo XXI, 1977.

FLORIO, Sabina, "Cerca de la vida y del sentir del pueblo. Gustavo Cochet (1894-1979)", *Avances del Cesor*, año VIII, n° 8, 2011, pp. 9-29.

FRANK, Patrick, *Los artistas del Pueblo. Prints and Workers' Culture in Buenos Aires, 1917-1935*, Albuquerque, University of New Mexico Press, 2006.

FUKELMAN, María, "El vínculo entre Romain Rolland y Leónidas Barletta para el surgimiento del teatro independiente", *AdVersuS, año XII, n° 29*, diciembre de 2015, pp. 134-155.

GALLO, Edit Rosalía, "Vida Femenina", en *Periodismo político femenino. Ensayo sobre las revistas feministas en la primera mitad del siglo XX*, Buenos Aires, Instituto de Investigaciones Históricas Cruz del Sur, 2013, pp. 59-73.

GARCÍA, Carlos y GRECO, Martín, *La ardiente aventura: cartas y documentos inéditos de Évar Méndez, director del periódico* Martín Fierro, Madrid, Albert Editor, 2017.

GARCÍA CEDRO, Gabriela, *Ajuste de cuentas. Boedo y Florida entre la vanguardia y el mercado*, Buenos Aires, Santiago Arcos Editor, 2013.

GIBSON, Ian, *Vida, pasión y muerte de Federico García Lorca. 1898-1936*, Barcelona, Plaza & Janés, 1998.

GILMAN, Claudia, *Entre la pluma y el fusil. Debates y dilemas del escritor revolucionario en América Latina*, Buenos Aires, Siglo XXI, 2003.

–, "Florida y Boedo: hostilidades y acuerdos", en Graciela Montaldo (comp.), *Yrigoyen entre Borges y Arlt (1916-1930). Literatura argentina siglo XX*, vol. II, Buenos Aires, Paradiso-Fundación Crónica General, 2006, pp. 44-62.

GIUNTA, Andrea, *Vanguardia, internacionalismo y política. Arte argentino en los años sesenta*, Buenos Aires, Siglo XXI, 2008.

–, (comp.), *Candido Portinari y el sentido social del arte*, Buenos Aires, Siglo XXI, 2005.

GONZÁLEZ VELASCO, Carolina, *Gente de teatro. Ocio y espectáculos en la Buenos Aires de los años veinte*, Buenos Aires, Siglo XXI, 2012.

GRACIANO, Osvaldo, "La escritura de la realidad. Un análisis de la tarea editorial y del trabajo intelectual del anarquismo argentino entre los años '30 y el peronismo", *Revista Izquierdas. Una mirada histórica desde América Latina*, n° 12, abril de 2012, pp. 72-110.

GUIAMET, Javier, *Tentaciones y prevenciones frente a la cultura de masas. Los socialistas argentinos en el período de entreguerras*, tesis de doctorado, Facultad de Humanidades y Ciencias de la Educación, Universidad Nacional de La Plata, 2017.

GUZMÁN, Héctor Daniel (comp.), *Antifascismo en Argentina y Brasil en el siglo XX: estado de la cuestión y nuevas perspectivas*, Santiago del Estero, Editorial Biblioteca Sarmiento, 2017.

HALPERÍN DONGHI, Tulio, *La Argentina y la tormenta del mundo. Ideas e ideologías entre 1930 y 1945*, Buenos Aires, Siglo XXI, 2003.

HESSE, José, *Breve historia del teatro soviético,* Madrid, Alianza, 1971.

HOBSBAWM, Eric, "Introducción", en Karl Marx y Friedrich Engels, *Manifiesto Comunista*, Barcelona, Crítica, 1998.

HUNT, Laura, *From Performer to Petrushka: A Decade of Alexandra Exter's Work in Theater and Film*, thesis, Georgia State University, 2011.

JUÁREZ, Laura, *Roberto Arlt en los años treinta*, Buenos Aires, Ediciones Simurg, 2010.

JUSTO, Liborio, *Liborio Justo. Pasión y lucha. 100 años de historia argentina*, catálogo muestra documental y fotográfica, Buenos Aires, Biblioteca Nacional de la República Argentina, 2007, s/p.

LITVAK, Lily, *Musa libertaria. Arte, literatura y vida cultural del anarquismo español (1880-1913)*, Madrid, Fundación de Estudios Libertarios Anselmo Lorenzo, 2001.

LOBATO, Mirta Zaida, *La prensa obrera. Buenos Aires y Montevideo, 1890-1958*, Buenos Aires, Edhasa, 2009.

LONGONI, Ana, *Vanguardia y revolución. Arte e izquierdas en la Argentina de los sesenta-setenta*, Buenos Aires, Ariel, 2014.

– y Horacio Tarcus, "Purga antivanguardista. Crónica de la expulsión de Córdova Iturburu del Partido Comunista", *Ramona. Revista de artes visuales*, n° 14, 2001, pp. 55-57.

LÓPEZ CANTERA, Mercedes, "Criminalizar al rojo. La represión al movimiento obrero en los informes de 1934 sobre la Sección Especial", *ARCHIVOS de historia del movimiento obrero y la izquierda*, n° 4, marzo de 2014, pp. 101-122.

LÖWY, Michael, *Walter Benjamin. Aviso de incendio. Una lectura de las tesis "Sobre el concepto de la historia"*, Buenos Aires, Fondo de Cultura Económica, 2005.

LUCENA, Daniela, *Contaminación artística. Vanguardia concreta, comunismo y peronismo en los años 40*, Buenos Aires, Biblos, 2015.

MAGNONE, Carlos y Jorge Warley, *El manifiesto. Un género entre el arte y la política*, Buenos Aires, Biblos, 1993.

MALLY, Lynn, *Culture of the Future. The Proletkult Movement in Revolutionary Russia*, Berkeley, University of California Press, 1990.

MALOSETTI COSTA, Laura, *Los primeros modernos. Arte y sociedad en Buenos Aires a fines del siglo XIX*, Buenos Aires, Fondo de Cultura Económica, 2001.

– y Marcela Gené (comps.), *Atrapados por la imagen. Arte y política en la cultura impresa argentina*, Buenos Aires, Edhasa, 2013.

– (comp.), *Impresiones porteñas. Imagen y palabra en la historia cultural de Buenos Aires*, Buenos Aires, Edhasa, 2009.

MARTÍNEZ, Ilana, "Un acercamiento a la izquierda del partido Socialista a través de su prensa periódica. La revista *Izquierda. Crítica y Acción Socialista*, 1934-1935", *Papeles de Trabajo. Revista electrónica del Instituto de Altos Estudios Sociales de la Universidad Nacional de San Martín*, año 2, n° 3, junio 2008, pp. 1-16.

MATSUSHITA, Hiroshi, *Movimiento obrero argentino. 1930-1945. Sus proyecciones en los orígenes del peronismo*, Buenos Aires, Hyspamérica, 1986.

MUÑOZ, Miguel Ángel, *Los Artistas del Pueblo. 1920-1930*, Buenos Aires, Fundación OSDE-Imago Espacio de Arte, 2008.

–, "Los artistas del Pueblo: Anarquismo y sindicalismo revolucionario en las artes plásticas", *Causas y Azares*, año IV, n° 5, otoño de 1997, pp. 116-130.

–, "Guillermo Facio Hebequer: críticas y propuestas de un pintor anarquista", en *II Jornadas de Teoría e Historia de las Artes. Articulación del discurso escrito con la producción artística en la Argentina y Latinoamérica, siglos XIX y XX*, Buenos Aires, CAIA-Contrapunto, 1990, pp. 131-141.

– y Diana Wechsler, "La ciudad moderna en la Serie 'Buenos Aires', de Guillermo Facio Hebequer"', *Demócrito, Artes, Ciencias, Letras*, año I, n° 1, octubre de 1990, pp. 43-60.

–, *Los Artistas del Pueblo*, Buenos Aires, SAAP, 1989.

NÁLLIM, Jorge, "Clase y género en la representación gráfica del discurso antiperonista", *Cuadernos Americanos: Nueva época*, vol. 3, n° 133, pp. 43-73.

PACHECO, Marcelo, *Adolfo Bellocq (1889-1972): obra grabada*, Tesis de licenciatura Facultad de Filosofía y Letras, Universidad de Buenos Aires, 1986.

– (dir.), *Memorias de una Galería de Arte. Archivo Witcomb 1896-1971*, Buenos Aires, Fondo Nacional de las Artes, 2000.

PALOMAR, Francisco A., *Primeros salones de arte en Buenos Aires. Reseña histórica de algunas exposiciones desde 1829*, Buenos Aires, Municipalidad de la Ciudad de Buenos Aires, 1972.

PASOLINI, Ricardo, *Los marxistas liberales. Antifascismo y cultura comunista en la Argentina del siglo XX*, Buenos Aires, Sudamericana, colección Nudos de la historia argentina, 2013.

–, "*Scribere in eos qui possunt proscribere*. Consideraciones sobre intelectuales y prensa antifascista en Buenos Aires y París durante el período de entreguerras", *Prismas. Revista de historia intelectual*, Buenos Aires, UNQUI, año 12, n° 12, 2008, pp. 87-108.

—, *La utopía de Prometeo. Juan Antonio Salceda del antifascismo al comunismo*, Tandil, Universidad Nacional del Centro de la Provincia de Buenos Aires, 2006.

—, "El nacimiento de una sensibilidad política. Cultura antifascista, comunismo y nación en Argentina: Entre la AIAPE y el Congreso Argentino de la Cultura, 1935-1955", *Desarrollo Económico*, n° 179, octubre-diciembre de 2005, pp. 403-433.

PAZ, Marga (dir.), *El teatro de los pintores en la Europa de las vanguardias*, Madrid, Museo Nacional Centro de Arte Reina Sofía, Aldeasa, 2000.

PEDROSA, Mario, "As Tendencias Sociais da Arte e Käthe Kollwitz", en Otília Arantes (org.), *Política das Artes. Textos Escolhidos I. Mario Pedrosa*, São Paulo, Edusp, 1995, pp. 35-56.

PELLETTIERI, Osvaldo (dir.), *Historia del teatro argentino en Buenos Aires. La emancipación cultural (1884-1930)*, vol. II, Buenos Aires, Galerna, 2002.

—, (dir.), *Teatro del Pueblo: Una utopía concretada*, Buenos Aires, Galerna, 2006.

—, (dir.), *Dos escenarios. Intercambio teatral entre España y la Argentina*, Buenos Aires, Galerna, 2006.

PENHOS, Marta y Diana Wechsler (coords.), *Tras los pasos de la norma. Salones Nacionales de Bellas Artes (1911-1989)*, Archivos del CAIA, Ediciones Jilguero, Buenos Aires, 1999.

PETRA, Adriana, *Intelectuales y cultura comunista. Itinerarios, problemas y debates en la Argentina de posguerra*, Buenos Aires, Fondo de Cultura Económica, 2017.

PIEMONTE, Víctor Augusto, "La política cultural del Partido Comunista de la Argentina durante el tercer período y el problema de su autonomía respecto del Partido Comunista de la Unión Soviética", *Revista Izquierdas. Una mirada histórica desde América Latina*, n° 15, Instituto de Estudios Avanzados, Universidad de Santiago de Chile, 2013, pp. 1-33.

—, *Alcances y significaciones de la incidencia soviética en las prácticas políticas del Partido Comunista de la Argentina (1919-1943)*, tesis de doctorado, Facultad de Filosofía y Letras, Universidad de Buenos Aires, 2013.

PITTALUGA, Roberto, *Soviets en Buenos Aires. La izquierda de la Argentina ante la revolución en Rusia*, Buenos Aires, Prometeo, 2015.

–, Damián López y Ethel Ockier (eds.), *Publicaciones políticas y culturales argentina (1900-1986)*, catálogo, Buenos Aires, CeDInCI, 2007.

PORTANTIERO, Juan Carlos, "Imágenes de la crisis: el socialismo argentino en la década de 1930", *Prismas. Revista de historia intelectual*, n° 6, 2002, Bernal, UNQUI, pp. 231-241.

PUJOL, Sergio, *Discépolo. Una biografía argentina*, Buenos Aires, Planeta, 2017.

QUATTROCHI-WOISSON, Diana y Noemí Girbal Blacha (dir.), *Cuando opinar es actuar. Revistas argentinas del siglo XX*, Buenos Aires, Academia Nacional de Historia, 1999.

RANCIÈRE, Jacques, *El espectador emancipado*, Buenos Aires, Manantial, 2010.

–, *La noche de los proletarios. Archivos del sueño obrero*, Buenos Aires, Tinta Limón, 2010.

REVEL, Jacques, *Juegos de escalas. Experiencias de microanálisis*, Buenos Aires, UNSAM, 2015 [1996].

RODRÍGUEZ PÉRSICO, Adriana, "Estudio preliminar. Capitalismo y exclusión. Elías Castelnuovo y la búsqueda de una lengua heterogénea", en Elías Castelnuovo, *Larvas*, Buenos Aires, Ediciones Biblioteca Nacional, Colección Los Raros, 2013, pp. 9-84.

SAGO, Juan Ignacio, *La imagen del grabado y el compromiso político en una revista anarquista*: Nervio. Crítica – artes – letras *(1931-1936)*, tesis de licenciatura, Facultad de Ciencias Sociales-UBA, 2010.

SAID, Edwar W., *Representaciones del intelectual*, Buenos Aires, Paidós, 1996.

SAÍTTA, Sylvia, "Filippo Marinetti en la Argentina", en Paula Bruno (coord.), *Visitas culturales en la Argentina. 1898-1936*, Buenos Aires, Biblos, 2014, pp. 215-229.

–, "Elías Castelnuovo, entre el espanto y la ternura", en Álvaro Félix Bolaños, Geraldine Cleary Nichols y Saúl Sosnowski (eds.), *Literatura, política y sociedad: construcciones de sentido en la Hispanoamérica contemporánea. Homenaje a Andrés Avellaneda*, Universidad de Pittburg, 2008, pp. 99-113.

–, "Polémicas ideológicas, debates literarios en *Contra. La revista de los franco-tiradores*", en *Contra, la revista de los franco-tiradores*, Bernal, UNQUI, 2005, pp. 13-33.

–, "La dramaturgia de Elías Castelnuovo: del teatro social al teatro proletario", en Osvaldo Pellettieri (dir.), *Escena y realidad*, Buenos Aires, Galerna, 2003, pp. 187-195.

–, "Teatro Proletario: arte y revolución a comienzos de los años treinta", *Teatro XXI. Revista del GETEA*, Facultad de Filosofía y Letras, Universidad de Buenos Aires, año VIII, n° 14, otoño de 2002, pp. 12-16.

–, *El escritor en el bosque de ladrillos. Una biografía de Roberto Arlt*, Buenos Aires, Debolsillo, 2008 [2000].

–, "El periodismo popular en los años veinte", en Ricardo Falcón (dir.), *Nueva Historia Argentina. Democracia, conflicto social y renovación de ideas*, Tomo VI, Buenos Aires, Sudamericana, 2000, pp. 436-471.

SARLO, Beatriz, *Una modernidad periférica. Buenos Aires 1920-1930*, Buenos Aires, Nueva Visión, 2007 [1988].

SILVER, Kenneth E., *Vers le retour á l'ordre. L'avant-garde parisienne et la première guerre mondiale. 1914-1925*, París, Flammarion, 1991.

SURIANO, Juan, *Anarquistas. Cultura y política libertaria en Buenos Aires, 1890-1910*, Buenos Aires, Manantial, 2001.

TARCUS, Horacio, *Marx en la Argentina. Sus primeros lectores obreros, intelectuales y científicos*, Buenos Aires, Siglo XXI, 2007.

–, "Revistas, intelectuales y formaciones culturales izquierdistas en la argentina de los veinte", *Revista Iberoamericana*, vol. LXX, n° 208-209, julio-diciembre de 2004, pp. 749-772.

TRASTOY, Beatriz, "El movimiento teatral independiente y la modernización de la escena Argentina", en María Teresa Gramuglio (dir.), *Historia crítica de la literatura argentina*, tomo VI: *El imperio realista*, Buenos Aires, Emecé, 2002, pp. 477-494.

TRAVERSO, Enzo, "Los intelectuales y el antifascismo. Por una historización crítica", en *Acta Poética*, vol. 24, n° 2, Instituto de Investigaciones Filológicas, UNAM, Coyacán, 2003, pp. 51-72.

VITAGLIANO, Miguel (comp.), *Boedo. Políticas del realismo*, Buenos Aires, Título, 2012.

WECHSLER, Diana, *Salón Nacional 100 años. Palais de Glace*, Buenos Aires, Secretaría de Cultura de Presidencia de la Nación, 2011.

–, *Territorios de diálogo. Entre los realismos y lo surreal. 1930-1945*, Buenos Aires, Fundación Nuevo Mundo, 2006.

–, *Papeles en conflicto: arte y crítica entre la vanguardia y la tradición, 1920-1930*, Buenos Aires, Facultad de Filosofía y Letras, Universidad de Buenos Aires, 2003.

– (coord.), *Italia en el horizonte de las artes plásticas. Argentina, siglos XIX y XX*, Buenos Aires, Asociación Dante Alighieri-Instituto Italiano de Cultura, 2000.

–, *Spilimbergo*, Buenos Aires, Fondo Nacional de las Artes, 1999.

– (coord.), *Desde la otra vereda. Momentos en el debate por un arte moderno en la Argentina (1880-1960)*, Buenos Aires, Ediciones del Jilguero, 1998.

– y Barrio Néstor (eds.), *Ejercicio Plástico. La reinvención del muralismo*, Buenos Aires, UNSAM Edita, 2014.

Agradecimientos

Este libro es una adaptación de mi tesis de doctorado defendida en el área de Historia de la Facultad de Filosofía y Letras de la Universidad de Buenos Aires (FFyL-UBA). Por ello, ante todo, quiero agradecer al equipo que me acompañó: Sylvia Saítta, Ricardo Pasolini y Roberto Pittaluga, quienes han sido un gran estímulo y sostén desde un punto de vista intelectual y personal. Un especial agradecimiento también al jurado de la tesis, María Fernanda Alle, Andrés Bisso y Alejandro Cattaruzza, por sus generosos y enriquecedores comentarios.

No obstante, llegar hasta acá fue un proceso que se inició en mi ciclo de grado de Historia, en el que muchos profesores y profesoras de la FFyL-UBA aportaron a mis conocimientos y estimularon mi camino hacia la investigación. Luego de esa etapa, el presente trabajo fue iniciado, con la dirección de Silvia Dolinko, en el marco de la maestría en Historia del Arte Argentino y Latinoamericano del Instituto de Altos Estudios Sociales de la Universidad Nacional de San Martín (IDAES-UNSAM), dirigida por Laura Malosetti Costa. A ellas, mi gratitud.

A su vez, agradezco al colectivo del Archivo Histórico de Revistas Argentinas (AHIRA), un proyecto del cual estamos orgullosos cada vez que subimos un nuevo ejemplar en línea, con el anhelo de dar vida a la memoria de diversos emprendimientos político-culturales posibles de ser estudiados por quien así lo desee. También quiero agradecer al Centro de Documentación e Investigación de la Cultura de Izquierdas (CeDInDI), un espacio que, además de atesorar documentos imprescindibles para quienes trabajamos temas vinculados al universo de las izquierdas, abre sus puertas para volcar y compartir nuestros estudios. Por último, el Archivo del Instituto de Investigaciones en Arte y Cultura Dr. Norberto Griffa (IIAC) merece un particular agradecimiento, pues de ese espacio y hermoso equipo del cual formé parte no solo me llevé un gran aprendizaje sobre una parte fundamental de nuestro quehacer cotidiano como historiadores (el "hacer archivo"), sino también afectos e inolvidables momentos.

Quisiera reconocer también a las instituciones que apoyaron por medio de distintas becas este proceso de investigación: el Fondo Nacional de las Artes y el Consejo Nacional de Investigaciones Científicas y Técnicas (CONICET).

Volviendo a este libro, quiero agradecer a Roberto Pittaluga, ya que por su intermedio y aliento mi tesis llegó a manos de Raúl Fradkin, quien evaluó y confió en este trabajo para incluirlo en su colección. Gracias también a todos aquellos que enriquecieron este libro con la lectura de algunos fragmentos de esta nueva versión –María Fernanda Alle, Martín Baña, Mariano Plotkin y mi querida amiga Josefina Cabo–, a quienes aportaron algún comentario, bibliografía o documentos –Patricio Geli, María Laura Rosa, Mariano Rodríguez Otero, Javier Planas, Silvia Glocer, Alicia y Ricardo Sanguinetti– y, por supuesto, a los amigas/os y compañeras por su apoyo y afecto en este largo proceso de investigación: Majo Campero, Sole Villaverde, María José Grenni, Mercedes López Cantera, Fernanda Molina, Laura Fasano, Natalia Wetsberg, María Inés Afonso Esteves, Mariana Luterstein, Julita Vitali, Laura Cabezas, María Fukelman, Camila Pintos, Diana Duhalde, María Laura Dos Santos, Liliana Hodara y Pablo Fontana.

Por último, agradezco a toda mi familia; en especial, a Emiliano Gastón Sánchez, que me acompañó en este proceso con paciencia, lectura y por sobre todo con su amor; a Lola; a mi mamá, Graciela Calderón; y a mi papá, Aníbal Devés, quien a través de los tangos de Juan de Dios Filiberto y Enrique Santos Discépolo, las evocaciones al barrio de Boedo y la camaradería entre "los muchachos" o "la barra" (como les decían cariñosamente) sobrevoló con su amor eterno las páginas de este libro.

Impreso por TREINTADIEZ S.A. en 2020
Pringles 521 (C1183 AEI)
Ciudad Autónoma de Buenos Aires
Teléfonos: 4864-3297 / 4862-6794
editorial@treintadiez.com

www.ingramcontent.com/pod-product-compliance
Lightning Source LLC
Chambersburg PA
CBHW080538220526
45466CB00010B/2964